国家图书馆年鉴

National Library of China Yearbook

2021

国 家 图 书 馆 出 版 社

图书在版编目（CIP）数据

国家图书馆年鉴 . 2021/ 国家图书馆编 . —北京 : 国家图书馆出版社 , 2022.2
ISBN 978-7-5013-7368-0

Ⅰ . ①国⋯ Ⅱ . ①国⋯ Ⅲ . ①中国国家图书馆—2021—年鉴 Ⅳ . ① G259.251-54

中国版本图书馆 CIP 数据核字 (2021) 第 187986 号

书　　名 国家图书馆年鉴 2021
著　　者 国家图书馆　编
责任编辑 张　颀　王炳乾　唐　澈
责任校对 郝　蕾
封面设计 北京金书堂文化发展有限公司

出版发行 国家图书馆出版社（北京市西城区文津街 7 号　100034）
（原书目文献出版社　北京图书馆出版社）
010-66114536　63802249　nlcpress@nlc.cn（邮购）
网　　址 http://www.nlcpress.com
排　　版 北京金书堂文化发展有限公司
印　　装 北京华艺斋古籍印务有限责任公司
版次印次 2022 年 2 月第 1 版　2022 年 2 月第 1 次印刷

开　　本 889×1194　1/16
印　　张 22.25　　彩插　1
字　　数 547 千字
书　　号 ISBN 978-7-5013-7368-0
定　　价 380.00 元

撰稿人（按姓氏笔画排序）：

丁　曦　刁一卓　于　琳　于　瑞　于良杰　于春媚　于菲菲　卫萌萌
马　骏　马　超　马　静　马赵扬　王　欢　王　洋　王　娟　王　琪
王　蕊　王　燕　王　薇　王　鑫　王会娟　王旭东　王红波　王彦侨
王桂杰　王婵婵　戈　岳　方　怡　邓旭欣　平　安　叶　茜　申子超
申庆月　申晓娟　田　欢　田　颖　田周玲　只莹莹　白云娇　宁　雪
毕朦予　吕婷婷　朱　莺　朱庆华　任　通　全凤燕　刘　伟　刘　杨
刘　俊　刘　洁　刘　贺　刘　瑛　刘　雅　刘　霖　刘小川　刘东亮
刘仲瑄　刘英赫　刘晶晶　刘源泓　刘慧雅　齐世峰　齐东峰　闫　征
关　月　安　平　安　洁　许　蕗　孙　乐　孙齐圣　孙伯阳　孙保珍
孙梦晖　杜　鹃　李　丹　李　帅　李　迁　李　坚　李　茵　李　洋
李　彬　李　楠（国图创新公司）　李　静　李子日　李志尧　李思思
李莹菲　杨　凡　杨　帆　杨　柳　杨晓微　杨海帆　杨照坤　肖慧琛
吴　凯　吴　洋　吴　静　吴澍时　何　晖　何　隽　冷　熠　辛　璐
宋　辰　宋　姝　宋仁霞　张　炜　张　洁　张　涛　张　雪　张　章
张　琳　张　森　张　辉　张　楠　张　煦　张　鹏　张立朝　张亚清
张收棉　张孝天　张若冰　张珊珊（典藏阅览部）　张珊珊（保卫处）
张爱芳　张弼衎　陈　阳　陈　敏　陈天竹　陈国丽　陈怡爽　陈魏玮
邵颖超　范雪琳　范瑞婷　季士妍　岳小艺　金文昌　周一虹　周笑盈
郑庆元　郑晓雯　孟　征　孟　修　赵　悦　赵　敏
赵　磊（承德文献周转库管理处）　赵　磊（离退休干部处）　赵国香
赵金柱　赵建国　赵媛媛　郝金敏　荣　杰　胡　泊　胡　洁　胡昱晓
钟晶晶　姜晓曦　宣艺瑶　姚　迎　袁　媛　索　晶　贾　贝　顾　恒
钱律进　高　爽　高　博　郭　妮　黄　晴　黄　静（党群工作办公室）
黄　静（社会教育部）　黄梦洁　萨仁高娃　曹丽萍　常莀心
常慧慧　梁　淳　梁钜霄　梁爱梅　韩　华　韩　玲　韩　超　韩佳芮
韩晔瞳　韩新月　程天舒　敦文杰　谢　丰　谢　强　谢万幸　谢冬荣
蒙海光　槐　燕　雷　亮　雷　强　雷　蕾　路龙惠　蔡　丹　蔡　颖
蔡旭彦　裴书静　潘云侠　潘常青　魏　然

编辑说明

一、《国家图书馆年鉴》力图系统、全面记录国家图书馆年度事业发展进程，着眼于记录主要事件，反映年度工作，保存重要数据，提供决策参考，服务业界社会。首卷出版于2011年，每年编辑出版一卷。

二、《国家图书馆年鉴》由国家图书馆主办，编纂工作由国家图书馆研究院（业务管理处）《国家图书馆年鉴》编辑部主持。

三、《国家图书馆年鉴2021》反映2020年国家图书馆事业的发展状况。

四、《国家图书馆年鉴2021》正文采用分类编辑法。全文由综述、特别记载、基础业务工作、服务工作、国家数字图书馆建设与服务、重点文化工程及项目、文献整理与编辑出版、学术与科研、对外交流与合作、机构与人事管理、党建与群团活动、设施建设与安全保卫、统计资料、重要文件选编、媒体报道、年度大事记以及综合索引等部分构成。

◆ 1 月 2 日，国家图书馆老馆员在《口述国图》北京首映式上发言

◆ 1 月 6 日，国家图书馆馆长饶权一行赴中国图书进出口（集团）总公司交流考察

◆ 1 月 6 日，国家图书馆联合文化和旅游部全国公共文化发展中心开展“公共数字文化服务小分队下基层”活动，向广西壮族自治区巴马瑶族自治县图书馆捐赠《中华传统文化百部经典》丛书

◆ 1 月 13 日，国家图书馆联合文化和旅游部全国公共文化发展中心开展“公共数字文化服务小分队下基层”活动，调研河北省康保县大萝卜村综合文化服务中心并捐赠设备

◆ 1 月 17 日，国家图书馆 2020 年新春团拜会在国图艺术中心举行

◆ 1 月 18—23 日，“经典读书班 2020 冬令营”在国家典籍博物馆举办

◆ 4 月 23 日，国家图书馆举办“文心依旧　天雨流芳——文津图书奖十五周年特别活动”

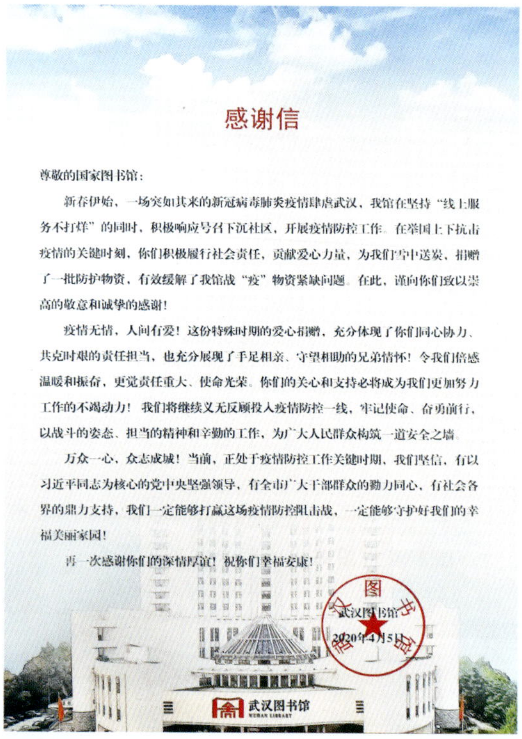

感谢信

尊敬的国家图书馆：

新春伊始，一场突如其来的新冠病毒肺炎疫情肆虐武汉，我馆在坚持“线上服务不打烊”的同时，积极响应号召下沉社区，开展疫情防控工作。在举国上下抗击疫情的关键时刻，你们积极履行社会责任，贡献爱心力量，为我们雪中送炭，捐赠了一批防护物资，有效缓解了我馆战“疫”物资紧缺问题。在此，谨向你们致以崇高的敬意和诚挚的感谢！

疫情无情，人间有爱！这份特殊时期的爱心捐赠，充分体现了你们同心协力、共克时艰的责任担当，也充分展现了手足相亲、守望相助的兄弟情怀！令我们倍感温暖和振奋，更觉责任重大、使命光荣。你们的关心和支持必将成为我们更加努力工作的不竭动力！我们将继续义无反顾投入疫情防控一线，牢记使命、奋勇前行，以战斗的姿态、担当的精神和辛勤的工作，为广大人民群众构筑一道安全之墙。

万众一心，众志成城！当前，正处于疫情防控工作关键时期，我们坚信，有以习近平同志为核心的党中央坚强领导，有全市广大干部群众的勠力同心，有社会各界的鼎力支持，我们一定能够打赢这场疫情防控阻击战，一定能够守护好我们的幸福美丽家园！

再一次感谢你们的深情厚谊！祝你们幸福安康！

武汉图书馆

2020年4月5日

◆ 4 月 5 日，国家图书馆在新冠肺炎疫情爆发之初向武汉图书馆捐赠物资后收到感谢信

◆ 5 月 8 日，国家图书馆组织有序恢复开馆演练

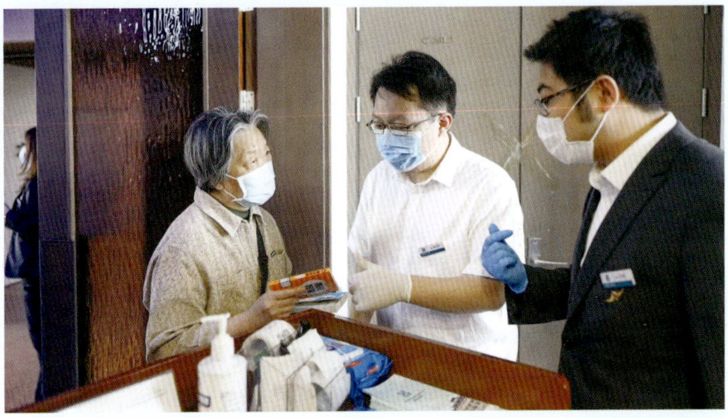

◆ 5 月 12 日，总馆北区中文外借室正式恢复服务

◆ 5 月 22 日，国家数字图书馆工程专家验收会在国家图书馆召开

◆ 5 月 27 日，国家图书馆 2020 年党的工作暨纪检工作会议召开

◆ 6 月 17 日，国家图书馆开展微型消防站业务技能培训

◆ 7 月 15 日，财政部有关司局来国家图书馆调研并参观国家数字图书馆体验区

◆ 7 月 15 日，“中华古籍普查文化志愿服务活动”志愿者在西藏自治区康马县朗通庄园进行古籍整理登记

◆ 8 月 4—5 日，国家图书馆 2020 年中层干部扩大会议召开

◆ 8 月 12 日，2020 年革命文献与民国时期文献整理项目专家评审会在国家图书馆召开

◆ 8 月 20 日，财政部有关司局到访国家图书馆并进行座谈

◆ 8 月 20 日，阎宗临先生手稿捐赠国家图书馆

◆ 8 月 21 日，“追梦水云间——白煦的水墨书暨白煦书法作品捐赠展”在国家典籍博物馆开展

◆ 8 月 22 日，国家古籍保护中心举办“书山有路”系列互联网直播活动第一期“书山有路——你不知道的图书馆古籍人”文化沙龙

◆ 8 月 23 日，科技周公益讲座“中和韶乐的科学传承与发展”在国图艺术中心举办

◆ 8 月 25 日，“传习经典 融古慧今——2020 年中华传统晒书活动”启动仪式在孔子博物馆举行，随后举办“传承经典 活化经典”晒书沙龙

◆ 8 月 31 日，国家图书馆与阅文集团共同召开“珍藏时代经典 悦享网络文学”战略合作发布会，馆长饶权、党委书记魏大威向到场作家代表颁发感谢状

◆ 9月1日，“妙手补书书可春——全国古籍修复技艺竞赛暨成果展”在国家典籍博物馆开展

◆ 9月2日，国家图书馆举行纪念中国人民抗日战争胜利75周年暨抗战文献研究整理成果发布会

◆ 9月8日，国家图书馆举行“滋养民族心灵　培育文化自信——习近平总书记给国家图书馆老专家回信一周年暨建馆111周年”活动

◆ 9月9日，离退休员工代表参加国家图书馆馆庆111周年升旗活动

◆9月11日，国家图书馆馆长饶权、国家发展和改革委员会办公厅主任张世昕出席《共建发改书吧战略合作协议》续签仪式并代表双方签约

◆9月18日，“亚洲和大洋洲地区国家图书馆领导者对话”活动在线上举行

◆9月18日，2020年国家级非物质文化遗产代表性传承人记录工作验收评审会在国家图书馆召开

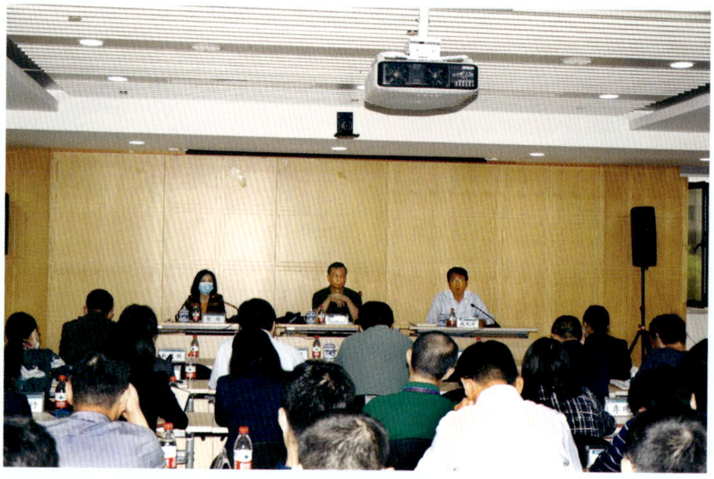

◆9月23日，国家图书馆举办党支部书记和纪检委员专题培训

◆ 9 月 25 日，2020 年“文津读书沙龙”首场活动“重新发现中国之美”开讲

◆ 10 月 1 日，第十五届文津图书奖展示专架亮相总馆北区中文图书区

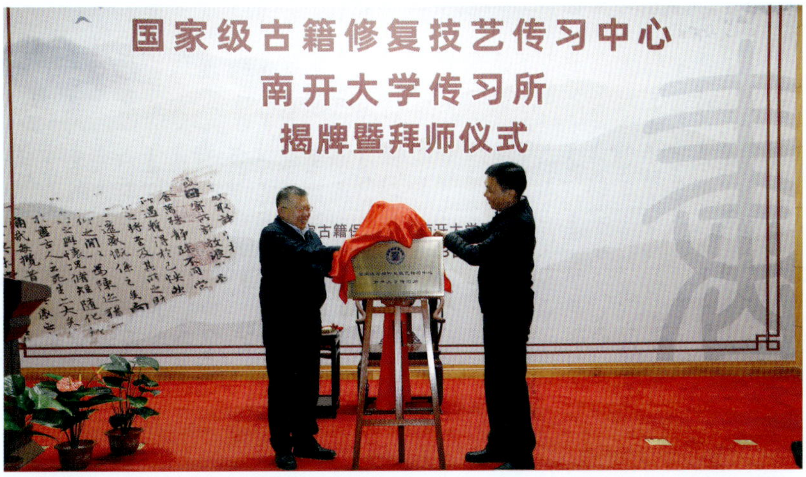

◆ 10 月 13 日，国家级古籍修复技艺传习中心南开大学传习所揭牌暨拜师仪式在南开大学举行

◆ 10 月 14 日，《鲁迅手稿全集》专家委员会决策组会议在国家图书馆召开

◆ 10 月 15 日，世界首版《红星照耀中国》斯诺签名本入藏国家图书馆

◆ 10 月 16 日，国家图书馆以线上直播方式在贵州省紫云县图书馆举办 2020 年“春雨工程 · 网络书香”专题讲座

◆ 10 月 20 日，国家图书馆发展战略研究之国家图书馆事业中长期发展环境分析研究成果汇报会召开

◆ 10 月 27 日，文化和旅游部国际交流与合作局来国家图书馆调研

◆ 10 月 31 日，浙江奥特莱斯广场有限公司向国家图书馆捐赠四种四函件珍贵古籍

◆ 11 月 2 日，馆长饶权看望慰问获得“中国人民志愿军抗美援朝出国作战 70 周年”纪念章的离休干部闫莉

◆ 11 月 3 日，国家图书馆统战工作会议召开

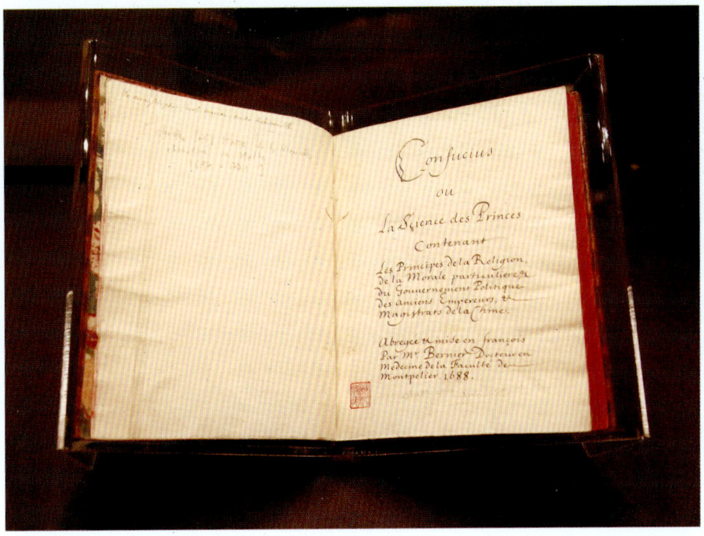

◆ 11 月 4 日，“法文本《论语导读》入藏展”在国家典籍博物馆开展，展出 2019 年中法建交 55 周年之际法国总统马克龙赠送习近平主席的 1688 年法文本《论语导读》

◆ 11 月 6 日，第四届古籍保护学科建设研讨会在中山大学举办

◆ 11 月 8—10 日，文化和旅游部领导出席在拉萨举办的全国文化和旅游系统对口援藏工作会议。会上，国家图书馆与西藏自治区文化厅签署对口援助暨合作协议，并向西藏自治区图书馆提供 10 万册馆藏文献用于西藏地区文献共享借阅服务

◆ 11 月 9 日，“关注消防　生命至上——紫竹院地区 2020 年 119 消防宣传月启动仪式”在国家图书馆总馆南区广场举行，现场组织消防演练

◆ 11 月 13 日，第六批《国家珍贵古籍名录》和“全国古籍重点保护单位”名单正式发布

◆ 11月13日，北京市第十二中学学生在国家图书馆体验研学活动之雕版印刷

◆ 11月16日，国家图书馆展台亮相2020中国国际旅游交易会

◆ 11月19日，第五期全国古籍保护工作管理人员研修班开班仪式暨中华经典传习所颁牌仪式在大连图书馆举行，国家图书馆（国家古籍保护中心）向白云书院、连海书院赠送《中华传统文化百部经典》丛书

◆ 11月23日，文化和旅游部机关服务局来国家图书馆开展安全工作督查

◆ 11 月 25 日，全国图书馆联合编目中心 2020 年度工作会议在国家图书馆召开

◆ 11 月 27 日，馆领导一行视察承德文献周转库库房

◆ 11 月 30 日，国家图书馆馆长饶权与澳门科技大学图书馆馆长赵洗尘共同签署《中国国家图书馆与澳门科技大学图书馆合作意向书》

◆ 12 月 1 日，国家图书馆与澳门科技大学合作举办的“中国古代典籍通史展”在该校图书馆揭幕

◆ 12 月 4 日，国家图书馆总馆北区水池防水修复工程完成竣工验收

◆ 12 月 4 日，“荣庆学堂——北方昆曲传统折子戏推广专场演出”在国图艺术中心举办

◆ 12 月 8 日，全国图书馆文化创意产品开发联盟首家省级分店——江西省图书馆“锦文轩”正式揭牌

◆ 12 月 10 日，《中华医藏》编纂出版专项协调会在国家图书馆召开

◆ 12 月 10 日，《苏颂全集》首发仪式在福建厦门举行

◆ 12 月 18 日，全国数字图书馆建设与服务联席会议第二十一次会议在北京召开

◆ 12 月底，“习近平新时代中国特色社会主义思想”学习专区亮相总馆北区中文图书区

◆ 2020 年，中国记忆项目中心对国家中医援鄂抗疫医疗队队长叶永安（右一）进行口述史访问

◆ 2020 年，《中华传统文化百部经典》第五批图书编纂出版

目 录

综 述

综　述

2020年，国家图书馆坚持以习近平新时代中国特色社会主义思想和习近平总书记回信精神为指导，全面贯彻党的十九大和十九届二中、三中、四中、五中全会精神，以“规划发展”为主题，统筹推进疫情防控与事业发展，围绕坚持正确政治方向、弘扬优秀传统文化、创新服务方式、推动全民阅读等领域工作取得新突破，“十四五”谋篇布局初见成效。经复核继续保有“全国文明单位”荣誉称号，获“第五届全国未成年人思想道德建设工作先进单位”“全国三八红旗集体”“中央和国家机关模范职工之家”称号，获“根在基层”2020年文化和旅游部青年干部调研实践活动优秀组织奖。

一、深入学习习近平新时代中国特色社会主义思想，确保事业发展行稳致远

一年来，国家图书馆围绕中心、服务大局，坚持以习近平新时代中国特色社会主义思想为指导，深入学习贯彻落实习近平总书记回信精神，在学懂弄通做实上下功夫，不断提高政治判断力、政治领悟力、政治执行力，确保各项事业始终沿着正确方向前进。

（一）强化习近平新时代中国特色社会主义理论武装

强化学风建设，充分发挥党委理论学习中心组带动引领作用，馆班子成员带头开展学习研讨、带队深入调研、讲授专题党课。通过党支部集中学习研讨、年轻干部理论学习小组专题学习、全员参加线上学习习近平新时代中国特色社会主义思想培训等多种方式，深入学习《习近平谈治国理政（第三卷）》《习近平新时代中国特色社会主义思想学习纲要》等系列重要论述，进一步深化对习近平新时代中国特色社会主义思想的理解和认识，增强“四个意识”，坚定“四个自信”，做到“两个维护”。编制《习近平关于文化和旅游工作重要论述摘编》，联系工作实际，深入学习习近平总书记关于文化工作的重要论述。开展《中华人民共和国宪法》《中华人民共和国民法典》学习宣传活动，提高全体党员干部员工学法、用法、懂法、守法意识。各党支部充分利用线上学习平台、视频会议、微信群等形式开展“三会一课”“不忘初心、弘扬优良家风”主题党日活动、“我的家风家训故事”征文活动等，以优良的家风、党风促进国家图书馆事业创新发展。在阅览区设立“习近平谈治国理政”专题图书展示区和“习近平新时代中国特色社会主义思想”学习专区，充分发挥宣传文化阵地作用。

（二）深入学习贯彻落实习近平总书记回信精神

切实推进学习贯彻落实习近平总书记回信精神台账项目落地实施。组织习近平总书记回信一周年暨国家图书馆建馆111周年系列活动，组织全国副省级以上公共图书馆召开座谈会，总结经

验，交流成果，谋划未来创新发展。通过一台主题节目、一份主题报告和一系列主题活动，深入总结汇报一年来全馆在坚持正确政治方向、弘扬优秀传统文化、创新服务方式、推动全民阅读、增强行业引领能力等各个方面的积极努力与突出实效；通过读者留言、馆员寄语、业界共语以及制作纪念册等形式，增强社会公众和馆员对国家图书馆的认同感、归属感，彰显国家图书馆在总书记回信精神指引下团结奋进的精神风貌。根据文化和旅游部印发的《贯彻落实习近平总书记重要批示精神　深入做好公共图书馆改革创新工作的实施方案》要求，研究制订国家图书馆分工方案，部署17项专题工作，进一步将学习贯彻落实总书记回信精神引向深入。

二、坚持以人为本，坚定打赢疫情防控与复工开馆双线战役

坚持把读者及员工生命安全和身体健康放在首位，认真贯彻落实党中央、国务院以及文化和旅游部有关防疫抗疫统筹部署。疫情发生后，第一时间建立疫情防控组织领导和协调落实机制，建立健康监测、疫情报备、入馆检查及到岗登记等管理制度，通过在线会议及时推进馆内重大决策部署。联合全国350余家图书馆，为武汉等地图书馆筹集防疫抗疫急需物资5万余件。根据疫情形势动态调整应对措施和服务政策，自5月12日起，按照“预约、限流、错峰”的原则逐步恢复开馆，持续优化预约进馆流程，每日定时对读者服务区域、设备、文献进行清洁消毒，为到馆读者配备必要防疫物资，至10月1日全馆绝大部分服务区域恢复开放。

三、国家文献信息资源总库与总目建设稳步推进，多维立体馆藏资源服务保障能力持续增强

一年来，国家图书馆在完善馆藏发展政策、优化馆藏资源结构、提升国家文献信息资源保障能力等方面积极开拓思路，不断夯实业务基础，传统介质资源与数字资源协调互补的资源体系日趋完善，国家图书馆完整保存与立体呈现中华文明发展变化和时代特征的能力进一步提升。

（一）国家文献信息资源总库建设有序推进

全年新增各类型文献75.5万册/件，入藏法国总统马克龙赠送习近平主席法文本《论语导读》、唐雕版印刷梵文《陀罗尼经咒》、世界首版《红星照耀中国》斯诺签名本、阎宗临手稿等珍贵文献5500多册/件，馆藏文献总量达4108万册/件。中文图书、期刊、报纸、电子出版物交存率分别达79.0%、95.2%、69.0%和77.7%，外文期刊、报纸交存率分别达96.1%和100.0%，文献交存工作稳步推进。外购数据库251个，数字资源总量达2274.5TB。依托“中国记忆”项目，采集影像资料近240小时，上线展映48部非遗纪录片；获“2020年中国十大纪录片推动者”称号。

联合全国图书馆启动中国战“疫”记忆库建设项目，征集相关主题资源近2万件。与新浪微博合作建设抗击新冠肺炎疫情互联网信息专题，在阅文集团设立第二家国家图书馆互联网信息战略保存基地。

（二）国家文献信息资源总目建设不断拓展

全年制作书目数据57万余条。发布自建数字资源920.8GB，上线“图书馆记录下的微博十年”专题资源库，实现“主题化、关联化、动态化”资源整合揭示。文津搜索系统完成5000多万条外购资源库新数据的入库揭示，实现1000多万条中文期刊元数据的整合与揭示。进一步提升读者云门户功能，提供一站式数字阅读服务。《中国分类主题词表》Web维护系统通过专家验收。积极履行RDA理事会亚洲地区机构代表职责，推出《国际图联图书馆参考模型》中文版。

（三）国家文献信息典藏保护能力进一步提升

全年修复各类纸质文献338册/件，其中包括“天禄琳琅”专项11册/件、西夏文献20册/件，完成缩微拍摄46.4万拍，实现77TB数字资源的长期保存和191TB灾备中心数据备份。古籍保护科技重点实验室通过文化和旅游部评估，“传统书籍装帧技艺”入选国家级非物质文化遗产代表性项目，“甲骨传拓技艺”“敦煌遗书修复技艺”入选北京市非物质文化遗产代表性项目。国家文献储备库项目用地围挡修建工程通过验收，成立承德文献周转库管理处，切实做好周转库功能规划，及时调整馆内库房空间布局，有序完成150万余册文献的搬迁入库。制订北平图书馆旧址保护规划，有效推进旧址维修项目前期工作。推进少儿图书馆提升改造工程，编制改造项目可行性研究报告。

四、坚持服务向线上延伸，有效满足党和国家有关部门及社会各界对疫情防控的信息需求

一年来，国家图书馆依托现代信息技术和新媒体服务平台，坚持“闭馆不停工、服务不打烊”，充分发挥专业优势，围绕国家和社会防疫抗疫信息需求广泛开展在线服务，官方网站年访问量8.58亿次，手机门户年访问量1.04亿次。疫情期间开展“家庭朗读大赛”，提交的“为立法决策机构提供疫情防控决策专题信息参考”在国际图书馆协会与机构联合会（IFLA）发布的《新冠病毒影响分析报告》中被选为“公共卫生相关领域最佳实践”案例。

（一）全民阅读服务亮点纷呈

扩大86个数据库的互联网访问权限，策划发布多个疫情防控相关移动专题，利用官方网站、手机门户、移动应用程序、微博、微信、抖音等服务平台，开展“全民战‘疫’知识共享”、“诗云·战疫情”精选诗歌线上展示等线上特色阅读活动，有效满足社会公众居家阅读学习、心理健康疏导和获取防疫知识的需要。

第十五届“文津图书奖”评出获奖图书15种、推荐图书35种，联合247家图书馆开展巡展、巡讲活动，推广规模较上届增长约6.5倍。“M地铁·图书馆”项目推出“家庭朗读大赛”“阅读战疫进行时”等主题活动，方便地铁乘客有效利用通勤时间阅读。“国图公开课”全年新发布187期，新增时长131小时，平台年点击量达8392.9万次；以“纪录片+公开课”的形式推出“他们

鉴证了文明”系列课程，点击量超过 1400 万次；“良辰美景云端看——传统艺术公开课特别活动”当天在线收看达 1112.2 万人次，刷新历史纪录。“国图讲坛”和“文津读书沙龙”全年共举办线上活动 38 场，服务读者约 1645 万人次。“文津经典诵读”举办“读诗与远方 · 品书香生活”等系列诗词文化活动，品牌影响力和服务范围进一步扩大。开展少儿线上故事会、答题、展览等活动，举办“关爱夕阳”老年课堂线上培训。推出文献共享借阅计划，为西藏、湖北、黑龙江等地提供文献近百万册 / 件。

（二）立法和决策服务效益凸显

围绕党和国家防疫抗疫决策部署和科学研究的需求，发挥在知识信息采集、汇聚、加工整合及关联揭示等方面的核心专业优势，积极履行为国家立法和决策服务的法定职能，主动围绕公共安全体系建设、公共卫生机构应急能力、国家战略物资储备体系、提振经济发展、国际疫情应对合作等主题撰写专题报告，向全国人大、国务院有关机构等提供信息专报 400 余期。全年为党政军提供咨询服务 2004 件，为全国人大、国务院研究室等单位提供舆情报送 588 期，获得中央国家机关领导的高度认可。为中国人大网“代表服务专区”制作大会审议专题网页，通过“政协委员履职”APP 开启信息保障服务，提供文章 2083 篇，政协委员服务平台点击量达 3285 次，为特殊时期的“两会”提供多渠道、全方位的信息支持。上线部级领导干部历史文化讲座云平台。扎实推进文旅阅读空间项目，与国家发展和改革委员会续签共建“发改书吧”战略合作协议，与部队合作建设国图分馆，大力支持财政部奋斗小学图书馆建设。

（三）到馆服务提质增效

全年共接待到馆读者超过 67.2 万人次，解答各类咨询 17.9 万件，文献流通 213 万册次，对近 10 万条文献外借数据进行延期处理；举办公益性展览、讲座、培训 833 场，演出 37 场，惠及近 19 万人次。经文化和旅游部党组批准，全面优化调整馆区开放时间和开放区域，将周六、日开放时间延长 8 个小时，扩大周末开放区域，更好满足公众到馆阅读学习需要；将到馆读者相对较少的周一调整为闭馆休整，集中进行馆区清洁消毒、文献整理修复、服务空间优化调整、设施设备调试检修、系统升级与数据处理、内务整理、人员培训、应急预案演练等，为社会公众提供更高质量、更加安全、更为舒适的到馆服务体验。同时通过保留预约名额、提供人工帮扶、做好信息引导等方式，切实帮助老年人解决运用智能技术获取服务的困难。积极应用 5G、全景视频、全息影像等新技术，建设沉浸式阅读体验空间。在北京市文化和旅游局组织的“首届北京网红打卡地”评选活动中入选阅读空间类榜单。

五、各项重点文化工程稳健有序，传承弘扬中华优秀传统文化成效显著

一年来，国家图书馆稳步推进各项重点文化工程，认真贯彻习近平总书记关于古籍保护工作的重要批示精神，深入挖掘中华优秀传统文化蕴含的思想观念、人文精神、道德规范，开展丰富

多彩的公共文化服务，以传承经典培育文化自信，获得了更广泛的社会认同。

（一）中华古籍保护计划顺利推进

发布第六批《国家珍贵古籍名录》和“全国古籍重点保护单位”名单，评选国家珍贵古籍752部、全国古籍重点保护单位23家。96%以上古籍收藏单位完成古籍普查登记工作，累计完成汉文古籍普查登记270余万部，占预计汉文古籍总量的94%以上；藏文古籍普查登记1.8万函；累计发布古籍普查目录82.5万条，出版《全国古籍普查登记目录》16种。发布实施《图书馆古籍虫霉防治指南》，举办古籍保护培训班，推动建立“古籍保护人员名录”。启动“中华经典传习项目”试点，两家单位正式挂牌。“中华古籍普查文化志愿服务行动”拓展到全国20个省份，帮助26家基层单位整理编目古籍15.5万册/件，云南、甘肃志愿服务被列入2020年“春雨工程——全国文化志愿者边疆行”重点需求项目。举办全国古籍修复技艺竞赛、“册府千华”系列展览，联合全国18个省份近80家古籍公藏单位举办“传习经典　融古慧今”晒书活动。

（二）革命文献与民国时期文献保护计划稳步实施

继续开展革命文献与民国时期文献普查，新增书目数据3930条，出版《民国时期图书总目·自然科学（基础科学）》《民国时期图书总目·农业科学》，启动民国时期线装古籍普查。评审立项文献整理项目38项，全年出版图书694册，累计出版7330册。举办纪念中国人民抗日战争胜利75周年暨抗战文献研究整理成果发布会，上线“日本细菌战资源库”，发布《侵华日军细菌战档案汇编》等文献整理成果，引起强烈社会反响。征集入藏革命历史文献65万余页、日本战争罪行和对华调查档案7076页，启动日本对华经济侵略档案数字化征集项目，筹备建设“革命历史文献专题资源库”。完成民国时期图书缩微胶片数字化50万拍、缩微拍摄近36.4万拍。组织召开“纪念抗日战争胜利75周年·抗战时期典籍文献抢救保护学术研讨会”，组织线上专题培训。完成“西南太平洋战区日本战争嫌犯讯问档案数字化加工整理二期项目”，开展“中缅印战区抗战历史档案整理项目”。

（三）典籍整理出版项目成果丰硕

《中华传统文化百部经典》编纂项目全年新出版《陶渊明集》《李白集》等图书10部，累计出版40种，其中《孙子兵法》入选中宣部“亚洲经典著作互译计划”基础目录，《论语》《孟子》入选全国政协举行的委员读书活动及“网上全国政协书院”。《鲁迅手稿全集》文稿编、书信编、日记编、译稿编编校基本完成，辑校金石编、辑校古籍编和杂编编校有序推进。国家传统文化典籍整理工程《辛亥革命武昌起义报刊资料选编》《中国国家图书馆藏西域文书·藏文卷》等2部成果正式出版，启动“长江、黄河、长城、大运河古籍文献整理与研究”等4个子项目。

（四）国家典籍博物馆服务不断拓展

设立珍贵古籍常设展，全年举办“全国古籍修复技艺竞赛暨成果展”等专题展览13场，接待公众参观10万人次。建设在线虚拟展厅，推出“云上国图”等线上文化旅游观展项目，组织线上直播、导览和讲座等活动，受到广泛好评。完善“典籍大课堂”特色品牌，举办“经典读书班2020冬令营”。联合中国博物馆协会举办典籍保护与利用线上培训班，累计3万余人次在线观看。

六、行业引领示范作用充分显现，跨界合作蹄疾步稳

一年来，国家图书馆充分发挥已有合作项目、业务平台、服务联盟的作用，着力加强对其他图书馆的业务指导和技术支持，并在此基础上积极拓展面向其他类型文化教育科研机构及高新技术企业的开放合作，形成推动事业发展的更大合力。

（一）全国图书馆业务指导职能实现新作为

组织文献采访、联合编目、文创开发、参考咨询等业务领域交流与培训。全国联合编目中心新增成员馆275家，上传数据57万条，下载数据1080余万条。支持中国图书馆学会组织召开第十次会员代表大会，圆满完成理事会换届工作，审议通过修订版《中国图书馆学会章程》，获2019年度“科协系统统计调查工作优秀单位”。全国图书馆文献缩微复制中心成员馆善本缩微胶片数字化异质保存项目完成数据加工120万拍，成员馆数转模年产量8.4万拍。深入开展文化精准扶贫，以选派优秀干部挂职锻炼、“订单式”人才援疆等形式，为西藏和新疆地区图书馆提供专业指导与技术支持。制定《国家图书馆国家级专业技术人员继续教育基地管理办法》，推进基地建设。“公共数字文化进万家活动”文艺小分队在广西、河北两地基层图书馆开展系列文化惠民活动；赴云南、贵州两地举办“春雨工程·网络书香”数字阅读推广活动，多举措助力基层帮扶工作，获2020年“全国文化和旅游志愿服务项目线上大赛”三等奖。

（二）国际及台港澳交流合作收获新成果

与国际图书馆行业组织及其他国家图书馆加强交流，宣传中国战“疫”成果与中国图书馆界在疫情期间开展服务的情况。派员参加“亚洲和大洋洲地区国家图书馆领导者对话”活动、“数字和全球变化时代的阅读民族”国际在线阅读大会、欧罗巴那数字图书馆“宝塔”语义研讨会等线上会议14场，举办“2020中英图书馆论坛”视频会议；与伊朗、新西兰、新加坡等国家图书馆线上交流抗疫经验。与澳门科技大学图书馆签订合作意向书，推进与欧罗巴那数字图书馆、伊拉克摩苏尔大学图书馆等机构的合作。依托“中阿电子图书馆”平台，上线“中沙建交30周年电子图书月”活动专题网站。切实履行国际图联保存保护中国中心、国际图联中文语言中心职责，传递中国声音，讲好中国故事。

（三）多领域跨界合作揭开新篇章

与新浪网、阅文集团合作，将网民微博记录、网络文学作品等新兴资源纳入馆藏。与中国图书进出口（集团）总公司（以下简称“中国公司”）、华为技术有限公司（以下简称“华为”）携手

打造基于5G、全景视频、全息影像等新技术的沉浸式阅读体验。与阿里巴巴、华为、腾讯、科大讯飞等头部企业合作研究智慧图书馆建设。与中国社会科学院图书馆、西藏自治区文化厅、北京市公园管理中心、中国科技馆、绍兴市人民政府等机构达成战略合作，着力构建优势互补、合作共赢的发展局面。

七、科学谋划“十四五”事业转型发展，全国图书馆发展研究中心履职能力持续提升

一年来，国家图书馆充分发挥全国图书馆发展研究中心职能，围绕事业转型发展、智慧图书馆等事业发展重点领域、关键问题开展调查研究、技术研发、标准研制及制度设计，科学描绘“十四五”时期高质量发展蓝图，进一步推动事业发展与科研工作协同融合和良性互动。

（一）科学谋划“十四五”事业转型发展

将谋划“十四五”事业发展作为贯彻落实习近平总书记回信精神的重要举措，稳步推进国家图书馆发展战略研究，联合行业力量开展全国公共图书馆事业发展战略研究。各小组克服研究任务重、时间紧以及疫情期间沟通交流不便等诸多困难，积极开展问卷调查、专家访谈、网络调研、实地考察等多种形式的调查研究，全面总结发展成绩与经验，共计完成37个课题研究报告，约250万字，提出一系列既有前瞻性，又有现实可操作性的规划思路和项目建议。面向图书馆界和社会公众广泛征集国家图书馆“十四五”发展建议，组织起草《国家图书馆“十四五”规划纲要》。

（二）研究提出“全国智慧图书馆体系”建设思路

根据5G、云计算、大数据、区块链、人工智能等新技术发展的现状和趋势，着力推动全国图书馆事业在“智慧社会”建设背景下的高质量转型发展，提出建设“全国智慧图书馆体系”工作思路，并与文化和旅游部、财政部等主管部门进行多次沟通，与全国副省级以上公共图书馆及业界专家以及华为、阿里巴巴、中图公司、科大讯飞等高科技企业进行广泛深入交流，形成项目建设方案，积极推动将该项目纳入国家文化和旅游发展、哲学社会科学发展等领域重大工程，得到各方面高度关注和大力支持。

（三）切实做好各项科研工作

获批省部级以上科研项目3项、博士后特别资助项目1项，立项资助馆级科研项目32项、文津出版基金项目6项。依托全国图书馆标准化技术委员会、全国文献影像技术标准化技术委员会，申请立项国家标准和行业标准6项、标准化研究项目2项，制定发布标准8项。受文化和旅游部公共服务司委托，开展《公共图书馆馆藏文献信息处置管理办法》《公共图书馆年度报告编制指南》等法律配套制度研制。组织编纂《中国图书馆年鉴》《中国图书馆事业发展报告》；主办《中国图书馆学报》《文献》《国家图书馆学刊》等学术刊物，有效发挥其作为我国图书馆界最高学术

平台的功能作用。获评全国文化和旅游系统2019年度二十佳调研报告1项、优秀调研报告1项。

八、持续优化管理运行机制，综合管理保障规范高效

一年来，国家图书馆以营造良好发展环境为抓手，进一步推进机制改革，进行机构调整，优化内部管理运行体系，持续提升综合管理水平，有效激发内生动力和发展活力。

（一）科学决策能力不断增强

坚持民主决策、科学决策，全年召开馆务会68次、馆长办公会58次。建立部处双周工作动态报送和发布机制，推动部门间信息交流与共享。加强财务预算管理，严格把控经费收支，当年预算67673.97万元，预算实际执行进度98.61%，位居文化和旅游部系统前列。修订《国家图书馆差旅费管理办法》《国家图书馆特殊文献购买管理办法》等，进一步完善内部管理制度。规范并完善采购代理机构管理，完成35个项目的政府采购招标工作、51个馆定集中采购项目的商务谈判工作。努力减支增收，提高财政资金使用效率，全年节约经费127万元。完成国家图书馆二期工程暨国家数字图书馆工程验收及资产入账工作，推进昌黎培训基地资产划转工作。开展后勤服务管理情况专项审计、出版社及馆属企业财务收支审计、预算绩效管理有关评价监督、经济活动风险评估等工作，全面梳理内部控制流程和制度，加强对内部控制制度和体系有效性的评价。有效应对11件重点诉讼案件，推进商标注册管理和合同管理工作，加强依法依规治馆。完善法人治理结构，组织召开第三次理事会全体会议，强化对权力运行的制约和监督，推动形成决策科学、执行坚决、监督有力的权力运行机制。

（二）组织和人才队伍建设健全完善

立足事业发展需求，调整优化部分内设机构及职责，增加、合并、更名内设机构3个，调整职责6个，调整后的内设机构共33个。按照建设高素质专业化干部队伍的要求，进一步完善选人用人工作程序，从严从实全面强化干部监管，完成33名正处级干部、19名馆属企业管理岗位人员的聘任工作，完成31名处级干部的个人有关事项上报工作。接收高校应届毕业生14人，军转干部1人。推荐晋升高级职称15人，晋升或转任副研究馆员33人，博士后进站2人。完善分层分类培训机制，创新培训形式，全年针对中层干部、专业技术人员、全体员工等不同群体举办形式多样的专题培训，选派馆内专家、业务骨干参加各类专项培训。注重高层次人才培养，组织并推荐2人入选全国文化名家暨“四个一批”人才，1人入选全国宣传思想文化青年英才，2人入选文化和旅游部优秀专家；组织并推荐1人为2020年享受政府特殊津贴候选人。

（三）媒体宣传亮点频出

利用“世界读书日”“国际博物馆日”等重要时间节点，结合建馆111周年、法文本《论语导读》典藏仪式等重大活动，全方位开展宣传活动。全年宣传报道总数突破1.8万条，组织集中宣

传活动50余次，发布平面媒体专版29个、特刊1个，进行新媒体直播14次，观看量突破1100万次，创历史新高。“日本细菌战资源库”发布活动得到《人民日报》《光明日报》《北京晚报》等新闻媒体报道或专访，微博阅读量达1.8亿次。发挥新媒体优势，推出“为你揭秘‘不一样的图书馆’”等系列互动活动，馆庆期间推出的“一台主题节目”视频累计播放量超470万次，“全民阅读季”两周话题微博阅读总量8.4亿次。疫情期间通过官方微信公众号发布线上资源及服务等各类推文近百篇，全年阅读量超过227万次，其中《官方最新指南来了！服务不打烊，在家免费看！》阅读量突破10万次。官方微博全年博文阅读量超过28亿次，单条博文最高阅读量1752万次。针对机构用户文献信息服务特点，推出“国图参考”微信服务号。与《朗读者》《国家宝藏》等品牌节目开展合作。全年向文化和旅游部报送信息101篇，位居各直属单位前列。

（四）安全风险防控坚实有力

坚持将读者安全、文献安全、职工安全、馆区设施设备安全放在安全生产工作首位。及时高效地做好各项疫情防控工作，维护馆区安全稳定、保障全馆防疫物资供应；制定《国家图书馆防灾减灾救灾应急预案》《国家图书馆新型冠状病毒感染的肺炎疫情防控应急预案》，建立健全应对突发事件的运行机制；开展安全隐患大排查大整治专项行动，完善技防设施，为古籍馆增配防撞护栏，确保全馆消防、安防系统正常运行，通过举办安全培训、开展安全演练、组织安全知识考核等方式，切实提高疫情防控常态化条件下全馆防控事故能力和消防“四个能力”建设水平；印发关于防范电信网络诈骗工作的通知，加强宣传教育，切实提高员工反诈意识。制定《国家图书馆网络管理办法》《国家图书馆网络安全管理办法》，强化网络安全风险评估和隐患排查，定期开展网络风险排查及系统安全加固，阻断来自互联网的高风险事件，封禁IP地址累计约90万个，拦截垃圾邮件193万余封，全年未发生一起网络安全事故。

（五）后勤保障细致周密

圆满完成全馆及各类重要活动的供电、供水、供暖、空调、医务、收发、保洁、车辆管理等服务保障任务，中央空调安全运行5256小时，车队安全行驶12万余公里，连续5年被评为“海淀区交通安全先进单位”。完成总馆地下车库改造，总馆北区集中空调通风系统改造、气动窗系统维修及水池防水工程修复等项目，全面改善馆区环境。配合海淀区成功创建国家卫生区，完善垃圾分类，保持“北京市健康示范单位”荣誉。持续推进节能减排工作，荣获全国“节约型公共机构示范单位”称号。加强对物业公司的监督管理和工作考核，为营造良好的事业发展环境提供可靠保障。

（六）组织氛围和谐融洽

组织召开第二届职工代表大会第十次全体会议。开展“馆员寄语”、青年理论学习知识竞赛、“云交流共分享　同话战‘疫’青春”五四主题青年交流会等专题活动，组织团员青年通过读书交流、参观主题展览等形式，深入学习习近平新时代中国特色社会主义思想。3篇报告在“根在基层”2020年文化和旅游部青年干部调研实践活动中获奖。按照疫情防控常态化要求，将线下志愿服务转为线上模式，参与志愿服务261人次，累计服务时长5951.5小时。

多举措切实关怀员工生活。不断加强员工食堂经营管理，提升员工用餐质量；增加员工体检项目，组织开展统一核酸检测工作，提高员工健康保障水平。面向女员工、青年员工开展摄影比赛、亲子互动等活动。面向有特殊困难的员工开展“送温暖”活动。看望慰问“中国人民志愿军抗美援朝出国作战70周年”纪念章获得者以及参加抗日战争等革命工作的老同志。开展离退休员工“记忆国图”口述史整理工作。为老同志解决报销取药不便等困难，引导老同志正确理性认识疫情，做好个人防护。关心离退休员工家庭就医、救助等实际需求，探视慰问住院及生病人员、特困人员等共计60余人次。举办离退休社团新春联谊会、新春团拜会等活动，支持离退休员工以线上线下形式参与摄影、舞蹈、书法、篆刻等各类文体活动，以创新形式丰富老同志精神文化生活。推进新时代老干部工作信息化、精准化、规范化建设，助力老同志融入智能生活，共享信息化发展成果。

（七）出版社及馆属企业发展持续向好

加强出版社及馆属企业制度管理，制定《企业固定资产管理制度》等文件，从资源、人员等方面大力支持馆属企业发展，激发企业创新发展活力。出版社及馆属企业克服疫情影响，努力实现社会效益和经济效益双丰收，为国家图书馆事业发展做出积极贡献。国家图书馆出版社获批国家出版基金资助项目2项，入选国家古籍整理出版资助项目8项、中央文化企业国有资本经营预算支出项目1项、国家新闻出版署“数字出版精品遴选推荐计划”1项，《中国历史编纂学史》等2个国家出版基金资助项目绩效考评获评“优秀”，企业财务决算工作获财政部通报表扬。国图艺术中心全年共举办各类公益活动64场，开展演出经营活动79场，2019年度北京文化艺术基金荣庆学堂项目结项。北图文化发展中心成立南通分中心，开设“文津百家”电商网站。国图酒店顺利完成员工食堂运营交接工作。国图书店承接海淀区全民阅读活动、香山公园重阳节文化演出活动等项目，持续推进《中国历代图书总目》项目。国图创新文化服务公司开发特色文化创意产品120余种，承接文化和旅游部“创意进景区”项目，与江西省图书馆联合打造全国图书馆文化创意产品开发联盟首家省级分店“锦文轩”，“国图创新”品牌入选中国文创新品牌榜“文创100”并获“文创之星”称号，获中国国际旅游交易会最佳展示奖和最佳组织奖。

九、加强政治机关建设，党建质量和水平全面提升

一年来，国家图书馆深入学习宣传贯彻党的十九届五中全会精神，始终坚持正确政治方向，坚持围绕中心抓党建，抓好党建促业务，以党建指导业务，以业务提升党建，实现党建工作与业务工作双融合、双促进、双提升。

（一）推动全面从严治党向纵深发展

坚持以党的政治建设为统领，强化政治机关意识，从严从实开展“灯下黑”问题专项整治。

印发《国家图书馆全面推进党支部标准化规范化建设工作的实施方案》《国家图书馆党支部党建工作述职评议考核办法》，完善党建述职评议考核机制，规范党费收支管理。加强党员队伍建设，全年新发展党员 9 人，预备党员转正 10 人。号召广大党员干部在疫情防控斗争中勇于担当作为，充分发挥基层党组织战斗堡垒作用和共产党员先锋模范作用。完善宣传工作机制，组建党建信息编辑队伍，以信息化手段推进智慧党建工作。严格执行重大事项请示报告制度，全年向文化和旅游部党组提交请示报告 184 件。

（二）党风廉政建设和反腐败工作呈现新面貌

通过专题学习讨论、观看警示教育片等方式深入开展反腐倡廉教育，筑牢党员干部日常拒腐防变思想防线。组织基层党支部书记和纪检委员专题培训，压紧压实各基层党支部主体责任。积极实践运用监督执纪“四种形态”，落实落细中央八项规定精神，切实做好反“四风”工作，加强“三公”经费管理，一体推进不敢腐、不能腐、不想腐，全年未出现一例违反中央八项规定精神和“四风”的问题。深入学习贯彻习近平总书记关于制止餐饮浪费行为的重要指示精神，推动全馆上下形成崇尚节约的良好风尚。

（三）意识形态工作责任全面覆盖

牢固树立国家图书馆是重要的公共文化和意识形态阵地的观念，严格落实意识形态工作责任制，落实“一岗双责”，从全局和战略高度谋划意识形态工作决策部署，确保业务工作和服务活动的正确政治方向。完善意识形态风险定期研判制度，梳理排查意识形态领域风险点，开展意识形态工作专题研究，定期开展风险自查。系统梳理馆属企业意识形态审批审核及动态监控制度措施，加强对馆属企业党建工作指导。规范党员干部员工政治言行，建立健全意识形态培训体系，将意识形态教育纳入全馆年度培训计划、部门党支部考核及员工考核相关指标，提升党员干部员工政治敏感度和政治鉴别力。召开国家图书馆统战工作会议，加强对党外人士的政治引领和政治吸纳，凝心聚力为事业发展提供坚强保障。

（四）部党组巡视整改任务落实落地

认真履行巡视整改主体责任，第一时间传达文化和旅游部党组巡视反馈意见，成立巡视整改工作领导小组，认真研究落实整改工作安排，制订整改工作方案和工作台账，明确责任分工、任务要求及进度安排，定期报送整改措施进展情况，确保巡视整改任务件件有着落、事事有回音，做到立行立改、真改实改、全面整改、标本兼治。

特别记载

- 国家图书馆举办习近平总书记给国家图书馆老专家回信一周年暨建馆111周年相关活动
- 国家图书馆举行法文本《论语导读》典藏仪式暨展览开幕式
- 国家图书馆研究提出“全国智慧图书馆体系”建设思路
- 第六批《国家珍贵古籍名录》和“全国古籍重点保护单位”名单正式公布
- 国家图书馆全面统筹部署疫情防控与复工开馆各项工作
- 国家图书馆启动中国战“疫”记忆库建设项目
- 国家图书馆组织开展“十四五”发展战略研究
- 国家图书馆联合全国公共图书馆启动文献共享借阅计划
- 国家图书馆举行纪念中国人民抗日战争胜利75周年暨抗战文献研究整理成果发布会
- 国家图书馆在阅文集团设立第二家互联网信息战略保存基地
- 国家图书馆与北京市公园管理中心签订战略合作协议
- 国家数字图书馆工程通过专家验收
- 国家图书馆举办文津图书奖15周年特别活动
- “2020中英图书馆论坛”视频会议举办
- 重大展览
- 新入藏珍贵文献

特别记载

一、国家图书馆举办习近平总书记给国家图书馆老专家回信一周年暨建馆 111 周年相关活动

2020 年 9 月是习近平总书记给国家图书馆老专家回信一周年，也是国家图书馆建馆 111 周年。国家图书馆为此举办各种纪念活动。

（一）着眼长远　把握大势——国家图书馆召开深入学习贯彻落实习近平总书记回信精神一周年员工大会

9 月 9 日，在建馆 111 周年之际，国家图书馆召开深入学习贯彻落实习近平总书记回信精神一周年员工大会。会议重点回顾总结一年来国家图书馆在总书记回信精神指引下取得的主要成绩，表彰 2019 年度先进集体和个人，并部署下一阶段工作。国家图书馆全体馆领导班子成员、各部处员工代表和离退休干部代表约 500 人参加大会。馆长、党委副书记饶权代表馆领导班子讲话，党委书记、副馆长魏大威主持会议。

饶权全面总结 2019 年以来国家图书馆在弘扬优秀传统文化、服务全民阅读、提升业务能力、引领行业发展、实现跨界合作等领域取得的突出成绩，特别是疫情期间在保障读者和员工身体健康与生命安全、满足国家和社会防疫抗疫信息需求、确保重点工作有序推进等方面取得的全面胜利，并分析面临的问题和不足，提出工作思路和具体要求。饶权对下半年工作提出 4 点希望：要坚持胸怀大局、做好自己的事情，坚持学习、不断创新、提升干事创业能力，坚持立足岗位、在国图事业发展中实现个人价值，坚持正确政治方向、守牢两个责任底线。

饶权强调，2019 年 9 月 8 日，习近平总书记给国家图书馆 8 位老专家回信，充分肯定国家图书馆在传承中华文明、提高国民素质、推动经济社会发展等方面发挥的积极作用，高屋建瓴地指出了图书馆事业在国家发展特别是文化发展中的突出重要作用和重要地位，并对国家图书馆未来发展提出明确要求。2020 年 8 月，文化和旅游部党组书记、部长胡和平同志刚刚到任，就专程来国家图书馆调研，对国家图书馆未来发展进行指导。我们要以深入学习贯彻落实习近平总书记回信精神为指引，认真贯彻落实部领导指示要求和部党组的决策部署，进一步统一思想、凝聚共识，团结全馆干部职工，推动国家图书馆事业高质量转型发展。

会上，馆领导向荣获 2019 年度“馆长特别奖”“先进集体”“服务标兵”的集体代表和个人颁发荣誉证书，还向在馆工作满 30 年的员工颁发纪念章及证书，以表彰他们对国家图书馆事业发展做出的贡献。

在专题报告环节，荣获“先进集体”奖的部处代表荣杰，特色党建工作支部代表曹宁和吴澍时，荣获“先进集体”奖的科组代表朱青青和尹汉超，荣获“服务标兵”的代表吴杨方舟分别结合各自工作实际进行汇报发言。他们的先进事迹，充分展现全馆员工在不同的工作岗位上恪尽

职守、无私奉献的精神风貌，以实际行动诠释国图人对“传承文明、服务社会”初心使命的长期坚守。

最后，魏大威表示，希望全馆上下坚持以习近平新时代中国特色社会主义思想为指导，深入学习贯彻党的十九大和十九大以来历次全会精神，深入学习贯彻落实习近平总书记回信精神，将胡和平部长来馆调研指示精神落实到位，以时不我待、只争朝夕的精神投入工作，不断推动国家图书馆党的建设和各项事业发展取得新成绩，办好让党放心、让人民满意的国家图书馆，为建设社会主义文化强国做出新的更大贡献!

（二）召开学习贯彻习近平总书记给国家图书馆老专家回信精神一周年座谈会

9 月 10 日上午，学习贯彻习近平总书记给国家图书馆老专家回信精神一周年座谈会在国家图书馆召开。文化和旅游部党组成员、副部长张旭，文化和旅游部公共服务司一级巡视员陈彬斌，国家图书馆馆领导班子成员出席会议。国家图书馆老专家代表、全国副省级以上图书馆及少年儿童图书馆主要负责人、国家图书馆相关负责人参加会议。座谈会由国家图书馆党委书记、副馆长魏大威主持。

张旭在讲话中充分肯定全国图书馆界一年来贯彻落实习近平总书记回信精神卓有成效的工作。他强调，各级公共图书馆要深入学习贯彻习近平总书记系列重要论述和回信精神，坚守“传承文明、服务社会”的初心，深入推进改革创新，重点做好以下 5 个方面的工作：一是要坚持正确政治方向，自觉承担起举旗帜、聚民心、育新人、兴文化、展形象的使命任务；二是要传承优秀传统文化，让书写在古籍里的文字活起来；三是要创新服务方式，以改革促进公共图书馆效能提升；四是要建设书香社会，提升群众文化获得感幸福感；五是要积极谋划“十四五”公共图书馆事业发展，为各项工作顺利实施提供有力保障。

国家图书馆馆长、党委副书记饶权从坚持正确政治方向、以明德引领时代风尚，弘扬优秀传统文化、以经典传承培育文化自信，创新服务方式、更好满足人民群众美好生活新期待，推动全民阅读、以书香文韵滋养民族心灵，开放共享、以务实合作推动行业转型发展等 5 个方面，介绍国家图书馆一年来深入学习贯彻落实习近平总书记回信精神的主要工作。饶权表示国家图书馆将根据胡和平部长指示要求，持续推动贯彻落实总书记回信精神各项工作落细落实，不辜负总书记嘱托，不辜负人民群众期待，办好让党放心、让人民满意的国家图书馆。

会上，中央文史研究馆馆员、国家图书馆原常务副馆长陈力，全国古籍保护工作专家委员会主任、国家图书馆研究馆员李致忠分别代表国家图书馆老专家发言，吉林省图书馆、浙江图书馆、四川省图书馆、陕西省图书馆、金陵图书馆、武汉图书馆、湖南省少年儿童图书馆等图书馆主要负责人围绕贯彻落实习近平总书记回信精神，推进各方面工作的情况做专题发言。

2020 年是“十三五”收官之年，全国图书馆界都在积极谋划“十四五”事业发展。9 月 10 日下午，饶权做主题为“坚定信心　乘势而上　科学谋划‘十四五’时期事业发展”专题报告，介绍国家图书馆近期在公共图书馆事业智慧化转型升级、进一步加强古籍保护工作、创新文献借阅服务和推动全民阅读方面的一些初步思路和工作举措。全国副省级以上图书馆及少年儿童图书馆主要负责人就深入学习贯彻落实习近平总书记回信精神，研讨谋划“十四五”时期公共图书馆事业发展开展专题讨论。

饶权在会议总结中表示，本次座谈会时间特殊、意义重大，主题突出、目标明确，会风务实、讨论热烈。就贯彻落实好本次会议精神，做好下一步工作，饶权提出三点意见：一是进一步贯彻落实习近平总书记回信精神，勇担使命任务；二是直面机遇挑战，谋深谋实谋细未来发展；三是拓展多元交流与合作，凝聚事业发展合力。

下一步，全国图书馆界将坚持以习近平新时代中国特色社会主义思想为指导，切实把贯彻落实习近平总书记回信精神作为当前和今后一个时期的重大政治任务，共同谋划“十四五”时期全局性合作项目，形成推动全国公共图书馆事业创新转型发展的工作抓手，为促进公共文化事业发展、为建设社会主义文化强国再立新功。

（三）举办“滋养民族心灵　培育文化自信——习近平总书记给国家图书馆老专家回信一周年暨建馆 111 周年”线上主题节目

为响应习近平总书记回信中对国家图书馆“传承文明、服务社会”的要求，同时更好地向社会公众宣传国家图书馆服务的历史变迁，9 月 8 日，国家图书馆通过央视网、央视新闻客户端、央视频、光明网、新华网、搜狐网、新浪网、央广网、“学习强国”学习平台、人民政协网、文旅中国、文化和旅游部官网等多家权威网络和新媒体平台，推出“滋养民族心灵　培育文化自信——习近平总书记给国家图书馆老专家回信一周年暨建馆 111 周年”线上主题节目。

整场节目通过不忘初心、传承文脉、创新服务、全民阅读 4 个篇章讲述国家图书馆建馆 111 年来的发展历程，体现国家图书馆在坚持正确政治方向、弘扬优秀传统文化、创新服务方式、推动全民阅读、增强行业引领能力等各个方面工作，并将展现疫情期间开展的创新服务、发布第十五届文津图书奖获奖名单等活动贯穿其中。节目全面展示国家图书馆在习近平总书记回信精神指导下，各类型业务和服务的最新发展情况，特别是向社会公众讲述那些不为人知的“国图好故事”，进一步增强其认同感，吸引更多人关注国家图书馆、走进国家图书馆。

第一篇章不忘初心。该篇章介绍国家图书馆 111 年历史上的重要事件，通过珍贵纪录片片段，包括 1979 年新影厂纪录片《知识宝库》、1999 年央视纪录片《前进中的国家图书馆》、2009 年央视纪录片《百年守望》、2019 年国家图书馆宣传片及《口述国图》等，直观展示国家图书馆的馆舍、馆藏以及 111 年来服务的变迁。第二篇章传承文脉。该篇章以国家级非物质文化遗产代表项目代表性传承人杜伟生在古籍修复室正在修复的“天禄琳琅”为切入点，介绍历史上国家图书馆的几个重大修复项目（《赵城金藏》《永乐大典》等）、修复理念和修复技术的变化发展、修复人才的培养等精彩内容。向公众展示国家图书馆各个时期的文脉传承项目，包括中华古籍保护计划、革命文献与民国时期文献保护计划、《中华传统文化百部经典》编纂项目、中华再造善本工程、海外善本回归、中华传统文化典籍保护传承大展等。通过清华大学建筑系教授王贵祥讲述“建筑中孕育的中国文化精神”，向公众展示国图公开课之“传统艺术公开课”。第三篇章创新服务。作为 8 位老专家之一，同时也是荣获过国家科技进步二等奖的朱岩介绍鲜为人知的“大字符集的故事”。这一篇章中“国图和她的战略伙伴们”重点展现国家图书馆创新发展阶段性成果，以现场连线的方式邀请华为、新浪微博、阅文集团、中图公司4家企业相关负责人介绍与国家图书馆开展合作的情况及未来的合作前景。国家图书馆馆长饶权做题为“面向未来的国家图书馆”的主题报告。第四篇章全民阅读。国家图书馆少年儿童馆馆员现场为小读者讲述《给孩子的中国历史故事》中的一个经典故事，并一起朗诵诗歌《读中国》。随后，由东莞图书馆进城务工人员的留言说起，回顾在2019年“世界读书日”期间，中国图书馆学会和国家图书馆联合3039家各级各类图书馆发起图书馆人《服务全民阅读　共创美好生活》的倡议，通过视频及照片展示近年来全国图书馆界在构建书香社会、推动阅读服务全覆盖方面取得的丰硕成果和代表性案例。

节目最后，111岁的国家图书馆收到来自馆内外的祝福和期望，特别是9家与国家图书馆同龄图书馆的馆长通过视频送上生日祝福，共同展望中国图书馆事业未来发展。

二、国家图书馆举行法文本《论语导读》典藏仪式暨展览开幕式

11月4日，法文本《论语导读》典藏仪式暨展览开幕式在国家图书馆文会堂举行。文化和旅游部党组书记、部长胡和平，法国驻华大使罗梁，文化和旅游部办公厅主任熊远明、国际交流与合作局局长谢金英、公共服务司一级巡视员陈彬斌，外交部欧洲司副司长赵斌，国家图书馆馆长、国家古籍保护中心主任饶权，国家图书馆党委书记、副馆长魏大威，副馆长张志清、汪东波，以及来自文化和旅游部直属单位、在京部分图书馆等单位相关负责人，部分专家学者代表出席活动。

胡和平表示，此部法文本《论语导读》是2019年中法建交55周年之际由马克龙总统赠送习近平主席，入藏中国国家图书馆充分展示习近平主席、中国政府对这份珍贵礼物的珍视和尊重，必将成为中法文化交流深入开展的有力见证。中国和法国是东西方两大文明的代表，两国文化所共有的开放性、包容性、多样性和创造性，使得彼此之间相互吸引、相互借鉴、互尊互信、互惠共容，成为推动世界文明融合发展的重要力量。两国持续关注、深入研究彼此传统文化典籍，必将推动中法两大灿烂文明交流互鉴，拉近两国人民心与心的距离，真正实现更深层次的国相交、民相亲、心相通。

罗梁表示，法文本《论语导读》是历史上首部将儒家经典翻译成法文的译著，一经问世便在法国掀起一股崇尚中国思想的热潮，这本珍贵而独特的抄本今天被中国国家图书馆典藏，不仅凸显其在文学以及文物领域的特殊价值，更成为法中两国数百年来联系交往的有力象征和见证。这也是对我们继续推进和加强两国文化与遗产领域双边合作的一种激励和鞭策。

饶权表示，1688年法文本《论语导读》，是首部《论语导读》法文稿本，存世罕有，非常珍贵，也是国家图书馆入藏的第一部完整的欧洲启蒙时期的外文著作手稿。国家图书馆将做好这件珍贵典籍的保存保护和研究利用，邀请知名专家学者举办讲座、开展学术研讨，会同有关研究机构全面、深入地发掘其价值，向社会各界展现不同文明的相互交融与共同发展。未来，国家图书馆将继续致力于推进中法文明间的平等对话、交流互鉴和相互启迪，与法国和世界各国朋友们一起，共同为人类迈向文明进步与和平发展的新境界做出新的更大贡献。

古籍馆副研究馆员赵大莹为胡和平、罗梁现场讲解1688年法文本《论语导读》的独特价值、入藏国家图书馆的意义，以及国家图书馆所采取的保护措施等情况。

为了让更多读者了解1688年法文本《论语导读》的主要内容及其在中法文化交流中的重要意义，国家图书馆特在国家典籍博物馆第一展厅举办“法文本《论语导读》入藏展”。展览以1688年法文本《论语导读》为核心，配合展示《论语》在日本和朝鲜的刻本，以及17至19世纪的拉丁文、法文、意大利文、德文和英文译本，彰显儒家经典文献及其思想在世界范围的广泛传播。

三、国家图书馆研究提出“全国智慧图书馆体系”建设思路

为迎接“智慧社会”建设的机遇和挑战，国家图书馆策划提出“全国智慧图书馆体系”建设思路，旨在以我国近20年的数字图书馆建设成果为基础，以5G网络、人工智能、大数据、云计算、区块链等信息技术为支撑，引领带动全国图书馆在资源、空间、设施、服务等领域的全面智慧化转型。

5月，国家图书馆成立专门工作组，推进智慧图书馆有关理论研究。在前期研究的基础上，国家图书馆提出项目初步构想，编制“全国智慧图书馆体系建设项目方案”。在文化和旅游部党组和财务司、公共服务司等相关司局大力支持下，国家图书馆与国家发改委、财政部等部门深入沟通，积极争取财政资金支持。同时，还与图书馆及相关领域专家学者、头部机构充分交流，不断完善项目思路。8月21日，国家图书馆组织召开智慧图书馆体系建设专家论证会，邀请7名相关领域的专家对项目方案进行论证。

10月起，馆长饶权及几位馆班子成员分别带队到浙江、安徽、广东、四川等多个省市进行实地调研，充分了解各地图书馆及其他公共文化机构智慧化建设与服务情况，认真听取各馆对图书馆智慧化转型方向、路径等方面的意见建议。同时到阿里巴巴、华为、中图公司、腾讯、科大讯飞等互联网头部机构现场考察，就智慧图书馆建设的技术路线、合作前景等进行深入交流。在充分吸收各方面意见建议的基础上，进一步优化项目建设方案。此外，饶权在第十届上海国际图书馆论坛、2020河北省图书馆学会年会、2020年广东图书馆学会年会等多个场合，就“全国智慧图书馆体系”建设的总体思路、内容架构、目标愿景等与业界同行深入交换意见，逐步形成较为广泛的行业共识。

智慧图书馆不只是一种适应技术变革的图书馆新发展形态，同时更是一种面向未来的图书馆新发展理念。归纳起来，“全国智慧图书馆体系”的总体架构为“1+3+N”：

“1”是一个智慧图书馆的云基础设施，是“全国智慧图书馆体系”运行的基础架构，支撑全国智慧图书馆的高度集成化运行。

“3”是搭载其上的全国智慧图书馆管理系统、全网知识内容集成仓储和多维融合知识服务平台，其中全国智慧图书馆管理系统是“全国智慧图书馆体系”的“大脑中枢”，实现图书馆全业务架构和全业务流程的智慧化管理。全网知识内容集成仓储是“全国智慧图书馆体系”的知识内容仓储中心，支持全网知识内容的生产、组织与保存。多维融合知识服务平台是“全国智慧图书馆

体系”的知识服务汇聚门户，实现多元提供、多域贯通、多媒体融合的知识服务供给。

“N”是指在全国各级图书馆及其基层服务点普遍建立线下智慧服务空间，是“全国智慧图书馆体系”的“神经末梢”，为读者提供沉浸式智能化阅读场景，为馆员提供智慧化业务工作环境。

为确保“全国智慧图书馆体系”的科学发展，项目还将建设3个支撑保障体系：一是智慧图书馆评价体系，二是智慧图书馆标准规范体系，三是智慧图书馆研究及人才培养体系。

四、第六批《国家珍贵古籍名录》和“全国古籍重点保护单位”名单正式公布

（一）第六批《国家珍贵古籍名录》和“全国古籍重点保护单位”推荐名单上报文化和旅游部

2018年5月至2019年12月，国家古籍保护中心严格遵照《国家珍贵古籍申报评审暂行办法》、《全国古籍重点保护单位申报评定暂行办法》（文社图发〔2007〕31号），组织开展古籍收藏单位申报、专家评审、实地考察、专家审定等各项工作，拟定《第六批〈国家珍贵古籍名录〉和“全国古籍重点保护单位”推荐名单》，并撰写评审工作情况说明，2020年1月上报文化和旅游部。

（二）第六批《国家珍贵古籍名录》和“全国古籍重点保护单位”推荐名单公示

6月，文化和旅游部网站公示第六批《国家珍贵古籍名录》和“全国古籍重点保护单位”推荐名单，征求社会各界的意见。公示期间，国家古籍保护中心回复解答山东省文化和旅游厅、山西省文化和旅游厅、重庆市文化和旅游发展委员会等单位对第六批《国家珍贵古籍名录》和“全国古籍重点保护单位”推荐名单提出的几点疑问。

（三）第六批《国家珍贵古籍名录》和“全国古籍重点保护单位”推荐名单上报国务院办公厅

9月，文化和旅游部将第六批《国家珍贵古籍名录》和“全国古籍重点保护单位”推荐名单上报国务院。国家古籍保护中心参加第六批《国家珍贵古籍名录》和“全国古籍重点保护单位”公布前视频工作会议。

（四）“第六批国家珍贵古籍名录和全国古籍重点保护单位名单新闻发布会”

11月13日，文化和旅游部召开“第六批国家珍贵古籍名录和全国古籍重点保护单位名单新闻发布会”。文化和旅游部公共服务司一级巡视员陈彬斌，国家图书馆馆长、国家古籍保护中心主任饶权，全国古籍保护工作专家委员会主任李致忠，国家博物馆常务副馆长陈成军，南京图书馆副馆长、江苏省古籍保护中心主任全勤出席发布会。文化和旅游部办公厅副主任张旭霞主持发布会。会上正式公布第六批《国家珍贵古籍名录》（752部）和第六批“全国古籍重点保护单位”名单（23个）。国务院先后批准公布6批《国家珍贵古籍名录》，共收录古籍13026部；命名6批共

203 家“全国古籍重点保护单位”。

第六批《国家珍贵古籍名录》收录先秦两汉时期简帛 23 部，魏晋南北朝隋唐时期古籍 29 部，宋辽夏金元时期古籍 91 部，明清时期古籍 503 部；少数民族文字古籍 94 部，涵盖于阗文、藏文、蒙古文、彝文、满文、东巴文、傣文、水文、古壮字等 9 种民族文字；其他文字古籍 12 部，涵盖梵文、拉丁文、德文等多种文字。

从古籍重点保护单位入选情况来看，主要体现 4 个特点：一是甘肃、青海、内蒙古、云南等省区多家古籍收藏单位存藏条件有很大改善，如楚雄彝族文化研究院、西双版纳图书馆分别是目前国内收藏彝文、傣文古籍数量最大的机构；二是通过古籍普查发现一批藏量符合评选标准的重点保护单位，如宁波市图书馆、平湖市图书馆善本藏量超过 3000 册；三是文博系统积极参与古籍保护工作，如国家博物馆古籍藏量丰富，珍善本众多，具备现代化古籍专用库房；四是以评促改，部分收藏单位落实专家评审意见，进一步改善古籍存藏条件。

《国家珍贵古籍名录》和“全国古籍重点保护单位”的评审与公布，极大地推动了全国古籍保护工作的高效开展。全国古籍保护工作体系基本建立，古籍分级保护制度逐步形成。全国古籍普查工作全面开展，“十三五”期间基本完成。推动珍贵古籍原生性保护有效开展，带动全国 1000 余家古籍收藏单位不同程度地改善库房条件，配备古籍保护专门设施设备，使超过 2000 万册 / 件古籍得到妥善保护。在全国设立 12 家“国家级古籍修复中心”，组织开展一批大型古籍修复项目，累计修复古籍超过 360 万叶。推动古籍保护人才培养模式不断创新，培养出一批高素质、复合型古籍保护人才。促进古籍再生性保护积极发展，开展各种影印出版项目，大力发展古籍数字化，举办展览、讲座、“中华传统晒书大会”等形式多样的宣传推广活动，更好地传承弘扬中华优秀传统文化。

下一步，国家古籍保护中心将继续贯彻习近平总书记关于古籍保护工作的重要批示精神，在中宣部、文化和旅游部等上级有关单位的支持指导下，会同各地图书馆（古籍保护中心）继续深入实施中华古籍保护计划，扎实推进国家古籍保护工程。

五、国家图书馆全面统筹部署疫情防控与复工开馆各项工作

（一）坚持以人为本，坚定打赢疫情防控与复工开馆双线战役

国家图书馆认真贯彻落实党中央、国务院以及文化和旅游部有关防疫抗疫的部署要求，坚持以人民为中心，压实属地、部门、单位、个人“四方责任”，全力保障读者和员工生命安全和身体健康。

落实抗疫工作部署，加强疫情防控。疫情发生后，国家图书馆第一时间建立疫情防控的组织领导和协调落实机制，成立疫情防控领导小组及工作小组，相关部处坚持各司其职、各负其责，预防为主、外堵内防，落实消杀防疫，强化健康教育、普及科学防范知识，加强应急值班值守。2020 年 1 月 24 日起开始闭馆，并制定《国家图书馆关于统筹推进新冠肺炎疫情防控和事业发展的工作方案》，统筹安排员工居家办公和分阶段有序返岗复工，馆内重大决策部署通过在线召开馆

务会、馆长办公会等形式及时推进。同时，积极采购防疫消杀物资，通过多种途径寻找货源，先后采购口罩、额温枪、一次性手套、防护服、酒精消毒湿巾、酒精消毒液等防疫物资，确保疫情防控物资供应到位，全力保障春节和闭馆期间疫情防控重点岗位及人员需求。

加强馆区管控，落实消杀工作。疫情期间，严格落实馆区防控规定，对进入馆区的人员进行登记，测量体温，防止将病毒带进馆区。加强馆区消杀，公共区域、开放的阅览室每天消杀，家具、窗台、门窗等每天擦拭消毒。卫生间、垃圾桶、垃圾中转站等重点区域每天消杀，电梯轿厢、候梯厅配置纸巾，按键张贴保鲜膜，每天更换。对A栋到Q栋的各个区域进行全面摸排，分析空调系统安全形态及存在的问题，对总馆南、北区空调进行清洗消毒，保证馆区空气质量。

按时报送统计数据，加强防控宣传。建立健康监测、疫情报备、隔离、入馆检查及到岗登记等管理制度。严格落实"零报告、日报告"制度，及时跟踪国内疫情动态，从1月23日起至6月2日，每日14点前向文化和旅游部、国家图书馆疫情防控工作小组报送信息，累计报送《每日情况汇报》131份、"国家图书馆采取措施情况统计表"60份、周报快报45份、非新冠发热情况13条，更新维护离京返京、健康跟踪等各类信息2000余条。新发地市场疫情暴发后，北京加大核酸检测范围，为精准、科学地做好馆区疫情防控，国家图书馆组织部分一线员工、运行保障人员等共计624人完成咽试纸核酸检测。

常态化下坚持防范，继续保持警惕。2020年下半年，国内疫情防控形势全面向好，但仍有零星境外输入病例不断出现，在疫情常态化的整体形势下，坚持做好外防输入内防反弹工作，全面落实疫情防控各项要点，丝毫不放松警惕，国家图书馆要求员工在岗位上科学佩戴口罩、勤洗手、常通风、少聚集，注意饮食卫生，做好自身健康监测。

根据疫情防控要求，开展技术改造。在新冠肺炎疫情防控常态化要求下，为保证总馆北区集中空调通风系统安全合理使用，防止因空调通风系统开启而导致疫情的传播和蔓延，消除存在的隐患，对总馆北区集中空调通风系统安全性进行升级改造，为四层和五层空调机组安装亚高效过滤器，以提高净化率，满足通风量要求；对北区南侧的3个排风口进行钢架外挂透明玻璃幕墙改造，使排风口高出进风口6米，以避免排风污染新风；结合现有排风机变频情况，加装变频器并调整变频器频率，以尽量降低排风机噪音。

（二）根据疫情防控情况及时调整开放区域、服务内容及开放时间，做好疫情期间服务工作

国家图书馆根据文化和旅游部、北京市有关疫情防控的工作要求，结合馆区实际，按照科学评估、统筹兼顾、分类施策、平稳有序的工作方针，贯彻"履职尽责、安全第一，服务读者、加强管理，科学部署、有序开放"的整体原则，在严格落实疫情防控要求，确保疫情防控举措到位的前提下，积极做好开放区域调整、服务内容及开放时间的调整工作。为进一步做好读者服务工作，满足广大读者的文化需求，国家图书馆先后于5月12日起有序恢复开放总馆南区，7月28日起有序恢复开放典籍博物馆，10月1日起有序恢复开放总馆北区、少年儿童馆和古籍馆区域，全馆绝大部分服务区域均恢复开放。

结合读者需求情况及相关要求，对预约入馆政策及相关服务政策进行及时调整，如将按照服

务点预约调整为按照馆区预约，开放当日预约，在官网增加预约入馆二维码链接等。馆区部分开放阶段，在相关阅览室/服务点提供整合服务。为方便老年读者等特殊群体，国家图书馆微信服务号开放代预约功能并保留人工预约和电话预约等传统方式，为特殊群体的入馆提供便利。

有序恢复开馆后，执行周一闭馆、中午清馆制度，每日中午 12：00—13：00 清馆期间对阅览室和公共区域集中消毒。馆区设置"集中还书处"，配备自助借还机，集中归还外借图书，外借处放置图书消毒机，方便读者自行消毒，设立文献消毒室，对读者归还图书及时清理并集中消毒后上架。此外，还主动免除读者在疫情期间的外借逾期费用（即对自 1 月 24 日至全面恢复正常开馆后 30 日内产生的外借逾期费用予以免除），鼓励读者错时到馆。同时，根据实际需求，在各馆区入口、阅览室入口及相应服务点配备洗手液、消毒湿巾、测温设备等防控用品，保障读者和一线工作人员身体健康与生命安全。

疫情闭馆期间，着力开展外购数据库和专题资源推送线上服务，依托现代信息技术和新媒体服务平台，国家图书馆在官网、国家数字图书馆 APP、手机门户、微信、微博等渠道发布"服务不打烊，战'疫'进行时——国家图书馆抗击新型冠状病毒肺炎疫情资源专题库"等专题资源，推出"理性防疫·从'心'开始——心理健康主题微课堂"等线上活动，有效弥补到馆服务和线下活动的缺失。同时，通过网络平台发布《官方最新指南来了，服务不打烊，在家免费看！》等推文，有序引导读者通过线上平台获取国家图书馆资源和服务。

（三）与中国图书馆学会联合全国图书馆界开展驰援武汉疫情防控物资捐赠行动

新型冠状病毒感染的肺炎疫情发生以来，在党中央的坚强领导下，各行各业都投入到这场疫情防控阻击战中。2020 年 2 月，国家图书馆与中国图书馆学会联合全国图书馆界开展以"驰援武汉　共克时艰"为主题的捐赠疫情防控急需物资行动，为坚决打赢这场疫情防控阻击战奉献爱心、贡献力量。

国家图书馆率先捐赠，中国图书馆学会发动倡议，积极引领。2 月 15 日，得知武汉及湖北其他地区的图书馆同人正在下沉社区，承担把守大门、消毒杀菌、测量体温、为居民送菜、建立方舱图书角等重要职责，但防疫物品储备不足、购买难度很大的困难后，国家图书馆第一时间发函向武汉地区所有图书馆员致以诚挚的慰问，对他们奋战抗疫一线、坚持线上服务致以崇高的敬意！同时极尽所能筹集一批防护用品驰援武汉。中国图书馆学会发布《关于为武汉地区图书馆捐赠疫情防控急需物资的倡议书》，号召全国图书馆界通过捐赠物资等方式为抗击疫情助力，同时紧急购置一批手套和防护服等物资发往武汉。

各级各类图书馆和学会组织迅速响应，支援武汉。中国图书馆学会各分支机构和各省级图书馆学会积极响应号召，紧急动员各级各类图书馆参与行动。上海、四川、新疆、河北、辽宁等各省级图书馆迅速行动，在与省级图书馆学会共同发起倡议的同时，积极调配馆内原有抗疫物资，并多方寻找可靠货源进行筹措，竭尽全力支援武汉。广东、浙江、湖南、安徽、江西、黑龙江等省份疫情较重，防疫物资也非常短缺，但考虑到湖北同行更加急需，想方设法购置和节约出大量物资驰援湖北。深圳、厦门、杭州、金陵、长春图书馆等 15 个副省级城市图书馆积极与武汉图书馆对接，建立定向援助机制，分别向武汉各区图书馆对口援助物资。安徽省滁州市公共图书馆联盟8个成员馆多方筹措，捐赠一次性手套80000双、一次性雨衣800件。

全国图书馆人在疫情面前形成强大合力，齐心应战。中国图书馆学会未成年人图书馆分会发起向武汉及武汉市少年儿童图书馆捐赠物资的号召，各地少儿图书馆纷纷响应，其中扬州市少年儿童图书馆捐赠一次性医用口罩500只、手套500双，这些物资都是馆员从家中仅有的防护物品中慷慨捐出的。大连图书馆连夜发动全馆力量多方购置物资。在面对运输方面的重重困难时，又与有关部门反复沟通协调，最终获准通过航空运输渠道将物资及时发往武汉。西藏自治区图书馆充分发挥地方特色优势，为湖北同人筹集1400个"纳布古觉防瘟散"防疫包；那曲市图书馆建馆时间不长，防疫物资紧缺，但馆员们仍然踊跃捐款，为武汉同人购得一批口罩等急用物资。云南省图书馆同人踊跃捐款，亲赴田间地头收割蔬菜，并急速完成采、摘、包、装全过程，短短两天内饱含着浓浓爱心的30吨时蔬启运武汉。军事科学院图书馆和广东省科技图书馆等单位群策群力，多方筹措口罩、手套等物资进行驰援。各地图书馆还同时发动社会力量参与此次活动，其中西安外国语大学加拿大校友会和"爬行者公益团"山东分团捐赠了大量物资。

六、国家图书馆启动中国战"疫"记忆库建设项目

2020年4月，国家图书馆联合全国各级公共图书馆启动中国战"疫"记忆库（以下简称"记忆库"）项目建设，携手其他文献收藏单位、企事业单位、社会组织和个人共同参与。通过收集、整理和展示战"疫"文献，引导公众感悟和弘扬伟大抗疫精神。项目经过一年的建设，收集和整理近2万件资源，已初具规模；成立中国战"疫"记忆库领导小组和专家委员会。

（一）工作机制

为高效规范管理项目，成立中国战"疫"记忆库领导小组，领导小组办公室设在数字资源部，制订《中国战"疫"记忆库建设2020年工作方案》，为项目建设提供依据，确保记忆库建设工作有序开展。9月11日，成立中国战"疫"记忆库专家委员会，为项目的整体推进、资源建设、宣传推广等提供咨询意见和智力支持。

（二）重要建设成果

2020年，记忆库在资源建设、标准规范、平台开发等方面取得阶段性成果，并启动知识组织建设。

1. 资源建设

记忆库致力于全方位、多维度地收藏各级政府、机构、医务工作者和各行各业全民抗"疫"中的生动故事，项目持续开展资源征集、网络资源采集、口述史资源建设等工作。

4月22日，国家图书馆通过网站和微信公众号发布《国家图书馆关于启动中国战"疫"记忆库项目暨征集抗击新冠肺炎疫情主题资源的公告》。截至2020年底，国家图书馆收到来自各级政府机关、企事业单位、行业头部企业及知名艺术家近17000件的捐赠意向，资源种类有著

作、文章、图片、音频视频等数字资源和手稿、书画、照片等实物。12 月，国家图书馆与中国电视艺术家协会、国家卫生健康委员会宣传司联合指导“见证伟大的抗疫精神——中国同心战‘疫’纪实影像主题活动”，结合国家图书馆纪录片馆藏体系建设工作，进行有重点的主动征集，面向中共中央宣传部、中央广播电视台、新华通讯社等单位征集战“疫”主题纪录片 92 部（300 集）。

与国家图书馆互联网信息战略保存试点基地新浪网探索呈现抗疫相关公开内容。以“全面采集、科学组织、生动展示、系统保存”为原则，从 1 月 23 日起，对与疫情防控相关的政策、疫情发展、防控报道、新闻评论、心理疏导、抗疫英模等进行网络资源采集与保存，完成网络资源采集超过 23292 条，数据量 13.89TB。

通过口述采访等方式获取战“疫”亲历者、见证者的口述影音和文本资源，通过实录和实证复原人们的集体记忆，多维度再现这段特殊经历。中国记忆项目中心对国家中医援鄂抗疫医疗队队长叶永安及其他 23 位医疗队成员进行口述史访问，获得口述史料（视频）约 54 小时，另获取江苏省常州市新冠肺炎定点收治医院 19 位一线医护人员口述史资料 8.5 小时。

开展战“疫”人物谱和大事记专项建设，完成人物谱人物与大事记相关大事的遴选标准，制定人物和事件元数据规范并通过专家评审与项目组审定，完成入选人物清单（学术影响力指标除外），包含 4523 名个人、895 个机构。

2. 标准规范

记忆库在建设及管理中严格遵循统一的标准规范和操作流程，有序开展各项工作。

以开放性、延续性、可扩展、模块化为建设原则，在充分延续数字图书馆工程元数据系列标准规范成果的基础上，复用国内外已有元数据成果，设计记忆库元数据规范，形成资源描述元数据规范初稿，进而指导项目各类型资源建设。

3. 平台开发

基于战“疫”资源种类多样性和内容复杂性，管理操作流程复杂，完成记忆库版权管理平台调研，启动平台开发建设。平台旨在登记管理国家图书馆及全国公共图书馆战“疫”资源，特别是版权信息管理，引入区块链技术对战“疫”资源进行管理，可以较好适应记忆库的资源特性，有效体现资源的多样来源和权利属性，利于资源流通，成为区块链技术在智慧图书馆应用示范领域的初期尝试。

4. 知识专题库组织

针对记忆库项目特点，将项目的资源多样性、复杂性、异构性特点及立体多维展示功能需求、语义网环境下的应用场景相结合，策划实施记忆库知识组织建设工作。在建设中使用语义描述、知识组织技术，建设成果将为各类型资源及其相关的人物、事件、机构组织等非信息资源统一管理提供支撑，可以将各类术语词表、取值词表等转化为语义化知识库。

（三）调研和宣传工作

9 月初，开展业界调研，赴陕西省、山西省等多地调研战“疫”资源收集与展览情况，扩展抗击新冠肺炎疫情主题资源来源。

9 月，向文化和旅游部报送《国家图书馆简报》（第 15 期）、《国家图书馆积极推动中国战“疫”记忆库建设》。借助纪录片征集、调研等活动宣传记忆库项目。

七、国家图书馆组织开展“十四五”发展战略研究

2020 年是“十三五”规划的收官之年，是国家图书馆“规划发展年”。为深入学习贯彻落实习近平总书记给国家图书馆 8 位老专家的回信精神，推动国家图书馆事业创新发展，做好《国家图书馆“十四五”规划纲要》编制工作，同时，回应全国图书馆界对国家图书馆的热切期待，切实发挥好行业示范引领作用，带动全国图书馆界，共同谋划好“十四五”时期事业高质量转型发展新路径，国家图书馆靠前谋划，积极组织开展“十四五”发展战略研究工作。

（一）组织馆内外专家、学者共同开展国家图书馆发展战略研究

2019 年 11 月，根据《关于印发〈国家图书馆发展战略研究工作方案〉的通知》（国图研发〔2019〕38 号）安排，国家图书馆发展战略研究工作正式启动。研究工作设置 12 个研究专题、22 个研究课题，涵盖国家图书馆馆藏发展、公共服务、数字化建设、优秀传统文化等重点领域，以及党的建设、发展环境分析、人才科研、国际交流、对外营销与合作、体制机制改革等关系国家图书馆事业长远发展的关键问题，分别由馆班子成员和馆外知名专家领衔，馆外 3 个专家团队、馆内 28 个部处近 440 名干部职工，积极深入开展调查研究工作。

2020 年，在完善的工作机制指导下，各研究团队细化“研究工作建议方案”，克服日常工作任务重、疫情期间沟通交流不便等诸多困难，围绕课题研究任务展开积极深入的调查研究，通过问卷调查、专家访谈、网络调研、实地考察等多种形式向 100 余家有关单位开展调研，搜集掌握大量一手资料、数据，对国家图书馆事业发展中的成功经验、困难问题进行全面系统分析，同时广泛吸收借鉴国内外图书馆及公共文化机构建设、管理、服务经验，对国家图书馆事业未来发展的总体思路、主要目标、发展方向等进行深入思考。完成调研报告 22 份，共计 150 余万字，提出 73 项“十四五”时期重点项目建议及策划实施方案，组织 3 场国家图书馆发展战略研究馆外专家汇报会，各研究团队就相关主题广泛听取各方面意见建议，并根据有关方面意见多次修改完善，形成最终研究成果，为《国家图书馆“十四五”规划纲要》科学编制打下坚实的基础。

（二）与中国图书馆学会联合组织开展全国公共图书馆事业发展战略研究

2019 年 11 月，在文化和旅游部公共服务司的支持与指导下，国家图书馆与中国图书馆学会在前期充分调研的基础上，联合编制《全国公共图书馆事业发展战略研究工作方案》，启动全国公共图书馆事业发展战略研究项目，围绕公共图书馆意识形态建设、发展环境趋势、基层图书馆发展路径、文献资源建设、公共文化服务、优秀传统文化传承发展、全民阅读服务、新技术创新应用、空间发展战略、公共图书馆跨界合作、营销推广、管理运行机制改革等 13 个研究专题，分别

由15家副省级以上图书馆牵头，吸纳部分高校专家学者，以及研究能力和业务实绩比较突出的地市级和基层图书馆参加发展战略研究工作。

2020年，各馆在《全国公共图书馆事业发展战略研究工作方案》的指导下成立研究项目组，细化研究方案，围绕选题研究内容，积极开展文献整理、问卷调查、专家访谈、专题研讨、网络调研、实地考察等，以多种形式搜集掌握大量一手资料、数据，全面总结我国公共图书馆事业的发展经验和问题，明确发展思路，共形成15份调研报告约122万字，提出49项“十四五”时期重点项目建议，组织召开4场线上专家视频论证会，广泛征求专家意见，各项目组根据专家意见进行修改完善，形成最终研究成果，为有关部门做好“十四五”时期乃至更长一个时期公共图书馆事业发展战略的顶层设计提供长期可持续的研究支撑。

下一步，继续推进国家图书馆发展战略研究和全国公共图书馆事业发展战略研究工作，做好《国家图书馆发展战略研究》专著编纂和“全国公共图书馆事业发展战略研究”系列丛书编辑出版工作，进一步深化“十四五”发展战略研究成果，加强研究成果运用，助力图书馆事业高质量创新发展。

八、国家图书馆联合全国公共图书馆启动文献共享借阅计划

为深入贯彻落实习近平总书记给国家图书馆老专家回信精神，大力提升基层公共文化资源服务效能，2020年9月，国家图书馆启动文献共享借阅计划。该计划旨在充分发挥国家图书馆的文献资源、专业人才、行业组织和品牌影响优势，以优质图书的阅读和分享为手段，与全国公共图书馆合作建立文献借阅共享机制；整合其他图书馆和社会图书资源，共建全国图书馆公共数据平台；加强对地方图书馆的文献支援，充实其可借阅文献量，实现国家图书馆文献资源在地方馆落地，为倡导、组织、服务大众阅读发挥积极作用，形成良好互动的全民阅读社会氛围。

该计划实施分两个阶段推进：第一阶段是通过与地方图书馆合作，充分利用地方馆的总分馆体系优势，按照文献资源利用最大化和资产可追溯原则，将国家图书馆的馆藏复本文献投入其图书借阅流通体系，实现外借服务拓展，最大限度地服务于全国读者的阅读需求；第二阶段，结合“十四五”期间的智慧图书馆建设，建立一个全国图书借阅云平台，打通与合作馆间服务平台的连接端口，实现对文献的动态管理。同时，充分吸纳社会各界捐助及个人捐赠资源进入云平台，以建立惠及全民的共建共享借阅体系。

该计划实施过程中，国家图书馆充分考虑我国东西部及区域间公共文化保障服务发展方面存在的不均衡问题，优先确定与中西部和边疆省份图书馆开展合作，同时发挥行业引领作用，为相关图书馆提供业务指导和技术支持。截至2020年12月底，完成同黑龙江省图书馆、江西省图书馆、西藏自治区图书馆、甘肃省图书馆、湖北省图书馆及吉林省图书馆等6家省级图书馆的共享借阅合作，共计配送364000册图书、195000册期刊、155000册教辅文献、11000册少儿图书，合计为6省近百个市县级公共图书馆配送725000册纸本文献及相关书目数据。

该计划推行过程中，各省图书馆积极与当地文化和旅游部门沟通，根据当地实际情况，深入调研，专项对接，统筹安排文献交接、仓储、分类、调配等环节，确保国家图书馆文献发挥最大作用。湖北省图书馆、黑龙江省图书馆等挑选有关当地历史、地理、旅游方面的文献，助力文旅深度融合。湖北省图书馆充分利用共享借阅文献促进城乡文化均衡发展，充实和兴建乡镇及景区分馆；打造提升城市文化品质的“城市书房”，完善基层文化服务功能；充分利用少儿及教参文献与学校合作，积极推广校园阅读，多种方式促进文献资源有效流通。黑龙江省图书馆创设文旅融合服务自建平台，促进文旅大数据的资源整合。西藏自治区图书馆对10万册共享借阅文献进行充分利用，进一步充实街区和寺庙分馆，尤其注重发挥藏文文献和少儿文献在读者借阅中的推广及使用。江西省图书馆优先考虑经济发展较为落后的革命老区，与国家图书馆沟通后，向赣南的5家公共图书馆配置共享文献4万余册，并向赣南的中国科学院稀土研究院配置6000册科技类共享文献，为赣南的经济发展和科学研究提供智力支持。

文献共享借阅计划基于合作馆现有的借阅平台体系，调研确立合作单位，建立并健全定期反馈的合作机制，在现有基础上规范文献管理方式，使文献的存藏及使用情况更加明确，实现外借服务的拓展。在未来工作中，将通过打通与合作馆间服务平台的连接端口，实现对文献的动态管理，建立一个全国图书借阅云平台，提高文献资源利用率、惠及全国各地读者。该计划的实施，将有效缓解边疆及贫困地区购书经费不足问题，促进图书馆界交流合作，逐步形成服务全国图书馆和读者的共享借阅机制，建立普惠全民的阅读网络体系，更好地满足人民群众精神文化需求。

九、国家图书馆举行纪念中国人民抗日战争胜利75周年暨抗战文献研究整理成果发布会

9月2日，国家图书馆举行纪念中国人民抗日战争胜利75周年暨抗战文献研究整理成果发布会，发布“日本细菌战资源库”、《侵华日军细菌战档案汇编》等重要文献整理成果，有力配合党中央开展的相关抗战纪念活动，形成上下互动、同频共振，新闻媒体竞相报道转发，引起社会各界强烈反响。据不完全统计，截至9月6日，相关媒体原发报道80余篇，网络转载报道300余篇。新浪微博相关话题登上热搜榜，累计1.8亿次阅读量和1.3万人次讨论。《人民日报》等7家机构官方微博发布的博文，共获得7000余条转发、14万余人次点赞、4600余条评论，相关舆情信息达万余条。

国家图书馆馆长饶权、全国哲学社会科学工作办公室副主任徐春生、中国社会科学院历史研究院副院长李国强、光明日报文艺部副主任邓凯出席活动并致辞，发布会由国家图书馆副馆长张志清主持。饶权表示此次研究整理成果发布会体现国家图书馆以实际行动履行文献收藏与保护，为党和国家机关、社会各界及公众提供文献服务等重要职责，以实际行动贯彻落实习近平总书记重要指示精神，切实扛起“传承文明、服务社会”“滋养民族心灵、培育文化自信”的社会责任和历史使命。国家图书馆将继续坚持正确政治方向，弘扬优秀传统文化，做好包括抗战史料在内的

文献征集整理、抢救保护和知识服务工作，开放史料获取，创新服务方式，更好满足人民精神文化需求，为建设社会主义文化强国再立新功。徐春生、李国强、邓凯在讲话中高度肯定国家图书馆在抗战文献征集、整理、研究、专题资源库建设等方面取得的丰硕成果，指出“日本细菌战资源库”提供公众免费使用，对于帮助专家学者开展相关领域研究、面向全社会开展爱国主义教育、捍卫相关历史问题的话语权都具有重要意义。希望未来与国家图书馆加强交流合作，为国家文化事业更好更快发展添砖加瓦，为实现中华民族伟大复兴的中国梦，为构建人类命运共同体做出应有贡献。

“日本细菌战资源库”以国家图书馆从海外征集的日本细菌战档案为基本素材，对原始文件进行逐页整理标引后建成。内容包括日本细菌武器研究与试验、日本对华实施细菌战、日本使用活人进行人体试验、日军针对战俘及平民的暴行、盟军对日本涉细菌战科研人员和军人进行调查、盟军关于组织战争罪行审判等方面的史料 1 万余页。档案还系统揭示远东国际军事法庭审判期间，美国为获取日本细菌战所谓“研究成果”，阻碍司法公正，牺牲中国人民追究日本细菌战罪责权利，与日本达成秘密交易的内幕，是研究日本细菌战罪行重要的一手史料。该数据库下设日本细菌战档案、人物索引、地名索引、机构索引、疾病索引、相关报告、伯力审判庭审记录、相关历史事件 8 个子库，并为每份档案撰写中文提要，实现原始档案页级深度标引和全库知识点精准定位。数据库面向全社会提供免费公益使用，展示史实史证，助力学术研究，“让历史说话，用史实发言”。

十、国家图书馆在阅文集团设立第二家互联网信息战略保存基地

8 月 31 日，国家图书馆与阅文集团共同召开“珍藏时代经典　悦享网络文学”发布会，正式宣布达成战略合作。文化和旅游部党组成员、副部长张旭，中国作家协会党组成员胡邦胜，国家图书馆馆长、党委副书记饶权，国家图书馆党委书记、副馆长魏大威，阅文集团首席执行官、腾讯集团副总裁兼腾讯影业首席执行官程武，以及文化和旅游部相关司局、中国作家协会、中华文学基金会、中国文化传媒集团、中国对外文化集团、国家图书馆、阅文集团相关负责人，行业专家、入藏作品作家代表等出席发布会。会上，阅文集团挂牌成为国家图书馆第二家互联网信息战略保存基地，同时，来自阅文平台的百部网文佳作入藏国家图书馆。

张旭指出，此次国家图书馆与阅文集团合作，共建第二家“国家图书馆互联网信息战略保存基地”，使优秀原创网络文学作品入藏国家图书馆，是在互联网信息战略保存与服务领域的积极探索，有利于拓展公共文化服务新模式，丰富公共文化服务的有效供给，更好地满足人民群众多样化的阅读需求；同时，也有利于进一步培育网络文学这一新型文化业态，激励更多新生力量创作优秀网络文学作品，为文化事业的繁荣注入新鲜血液，促进文化产业繁荣发展。张旭强调，国家图书馆要以此次合作为契机，在习近平新时代中国特色社会主义思想指导下，深入贯彻落实习近平总书记给国家图书馆老专家的回信精神，坚持正确的政治方向，牢固树立以人民为中心的工作

导向，充分发挥市场机制作用，进一步加强与相关领域的社会合作，为群众提供具有时代特点的优质阅读产品和服务，更好地发挥在文献收藏、知识传播、公共教育、文化交流等方面的积极作用，为更好满足人民精神文化需求、推动社会主义文化繁荣兴盛做出更大贡献。

胡邦胜表示，网络文学是文创产业发展的主要内容源头，满足了人民群众多样化的精神文化需求，促进了社会主义文艺的繁荣发展，并成为中华文化海外传播的亮丽名片。此次国家图书馆和阅文集团达成战略合作，将第二家国家图书馆互联网信息战略保存基地落户阅文集团，必将促进网络文学经典化，必将提升网络文学的品质和影响，必将对推动网络文学发展产生积极的影响。阅文集团这次与国家图书馆进行战略合作，主动承担起国家互联网信息战略保存的职责，体现了一个网络文学龙头企业的责任与担当。

饶权表示，此次以网络文学为代表的新型文学内容资源入驻国家图书馆，将有助于不断丰富国家图书馆的立体化馆藏资源内容，完善互联网信息资源采集与保存体系，并在服务社会公众阅读学习中发挥重要作用，有助于优质网络文学作品得到妥善的长期保存和有效利用，推动这些优秀网络文学作品在传播中华文明、弘扬正能量方面发挥更加重要的作用，为中华优秀传统文化的创造性转化和创新性发展提供更大空间。同时希望将来能有越来越多的互联网企业和信息服务机构，主动参与到互联网记忆的保存中，与国家图书馆共同致力于构建新时代的人类数字记忆库，凝聚起推动国家、民族文明成果和时代记忆永续传承的磅礴力量。

程武表示，网络文学充满着年轻朝气，它不仅题材丰富，有着蓬勃的想象力和创作活力，更是一面镜子，折射当下现实和社会心理。阅文集团成为互联网信息战略保存基地，通过精彩的网文内容，及时、有效地记录当下的思想风貌，记录时代的发展脉络，这是阅文作为内容平台义不容辞的责任。文化的蓬勃生命力来源于流动，来源于创新，背靠“历史”、立足“当下”、面向“未来”，用数字文化延续宏大的历史传承，用鲜活的原创留存时代记忆，文化之光才能一直闪耀。

发布会上，饶权、魏大威向到场作家代表颁发感谢状。阅文集团白金作家“会说话的肘子”表示：“这次百部网文佳作入馆典藏，是对网文作品和创作者的充分肯定。作为阅文平台的一名作家，这样的肯定让我备受鼓舞，未来会更加努力潜心创作，为读者讲述更加精彩的故事，肩负起时代赋予我们的责任，带来更多更好、值得被入馆典藏的作品。”

国家图书馆与阅文集团此次战略合作受到媒体和网友的广泛关注。发布会召开后半个月，新华社、人民网、中央电视台（新闻频道）、《中国文化报》、中国日报网等中央媒体，《乐山日报》、北京电视台、上海东方卫视、内蒙古卫视等地方媒体原发及转载报道 241 篇。在新浪微博、百度贴吧、豆瓣、知乎等社交平台引发网友讨论 1.3 万余条。

此次合作是国家图书馆联合社会力量，共同布局分级分布式互联网信息战略保存体系的又一个新进展。此次将网络文学纳入国家文献信息资源保存体系，表明中国传统阅读文化和当代网络流行文化深度交融，网络文学正逐渐成为一种新兴的文学样式记录着时代表达，同时中华优秀传统文化在现代社会的活力也正在被进一步激活。

下一步，国家图书馆与阅文集团将围绕原创文学推广、资源保存保护、新技术应用、阅读服务创新、文化创意开发等方面开展更加深入的合作，助力新时代中国文学和中国文化的传承与发展，为滋养民族心灵、培育文化自信做出新的更大贡献。

十一、国家图书馆与北京市公园管理中心签订战略合作协议

9月25日，国家图书馆与北京市公园管理中心战略合作协议签约仪式在中国园林博物馆举行。北京市委副秘书长孙文锴，国家图书馆馆长饶权、副馆长张军，北京市公园管理中心党委书记、主任张勇，副主任、中国园林博物馆馆长张亚红出席活动。来自北京市委宣传部、故宫博物院、国家博物馆、北京市绿化局、北京市文物局、文物出版社等单位相关负责人参加活动。饶权和张勇作为双方代表签署战略合作协议。饶权在致辞中表示，作为国家级公共文化服务阵地，国家图书馆在促进文化和旅游融合发展方面进行了积极探索，特别是2014年国家典籍博物馆正式建成开放以来，不仅依托馆藏积极打造精品展览，吸引广大市民乃至外地游客来馆参观，同时通过组织专题研学游活动、开发实景解谜游戏等方式，不断提升图书馆典籍文化的交互性、趣味性，使图书馆逐渐成为越来越多人向往的旅游目的地和精神栖息地。2017年，国家图书馆牵头成立全国公共图书馆文化创意产品开发联盟，联合全国各级公共图书馆，深入挖掘馆藏典籍文化内涵，积极培育图书馆文化创意品牌，截至2020年，已累计开发各类文创产品900余种，在推动典籍文化深入社会生活、润泽百姓心灵的同时，也为图书馆事业开辟更加广阔的发展空间，赢得更加多元的社会支持。

此次活动是国家图书馆贯彻落实习近平总书记给国家图书馆老专家回信精神的重要举措，旨在着力把国家图书馆的公共服务延伸至社会公众的日常休闲空间，共同探索提升公园公共服务文化内涵的有效路径。根据合作协议，双方将以促进全民阅读、建设“书香北京”为目标，深入挖掘市属公园历史文化内涵，结合国家图书馆文献和文化资源，运用新技术、新机制、新模式，加快推动双方业务创新发展、知识服务创新升级，更好地开展文化阅读活动，宣传、展示、弘扬皇家园林的历史文化价值，打造馆园融合发展多元业态，推动公共文化建设形成新合力。

2019年10月起，国家图书馆馆属企业与北京市公园管理中心下属紫竹院公园合作，将重新开放的友贤山馆打造成为集公益展览、艺术活动、科普教育、文化休闲于一体的综合性公共文化空间，为公园游客提供了一处闹中取静、以文会友的绝佳场所。接下来，双方还将不断深化合作，充分发挥国家图书馆与北京市公园管理中心所辖公园、博物馆等场馆的优势，在传统文化资源挖掘利用、阅读空间创新融合、文化活动策划运营等方面不断开拓创新，共同塑造特色文化品牌，打造馆园融合发展多元业态，通过文化与旅游的高质量融合发展，“让人们在领略自然之美中感悟文化之美、陶冶心灵之美”，为滋养民族心灵、培育文化自信，更好满足新时代人民群众的精神文化需求做出新的更大贡献。

活动当天，“园说II——颐和园建园270周年文物特展”在中国园林博物馆开幕。国家图书馆作为此次展览的支持单位，提供《清漪园地盘图样》（样式雷图）等6件珍贵馆藏参展，成为此次展览一大亮点。

十二、国家数字图书馆工程通过专家验收

国家数字图书馆工程是我国重点文化工程，也是我国第一个国家级的数字图书馆工程。2020年5月22日，国家数字图书馆工程专家验收会在国家图书馆召开。由于疫情影响，会议采用线上线下相结合的形式进行。

国家图书馆党委书记、副馆长魏大威介绍国家数字图书馆工程建设整体情况。经过多年建设，国家数字图书馆已经成为一个超大型的图书馆数据中心、现代信息技术与图书馆业务高度融合的技术支撑中心、全国图书馆互联互通的网络中心、覆盖全民的公共文化服务中心。随着国家数字图书馆体系的完善，国家图书馆在硬件基础设施、软件体系、资源规模、创新服务、标准规范、建设能力等各方面实力显著加强。

来自北京大学、新浪集团等7家单位的专家和工程建设骨干30余人参会。与会专家组听取了国家图书馆关于国家数字图书馆工程建设的情况汇报，认真审阅相关材料，经质询和讨论，与会专家一致同意该工程通过验收。专家组认为，该工程打造了高效的基础设施平台，构建了先进的数字图书馆软件体系，完成了海量的数字资源建设与整合揭示，研制了完善的数字图书馆建设标准规范体系，并遵循“边建设、边服务”的原则，陆续完成全部建设成果的上线服务，取得良好的社会效益，建设和服务水平处于国际领先。国家数字图书馆工程按照数字资源的生命周期，在对数字图书馆的业务流、数据流和应用系统之间的关系进行深入梳理的基础上，构建国家数字图书馆总体架构，其设计合理、结构清晰、技术先进、实用性强。该工程各项技术指标超过或达到《国家数字图书馆工程数字图书馆系统部分初步设计方案》要求。其建设成果具备科学性、创新性和前瞻性，符合数字图书馆的发展方向，同时充分考虑了兼容性和开放性，已经成功推广使用至全国公共图书馆，为全国数字图书馆的共建共享提供支撑。有效地促进了国家公共文化服务的均等性、标准性和便利性，保障了国家文化安全。国家数字图书馆工程推动我国数字图书馆的建设水平达到世界领先地位。同时专家还建议进一步加强国家数字图书馆的宣传推广，扩大社会影响力，提高全民信息素养；进一步加强研究，始终保持国家数字图书馆的技术先进性和业界引领作用，建议国家财政继续予以支持。

魏大威表示，国家数字图书馆工程项目自启动以来，得到党和政府的高度重视及文化和旅游部的直接领导。国家图书馆紧跟技术发展趋势，把握事业发展需求，经过多年努力，已经建成一个内容丰富、技术先进、覆盖面广、传播快捷的数字图书馆，并带动全国各级各类图书馆的数字图书馆建设与服务，使得我国数字图书馆建设水平居于世界领先地位。面对信息技术的快速发展，国家图书馆将引领全国各级各类图书馆进一步加强研究，重点关注科技创新在数字图书馆建设和服务中的及时应用，形成数字图书馆发展新动能，最终在实现平台、资源和服务的互联互通与融合发展基础上，为广大人民群众提供丰富便捷的公共数字文化服务。

十三、国家图书馆举办文津图书奖15周年特别活动

受新冠肺炎疫情影响，第十五届文津图书奖的评选及发布工作延期进行。为了做好文津图书奖的宣传和推广工作，结合历年获奖图书，国家图书馆推出“文心依旧　天雨流芳——文津图书奖15周年特别活动”“文津重读”“种书计划”3项文津图书奖15周年特别活动。

（一）文心依旧　天雨流芳——文津图书奖15周年特别活动

2020年4月23日是第二十五个“世界读书日”，也是文津图书奖创立15周年纪念日。为引导大众阅读优秀的图书作品，培养公众广泛的阅读兴趣，促进社会各界参与全民阅读推广工作，国家图书馆和北京广播电视台联合举办“文心依旧　天雨流芳——文津图书奖15周年特别活动”广播节目，以嘉宾现场交流和电话访谈形式，为广大读者和听众全面回顾、系统梳理文津图书奖15年的发展历程，以及在历届文津奖中闪耀光彩的部分获奖作品。

节目邀请文津图书奖终评评委代表高级记者庄建、科普出版与科学传播人杨虚杰和儿童阅读推广人阿甲，《城记》作者、故宫博物院研究馆员王军；《星际穿越》译者、中国科学院国家天文台研究员苟利军，《盘中餐》作者、绘本作家于虹呈，文津图书奖组委会秘书长、国家图书馆研究馆员汤更生参与现场交流；同时邀请詹福瑞、海飞、朱良志、朱成梁、萧袤、卞毓麟、王立铭、小庄、陆铭等多位评委和获奖作者，以电话连线和录音采访的方式分享其心得与感受。

活动以第一届至第十四届的文津图书奖获奖书、推荐书为主要脉络，依据参评图书所属的社科、科普、少儿3个类别，围绕大师的精神遗产、简史类科普书的价值、科普译著与原创、传统经典与大众阅读的现实意义、儿童文学和原创绘本的思考等话题，回顾全民阅读理念的提出和文津图书奖的创立故事，介绍不同类别图书的评审标准，讲述评审工作中的点滴感悟，分享优秀代表作品的创作历程和阅读感受，传递出对全民阅读和文津图书奖未来发展的殷殷期盼，为听众生动而立体地还原15年来我国写书人、读书人、出版人和阅读推广人的整体风貌。

该活动在北京广播电视台故事广播《读书俱乐部》栏目播出，同时还在北京广播电视台客户端“听听FM”、国家图书馆官网及微博、喜马拉雅、光明日报客户端、光明网微博、央广网、央广新闻客户端、快手等多家互联网媒体平台同步直播，累计播放量达470万次。

（二）文津重读

“文津重读”栏目作为文津图书奖15周年系列活动的重要组成部分，于“4·23”世界读书日当天在文津图书奖官方网站（http：//wenjin.nlc.cn）与读者正式见面。栏目邀请一批与文津图书奖有着不解之缘的人们，用切身的体会、深切的思考讲述他们与文津图书奖之间的故事，回顾文津图书奖15年来的收获，分享个人的阅读经历。

栏目内容由已有文章和新增文章组成。从3月起，栏目共邀请杨虚杰、孟德宏、宋姝等14位社会各界人士参与新增文章的撰写，结合已有的书评文章和其他文字资料，最终刊载20篇文章。这些作者中，有文津图书奖的创立者和评委，有获奖图书作者，有支持文津图书奖的联合评审单位代表，还有热爱文津图书奖的图书馆员和读者朋友。

“文津重读”栏目上线及相关信息于 4 月 23 日当天同时在国家图书馆官方微信订阅号上发布。

（三）种书计划

4 月 19—25 日，国家图书馆联合新浪微博发起“种书计划”网友互动活动。“读书如种树，未来好乘凉。”4 月 19 日起，国家图书馆官方微博发起 # 我的种书计划 # 互动话题，在 7 天时间里，按照发现·自然、少儿·绘本、医学·健康、艺术·美学、经典·文化、科学·探索、阅读·悦读等 7 个主题，将历届文津图书奖获奖图书和推荐图书作为“种书”种子，制作成 7 张美图进行传播，邀请网友晒出自己的读书计划和读书心得，聊聊对自己影响最大的书、最想推荐的书或是最想读的书等。通过分享“种书计划”，共同播撒书籍的种子，浇灌精彩的人生。

“种书计划”的话题海报及相关内容也同时在国家图书馆官方微信订阅号上发布，话题阅读量 702.1 万次。41 家文津图书奖联合评审单位和“M 地铁·图书馆”也通过各自官方微信、微博和项目网站等渠道对“种书计划”的内容进行宣传展示。

十四、“2020 中英图书馆论坛”视频会议举办

10 月 27 日，中国国家图书馆、中国图书馆学会和英国国家图书馆联合举办“2020 中英图书馆论坛”视频会议。中国国家图书馆副馆长、中国图书馆学会副理事长陈樱，英国国家图书馆社会教育部主任杰米·安德鲁斯分别代表中英双方致辞。来自上海图书馆、浙江图书馆、广州图书馆、太原市图书馆等中国国内 11 家公共图书馆以及英国地方公共图书馆的 500 余名馆员参会。

陈樱表示，2020 年新型冠状病毒肺炎疫情引发全球关注，中英图书馆界均采取积极有效的应对措施，为疫情防控工作做出积极贡献。两国图书馆界代表通过网络形式举办“2020 中英图书馆论坛”，共同分享在疫情防控常态化形势下的图书馆新业态，促进抗疫经验的交流互鉴，推动两国图书馆事业在特殊环境下的共同发展，希望能将中英两国图情领域的合作不断延续下去。

杰米·安德鲁斯表示，作为中英图书馆合作项目负责人，很荣幸能够推动两国图书馆界近年来的交流与合作，在数字资源共享与合作办展等领域取得的巨大成就，对其工作来说是革命性的。

此次会议围绕“疫情响应——针对挑战提出的解决方案”“如何在后疫情环境中平衡到馆服务和数字服务”等热点问题展开讨论。上海图书馆副馆长周德明在会上做题为“拓展线上服务，构筑 O2O 模式——防疫背景下的上海图书馆实践”的报告；太原市图书馆馆长郭欣萍以“更温暖、更主动、更创意的图书馆服务——疫情防控下的中国图书馆实践”为题做报告；柯克利斯市议会图书馆馆长兼“连接图书馆”联盟主席卡罗尔·斯丹普做“英国图书馆服务的恢复情况”报告。报告结束后与会者积极参与线上答疑环节。

十五、重大展览

（一）妙手补书书可春——全国古籍修复技艺竞赛暨成果展

9 月 1 日，由国家图书馆（国家古籍保护中心、国家典籍博物馆）联合全国各省级古籍保护中心共同举办的“妙手补书书可春——全国古籍修复技艺竞赛暨成果展”在国家图书馆开幕，受到社会广泛关注。此次展览恰逢习近平总书记给国家图书馆老专家回信 1 周年、国家图书馆建馆 111 周年之际，也正值第二届“中华传统晒书活动”，是落实习近平总书记给国图老专家回信精神的具体举措，也是“晒传统、晒技艺”的生动体现。

开幕式上，国家图书馆馆长、国家古籍保护中心主任、国家典籍博物馆馆长饶权出席活动并致辞，文化和旅游部非物质文化遗产司一级巡视员王晨阳，以及来自全国各地的古籍修复专家、参展单位代表和新闻媒体代表等参加活动。古籍修复专家代表杜伟生与古籍修复技艺竞赛参赛代表葛瑞华先后发言。活动由国家图书馆副馆长、国家古籍保护中心副主任张志清主持。

此次竞赛是新中国成立以来首次举办的全国范围的古籍修复技艺竞赛，汇集全国 21 个省 43 家单位推选的近百件参赛作品。先期开展评审工作，评出一、二、三等奖及优秀奖 79 件，并在展览期间向社会进行公示。此次展览在汇集参赛作品的同时，还展出《赵城金藏》、敦煌遗书、《永乐大典》等珍贵古籍修复作品，是目前以古籍修复成果为主题的最大规模展览。

此次活动是对我国古籍修复成果的具体呈现，也是对我国古籍修复人员水平的实际检验。展览展出修复竞赛作品和珍贵古籍修复成果共 103 件，涵盖敦煌遗书、早期佛经、宋元善本、金石拓本、明清古籍、少数民族古籍等。同时，展出古籍修复工具设备以及古籍修复用纸等实物，通过修复专家视频讲解、修复师现场演示、观众互动体验等方式，立体展示古籍修复技艺，引导大众深入了解古籍修复技艺，宣传古籍保护理念，营造全社会参与、关注、保护和传承古籍修复技艺的浓厚氛围，进一步推动古籍修复事业发展。展览开幕当天，古籍修复师现场做古籍修复及传拓技艺演示。

中华古籍保护计划实施以来，国家古籍保护中心十分重视古籍修复工作和修复人才培养，建立 12 家国家级古籍修复中心，依托“培训基地、高等院校、传习所”，通过举办短期培训班、招收古籍保护专业硕士、师带徒等多种方式培养古籍修复人才，使修复人员从不足百人发展壮大至千人。国家级古籍修复技艺传习中心全国附设传习所已达 32 家，传习导师 28 人，收徒 270 人，先后开展“天禄琳琅”、西夏文献、唐宋佛经、《古今图书集成》、纳格拉洞藏文佛经等专项修复工作。全国古籍修复室面积超过 2.7 万平方米，抢救修复古籍总量达到 360 万叶，古籍修复工作成效显著。

（二）追梦水云间——白煦的水墨书暨白煦书法作品捐赠展

7 月 28 日至 8 月 22 日，“追梦水云间——白煦的水墨书暨白煦书法作品捐赠展”在国家典籍博物馆开展。展览由国家图书馆和中国书法家协会共同主办。

白煦，笔名师然，1949 年 10 月 26 日生于北京。1980 年调中国文联工作，同年参加中国书法家协会筹建工作。曾任中国书协第五届副秘书长、中国书协理事、中国书协行书专业委员会秘书长、中国书协草书专业委员会副主任等职务，对中国书法艺术事业的发展做出许多贡献。白煦的水墨书创作立足书法形式与材料的发展历史，探索水墨与书法之间的关系，形成个人独立的表达语言，水墨作品以多字数、少字数、绘画与图式4种形式为主，用淡墨或浓淡相间的墨进行创作，自然地在黑白灰对比中，加入“水晕”这一概念，使得“灰度空间”的内涵得到扩展，将水墨表现力和深浅层次推至极富变化之境，在古典范式与现代范式之间形成艺术解读与审美鉴赏的新视域。他关注结构势，强调低昂曲折，思考如何处理斜欹如醉、欲卧似扑、若飞若止等种种意态，以达到奔放雄劲而不张扬、粗犷稚拙而不失真率的艺术风格。

国家典籍博物馆作为优秀传统文化和艺术传播的平台，此次与书坛名家合作，为观众带来一场全新的艺术盛宴。展览立足于表现水墨书的多种形态和变化，做了许多大胆而自由的尝试，如草书作品《桃花水》《孤鹤》，均充满水墨氤氲的律动感；此外，还展出甲骨文书法作品和抽象画，展现作者长期的艺术和文化积累、创作的热情与突破，也启发着我们寻觅、发现自然与生活之美。

8月14日，由国家图书馆和中国书法家协会共同主办的“追梦水云间——白煦的水墨书暨白煦书法作品捐赠展”捐赠仪式在国家图书馆文会堂举行。中国书法家协会主席苏士澍，国家图书馆馆长、国家典籍博物馆馆长饶权出席活动并分别致辞。活动由国家图书馆副馆长、国家古籍保护中心副主任张志清主持。来自国家图书馆和中国书法家协会等相关单位的负责人，在京新闻媒体代表以及白煦先生的部分老朋友等参加活动。捐赠仪式上，白煦先生向国家图书馆（国家典籍博物馆）捐赠个人作品47种52件并致辞，饶权代表国家图书馆向其颁发捐赠证书。

十六、新入藏珍贵文献

（一）明隆庆刻本《宫台遗稿》

《宫台遗稿》不分卷，明胡守中撰，明隆庆刻本。1册。半叶9行，行18字，白口，四周单边，无鱼尾。版心中镌“宫台遗稿”。版框18.5×13.3厘米。首有隆庆元年（1567）二月胡大慎序。卷端题“宫台遗稿 / 文江胡守中著”。

胡守中（1503—1546），字伯时，河南宁陵人。嘉靖十一年（1532）进士，历任刑部主事，都察院右副都御史，兵部右侍郎、蓟辽总督等职；曾巡抚陕西，改革吐鲁番朝贡制度，制定防御蒙古方略等，对抵御蒙古进犯颇有功绩。他曾结交权倾朝野的武定侯郭勋，郭勋失势之后又弹劾郭勋以自保，终被言官弹劾下狱，与郭勋、张瓒、严嵩一同被称为“圣世之四凶”。嘉靖二十五年（1546）被处决。

《宫台遗稿》是胡守中之子胡大慎于隆庆元年（1567）汇集刊刻的胡守中诗集。该书收录胡守中诗作近50首，主要包括《选翰林应制诗》《贺内阁张公新建》《清馥殿》《立春日试笔》《元宵观灯》《赠李少参之蜀》《祈谷》《白鹿》《元日 · 赐长春》《立春早朝》等。这些诗作为了解胡守中的生平和交往提供珍贵的第一手资料。

胡守中少有著述传世，此《宫台遗稿》亦未见各重要书目著录，较为罕见。

（二）清咸丰刻本《中外新报》

《中外新报》16期，美国玛高温纂辑，清咸丰宁波爱华堂刻本。16册。半叶15行，行32字，白口，四周双边，无直格。版框21.1×13.2厘米。

《中外新报》1854年由美国传教士玛高温在浙江宁波创办，是中国首批中文外报之一，比香港最早的中文报纸《遐迩贯珍》（1853）晚不到1年，比上海最早的中文报纸《六合丛谈》（1857）早3年。该报木刻雕版印刷，半月刊，印数不多，但发行范围较广，浙江省内以宁波、杭州为最多，省外在上海、香港、北京都有销售点，甚至还远涉日本、美国、英国等地。

《中外新报·凡例》云："是报录宁波、上海、厦门、香港、澳门五口之新文及扰乱大略，并抄京报可录之是，或附天文运算之类，修身至道之文，格物穷理之义，医方略要，暨外国新奇等情。"该报内容涉及新闻、宗教、科学、文学等，新闻来源多摘译外报，内容涉及太平军、捻军以及第二次鸦片战争等，具有重要的文献价值。

此批《中外新报》共16期（16册），包括第1至9号、11至14号，第二卷第5号、第6号，第五卷第1号。每期封面1叶、正文4叶（偶有5叶）。

《中外新报》存世量很少，据研究者称，国内未见有藏，国外也较罕见。此次入藏的16期，其中最难得的是包含有创刊号（第1号）。目前学界关于《中外新报》的创办时间有1854年、1858年、1859年等不同说法，究其原因主要是没有见到创刊号，只能依据其他期号推测。此创刊号一出，可使目前的争议尘埃落定。另外，创刊号中列出凡例，说明该报的宗旨，对于此报的研究不无帮助。

（三）郑振铎、徐伯郊等抢救流散香港文物往来信札

12月26日，"郑振铎等抢救流散香港文物往来信札捐赠划拨仪式暨入藏纪念展开幕式"在国家图书馆举行。郑振铎与徐伯郊、徐伯郊与王毅往来信札稿本等166叶珍贵文献入藏国家图书馆。

2019年9月，国家文物局获悉这批信札即将在香港拍卖，与中国嘉德国际拍卖有限公司联系。中国嘉德国际拍卖有限公司主动作为，在尊重商业规则前提下成功竞购，慨然捐赠国家文物局，国家文物局将这批珍贵文献划拨给国家图书馆作为永久馆藏。

20世纪50年代，在党和国家的关怀与支持下，以郑振铎为代表的文博工作者致力于征集、收购文物，并以香港为窗口积极回购流散海外的珍贵文物。当时，新中国正从多年的战乱凋敝中缓慢恢复，物资紧张，百废待兴，为了争取这批文物，多次动用十分宝贵的外汇储备。郑振铎等人亦不辱使命，克服许多困难，购回一大批具有重要价值的国宝文物，成为我国文物事业史上的一段传奇。

郑振铎、徐伯郊等抢救流散香港文物往来信札及其相关材料就是这一抢救文物工作留存的珍贵史料。其通信时间为1952年8月25日至1961年7月9日（电报至1961年7月17日），通信双方是北京的社会文化事业管理局代表郑振铎（通信集中在1952至1953年）、王毅（通信集中在1955至1961年），以及香港的"秘密收购小组"主要成员徐伯郊。这组信札虽不完整，存在一些空白，但大体而言双方往复关系明确，许多内容可以相互呼应，反映出抢救流散香港文物的诸多重要信息，是了解那段历史的珍贵史料。其中除郑振铎致徐伯郊的13通信札曾经整理出版外，其

余均未被揭示过。

从收购的文物来看，信札的内容涵盖古代书画、古籍善本、器物等3个方面。古代书画是收购工作的重点，通信双方用大量的笔墨交流其收购事项。据粗略统计，信札中涉及的古代书画作品140余件，九成以上为明以前的作品。其中40余件由文物局购回，入藏故宫博物院。信札不仅反映出相关书画鉴定、收购、运输的细节，还记载不少书画在当时的存藏流传情况。古籍善本方面，信札详细记录陈清华荀斋藏书、徐伯郊所藏古籍善本的收购过程。这些古籍后来均入藏北京图书馆（今国家图书馆）。以往学界了解陈清华藏书的收购大多通过内地参与者的记录，而这组信札则反映出徐伯郊在港与陈清华直接接洽、为之整理古籍的丰富细节，可与过去的记录互补互证。徐伯郊的藏书及其出让情况，过去少为人知。这组信札使人们对这位既继承家学、留心收藏，又谙熟文物市场、居中斡旋的复杂人物有更多的了解。器物方面，以陈仁涛的古钱币专藏为大宗。陈氏藏泉约50000余枚，1953年整体购回，入藏中国历史博物馆（今中国国家博物馆）。信札详细记载这一专藏曲折的收购过程，可见收购工作的繁难不易。

这组信札为了解当年收购工作提供许多重要的线索，也留下许多有待解决的疑问，比如这10年间的收购究竟购回多少文物、花费多少经费等。希望今后有更多材料出现，推动这些问题的解决。

（四）唐雕版印刷梵文《陀罗尼经咒》等4种珍贵古籍

10月31日，浙江奥特莱斯广场有限公司向国家图书馆捐赠其多年搜集、购置、珍藏的唐雕版印刷梵文《陀罗尼经咒》等4种珍贵古籍，填补多项馆藏空白。

1. 唐雕版印刷梵文《陀罗尼经咒》

此件经咒为纸本，直径25厘米，悉昙体梵文，经咒为14圈不可环读的封闭圆环。中心画面内容出自《陀罗尼经》，意为“若有授持此神咒者，所在得胜。若有能书写带在头者，若在臂者，是人能成一切善事，最胜清净，常为诸天龙王之所拥护，又为诸佛菩萨之所忆念”。中心画面左侧空白处手书“女弟子五十二娘愿所求如意”。指明此经咒的持有者为“五十二娘”。印刷边框外古朴简明，无任何装饰，应为雕版陀罗尼经咒最原始状态。

宿白先生曾在《唐宋时期的雕版印刷》一书中归纳当时所见早期陀罗尼经咒印本的演进序列。他得出的结论是：“雕印梵文者在先，汉文在后；《咒经》文字不能连读的排列在先，可以连续环读的排列在后；外围框单线在先，双线在后；外围内容墨绘在先，雕印在后；外围形象较多的在先，只有一项手印者在后。”有专家亦认为中心画面圆形早于方形。由上种种推断此件经咒印本当为唐玄宗天宝五年（746）至代宗大历五年（770）间印刷品。此件文物附有美国亚利桑那大学加速器质谱仪（AMS）实验室出具的放射性碳测年报告（误差率在正负25年），明确此件文物年代不晚于770年。

2. 明丽江版藏文《甘珠尔》一函

藏文《大藏经》分《甘珠尔》和《丹珠尔》，为藏传佛教经典的总集，有写本和刻本流传。研究者统计，目前所见《甘珠尔》有12种刻本，最早刻本为明永乐八年（1410）刊刻的《甘珠尔》，共106函。

明丽江版《甘珠尔》是由明丽江府知府木氏土司主持刻印，刊印工作始于明万历四年（1576），完成于天启六年（1626）。这是在藏区刻印的首部《甘珠尔》，共108函，对之后的卓尼版和德格版《甘珠尔》的刊印均有影响。

清康熙三十七年（1698），管理西藏的和硕特蒙古军事首领达尔杰博硕克图汗南下云南，在丽江见到这一套《甘珠尔》经版，认为非常孤罕珍贵，便下令用骡马驮运到四川理塘大喇嘛寺存放。故此版又称理塘版《甘珠尔》。经版损于1908年的战火中。存世丽江版《甘珠尔》较为完整的有两部，一部在西藏昌都卓珍寺，一部在西藏拉萨大昭寺，此两部均为朱印，在形态上将单面印刷的纸张粘连在一起，呈经折装形制。

此次捐赠为梵夹装朱印本，与西藏藏两部及云南纳格拉洞发现的梵夹装墨印本均不同，反映该部《甘珠尔》印刷过程中用墨与形制上的变化。国家图书馆缺藏此部《甘珠尔》，现入藏一函，极为珍贵。

3. 清康熙三十九年（1700）内府刻朱印藏文《甘珠尔》一函

此为自明永乐版《大藏经》之后，第二部由官方修订的藏文《大藏经》，因最初全部刻板存放于嵩祝寺，所以又称“嵩祝寺版”《大藏经》。此部《甘珠尔》由康熙皇帝敕命刻印，自康熙二十二年（1683）在嵩祝寺开雕，历时十七年，至康熙三十九年（1700）竣工。前存康熙帝御制序。故宫博物院存其完本，也藏有部分经版。此部《大藏经》对于蒙古文北京版《甘珠尔》和满文《甘珠尔》影响很大，此两个文种《甘珠尔》基本直接译自藏文北京版《甘珠尔》。

国家图书馆所藏北京版藏文《甘珠尔》，共存80函，较残。所存函大多也缺叶。此次获赠一函，为《大宝积经》第一卷，国家图书馆80函中所缺，较为珍贵。

4. 清光绪年间铜版刊藏文《圣般若波罗蜜多八千颂》一函

《圣般若波罗蜜多八千颂》简称《八千颂》，是藏文古籍里常见的一部经，为吐蕃第三十八代赞普时期，由印度学者释迦塞纳、西藏译师达摩大希拉等翻成藏文，流传十分广泛，多见有抄本和刻本。此本为清末铜版印刷，较为稀见。从印刷成品上来看，由于铜版吸水性差，导致墨色集中，覆纸后很难均匀印刷，因此出现墨色溢出、浓淡不匀等现象。《蒙古绘画艺术》一书中收录此《八千颂》的铜版，可知尚有全套经版存世；由于史料文献、著作中均未见有关铜版印刷的记载，其工艺技术还有待进一步研究。国家图书馆所藏民族文字古籍中，缺铜板印刷藏品，此次获赠，补充空白。

基础业务工作

- 文献信息建设
- 文献信息组织
- 文献信息保存与保护
- 年度掠影

基础业务工作

一、文献信息建设

（一）中文文献

1. 中文图书

接收交存376066种901751册，较2019年种数减少12.88%，册数减少14.98%。购买114129种198273册，较2019年种数减少0.90%，册数减少3.44%。接受赠送4108种9482册，较2019年种数减少12.80%，册数减少49.71%。中文图书旧书补藏5997种（含赠书），较2019年增加20.47%。

2. 学位论文

采访218398种，较2019年减少7.11%。其中博士论文65204种，博士后报告8208种，硕士论文144986种。

3. 台港澳文献

采访图书18992种，较2019年减少17.73%；采访期刊700种6967册，较2019年种数减少1.13%，册数减少11.30%；采访报纸79种22623期，较2019年种数持平，期数减少11.90%。

4. 中文期刊报纸

入藏期刊10214种416246册，较2019年种数减少0.63%，册数减少20.74%；入藏报纸1314种481056期，较2019年种数减少1.65%，期数减少7.99%。

5. 音像制品和电子出版物

接收交存6671种10060盘，较2019年种数减少12.79%，盘数减少27.23%。购买补藏1683种3398盘，较2019年种数减少19.44%，盘数减少36.01%。接受赠送551种2422盘，较2019年种数增加96.79%，盘数增加3.2倍。

6. 中文资料

采访非正式出版文献4721种4923册，较2019年种数减少24.79%。存疑文献219种232册，较2019年种数减少53.80%。

（二）外文文献

1. 西文文献

订到图书43620种44584册，较2019年册数减少13.43%；缩微平片和胶卷4848种，4848片/卷；较2019年种数增加92.84%；补订海外中国学文献802种，较2019年种数增加2.82%。

2. 东文文献

订到日文图书14907种15022册，较2019年册数减少17.38%；补订日文中国学文献538种，较2019年种数减少15.67%；订到东文图书3356种3671册，其中阿拉伯文图书1561种

1728 册、韩文图书 435 种 546 册、越南文图书 632 种 666 册、泰文图书 720 种 722 册、缅甸文图书 5 种 6 册、蒙古文图书 1 种 1 册、乌尔都文图书 1 种 1 册、柬埔寨文图书 1 种 1 册，较 2019 年册数减少 15.84%。

3. 俄文文献

订到图书 5651 种 5826 册，较 2019 年册数减少 12.61%；补订海外中国学文献 1 种。

4. 国际组织与外国政府出版物

订到图书 735 种 752 册、期刊 287 册、缩微平片 4420 种 14623 片、光盘 9 种 18 盘，较 2019 年册 / 件数减少 49.8%。

5. 出版物交换

交换到各类型文献 4980 种 17463 册 / 件，其中图书 1834 种 1844 册、期刊 538 种 3559 册、平片 2039 种 7373 张、随书刊光盘 12 种 12 盘、电子出版物 4 种 10 件、音像资料 553 种 4665 件，较 2019 年册 / 件数减少 35.02%。

6. 外文报刊

订到外文期刊 39703 册，较 2019 年减少 11.38%；外文报纸 19479 份，较 2019 减少 5.57%。

7. 外文实体音像和电子资源

订到西文实体音像和电子资源 2190 种 3253 盘，较 2019 年种数减少 72.12%。

8. 外文数字资源建设

发布资源列表数据库变更信息 16 个、数据库正式开通信息 9 个、数据库试用信息 1 个；完成 PQDT 学位论文的采选工作，订购 1800 篇。截至 2020 年 12 月底，外文数据库总量 117 个，较 2019 年总量减少 7 个；开通远程访问的外文数据库总量 62 个，较 2019 年增加 8 个。

（三）古籍特藏文献

1. 古籍及特藏文献采访

2020 年，采访入藏各类古籍及特藏文献 5464 种 15639 册，其中：善本 2 种 17 册、普通古籍 147 种 1171 册 / 件、新善本 53 种 56 册、精装精印 30 种 30 册、手稿 538 种 4189 册 / 件、金石拓片 1300 种 1893 册 / 件、敦煌资料 373 种 538 册 / 件、舆图 2502 种 4650 册 / 件、地方文献 433 种 2873 册 / 件、外文善本 32 种 79 册 / 件、民族文字古籍 54 种 143 册 / 件。

2. 古籍数字资源建设

2020 年，积极开展馆藏文献的数字化工作。契约文书数字化项目 2018—2019 年度工作已完成提交并验收合格，2020—2021 年度工作开始启动，并完成扫描 3000 余拍；馆藏名家手稿数字化项目 2019 年 2 万拍扫描工作基本完成，启动 2020 年度 2 万拍数字化工作；完成 2019 年度馆藏甲骨拓片 1000 片数字化、样式雷图档数字化项目以及出版项目影像数据回收项目。国际敦煌项目（IDP 项目）完成 182 件敦煌卷子的数字化，数据库上传图像 5755 幅；为开展善本缩微胶片数字化工作，共提善本 21 种 126 册，完成缩微前整理 20 种 110 册 10000 余叶。

（四）缩微文献

全国图书馆文献缩微复制中心各成员馆全年共拍摄民国图书 71486 拍，民国期刊 96984 拍，善本古籍 31901 拍，新中国成立初期中文图书 224172 拍，现报 261081 拍，共计 685624 拍。其中：国家图书馆完成拍摄民国图书 44713 拍，民国期刊 96984 拍，善本古籍 10058 拍，新中国成立初期中文图书 224172 拍，现报 87542 拍，共计 463469 拍。完成珍贵文献数字资源转换缩微胶片 769593 拍，其中国家图书馆馆藏家谱数字资源转换黑白胶片 684968 拍。完成母片拷底 4496 卷，拷贝 1525 卷。

（五）数字资源

截至 2020 年底，国家图书馆数字资源总量达 2274.5TB，较 2019 年增加 115.67TB（参见“国家数字图书馆建设与服务”之“数字资源建设与发布”）。

（六）其他资源建设

1. 移动服务资源建设

完成“掌上国图”资源数字化工作（参见“国家数字图书馆建设与服务”之“数字资源建设与发布”）。

2. 网络信息采集

持续推进国家图书馆互联网信息保存保护中心建设，围绕国家重要战略规划和事件全面开展网络资源保存。其中主要进行中国战“疫”记忆库网络资源采集，围绕该库知识组织建设需求，开展元数据著录和数据揭示工作，为进一步的资源关联和整合奠定基础。

2020 年完成政府信息采集、加工与元数据规范著录 70573 条，共计 62.4GB，其中包括国务院各部委等机构信息 69271 条，国务院公报、农业农村部公报等政府文件 1302 条。结合 2019—2020 年社会热点，补充“中华人民共和国成立 70 周年”“全国两会”“北京 2022 年冬奥会”“新冠肺炎疫情防控”4 个热点专题内容。

为推动国家图书馆互联网信息战略保存基地（新浪）建设成果的落地实践，探索和创新资源整合服务模式，开展“国家图书馆数字馆藏与新浪微博整合服务”项目。该项目围绕 2010—2019 年我国历年社会热点和文化主题，遴选并整合国家图书馆各类优质数字资源和新浪微博社交媒体数据，通过可视化技术实现多终端的资源发布与展示服务。共完成 10 个主题 2045 条馆藏资源（包含图书、期刊 / 报纸、图片、视频等多种类型）、189 个热词、81 个话题和 2120 条微博内容的筛选与组织，并实现互联网展示与后台统计功能。该项目专题库在 9 月 9 日馆庆前上线，创新馆藏资源与微博网络资源的多维度资源整合方式，实现对立体化馆藏资源的多维度展示，为国家图书馆业务创新与发展提供范例。

3. 国图公开课资源建设及典籍鉴赏、学术讲座等微精化加工制作

为国图公开课持续进行优质资源建设，以弘扬中华优秀传统文化为主，依托图书馆优秀的讲座资源，继续建设适合社会公众在线学习、图书馆自有版权的精加工视频资源 100 场（200 集），内容涵盖传统文化、传统艺术、全民阅读等多个方面。立足国家图书馆公益性服务职能，以满足用户知识需求为宗旨，针对历年加工的中文视频资源，每月遴选 15 场推送到国图公开课平台，同时对遴选出来的课程进行元数据加工，著录课程标题、摘要、专题系列、学科分类、主题词、主

讲人等元数据信息。此外，对国家图书馆现有各类资源进行深度挖掘与整合，以文字、图片、音视频的形式插入与课程相关的背景知识，形成与课程既相互独立又保持关联的知识点，实现与馆藏图书、期刊、学位论文等资源的链接和融会贯通。2020 年度共完成国图公开课视频提供、对象数据与元数据制作共计 180 场（276 集），制作知识点 1315 条。

为更好地宣传推广国家图书馆馆藏精品古籍文献，全年遴选 30 种馆藏古籍文献，以专题片的形式进行视频化加工与制作，并通过国图公开课和多终端平台进行发布服务。

为更好地适应新媒体时代用户的阅读需求，提升视频服务效果，遴选近年国家图书馆以及 21 个地方图书馆精加工讲座资源开展微讲座资源开发项目，通过短视频加工的形式改造原始讲座资源，涉及传统文化、全民阅读、传统艺术 3 个主题，以此为基础，针对每场讲座制作 1 套微讲座资源（包括 1 个时长约为 30 秒的片花、1 个 2—3 分钟的短视频，以及适合在多终端发布的新媒体宣传文稿）。截至 2020 年底，共完成 200 场微讲座的开发建设。

为提升国图公开课的规范化程度，在知识层面提升其服务效果，持续开展国图公开课视频整合建设，全年完成 1500 小节公开课视频的整合，实现视频内容精简和纠错、基于公开课讲座内容进行提炼与总结，实现讲座内容的主题标引和高频词提取，进而提升国图公开课的规范度和知识性。

2020 年，以展示馆藏资源的历史、文献价值及现实意义为内容建设支撑点，以触摸屏和智能移动设备为传播媒介，开展多媒体资源建设。遴选百部经典系列《论语》、《孟子》、《管子》、《孙子兵法》及《资治通鉴》手稿、《样式雷——颐和园卷》6 种资源进行精品化加工，并完成 6 种资源触屏端上线服务。其中《样式雷——颐和园卷》首次结合 360 度全景技术，在线实现图纸与实景对比浏览。在 4·23“读书日”系列活动中，通过微信等移动渠道上线服务。截至 12 月 31 日，《样式雷——颐和园卷》在各终端累计访问量达到 2.02 万次。

通过触摸屏项目建设，实现 200 种电子报纸、100 种电子期刊、50 种少儿期刊的采集、集成、更新和展示服务；实现“中华人民共和国大事记”在线报纸展在触摸屏端的整合揭示，配合页面布局，对原有触摸屏首页进行调整，设计栏目按钮，同时对触摸屏管理系统进行相应的调整；实现“《永乐大典》的前世今生”“《公共图书馆法》——我们在行动”“国家图书馆攻略”“国家图书馆微信五岁啦”共计 4 个多媒体动画在触摸屏终端的安装和展示调试。

4. 文津图书奖数字化工作

完成第十五届文津图书奖参评图书数字化加工、数据发布、数据管理、网站建设等工作。设计并制作全新的文津图书奖专题网站，整合第十五届以及历届获奖图书和推荐图书，形成完整的数字资源专题导读。数字化加工方面，完成数据前期整理、查重；对获奖及推荐图书进行扫描，共包含图书 50 册，图像扫描 16446 页。加工制作获奖及推荐图书 PDF 单页文件 16446 页，ePub 文件 50 个。完成获奖及推荐图书全文转换加工工作，包括单版 TXT 文件与合并版 TXT 文件，文本 OCR 识别加工。完成 ACCESS 数据库的制作，其中基本信息表共计 50 条，目次数据库表包括目录标引 2606 条。网站建设方面，配合完成第十五届文津图书奖评奖活动，设计并制作评奖活动所需的全新专题网站，将获奖书单同步发布到文津图书奖网站上进行展示。完成首页、获奖图书、推荐图书、往届回顾以及评奖办法、文津图书奖简介页面，页面美观、协调。实现第十五届文津图书奖资源展示，包括资源导航、获奖图书展示、推荐图书展示，以及在线阅读、视频播放等功能。优化图书推荐流程，新增评委打分功能、通知公告、联合评审单位介绍。发布系统和数据库系统部署到服务器。同时，制作触屏版第十五届文津图书奖专题网站，功能齐备，信息一致，并根据触摸屏的不同尺寸完成页面适配。

二、文献信息组织

（一）中文文献

1. 中文图书

制作中文图书书目数据 195251 条，较 2019 年种数减少 26.90%。其中：普通图书书目数据 151770 种，较 2019 年种数减少 26.31%；少儿图书书目数据 43481 种，较 2019 年种数减少 28.41%。新建中文标准篇名数据 2213 条，维护中文标准篇名数据 478 条。完成中文图书加工 685401 册（含光盘），较 2019 年册数减少 30.22%。新建名称规范数据 88943 条，完成规范数据与书目数据的同步挂接。

2. 学位论文

学位论文编目加工 165167 种，较 2019 年减少 12.21%。其中：博士论文 46328 种，博士后报告 7839 种，硕士论文 111000 种。

3. 台港澳文献

图书编目加工 15466 种 / 册，较 2019 年种 / 册数减少 17.89%；制作图书书目数据 16267 条，较 2019 年减少 14.02%。

4. 中文期刊报纸

新编期刊书目数据 109 条，报纸书目数据 11 条。完成中文期刊加工 416246 册，中文报纸加工 481056 期。

5. 音像制品和电子出版物

登记加工 7900 种 12192 盘，较 2019 年种数减少 25.48%，盘数减少 39.12%；编目入库（含少儿音像制品等，不含复本、附件）6325 种 9084 盘，较 2019 年种数减少 33.61%；制作书目数据 6399 条，较 2019 年减少 34.49%。

6. 缩微文献

制作缩微品母片书目数据 2199 条，完成馆藏单册挂接 3518 卷。制作缩微品拷底片书目数据 5300 条，制作缩微品拷贝片书目数据 1000 条，维护书目数据 20700 条。

（二）外文文献

1. 西文文献

编目加工西文图书 36732 种 39628 册，较 2019 年种数减少 23.24%；缩微平片 4848 种，较 2019 年种数增加 92.92%。

2. 东文文献

编目加工日文图书13598种13698册，较2019年种数减少16.78%；编目加工东文图书3356种3671册，其中阿拉伯文图书1561种1728册、韩文图书435种546册、越南文图书632种666册、泰文图书720种722册、缅甸文图书5种6册、蒙文图书1种1册、乌尔都文图书1种1册、柬埔寨文图书1种1册，较2019年册数减少15.84%。

3. 俄文文献

编目加工图书6000种6091册，较2019年种数减少13.61%。

4. 国际组织与外国政府出版物

编目加工图书744种875册，期刊4种90册，缩微平片6995种14524片，光盘3种22盘。各类文献编目加工较2019年册数减少39.9%。

5. 外文报刊

新编目外文期刊83种，外文报纸1种。新编外文连续出版物书目数量较2019年减少74种。

6. 外文实体音像电子资源

编目加工西文实体音像电子资源1062种1766盘，较2019年种数减少85.93%。

（三）古籍文献

2020年共编制各类古籍文献书目数据9250条。继续开展古籍回溯书目数据编制工作，完成少数民族语文古籍回溯书目数据制作1000条，永乐南藏1000条，甲骨及金石拓片2000条，新中国成立后宣传画500条，老照片500条，外文善本2000条，共计7000条。另外，完成中文提善书书目数据修改3000条、线装家谱书目数据修改与完善500条。

（四）数字资源

1. 数字资源门户系统和SFX资源链接系统的数据管理

2020年数字资源门户根据自建、外购资源库的变化情况，及时进行访问链接、资源库介绍以及资源库权限说明的调整。全年新增8个资源库，修改61次资源库，停用7个资源库；开通5个试用资源库。

2. 加大数字馆藏元数据收集整理力度，实现元数据仓储的统一管理

全年共整合中文外购数据库48批，元数据约6821.9万条；整合外文外购数据库1个，元数据922条；整合自建及征集资源26批，元数据约8万条；制定13个外购中文数据库的映射规则。数据库核查完毕后全部提交给文津搜索系统进行整合发布。

3. 大事记馆藏报纸展

为更好地讲好中国故事、坚定文化自信、促进文化繁荣，基于国家图书馆馆藏报纸文献构建馆藏报纸在线展览。以中央党史和文献研究院刊发的《中华人民共和国大事记（1949年10月—2019年9月）》为脉络整合馆藏文献，以“原版原貌”的报纸深度解读事件，辅以图书讲座等丰富、多元的馆藏资源组合展览，以年为序，进行在线报纸展。在2020年1月上线服务（http：//www.nlc.cn/dsb_zt/xzzt/ghgdsj/），提供网站、移动设备、触摸屏多终端的统一服务。本着边建设边

服务原则，截至2020年底，已完成逾2000版契合大事记事件（1949—2019年）的原版原貌报纸加工工作，以及2541条事件关联（1949—1990年）的馆藏文献资源整合推荐工作，所有报纸及其相关资源数据按计划逐年上线并多终端发布。

三、文献信息保存与保护

（一）数字信息保存与保护

1. 自建数字资源入藏

2020年，自建数字资源典藏库房入藏光盘15490盘，包括中文现代文献入藏光盘12120盘、民国文献42盘、善本古籍3028盘、音视频资源300盘。光盘总入藏量较2019年同期减少74.17%，其中中文现代文献光盘入藏量较2019年同期增长25.57%，善本古籍类资源光盘入藏量减少93.46%，民国文献类光盘入藏量减少98.46%，音视频类资源光盘入藏量减少74.66%。

定期开展自建数字资源典藏库房巡检，完成自建数字资源入库清点核查、质检、备份、维护工作，年内共修复维护光盘2340张。完成数字资源库房管理系统的管理和数据维护，系统更新13048条。

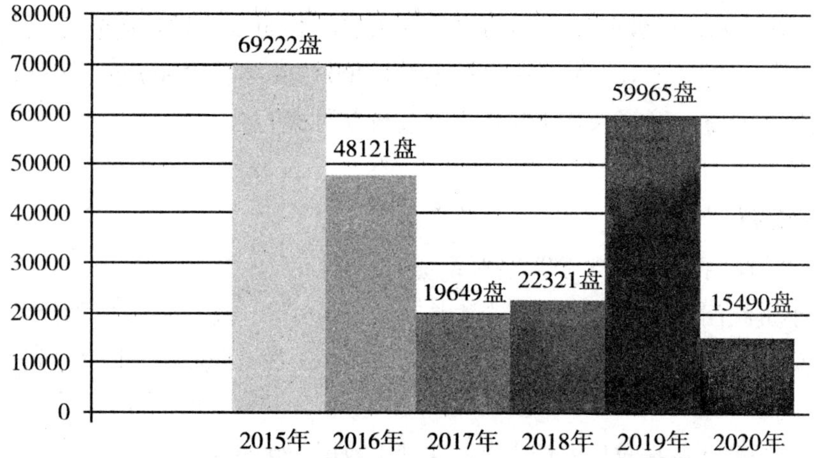

2015—2020年国家图书馆自建数字资源光盘入藏量

2. 长期保存

2020年，完成网络资源长期保存共计46138GB（45.06TB），触摸屏电子报纸资源备份共计54.60GB。完成中文图书、网页采集、古籍、拓片、数字善本、国际敦煌项目共计六大类，81.43TB的数字资源长期保存。截至2020年底，国家图书馆长期保存数字资源总量达到1905TB。

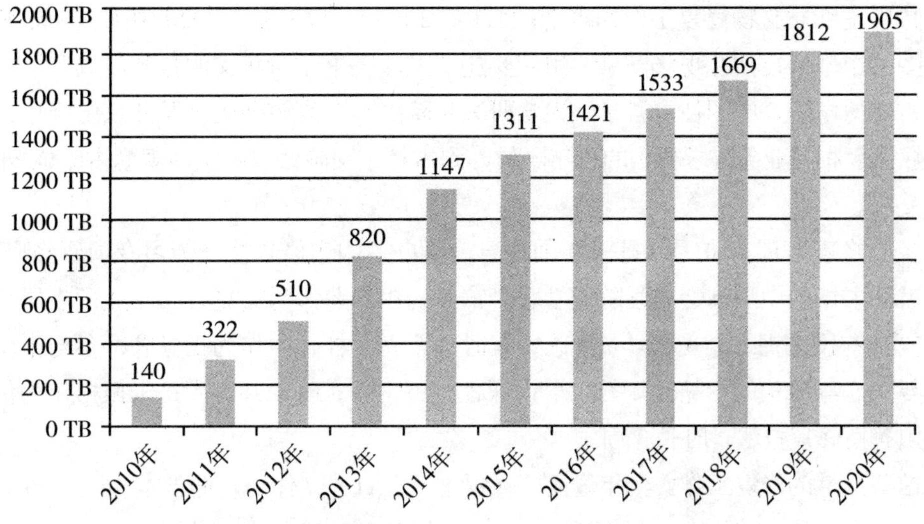

2010—2020 年国家图书馆数字资源长期保存情况

2020 年灾备中心磁带库完成增量数据备份 144.8TB，灾备中心磁带库数据总量达到 2098TB。开展对国家图书馆主中心及灾备中心磁带库长期保存数据安全性检查 281 盘次，检查结果全部正常，保证两地数据的完整性和一致性。

（二）文献修复与保护

1. 文献修复

履行国家级古籍修复中心各项职责。开展广济寺字画修复 20 件，电影资料馆海报修复 50 件；推进第五批国家级非物质文化遗产代表性项目申报工作，以“传统书籍装帧技艺”为申报项目参与申报；组织实施“北京市第五批市级非物质文化遗产代表性项目”申报工作，“敦煌遗书修复技艺”和“甲骨传拓修复技艺”已经公示并通过；完成法帖修复案例文稿撰写约 4 万余字、统稿 13 万余字，整理、撰写“天禄琳琅”修复案例，编写《国家图书馆古籍装帧样书制作教程》以及北京地区舆图修复案例；结合技艺传承工作需要，对古籍修复技艺相关传统技术开展发掘和技术攻关工作，并取得突破，如开展库瓷青纸、粉蜡笺纸、仿古真丝画绢、真丝绫子的制作技术攻关。此外，修复用纸自行抄制研究工作已进入修复室内抄制实验阶段等；配合国家古籍保护中心，编写《全国古籍保护人员名录 · 古籍修复师》，共完成 26 名国家图书馆在职及退休古籍修复人员个人简介、工作事迹的调研及组稿工作。

通过多种途径，加强古籍修复工作与修复技艺的推广和宣传。重视电视、网络直播、报纸等不同媒体宣传形式，配合中央广播电视总台《国家宝藏》等栏目拍摄纪录片；参与北京人民广播电台《早间直播》栏目拍摄；接受《中国新闻周刊》《工人日报》《北京日报》《中国日报》《北京晚报》等平面媒体采访。积极参与大型展览活动，9 月，协助国家古籍保护中心筹办全国古籍修复技艺大赛，协助筹备“妙手补书书可春——全国古籍修复技艺竞赛暨成果展”，期间承担修复部分的文稿编写、图片整理及修复技艺现场演示等工作，国家图书馆青年修复人员在此次比赛中创造佳绩，在 5 个第一名中占据 3 席，另有 1 人获得第二名，1 人获得第三名，展现国家图书馆古籍修复、特别是纸质文物修复工作的水平；11 月，2 位修复师参加“2020 中国国际旅游交易会”，代表国家图书馆做修复技艺现场演示。组织实施“国家图书馆青年文明号开放周”活动，邀请北京大学考古文博学院、中国社会科学院大学研究生院等在京高校师生以及北京出版集团、中国书店等有古籍修复相关业务需求机构的青年团员，到古籍馆文献修复组实地观摩古籍修复工作流程、开展业务交流。

开展各类修复培训。10 月 9 日—11 月 7 日，举办“印谱修复技艺传习专项研修班”；10—11 月，对国家图书馆与中国社会科学院大学联合培养的古籍鉴定与修复方向专业硕士研究生开展多项古籍修复基本技法训练，受训学员 5 人，学时 2 个月；杜伟生作为指导老师参与中山大学、西部文献修复中心等机构的古籍修复教学培训课程相关工作，时长共 5 周；朱振彬作为传习导师在南京图书馆教授修复技法，时长 3 周。

开展馆藏文献的修复工作。全年修复“天禄琳琅”11 册 / 件、其他善本 46 册 / 件、普通古籍 15 册 / 件、金石拓片 35 册 / 件、舆图 15 册 / 件、民族文字古籍 1 册 / 件。

2. 文献保护

继续加强古籍保护科技文化和旅游部重点实验室（以下简称“实验室”）管理工作，按时进行设备和实验室的维护工作，保障实验室的顺利运行，完成 2020 年文化和旅游部对重点实验室的考核工作，考核结果为合格；举办 2020 年网络科技周活动；完成 CNAS—CL01《检测和校准实验室能力认可准则》2006 版向 2018 版的过渡，将《质量手册》《程序文件》《作业指导书》《表格记录》按照 2018 版准则要求进行修改，并完成中国合格评定认可委员会网站的注册和申请工作；对全馆库房温湿度自动监测系统进行维护，发现问题及时解决，每月一次温湿度、虫害监测报告，其中 2—5 月合并报告，更换部分检测仪的电池，让公司来维护监测系统一次。6 月由于疫情没有进行库房空气质量检测，11 月底进行一次库房空气质量检测；文津街馆区普通古籍库房、总馆善本和四库库房克服疫情困扰，妥善组织，投放樟脑，并为承德库房提供樟脑。

优化缩微文献保存保护手段，提升缩微文献资源保障能力。完善国家缩微母片库建设，继续开展国家缩微母片库房醋酸片核查项目，对缩微母片中的醋酸片基与涤纶片基胶片进行区分，并对醋酸胶片有针对性地采取保护措施；继续开展古籍缩微胶片修复，通过对胶片的筛查分类、接片处理、拷底制作、质量验收等流程，加强古籍缩微文献的保存保护；继续开展成员馆善本缩微胶片数字化异质保存相关工作；开展民国期刊缩微平片拷底片库补藏工作。

年度掠影

【文献交存、基藏本补藏及海外中国文化中心图书馆采编服务在疫情闭馆期间有序开展】

2020年新冠肺炎疫情防控期间，面对全国各地出版社出版物交存工作未停止局面，自2月中旬开始，交存出版物管理组陆续安排员工到馆接收交存文献，到9月全员复工前，共接收包裹19043包（2019年同期接收包裹20444包），确保文献接收工作正常无阻。全员复工后集中精力加班加点登记积压文献，全年接收2019年出版图书400210种902321册，交存率达79.0%，较2019年同期略下降0.6%。以实际行动诠释面对困难问题履职担当，树立了良好的国家图书馆法定交存窗口形象。

结合国家图书馆国家文献战略储备库建设，继续有序开展中文基藏本补藏工作，通过梳理中文图书保存本和基藏本的收藏情况，广泛搜集目录，整理查重，共提交可补基藏本书目35000余种。

完成马耳他中国文化中心图书馆图书配置、编目加工配送工作。同时，根据卢森堡、吉隆坡中国文化中心的实际需求，从近两年出版的40余万种图书目录中遴选图书。

【配合国务院教育督导委员会抽检博士学位论文】

国家图书馆学位论文收藏中心是国务院学位委员会指定的全国唯一负责全面收藏和整理我国学位论文的专门机构，其博士学位论文收藏数量以及学科专业覆盖面在国内首屈一指，是国家博士学位论文最终保障基地。根据《教育督导条例》（国务院令第624号）和《博士硕士学位论文抽检办法》（学位〔2014〕5号）有关要求，为保证博士生培养质量，国务院教育督导委员会办公室决定2020年度抽检的博士学位论文继续从国家图书馆调用。按照国务院教育督导办函件要求，国家图书馆学位论文收藏中心克服新型冠状病毒肺炎疫情的不利影响，对分散在采访、编目、加工、外包及保密等多环节工作流程中的博士学位论文逐一筛查，共提取博士论文6660种，经数字资源部进行数字化扫描制作成电子文档，按照要求提交国务院教育督导办，完成相关工作。

【中文引进数据库使用统计】

中文数据库的使用统计数据均直接或间接由数据库商提供，按获取方式可分为厂商提供、自查远程服务器、自查本地服务器3种。截至2020年底，国家图书馆有一定使用时间的中文数据库134个。其中：无法统计使用情况的有13个，占数据库总量的9.7%；可直接或间接获取统计数据的数据库有121个，占数据库总量的90.3%。121个数据库具体包括：由厂商统计汇总形成最终数据，以Excel、Word等文件通过邮件提交的（即厂商提供）有57个；工作人员登录数据库商远程服务器统计系统，自行统计汇总形成最终数据的（即自查远程服务器）有15个；工作人员登录数据库本地镜像服务器统计系统，自行统计汇总形成最终数据的（即自查本地服务器）有49个。与2019年相比，可获取统计数据的数据库增加7.1%。

【加大中文商业数据库元数据收集力度】

中文商业数据库的元数据是图书馆开展资源整合的基础数据之一，元数据收集工作为国家图书馆的资源建设、数据整合与读者服务提供有力的数据保障。截至2020年底，全年共获取47批次中文商业数据库元数据，共计67899069条，较2019年减少40.7%。共收集元数据的数据库89个，占中文商业数据库总量的66.4%，较2019年增加4.7%。其中：全文型数据库54个，索引文摘型数据库1个，数值事实型数据库20个，多媒体型数据库13个，复合型数据库1个。

【双管齐下，全面提升疫情期间外文资源服务效能】

疫情初期，为解决闭馆期间国家图书馆读者及参考咨询馆员外文数字资源使用困难的问题，满足读者的文献需求及馆员的参考咨询服务需求，外文采编部第一时间启动各项协调工作，逐一与外文数据库商进行协商，提供多种数据库远程使用方式，为远程读者服务提供更好、更多、更便捷的文献资源保障。除原有读者门户可访问的外文数字资源外，国家图书馆共协调开通临时远程访问数据库44个，其中通过国家图书馆公众号向国家图书馆用户推广的可临时访问数据库29个，专门为参考咨询服务开通临时账户访问的数据库15个。经过沟通，部分外文数据库商首次许可向没有实体读者卡的国家图书馆读者开放远程访问权限，解决无卡读者资源使用的燃眉之急。

同时，为提升数字资源服务效能，国家图书馆对现有外文数字资源内容及服务方式进行挖掘，并以国家图书馆微信公众号为阵地，策划相应的文献宣传推广活动。一方面，利用现有读者门户中的外文数据库资源，结合新型冠状病毒肺炎疫情、社会热点话题等多个角度挖掘资源内容，向读者推荐相关专题资源。另一方面，积极挖掘并整理网络免费资源，包括OA数据库、OA期刊、OA电子书等多种类型文献，特别是对新型冠状病毒肺炎疫情期间各出版社及机构免费开通的文献资源进行整理，并向公众进行宣传。

【筛查整理快速编目数据，提升外文书目数据库质量】

快速编目数据是ALEPH系统NLC09外文书目数据库中存在的简编数据（以包含“Cataloging-on-the-fly”字样的附注字段为识别标志），其产生可追溯到ALEPH系统启用初期。经前期调研，NLC09外文书目数据库包含快速编目数据3800余条，涉及多个文种，情况复杂。快速编目数据为系统冗余数据，不仅无法准确详细地揭示馆藏文献信息，而且与常规书目数据重复交叉，影响文献检索。2020年，外文采编部开展对快速编目数据的筛查和整理。上半年，受新型冠状病毒肺炎疫情的影响，在居家办公期间，利用网络推进该项工作，使用虚拟专利网络（VPN）技术远程对3800余条快速编目数据逐一筛查，按语种分类，形成表单，对其中情况简单的数据远程删除快速编目标识字段。下半年，在逐步复工复产之后，部门组织相关科组按照筛查表单分析数据，进入书库实地对比实体文献，并召开专题会议讨论，对各类情况进行汇总分析，针对不同情形确定不同的处理方式。最终，累计筛查快速编目数据3823条，完成处理3658条，其余数据受各种原因限制暂未处理。对NLC09库快速编目数据的筛查与整理，不仅提升外文书目数据库的质量，而且更好地满足读者对外文文献的利用需求。

【采访战“疫”线上选书——外文采编部积极做好疫情期间采访工作】

2020年，外文采编部坚决贯彻落实习近平总书记关于新型冠状病毒肺炎疫情防控工作的重要指示精神和国家图书馆统筹推进疫情防控和事业发展工作部署，牢记使命，在做好疫情防控工作的同时，紧密结合自身业务特点，积极做好外文文献采访工作。积极补藏防疫相关的外文图书，以满足国家和社会的需要。一方面，外文文献采访人员根据在家办公的实际情况，上网搜集资料，补藏相关防疫类文献；另一方面与各家进出口公司、著名出版社联系，让各家中标代理商积极提供与疫情相关内容的优质学术图书目录，并利用从馆里申请的VPN连接国家图书馆联机公共目录查询系统（OPAC），进行书目查重对比，保证没有复本图书入藏。累计遴选优质西文防疫图书800余种，其中多数为代理商现货目录，这样就大大加快采购速度，可以保证这批书尽早进馆与读者见面。

【《国际图联图书馆参考模型》中文版正式发布】

12月5日，由外文采编部组织翻译的《国际图联图书馆参考模型》（*IFLA Library Reference Model*，IFLA LRM）中文版在国际图联（IFLA）官方网站上正式发布。至此，IFLA LRM已发布9种语言的翻译版本。IFLA LRM是在“实体—关系”建模框架内开发的高级概念参考模型，是对先前已独立开发的3个概念模型《书目记录的功能需求》（FRBR）、《规范数据的功能需求》（FRAD）和《主题规范数据的功能需求》（FRSAD）的整合。新模型以统一的视角对3个模型的矛盾和差异进行有机协调，以高层次的一般化为目标，打破原模型的平面结构，以超类／子类建模方式简化模型，同时允许模型扩展，以满足不同类型机构的应用需要。与原模型相比，新模型不仅通过科学的简化和整合加强了模型内部的逻辑一致性，而且极大地提升了模型对关联数据环境的适应性。

2018年，由于在RDA研究与实践方面取得的卓越成绩，中国国家图书馆受邀成为RDA理事会亚洲地区机构代表。此次IFLA LRM中文版的推出，就是中国国家图书馆充分发挥RDA理事会亚洲地区机构代表积极作用的重要体现。新模型思想深邃，内容繁杂，翻译工作极为艰辛，历时一年之久，终于圆满完成。IFLA LRM中文版的发布，为我国图书馆界学习和理解新模型消除语言障碍，为洞悉新版RDA的变化提供理论指导，为推动RDA本地进程，加快我国编目事业国际化发展起到积极的促进作用。

【全国图书馆文献缩微复制中心进一步梳理民国图书拍摄及提供服务情况】

全国图书馆文献缩微复制中心自2001年启动普通民国图书拍摄，2018年基本完成，历时18年，共计拍摄普通民国图书94086种10167886拍。除普通民国图书外，2016年8月国家图书馆开始拍摄馆藏内部书库民国图书，2020年10月完成共计3752种363530拍的拍摄工作，为国家图书馆开展民国图书的保存保护和对外服务提供全面支持。在开展馆藏民国图书拍摄的同时，依托全国图书馆文献缩微复制中心职能，通过文献普查、组织拍摄、文献揭示、馆藏补缺、统一标准等工作，带领20余家成员馆陆续通过传统拍摄或数转模开展民国图书拍摄。此外，对馆藏民国图书缩微拍摄及提供服务情况进一步梳理，形成《国家图书馆馆藏民国图书缩微拍摄及提供服务情况报告》。

【阎宗临先生手稿捐赠国家图书馆】

8月20日，阎宗临先生手稿捐赠仪式在国家图书馆举行，阎宗临先生哲嗣阎守诚、阎守扶向国家图书馆捐赠阎宗临手稿7种12册。国家图书馆副馆长张志清接受捐赠并向捐赠者颁发捐赠证书。

阎宗临（1904—1978），山西省五台县人，历史学家。1925年赴法国勤工俭学，1929年入瑞士弗里堡大学文学哲学院，1937年获瑞士国家文学博士学位。抗日战争爆发后，携夫人毅然回国共赴国难，先后任教于山西大学、广西大学等。抗战胜利后任教于中山大学，任中山大学历史系主任兼历史研究所所长。1950年返回故乡任教于山西大学，历任山西大学研究部主任、山西省历史学会副理事长、山西省政协委员等职。阎宗临先生在世界文化史、中西交通史、山西地方史等研究方面都有开创性的、卓越的成就。

此次捐赠手稿主要是欧洲古代及中世纪史研究论著，这一论题是阎宗临先生一生研究和教学的主要课题，具有很高的学术和史料价值，兼具文献价值。

【世界首版《红星照耀中国》斯诺签名本入藏国家图书馆】

10月15日，刘力群先生向国家图书馆捐赠埃德加·斯诺、艾格尼斯·史沫特莱、安娜·路易斯·斯特朗、海伦·斯诺、哈里森·索尔兹伯里（简称“5S”）等国际友人签名本、书信手稿及相关资料共计30种44册/件。国家图书馆馆长饶权接受捐赠并向捐赠者颁发捐赠证书。中国国际报告文学研究会会长王晓滨等专家学者，刘力群家人，挚友顾品锷、高振东等出席捐赠仪式。国家图书馆副馆长张志清主持捐赠仪式。

刘力群先生是中国社会科学院新闻与传播研究所原副研究员，中国国际友人研究会第四届常务理事。多年来致力于收集、研究、宣传斯诺夫妇、史沫特莱、斯特朗、索尔兹伯里等国际友人的著作、签名本等珍贵文献。此次捐赠文献包括：1947年埃德加·斯诺题赠给英国考文垂市市长哈德金森的世界首版《红星照耀中国》，1942年埃德加·斯诺题赠给中国工合国际委员会总干事浦爱达的《为亚洲而战》，1963年埃德加·斯诺为安娜·路易斯·斯特朗77岁生日题赠的《大河彼岸：今日红色中国》，埃德加·斯诺致德籍国际友人王安娜书信手稿等。

此外，刘力群还受93岁高龄的埃德加·斯诺资深研究者舒暲先生委托，向国家图书馆捐赠舒暲先生收藏的英国共产党人大卫·盖斯特签名本《远东前线》1种1册。此书对于研究斯诺所著《远东前线》的国际影响有重要意义。

服务工作

- 立法和决策服务
- 重点教育科研和生产单位的信息服务
- 社会公众服务
- 业界服务
- 年度掠影

服务工作

一、立法和决策服务

（一）基础业务建设

1. 专藏文献

法律参考阅览室全年共接收中文图书 423 种 423 册，中文期刊 227 册，外文图书 3389 种 3434 册，外文期刊 1834 册，光盘 10 张。截至 2020 年底，室藏文献总量为 25465 种 63759 册，其中中文图书 5306 种 11132 册、中文期刊 264 种 10448 册、外文图书 19526 种 31602 册、外文期刊 369 种 10577 册。全年文献流通 2002 册次，其中中文图书 1225 册次、中文期刊 192 册次、外文图书 537 册次、外文期刊 48 册次；接待读者 3790 人次。

海外中国问题研究资料中心（中国学阅览室）全年共接收中文图书 303 种 303 册，外文图书 1255 种 1439 册，外文期刊 410 册，光盘 2 张。截至 2020 年底，室藏文献总量为 46317 种 52968 册，其中中文图书 3196 种 3238 册、外文图书 42954 种 45459 册、外文期刊 167 种 4271 册。全年文献流通 2170 册次，其中中文图书 298 册次、外文图书 1813 册次、外文期刊 59 册次；接待读者 3874 人次。

2. 专题数字资源

完成国家图书馆立法决策服务平台、国家图书馆部委分馆内网平台、国家图书馆人民法院分馆平台、国家图书馆立法舆情监控平台、部级领导干部历史文化讲座视频网站、中华人民共和国法律法规信息服务系统、海外中国问题研究资料中心网站、全国省级公共图书馆决策咨询服务协作平台等专题数字平台的维护与更新建设。

完成省情概况数据库、新书推荐、部级领导干部历史文化讲座视频库、海外智库报告专题数据库、军事专题数据库、海洋专题数据库、中国边疆文献总库等专题库的维护与更新建设。

3. 基础业务应用系统

继续推动立法决策服务机构知识库建设，根据业务需求，对机构知识库的运行服务情况进行追踪调研，维护系统的正常运行。

（二）重点服务项目

1. 国家立法和决策咨询服务

2020 年，立法和决策服务部克服疫情影响带来的重重困难，积极行动，主动作为，圆满完成为党和国家领导人、党中央各部门及所属单位、全国人大相关部门、国务院各部门及所属单位、全国政协相关部门、中央军事委员会相关部门的立法与决策咨询服务任务。全年累计完成重点咨询 2004 件，较 2019 年增加 320 件；疫情期间常规报送由一周 2 报增为一周 3 报，年报送总量较去年增长 70 期。增设《新冠疫情专题舆情》，共报送 177 期；统筹推出“疫情防控”系列信息产品400余期，推送中央和国家机关有关单位参考。4月，在国家图书馆馆长会议组织（Conference of Directors of National Libraries，CDNL）会同国际图联（IFLA）发布的《新冠病毒影响分析报告》中，“为立法决策机构提供疫情防控决策专题信息参考”被列为“公共卫生相关领域最佳实践”。

2.“两会”服务

自2019年12月至大会召开前夕，围绕大会审议报告和热点专题，持续进行相关文献收集和整理工作，共提供大会审议报告专题资料1409篇、大会热点专题资料674篇，总数量较2019年增加近600篇，达历年新高；编制5个专题的《国家图书馆“两会”专题文献信息专报》，报送“两会”代表委员。大会召开期间开展舆情监测服务，提供《境外媒体信息专报》20期，报送文章271篇;《境内及新媒体舆情跟踪》21期，报送信息302条；完成《2020年全国“两会”舆情综述报告》1份；为中国人大网“代表服务专区”制作大会审议专题网页，首次通过“委员履职”APP开启信息保障服务，为代表委员提供多渠道、全方位信息支持。

大会期间，接到人大代表及政协委员电话咨询2人次，其中代表1人次、委员1人次，办理政协委员阅览卡1人次。

3. 专项重点工作

根据中央某机构“三服务”工作指示，继续为该机构数字图书服务平台提供资源加工与发布工作。完成平台原有书目数据整理、排序和重新分类标引等工作；完成平台栏目《每月新书目》更新工作，提供书目921种；跟踪并遴选每月出版新书，制作《新书推荐》12期，推介图书500余种，并特别增设防疫专题图书；满足用户个性化书目定制43次；与用户建立日常沟通机制，进一步细化图书数据加工标准，保证该项工作有序进行。

继续完善国家法律法规库项目。完善入库元数据规范，结合国家法律馆建设完善数据库架构。

4. 海外中国问题研究资料中心工作

及时传达国外研究中国的最新动态、理论和成果，制作《海外中国问题研究资料中心》系列产品；继续收集、整理和维护智库报告专题数据库；及时传递海外涉华研究评论，推出《海外涉华研究内参》专报；不断丰富完善海外中国学网站数据建设，打造中国学文献一站式文献检索平台，同时该网站也担负着“中法文化门户网站”建设的重要职能；编写《国外中国研究著作选目提要·2014》，并将于2021年正式出版。

5. 部级领导干部历史文化讲座

2020年1月，为2019年度出席讲座6次以上的179名领导同志颁发勤学奖。2月以来，根据疫情发展情况，及时调整服务策略，暂停现场讲座服务。疫情防控工作常态化后，制订“讲座疫情期间录播方案”，录制第2—7期讲座，并进行讲座云平台的设计开发工作。7月底，讲座云平台正式上线，通过线上形式完成全年讲座任务。全年共举办线下讲座1场、线上讲座11场，参加讲座1171人次（线上讲座按观看人数计）。

6. 部委分馆建设

积极推进部委分馆建设，通过推进多种建设项目，为部委分馆用户提供更优质的服务。截至2020年底，部委分馆数量已达18家。

继续加强与国家发改委合作，强化按需服务、线上服务、延伸服务、专业服务，进一步推进“发改书吧”建设，并续签《共建发改书吧战略合作协议》。

继续推进文化和旅游部阅读空间项目。为文化和旅游部阅读空间运行提供维护工作，编制2020年“阅读空间”服务方案，增设座椅，策划阅读排行榜等。全年累计图书上新3批次，提供基藏外借配送13次。

深入调研，积极拓展新用户，全年度建成解放军某部队国家图书馆分馆，为军队文化建设提供精准而高效的保障。

7. 立法决策服务平台建设

完成“两会”服务平台建设及运维工作。在充分调研代表、委员信息需求的基础上，量身打造“国家图书馆人大代表服务平台”和“国家图书馆政协委员服务平台”，保障“两会”期间人大代表和政协委员平台的正常运行，对每日平台运行情况进行值班监测，解答平台使用相关疑问。“两会”期间，人大代表服务平台点击量754次，政协委员服务平台点击量3285次，政协委员服务平台点击量再创新高。

（三）更名调整

根据《文化和旅游部关于国家图书馆调整内设机构的批复》（文旅人函〔2020〕478号），并经2020年第58次国家图书馆馆务会研究决定，自2020年11月26日起，“立法决策服务部”正式更名为“立法和决策服务部”。部门职能、任务不变。

二、重点教育科研和生产单位的信息服务

2020年，完成社科类一般性咨询1593件，同比增加563.75%；完成代检索课题18件，同比减少84.35%；完成馆藏复制证明和专题检索证明共1296件，同比减少28.52%。完成科技类辅导性咨询862件，同比减少44.28%；科技查新201件，同比减少28.47%；专题检索和事实查询101件，与2019年持平；完成论文收引查证业务共4028件，同比减少13.99%。

完成竞争情报类咨询796件次，其中中央国家机关195件次，重点生产、科研教育单位597件次，一般读者4件次。全年合作用户数量21个，其中中央国家机关3个、重点科研教育生产单位用户18个。编制二、三次文献咨询件次占全年咨询件次比例为99%，其中编制二次文献占比43%，同比减少6%；编制三次文献占比57%，同比增加35%。全年共完成《国家图书馆舆情专报》《国家博物馆媒体传播效果评估报告》《工作研判参考资料》《全国旅行社统计调查报告》《2019年旅行社行业发展报告》《旅行社统计调查工作研究报告》等分析、综述报告449件次，字数达86.56万余字。疫情期间，制作完成《关于防控疫情国家图书馆暂时闭馆一事舆情专报》《疫情防控期间国家图书馆舆情专报》《新冠疫情对文化产业和旅游业的影响及对策》《全国旅行社暂退部分质量保证金工作报告》《全国旅行社复工情况报告》等项目报告196件次，为相关舆情应对、政策出台提供参考资料。配合文化和旅游部深入推进“两学一做”学习教育常态化、

制度化，编辑完成《习近平关于文化和旅游工作重要论述摘编》（2020年版），编撰提交《双循环格局下“十四五”文化和旅游发展亟待解决重点问题和有效路径》《史前中国的文化基因》《建设新时代世界旅游强国的目标及思路》等工作研判参考资料10期，为相关工作科学研判提供文献支撑。

馆际互借与文献传递系统共接收文献传递、馆际互借、国际互借（含借进借出）请求18319件，同比减少59.05%；接收BALIS文献传递请求1237件，同比减少24.76%；接收BALIS馆际互借请求289件，同比减少96.72%。接收OCLC借进请求28件，接收OCLC借出请求110件。

三、社会公众服务

（一）到馆读者服务

2020年全年共接待到馆读者672261人次，与2019年相比，减少88.35%。全馆流通书刊2129988册次，与2019年相比，减少91.35%。各类咨询17.85万件，与2019年相比，减少79.50%。其中一般咨询16.92万件，与2019年相比，减少80.29%。2020年国图网站访问量为85760.73万次，与2019年相比，增长5.30%。月平均访问量为7146.73万次，日平均访问量为234.96万次。2020年手机门户读者点击量10395.18万次，月平均访问量为866.27万次，日平均访问量为28.48万次。

（二）参考咨询服务

1. 证卡办理

办证处总馆南区、北区服务台及古籍馆办证处共接待读者约58898人次，较2019年下降80.24%。人工服务台办理读者卡共3665张，较2019年下降86.32%；办理加功能业务972件，较2019年下降75.39%，收取押金共计530000元，较2019年下降45.86%；办理减功能业务3651件，较2019年下降73.53%。清退押金约676080元，较2019年下降69.96%；完成金融充值23407元，较2019年下降86.87%；办理金融退费23427.6元，较2019年下降59.13%。自助办证充值机受理读者自助办理新卡21665张，较2019年下降85.16%。收取外借功能押金734100元，较2019年下降79.56%；共收取金融充值金额25020元，较2019年下降56.27%。

2. 日常咨询服务

各服务点累计口头咨询60699人次，较2019年减少75.03%。OPAC机检18363人次，较2019年减少72.83%，现场代查3934人次，较2019年减少68.76%。呼叫中心接待读者总计57819人次，较2019年增长173.88%。共处理有效邮件1620封，较2019年增加57.74%，其中838封有效邮件直接作答，782封有效邮件转发相关部门处理。虚拟咨询接收表单咨询58人次，较2019年减少93.87%；接收实时咨询764人次，较2019年减少55.84%。

3. 统一用户管理系统

截至2020年底，系统注册用户共6957525人，其中有实体卡注册用户2841470人，无实体卡实名注册用户1892772人，无实名卡非实名注册用户2223283人。

2020年因疫情闭馆期间，统一用户管理系统根据采购部门提供的权限调整方案，迅速进行核查梳理，完成40多个外购数据库的测试与权限变更，完善百余个资源信息、并由读者门户系统对互联网用户进行揭示，为读者在线服务提供重要保障。

数据库对接方面，继续完成读者权限管理工作，进一步梳理业务流程，规范资源管理模式。全年完成数据库处理工单74份，涉及新库接入、权限变更、数据库下架、地址和介绍更新等多个方面。

（三）文献阅览服务

2020年，各阅览服务点累计接待阅览读者375069人次，外借读者64966人次，复制读者20053人次。与2019年相比，阅览读者减少89.21%，外借读者减少81.33%，复制读者减少55.18%。

1. 中文图书阅览区

截至2020年底，中文图书阅览区室藏文献总量为323279册/件，其中中文图书312349册、经典图书1939册、盲文图书344册、光盘8647册/件。全年共接待读者142270人次，流通文献1280430册/件次，解答读者咨询95365次。全年接收文献151414册/件，剔除文献200151册/件。

2. 中文图书借阅区

截至2020年底，中文图书借阅区室藏文献总量为309291册/件，其中图书306752册、光盘2539册/件。全年共接待读者43016人次，图书流通61042册/件。全年接收24小时室外归还图书36478册、光盘79册/件。全年共接收文献85706册/件，剔除文献160380册/件。此外，中文图书借阅区继续承担首图联盟还书业务，全年共接收通还文献162册/件。

3. 数字共享空间

截至2020年底，数字共享空间（包括分散区）共接待读者15642人次，解答各类读者咨询约计8822条，答复读者信件及馆长信箱信件3封，进行服务宣传展示、接待各界参观来访与承担业务讲解4次。

4. 中文报刊阅览区和学位论文阅览室

截至2020年底，中文报刊阅览区室藏总量为417449册，其中中文期刊9097种412811册、中文报纸231种4638册。全年共接待读者9903人次，其中中文期刊区5942人次、中文报纸区3961人次。全年文献流通总量为182504册，其中期刊开架流通148110册、闭架流通895册、报纸开架流通32910册、闭架流通589册。全年接收文献总量82037册，其中期刊9097种80357册、中文报纸231种1680册，接收现报累计46691期。

截至2020年底，学位论文阅览室共接待读者4636人次，学位论文流通量3911册。

5. 台港澳文献阅览室

截至 2020 年底，室藏文献总量为 46351 册 / 件，其中图书 26809 册、期刊 14603 册、光盘 2213 册 / 件，另有近两年台港澳地区及海外华文报纸 100 种 2726 册。全年接待读者 8467 人次。全年文献流通量总计 8612 册 / 件，其中图书流通总量 7856 册、期刊流通总量 477 册、报纸流通总量 216 册、光盘流通总量 63 册 / 件。在做好读者服务的基础上，完成室藏文献接收与下架工作。全年共接收文献 14281 种 22445 册 / 件，其中图书 13928 册、期刊 7506 册、报纸 705 册 / 件、光盘 306 册 / 件。全年文献退库 19635 种 27493 册 / 件，其中图书 18962 册、期刊 7858 册、光盘 673 册 / 件。完成台港澳新书刊网页推介及阅览室展板制作 8 期。

6. 年鉴新方志阅览室

截至 2020 年底，室藏文献总量共计 53419 册 / 件，其中年鉴 29867 册、地方志 19625 册、光盘 3927 册 / 件。全年接待读者 6050 人次，文献流通总量为 8522 册 / 件。接收上架新文献 2544 种 6465 册，下架剔除文献 9309 册，光盘 1129 张。

7. 缩微文献阅览室

截至 2020 年底，室藏文献总量 607799 册 / 件，全年接待读者 3771 人次，文献流通 12572 册 / 件，读者到访人次及文献流通量受疫情影响有所下降。缩微文献阅览室继续做好文献接收上架工作，上架文献 6523 种，7316 卷件，由于缩微文献阅览室文献只更换不剔除，故文献总量逐年增加，通过持续进行库房管理与调整，缩微文献库存与流通情况得以保证。同时做好涉密文献保管工作。

8. 综合阅览室

截至 2020 年底，室藏文献总量为 50076 册 / 件，其中中文工具书 19801 册、外文工具书 29954 册、工具书光盘 321 册 / 件。综合阅览室提供保存本图书、基藏本图书闭架阅览，工具书的开架阅览。全年共接待读者 51537 人次，图书流通 52512 册 / 件，一般性咨询 45168 件次。全年共接收中外文工具书 553 种 995 册。

9. 外文文献阅览室

截至 2020 年底，外文文献第一阅览室室藏文献总量 63033 册 / 件，其中西文社科图书 62299 册、西文工具书 609 册、光盘 125 册 / 件；外文文献第二阅览室室藏文献总量 207430 册 / 件，其中西文科技图书 32015 册、西文期刊 174924 册、光盘 491 册 / 件；外文文献第三阅览室（国际赠书阅览室 / 日本出版物文库阅览室）室藏文献总量 204121 册 / 件，其中东文图书 41236 册、东文期刊 134858 册、光盘 1525 册 / 件、国际赠书 5891 册、日本出版物文库图书 20611 册。

外文文献阅览室所辖外文文献第一阅览室、外文文献第二阅览室、外文文献第三阅览室（国际赠书阅览室 / 日本出版物文库阅览室）及基藏外文图书外借出纳台 4 个服务点，全年共接待读者 41082 人次，文献流通 52064 册 / 件次。其中，基藏外文图书外借出纳台外借 3674 人次 7477 册 / 件次，还书 2641 人次 5350 册 / 件次。全年接待读者咨询共计 9281 件次。

外文文献阅览室全年共计接收外文图书共计 40635 册（其中西文社科图书 16737 册、西文科技图书 9017 册、日文自采图书 5088 册、俄文图书 3508 册、小语种图书 1450 册、日贩图书 4323 册、国际赠书 512 册）；剔除外文图书 0 册。接收外文期刊共计 39440 册（其中日俄文期刊 14047

册、小语种期刊 57 册、西文期刊 25336 册）；剔除外文期刊 0 册。接收各类文献的附带光盘 185 张，剔除各类文献的附带光盘 0 张。

10. 视听服务空间

截至 2020 年底，阅览室及库房共接收上架各类文献 10540 种 17610 件。其中黑胶唱片 1317 种 2106 张、磁带 117 种 270 盒、CD 光盘 2494 种 3879 张、VCD 光盘 85 种 273 张、DVD 光盘 2099 种 4498 张、MP3 光盘 325 种 351 张、EOD 光盘 4040 种 5886 张、期刊 63 种 347 册。

接待到室读者 5446 人次；开架图书、期刊流通量约 320 册 / 件；为读者提供闭架阅览服务共计 396 张，含 CD 光盘 16 张、VCD 光盘 26 张、DVD 光盘 322 张、MP3 光盘 5 张、EOD 光盘 27 张；提供专架文献阅览 57 张；提供数字资源用机 45 人次；接待领导及各界人士参观访问 2 次；举办线上阅读分享活动 5 次；在读者服务中，注重征询读者建议，不断优化服务流程，提升服务质量。

11. 国际组织与外国政府出版物阅览室

截至 2020 年底，接待读者 1459 人次，开架阅览 4134 册 / 件，闭架阅览 928 册 / 件，读者咨询 360 件次，代检索课题 14 个。

12. 古籍馆所属阅览室

截至 2020 年底，古籍馆所属善本特藏阅览室、敦煌吐鲁番资料阅览室、普通古籍阅览室、家谱旧方志阅览室（中国少数民族语文文献阅览室因疫情及场地维修之故全年仅开放 24 天）共接待读者 10637 人次；开架流通 14334 册 / 件，闭架流通 27364 册 / 件；解答一般性咨询 8666 件，代检索课题 494 件。

（四）新媒体服务

1. 网站建设

完成网站建设和运维，国家图书馆官方网站中英文主站共更新 912 次、发布数据 12528 条、页面 18471 个；针对馆内重大活动及疫情时期特殊要求，设计制作“服务不打烊　战‘疫’进行时——国家图书馆抗击新型冠状病毒肺炎疫情资源专题”“全民战‘疫’　知识共享——4·23 世界读书日”等专题开展重点宣传，共设计制作各类专题 11 个。对国家图书馆官网布局进行调整，新增疫情期间“有序恢复开馆”入口、改版“国家典籍博物馆”全站、调整“古籍保护网数字资源”等栏目；针对春节、国庆等节日对网站进行节庆特色展示；通过制作支持多终端设备访问的专题网页，打通网站、微博、微信等宣传渠道，保障专题的多渠道联动宣传。

国家典籍博物馆网站完成所有版面的改版更新，新版网站于 2020 年 11 月正式上线，实现所有栏目和内容从老版到新版网站的数据迁移。为在疫情防控形势下进一步提升国家典籍博物馆的服务体验，典籍博物馆开设了网上“虚拟展厅”专题页面，录制“从莎士比亚到福尔摩斯——来自大英图书馆的珍宝”“从《诗经》到《红楼梦》——那些年我们读过的经典”“旷世宏编　文献大成——国家图书馆藏永乐大典文献展”“寻根问祖——姓氏文化展”等虚拟展厅的线上讲解，让读者足不出户也能漫游国家典籍博物馆，听闻展品解读。

2. 移动端服务

国家图书馆手机门户以中国各个传统节日和时间节点为着手点，设计并更换首页界面风格 24 版。2020 年，国家图书馆手机门户发布新闻公告 47 条，讲座预告 32 条，热点书刊 60 本；发布“悦享春意书香万家”“经典的新生——《哪吒闹海》立体书诞生记”“4·23 世界读书日”“第 15 届文津图书奖”“珍藏时代经典　悦享网络文学”“传承文明服务社会尽在方寸间”“科技战疫　创新强国”“‘滋养民族心灵　培育文化自信’习近平总书记给国家图书馆老专家回信一周年暨建馆 111 周年”8 个专题。在疫情防控时期，做到闭馆服务不打烊，持续不间断地提供正确舆论导向的线上资源服务。

国家数字图书馆 APP 全年在苹果商店和安卓商店更新版本 3 次，优化图书预约及续借功能；以 SDK 为手段进一步整合图书、图片、视频资源，优化个性化功能，改善读者使用体验；与手机门户同步更新新闻、公告、讲座预告。移动阅读平台制作图书专题 27 期。

短彩信平台作为国家图书馆业务工作的一个重要服务支撑系统，协助国家图书馆各部门完成对接系统的各类消息的短信通知及公众服务信息推送工作。全年共发送短信 2414357 条，较 2019 年增长 9.71%，其中向公众发送“文津经典诵读”短信 1660361 条。

3. 国家图书馆微博微信

截至 2020 年底，国家图书馆官方微博用户总数达到 70.5 万余人，较 2019 年增长 59%；全年发布微博 2753 条，阅读总量超过 28 亿次，单条博文最高阅读量 1752 万次；回复用户咨询 1781 次，较 2019 年增长 93.4%；在世界读书日推出“全民读书季”第二季系列活动，47 家公共图书馆、文化馆共同参与，话题阅读增量达 8.4 亿次，3 次登上微博热搜榜；在 111 周年馆庆期间推出“国家图书馆 111 周年”系列活动，开展“寄语国图”，发布“代代国图人”等主题视频，播放量达到 50 万次，话题访问量达 6200 万次，微博置顶热搜 1 次。获评 2020 年第一季度全国十大文旅微博第二名，第三季度全国十大图书馆微博第一名；获评 2020 年度“全国十大文旅微博”“创新应用与传播优秀微博”“政务微博战‘疫’优秀案例”3 项荣誉。

截至 2020 年底，国家图书馆微信订阅号用户总数达到 64 万余人，较 2019 年增长 45%。全年发布推文 337 条，累计阅读量超过 294 万次，首次产生阅读量为“10 万 +”的推文。

2020 年，国家图书馆微信服务号在原有服务基础上进行功能拓展，增加关键词回复、微信导览等功能；在疫情防控期间建设完成微信预约系统，于 5 月 9 日上线，持续、稳定地为读者提供到馆预约服务，保障国家图书馆分阶段有序恢复开放。全年共推出 33 期 87 条图文消息，累计阅读量 21.86 万次。

为配合新冠肺炎疫情防控工作，国家图书馆官方微博、微信坚持线上服务不打烊，持续推出抗疫系列资源及服务。联合新浪微博及各地图书馆开展“抗疫不孤读”“以读攻毒”等系列活动，弘扬防疫正能量，相关内容阅读量超过 500 万次；通过微博、微信订阅号发布“在线数据库陪你战‘疫’到底”“理性防疫·从‘心’开始”——‘疫情之下的心理与健康’系列微课程”等多系列资源，微信订阅号相关内容阅读量超过 238 万次，微博相关内容阅读量超过 2560 万次；原创“图图”系列抗疫漫画，以生动有趣的动漫形象向读者传递抗疫知识，策划“数字阅读推荐”专题，为读者奉上在线阅读的饕餮盛宴，累计阅读量超过 642 万次。

各业务部门运营微博、微信也取得丰硕成果。国家典籍博物馆官方微信全年发布文章75篇，阅读量超过12万次，回复读者留言166条，粉丝增长7397人，增长率为18.81%；制定《闭馆期间展览部线上资源推送方案》，整合国家典籍博物馆各类展览、社会服务资源，连续策划推出“足不出户，在线观赏国家典籍博物馆精彩展览”“国家典籍博物馆官网使用指南”“赴武汉出差回顾”等多期优质线上服务内容；完成30件展品图片、6177字展品文字讲解的语音录制和上传，让因受疫情影响而无法到馆的读者足不出户即可获得国家典籍博物馆的展品讲解服务；制作有关展览和展品的短视频6个，发布在微博、微信等平台，社会反响良好。国图艺术中心官方微博春节期间制作“遇见艺术，遇见美好”国图艺术中心精彩瞬间系列，展映“以艺战‘疫’”部分作品；推出“艺彩华章”板块，汇集、挑选近年来举办的部分公益演出的精彩视频以飨读者。国图艺术中心官方微信截至2020年底累计关注人数达49691人。

4. 国家图书馆抖音号

2020年，国家图书馆抖音号继续做好对发布短视频内容的精品化提升，利用热点事件、热点话题开展图书馆服务宣传推广，全年发布短视频作品37部，用户新增1.2万人，短视频访问量增加78万次。第25个世界读书日期间，国家图书馆联合全国百家图书馆发起“全民dou阅读”抖音话题活动，截至12月底，该话题累计播放19.8亿次，成为抖音阅读类热点话题，其中国家图书馆发布的《难得一见！ 3.7亿字的国宝》访问量排名第一。同时紧跟抖音发展趋势引入直播，与短视频形式共生互补，于7月推出首场直播——为你揭秘“不一样的图书馆”，观众达1.5万人次；此后又推出“2020年中华传统晒书活动”“书山有路”系列互联网直播活动等7场直播，累计观众4.5万人次。国家图书馆抖音号获评“2020年政务抖音号优秀创作者”。

5. 文旅之声

公共数字文化工程文旅之声账号继续为公众提供优质音频资源服务。截至2020年底，已累计发布9张专辑、2个听单，共计3001条声音，粉丝数量4.2万人，收听总量2434万次。其中，2020年新增471条声音，粉丝数量增加1.1万人，收听总量增加676万次。自4月20日起，自主运营文旅之声账号内国图资源，每日更新《每天一首古诗词》专辑音频1条。

6.CIBN互联网电视服务

通过中国国际广播电台的CIBN互联网电视平台，以“国图公开课”专区的形式向海内外广大用户提供深度文化资源服务，涉及历史、艺术、传统文化多个种类，为海内外读者提供更加便捷、优质、高效的公共服务。年度发布公开课视频资源226场，服务国内26个省市的1.6亿个用户，海外覆盖190个国家地区的600万个用户，海内外用户总量达1.66亿个。

7. 触摸屏服务

国家图书馆触摸屏集成电子期刊、电子报纸、电子图书、图文、动画、视频等多媒体资源，为读者提供集成电子阅读、电子借阅、馆区导引一站式服务。2020年不断完善更新触摸屏相关服务，全年共报修触摸屏设备共计2台次。完成2020年1—12月的报纸数据提交工作；完成触摸屏2020年1—12月报纸在线备份工作；完成2020年1—12月“国家图书馆自建数字资源建设及发布情况统计报表”。

8. 自有版权多媒体资源多渠道服务

利用自媒体平台进行典籍鉴赏馆藏资源推送，通过“馆藏品鉴”栏目，深挖典籍背后的故事，以更加通俗易懂的图文引导读者理解中华传统文化奥义。2020 年度共完成“馆藏品鉴”图文撰写及推文制作 30 场，并通过国家图书馆微博、微信平台进行推送。

基于自有版权资源，以展示馆藏资源的历史、文献价值及现实意义为内容建设支撑点，制作多媒体动画，通过触摸屏和智能移动设备等传播媒介为用户提供服务。本年度在已出版的《国家图书馆藏样式雷图档》及其他数字化成果和制作完成的《中华传统文化百部经典》公开课视频基础上，选择样式雷图档（颐和园卷）、手稿类资源（一件）以及《中华传统文化百部经典》书籍（《论语》《孟子》《管子》《孙子兵法》）进行多媒体资源制作。

（五）少儿服务

1. 国家图书馆少年儿童馆

2020 年，国家图书馆少年儿童馆共接收新到室文献 28893 册 / 件，同比下降 28.34%，接待到馆读者 27315 人次，同比下降 92.15%，文献提供量为 205409 册，同比下降 92.46%，文献下架量为 21483 册，同比下降 29.66%，接待个人参观 1 场；积极创新活动方式，通过线上为主、线下为辅的方式开展了形式多样的少儿阅读活动。举办线下阵地活动 3 场，其中文津少儿讲坛 1 场，连环画作品展 1 场，参与活动读者 16120 人，“致敬抗疫英雄”抗疫连环画导读绘画活动 1 场。举办线上专题活动 10 场，分别为“健康同行，快乐成长”线上竞赛、“宅家课堂”少儿手工主题线上直播课堂、“垃圾分类进行中，生态文明靠大家”垃圾分类环保知识竞答赛、“传承技艺，体验匠心”传统手工艺系列体验活动、“童心之旅，乐游中国”线上活动、“抗疫大作战”线上编程直播课堂、“童心同梦，编程战疫”创新编程大赛、“传承技艺，体验匠心”传统手工艺系列体验活动、“童心献祖国，中秋话非遗”线上答题、“致敬抗疫英雄”抗疫连环画互动打卡等，参与活动读者 692 人，浏览量 10872 人次。举办大型线上童书展览 2 场，分别为“经典的诞生——《哪吒闹海》立体书诞生记”线上展览和“歌颂家国情怀，致敬战疫英雄”连环画作品展，浏览量 18463 人次，展览思想性和观赏性并重，生动翔实地介绍了我国优秀传统文化，用艺术的力量为读者展现中华文化的魅力和中华儿女众志成城迎难而上的精神风貌。

2. 国家典籍博物馆青少年服务

国家典籍博物馆作为重要的青少年教育基地和传统文化传播基地，持续开展丰富多彩的青少年教育活动。受疫情影响，只在 2020 年 1 月举办了“经典读书班 2020 冬令营”，带领孩子们学习经典典籍《诗经》《大学》《孟子》中的代表性篇目，并结合文本学习设置主题参观、手工实践、琴书诵读等活动，提升青少年对传统文化的学习兴趣和认识。7 月开馆后虽然无法举办线下课堂，但在此期间对“典籍课堂”进行重新梳理和深入研发：对“雕版印刷”等金牌课程进一步打磨改造，并结合新展研发出“典籍修复系列课程”等新的主题；结合典籍文化，设计开发了带领观众认识汉服、体验汉服的新课程，涵盖了汉服自出现以来的大致发展脉络以及服装形制分类，从汉服的外在形制引申到内在的汉族传统文化，带领体验者认识传统，走进传统，亲身体验华夏服章之美。

继续拓展深化研学活动。与北京市自动化工程学校合作研发了线上研学课程 4 课时，让全国中小学生可云共享国家典籍博物馆优秀的典籍文化、传统文化资源；完成《十二堂传统文化课》一书初稿，对国家典籍博物馆开馆以来举办的社会教育活动和研学活动做了系统的总结和梳理；完成 2020 年北京市中小学生社会大课堂课程网上申报工作。

（六）弱势群体服务

1. 残障人士服务

2020 年继续通过中国盲人数字图书馆、中国残疾人数字图书馆网站提供面向残疾人士的信息文化服务，发布电子图书 600 余册。

数字共享空间是中国盲人数字图书馆、中国残疾人信息无障碍技术支撑体系的示范应用基地。为优化到馆残障读者数字阅览服务，2020 年不断完善残障读者上机制度，规范残障读者服务标准，接待残障人士 214 人次。

2. 老年读者服务

2020 年数字共享空间基于老年读者培训需求，开设多元化多层次的培训课程，创新培训活动，打造全新的网络课堂，推动文化养老工程创新发展。撰写并提交《2020 年度国家图书馆“数字资源与服务”读者培训方案》，完成预算编报、课程编排、师资联系、培训宣传等策划与实施工作。全年共设计 5 个专题、12 个系列、24 讲课程。2020 年，以“关爱夕阳”老年课堂微信群为依托，全年共开展线上培训课程 24 次，每日回复读者咨询十余条，并定期为老年读者提供咨询答疑，为老年读者获得国家图书馆服务提供极大的便利。截至 2020 年 12 月底，共开展老年读者培训 24 场，累计培训读者 5000 余人次。

（七）全民阅读推广活动

1. 第十五届文津图书奖的评选和推广工作

第十五届文津图书奖的评选于 2019 年 12 月 3 日正式启动，并首次实现国图官网网络报送。评选范围包括自 2019 年 1 月 1 日至 2019 年 12 月 31 日（以版权页记载时间为准），由国家出版行政管理部门批准成立的出版机构在国内正式出版、公开发行（包括限国内发行）的汉文版图书，不包括重印本和已获过文津图书奖的再版图书。截至 2020 年 1 月 10 日，本届评选活动由图书馆、出版社、读者、评委等方面共推荐图书 1890 种（社科类 1143 种，科普类 303 种，少儿类 444 种），其中有效参评图书 1610 种，数量再创新高。本届文津图书奖评选有 201 家出版社参与推荐，推荐图书 901 种，有 67 家图书馆参与推荐和初评活动。受疫情影响，本届文津图书奖的评选工作有所延迟，评选结果于 9 月 8 日向社会公布，共评选出获奖图书 15 种，推荐图书 35 种。

本届文津图书奖推广活动共有 247 家各级各类图书馆参与，在北京、新疆、陕西、福建、江苏、广东、浙江、山东、湖南 9 省的书店设立文津书架 24 个，参与巡展活动的街道 2 个，覆盖 38 个社区。

2. 文津经典诵读

“文津经典诵读”项目创新线上线下服务模式和推广方式，品牌影响力和服务范围进一步扩大。全年通过官方网站、微信微博、手机短信等多种线上方式同步发布诗词格言（含音频）366条，受众范围和社会影响力进一步扩大。为拓展推广形式，项目策划组织“诗云·战疫情”原创诗词征集活动和精选诗词音视频线上发布活动，共收到投稿诗词979首，官方微博发起的“让我来读你的诗”话题总阅读量达2823万次，“学习强国”学习平台上15首获奖诗词视频播放量超33万次，社会反响热烈。项目还响应“文旅高质量融合发展”的号召，联合国图书店，与紫竹院公园、北京植物园等市属公园开展合作，推出“读诗与远方·品书香生活”系列活动，先后举办秋季诗词文化展、秋冬季诗词鉴赏等活动，受到各界广泛认可。

3. “M地铁·图书馆”项目

与京港地铁合作的“M地铁·图书馆”项目2020年共完成四个专题的资源挖掘与推送工作，分别是“诗词中国年”“阅读战疫进行时”“科技阅享生活”“阅读·榜样的力量”专题。共上线电子书39种，视频1种，并推送文津经典诵读音频。于疫情期间还完成了家庭朗读大赛的评选活动，该活动自2019年12月17日大赛启动至报名截止，有近10万个人或家庭在喜马拉雅APP上上传了朗读作品，最终评选出37个获奖家庭领取奖项。

4. 紫竹院学区阅读指导手册

依托国图海量的馆藏文献和丰富的阅读指导经验，围绕“文津图书奖”获奖图书资源，与紫竹院学区管理中心进行深入合作，创新开展针对中小学生的阅读指导工作。为学区内7所小学、8所中学提供定制阅读书单等专业化的定制阅读服务，并策划举办了持续全年、内容丰富的阅读推广活动。该合作是国家图书馆社会教育职能与学校教育有机结合、营造有利于中小学生成长的课外教育生态的一次有益尝试和成功探索，进一步加大了“文津图书奖”的宣传推广力度，扩大了“文津图书奖”在中小学的影响力，同时为做好青少年阅读反馈及调研打下了良好的基础。

5. 国际博物馆日——国宝“云”旅系列活动

国家典籍博物馆结合2020年国际博物馆日“致力于平等的博物馆：多元和包容”的主题，联动新华网、搜狐网、在艺APP、bilibili等数百家媒体及平台，在5月18日当天准备了国宝“云”旅系列活动：饶权馆长通过“馆长说”阐释国际博物馆日主题，畅谈博物馆文化，展示国家典籍博物馆的特色资源，吸引更多观众走进国家典籍博物馆；选取馆藏国宝级文物中的4件精品，邀请三位专家进行解读，制作文物故事系列视频；结合“中华传统文化典籍保护传承大展——国宝吉光”“甲骨文记忆展”两大主题展览进行“云游看展”直播讲解。其中新华网客户端的直播“【新华云直播】2020博物馆日：跨越千年的珍宝”播出24小时内观众观看就突破150万人次，点赞7500多，在拼多多、在艺等平台的直播观看人数也非常可观。

6. 展览实景解密游戏

5月18日，国家典籍博物馆推出古籍保卫局之“山海社的宝藏”线上解谜游戏，打破原有实景解谜活动在空间和展览时间上受到的约束，让更多的人能够参与游戏，了解展品和展览内容。6月，展览部4名讲解员参加中国文物报、中央电视台组织开展的全国博物馆“国宝讲述人（云讲国宝）”活动，介绍四方风甲骨、宋刻本《孝经》、《永乐大典》、《重修政和经史证类备用本草》4种珍贵馆藏。

7. 书香盈岁月　新桃换旧符——庚子新春音乐沙龙

1月，国家典籍博物馆结合“书香盈岁月　新桃换旧符——2020年国家图书馆年俗文化展”举办了“书香盈岁月　新桃换旧符——庚子新春音乐沙龙”，邀请中央音乐学院师生通过演奏传统曲目、吟诵经典诗文，表达诗词悠远蕴藉的意境，烘托新春佳节的喜气祥和。活动设置知识问答、投壶射箭等比赛环节，融入传统年俗知识、古代传统游艺等内容，吸引现场观众的积极参与，寓教于乐，展示出国家图书馆在开展传播优秀传统文化、培养青少年“习经典、爱国学”等方面工作获得的丰硕成果。

（八）讲座、培训、展览、演出

2020年培训、讲座、参观、展览等各项活动共接待读者18.99万人次，与2019年相比，减少89.59%；其中，举办展览8场，接待读者12.80万人次；开办公益性讲座34场，接待读者0.51万人次；组织培训791批，接待读者3.37万人次；接待参观447批，共计0.64万人次；举办演出37场，接待读者1.67万人次。

1. 讲座

（1）文津讲坛

2020年，古籍馆文津讲坛举办现场讲座3场，听众960人，录播讲座17场。1月举办现场讲座3场，主题分别为“诗人寒山的世界之旅”“胸中丘壑，笔下山川——唐宋以来中国山水画的发展与文人画的形成”“书画鉴真与辨伪”。自8月之后，文津讲坛以录播的形式，举办了17场，主题分别为“明清时期中西版画的交流与融通”“天命再续：庄子对孔子生命形象的多重改写”“北京与俄国汉学的起源”“重读《资本论》：文献、思想与当代性”“中国古代重要科技发明创造及其现代价值”“故宫宫廷生活设施解密”“公元前3千纪的物种全球化”“魏碑略论”“康熙《皇舆全览图》的绘制及在欧洲的传播和影响”“传染病与19世纪中期以前北美白人人口的增长”“古代西方的健康、疾病与医疗”“宋代瘟疫的流行与防治”“从着眼问题到关注环境——环境史研究心路历程”“康熙帝与数学”“中国传统疫病应对的特点、成效与启示策略”“张爱玲晚期小说《小团圆》”“浅谈碑帖的收藏与鉴赏”。

（2）国图讲坛

“国图讲坛”“文津读书沙龙”积极适应疫情防控新形势，以线上服务为主要形式。全年举办“新春特别活动”“中华传统文化百部经典”等系列现场讲座活动10场，服务现场读者约2500人次；发布线上活动38场，服务线上读者约1645万人次。积极调整业务形态，以线上服务为着力点，加强馆员自身能力建设，结合社会热点、公众关切点挖掘多元选题，开拓专家和文献资源，推出一系列阅读服务内容，如“非物质文化遗产保护讲座月”“文津读书沙龙·馆员访谈录”等品牌活动，服务效能大幅提升。充分利用新媒体平台的传播优势，努力拓展与微博、抖音、快手等平台的合作，认真研究并主动适应各平台的内容发布特点，有针对性地进行视频制作和文案创作。“非物质文化遗产保护讲座月”结合防疫热点话题共推出“百草园里识百草”“学传统手工过健康端午”等6个专题，微博话题累计阅读量达703.8万次。“文津读书沙龙·馆员访谈录”系列围绕第十五届文津图书奖获奖及推荐图书，探索图书馆阅读服务新模式，官方微博微信阅读量超1000万次，《〈迷人的液体〉背后迷人的故事——对话译者孙亚飞》视频播放量超114万次。加强对过往精品讲座视频的推送宣传，在2020年“丝绸之路周”“科技活动周”期间线上发布“世界遗产视野下的‘一带一路’”“科技的力量”等系列讲座。

（3）国图公开课

因国图公开课演播室未完成迁移，无法进行新课程录制。国图公开课项目集中力量推进已录制课程的后期制作，持续稳步推进网络发布。全年陆续完成“中国古代建筑文化与艺术”“中国书法：从书写中生长的民族精神”“诗词格律十二讲”等3门专题课程、“读书推荐”“世界图书馆馆长访谈”等栏目，总计175期节目的后期制作工作，大幅度提高线上资源服务量。为广大读者提供多艺术门类、多类型的公开课资源。国图公开课平台年点击量近8400万次。“世界读书日”活动期间，国图公开课与人民网公开课合作，联合推出“读书推荐”专题，分“文津荐书”“经典导读”“馆员荐书”“新书发布” 4个系列，每天为读者推荐一本好书。

（4）国家典籍博物馆讲座

根据疫情防控要求和相关规定，“国家典籍博物馆系列讲座”全年只举办2场线下讲座，即1月3日“典籍陈列的形式设计——以大展为例”（顾恒主讲）与1月10日“来自民间的藏书报告”（韦力主讲）。

为克服不能举办线下讲座的困境，满足人民群众在疫情期间更加凸显的文化需求，国家典籍博物馆结合宏富的馆藏和专家资源，积极拓展线上讲座服务。12月14—18日，国家典籍博物馆与中国博物馆协会博物馆图文典籍与金石拓片专业委员会联合策划举办2020年全国典籍保护与利用线上培训班，邀请朱建军、易晓辉、胡海帆、陈红彦、侯郁然5位专家学者，举办“‘简’述中国——甘肃简牍研究的学术历程与构想”“古籍纸张与传统手工纸”“碑志拓本的收集与整理”“宋元本鉴定基本途径”“中国古籍修复与装帧”5场专题培训讲座，不仅面向全国博物馆系统、图书馆系统、古籍修复单位、古籍修复传习所等机构，同时还对社会公众开放全部课程资源，以响应广大公众对古籍的喜爱，提升公众对古籍的认知水平，扩大典籍文化的传播力和影响力。课程上线后不仅吸引了博物馆、图书馆的从业人员，还受到高校学生群体以及广大传统文化爱好者的关注，截至12月31日，累计近4万人次在线观看课程，668人参与在线考试，观众范围覆盖全国所有省、自治区、直辖市。

（5）国图艺术中心公益讲座

2020年国图艺术中心共举办公益讲座12场。8月23—29日“科技活动周”期间，以创新方式推出“中和韶乐的科学传承与发展”等4场科技讲座。9月19—20日，特邀著名播音艺术家葛兰在第23届“全国推广普通话宣传周”期间举办2场公益讲座活动，为观众讲解什么是普通话、普通话的演变、说好普通话与建设小康社会之间的关系等话题。同时，国图艺术中心以视听阅览为抓手，普及艺术教育，提升市民艺术素养，继续举办“音乐点亮人生”系列讲座，请到全国政协文化文史与学习委员会副主任、满天星业余交响乐团团长叶小文主讲“我们心中的定力——阳明心学的当代启示”，带领读者体悟“阳明心学”，阐述“阳明心学”的当代启示。8—12月，邀请国家级非物质文化遗产项目古琴艺术代表性传承人林晨、古琴笛箫演奏家孙贵生、中国广播电影交响乐团常任指挥张冰冰、天坛公园文创中心主任王玲等完成“国图库客音乐沙龙”、古琴系列、天坛雅乐系列讲座等，推广普及中外音乐知识及传统文化。12月“国家图书馆读书周”期间邀请中国红楼梦学会会长张庆善在国图艺术中心音乐厅分享其对《红楼梦》的研究体会，并放映越剧舞台艺术片《红楼梦》。

（6）中国典籍与文化系列讲座

中国典籍与文化系列讲座举办现场讲座6场，录播讲座5场。1月份举办了1场“论《史记·大宛列传》的撰作特征——从‘匈奴西域’的概念说起”现场讲座1场。自11月份开始举办了录播讲座5场，主题分别为“回鹘文及其文献”“从‘出亡’到‘从亡’——明代以来建文传说的一个内在理路”“杨守敬观海堂藏书的特色及价值”“满文与满文历史文献”“档案中所见乾隆皇帝的一天”。

2. 培训

（1）国家图书馆培训中心

2020年，受疫情影响，结合北京市及我馆疫情防控工作相关要求，国家图书馆培训中心未举办馆内员工继续教育专题培训，未举办面向全国图书馆界的线下业务辅导培训活动。国家图书馆培训中心努力尝试开拓线上培训服务形式，9—11月利用腾讯会议等线上渠道，协助数字资源部完成3个线上直播培训项目，参加在线培训人员超过600人。11月下旬获批有序恢复线下培训活动之后，严格落实我馆疫情防控相关规定，于11月底开始恢复举办面向社会公众的传统文化类短期培训项目2期，培训人员23人次，与2019年相比减少87.7%。

（2）数字共享空间网络课堂

数字共享空间深入贯彻落实《中华人民共和国公共图书馆法》中关于“创造条件，为老年人等弱势群体提供均等服务”的精神，依托精准的老年读者培训需求调研，打造系列品牌课程。2020年数字共享空间通过线上培训、线上活动等多种形式提升老年读者服务质量，丰富老年读者的体验。全年共设计5个专题、12个系列、24讲课程。以“关爱夕阳”老年课堂微信群为依托，给老年读者听课创造了更加便利的条件，每日回复读者咨询十余条，并定期为老年读者提供咨询答疑。截至12月底，共开展老年读者培训24场，累计培训读者5000余人次，得到“国家图书馆通讯”和“文旅中国”的报道。立足我馆老年服务阵地，在“文化养老”与提升老年文化服务方面得到社会的广大关注。

（3）国图艺术中心公众艺术教育

新冠肺炎疫情期间，国图艺术中心在线上发布多部内容生动、鼓舞士气的原创艺术作品，发挥“文艺轻骑兵”的优势，致敬医务工作者，积极发挥网络平台作用支持抗疫，做到“停业不停工，服务不打烊”。

推出李光羲、蓝天野、尚长荣等创作的艺术作品及自摄的原创短视频向奋战在抗疫一线的医务工作者致敬。与合作过的艺术家联合推出“音乐云课堂”，包括小提琴、竖琴等。通过“古典音乐小知识”普及艺术基础理论，丰富防疫期间读者的精神文化生活。

联系中国东方歌舞团等艺术团体和艺术家创作推出艺术作品。在“以艺战‘疫’”活动中联合满天星业余交响乐团推出“如歌的行板”等节目，歌颂全国人民“同舟共济　抗击疫情”的决心和信心，礼赞广大医务工作者。联合中国煤矿文工团，共同推出《爱的天使——致敬春天的守护者》抗疫短视频，在北京市文旅局“演艺罗盘”、北广传媒城市电视等多处户外LED大屏展播。联合北方昆曲剧院，共同推出线上优秀传统折子戏赏析，由演员介绍自己学习传承的心得体会以及教观众如何欣赏昆曲等，宣传民族优秀传统文化。

作为视听阅览服务的重要阵地之一，国图艺术中心在6月“文化和自然遗产日”期间开展了“非遗传承人记录工作成果线下展映”、线上公益讲座回顾、读者在线有奖问答等一系列非遗宣传展示活动。9月，在习近平总书记给国图老专家回信一周年及国图建馆111周年活动期间，开展“光影中的名著”系列展映活动，放映《村戏》《茶馆》《英雄儿女》《边城》《骆驼祥子》《红楼梦》《口述国图》7部影片。其中《口述国图》展映时还邀请到主创人员现场与广大读者进行交流。

2020年国图艺术中心还持续举办古琴、国画、古筝公益实践课，共计67课时，为推广普及民族优秀传统文化项目、提升市民文化艺术素养做出积极努力。

3. 展览

（1）国家典籍博物馆展览

截至12月31日，国家典籍博物馆共举办展览7场，展览质量和影响力仍保持优良。

自办展览2场，“妙手补书书可春——全国古籍修复技艺竞赛暨成果展”与“法文本《论语导读》入藏展”。

积极拓展国家典籍博物馆展览题材与范畴，与相关博物馆、图书馆合作举行合办展览4场，“书香盈岁月　新桃换旧符——2020年国家图书馆年俗文化展”“入古出新——中国艺术研究院中国篆刻艺术院提名全国中青年篆刻家作品展”“诗歌的样子——全国儿童美术作品展”“追梦水云间——白煦的水墨书暨白煦书法作品捐赠展”。

寻求业界优秀展览资源，引进优秀展览1场，“自然的吟唱——重庆中国三峡博物馆馆藏花鸟画艺术展”。

此外，国家典籍博物馆根据疫情防控要求和实际工作情况，甄选精品展览在国内外进行巡展，充分发挥在国内图书馆界内的引领作用。全年举办“甲骨文记忆”四川省图书馆巡展、“悠然得佳趣——古代经典诗词与当代书法创作展”中国妇女儿童博物馆巡展、“从《诗经》到《红楼梦》——那些年我们读过的经典”新疆图书馆巡展，“甲骨文记忆”上海市松江区博物馆巡展。

国家典籍博物馆全年接待到馆参观观众111745人次，提供讲解服务493场，服务观众7927人次。接待中宣部、财政部、文化和旅游部、中央党校（国家行政学院）、云南省文化和旅游厅、北京市档案馆、北京大学图书馆、北京广播电台、南京博物院、法国驻华使馆等参观282场，共计3457人；接待研学团体包括农科院附小、北外附小、开心国旅、中科科普等参观77场，总计835人；接待中小学生团队参观99场，共计2270人。

（2）其他展览

12月3—17日，典藏阅览部在国家图书馆北区二层举办“歌颂家国情怀　致敬战‘疫’英雄——连环画作品展”，向在抗疫工作做出巨大贡献的英雄们致敬，同时结合国家图书馆少年儿童馆举办的系列线上线下活动，引导少年儿童们向真正的“明星”学习。

4. 公益演出

国家艺术中心2020年共举办演出37场，围绕春节、国庆时间节点举办大型公益演出15场。

（1）“书香筑梦”系列演出

春节前举办“书香筑梦　金鼠送福”国家图书馆2020年迎春音乐会，以传播中国当代经典音乐作品和弘扬主旋律为主题，通过交响乐与合唱相结合的形式，演出观众喜闻乐见、耳熟能详的中国传统经典及红色经典音乐作品，为观众呈献一场喜气祥和的交响合唱音乐会。

（2）“音乐点亮人生”——满天星业余交响乐团系列演出

9月30日举办“音乐点亮人生”——满天星业余交响乐团国家图书馆国庆71周年音乐晚会，12月23日举办满天星业余交响乐团国家图书馆读书周暨迎新年专场音乐晚会，以饱含深情的演唱和乐曲演奏，为观众送上耳熟能详的经典作品。

（3）荣庆学堂——北方昆曲传统折子戏专场演出

全年共计完成12场“荣庆学堂——北方昆曲传统折子戏专场演出”。每场演出前都安排北方昆曲剧院的国家一级演员进行导赏，对昆曲历史、行当、表演风格等艺术特点进行知识普及，传承优秀传统文化，提升文化素养。

（九）文创产品开发

北京国图创新文化服务有限公司（以下简称“国图创新”）是国家图书馆的全资企业，全面承担国家图书馆文化创意产品研发、经营，品牌及资源授权，以及全国图书馆文化创意产品开发联盟各项业务。

秉承国家图书馆“传承文明　服务社会”的宗旨，依托国家图书馆宏富馆藏资源与独特职能定位，国图创新在自主开发产品的同时，引进社会力量，加大联合开发、授权开发的合作力度。

着重培育传播速度快、市场占有率高的“网红产品”，并结合重大节庆、社会热点等，开发莎士比亚与汤显祖、永乐书生、敦煌、食物本草、山海经等主题产品120余种，共计400个SKU。2020年，依托全国图书馆文化创意产品开发联盟（以下简称“联盟”）平台，国图创新积极引领并拓展业内文创产业发展，为江西省图书馆、福建省图书馆、河南省图书馆、敦煌市文旅局等单位合作开发设计相关文创产品近百种。同时，国图创新在保障开发任务有效完成的情况下，持续进行产品图库开发与建设工作，持续完善供应链管理，为产品的迭代更新提供技术支持与生产保障。

立足馆属企业背景，国图创新积极借鉴“知识付费”理念，对照市场需求特点，与古籍馆、数字资源部、中图学会等开展合作，系统梳理公开课、微视频等数字资源。与君学集团等洽商，推动国家图书馆资源普及与商用。策划“研习社”等高端研学课程体系，打造高端研学空间，建立完整“高端研学专家库”。利用分馆新空间，开展多场读书分享、学术研讨、公益直播等文化艺术活动。秉承服务社会的宗旨，积极参加海淀文化和旅游局组织的社会公益活动，举办“海之春”新春系列演出。积极探索面向全社会的“开放式教学＋有偿取证”式研修班，与中国图书馆学会联合举办“古籍与文创”线上培训班，参与人数达到20735人次，平均单场观看人数达3000人次左右。

基于国家图书馆与北京市公园管理中心间的战略合作背景，国图创新持续推进与对接公园开展合作，继续承接玉渊潭公园、景山公园等主题展。通过投标等方式，承接福建省图书馆“清新福建·海丝印记”线上展览、福建古代刻书线上展；承接江西省图书馆“册府千华”——江西省藏国家珍贵古籍特展、江西省图书馆新馆主题图书馆及馆史陈列展；协助江西省图书馆、福建省图书馆开展“江西省典籍博物馆”“福建省典籍博物馆”建设。策划设计中国国际旅游交易会国家图书馆展区，获最佳展示奖。联合阅文集团、九维等，策划实施《山海经》主题展。国图创新持续整合资源，建设“图书馆特色展览数据库”，助力行业及跨界推广。

以打造线上线下复合营销生态链为目标，国图创新通过增加少儿区域、强化“书咖”规划、做好广场规划，完善馆区内已有业态空间。创新营销方式，通过直播等形式带动实体销售。完善盲盒、纪念币等自助销售功能，联合社会力量尝试打造无人智慧新零售系统。与江西省图书馆联合打造全国图书馆文化创意产品开发联盟首家省级分店——“锦文轩”，为各成员馆开发文创产品提供创新思路。借助企业主体与市场开拓优势，国图创新继续推动国家图书馆品牌与资源创意性授权业务，积极开展跨界合作。本年度，先后与人民日报、百度、中国邮政、中国集邮总公司、北京出版集团（京版若晴）、法蓝瓷、宁波艺趣、开天、华夏言、次元摩玩、结绳记、善果堂、非凡引擎、大宋官窑等品牌就产品联合开发、联合营销等开展合作，合作客户近百家。

联盟方面，国图创新承接文化和旅游部“创意进景区”项目，与西藏自治区“藏文化风情园”开展合作，推进文旅融合。承接甘肃省图书馆、江西省图书馆、河南省图书馆、福建省图书馆、开封市图书馆、巴彦淖尔市图书馆、漯河市图书馆等成员图书馆的文创产品开发、展览展示业务。自有文创产品在南京图书馆、辽宁省图书馆、江西省图书馆、金陵图书馆、铜陵市图书馆等10余家图书馆联合销售。协助举办2020年陕西省图书馆“文化创意产品开发”培训班。支持山东省图书馆、河南省图书馆举办全省公共图书馆文创培训班。参加2020年文化和旅游创意产品开发人才培训班等。

四、业界服务

（一）业界业务指导与合作

1. 全国图书馆联合编目中心

全国图书馆联合编目中心坚持公益性原则，为全国各级图书馆免费提供书目数据服务。2020年新增成员馆275家，成员馆总数达到3375家，累计数据用户4069家。2020年全国图书馆联合编目中心全年增加书目数据48.7万余条。增加馆藏数据52万余条，增加规范数据8.35万条。全国图书馆联合编目中心充分发挥书目数据核心的地位，全年为用户提供下载数据量1078万余条。

其中2020年11月下载量为月度最高，超过156万条。

（1）召开全国图书馆联合编目中心2020年工作会议

11月25日，全国图书馆联合编目中心于线上召开2020年度工作会议，共有来自41个单位50名代表参加此次会议。国家图书馆副馆长汪东波、全国图书馆联合编目中心主任王洋、副主任刘瑛和槐燕、新华互联电子商务有限责任公司总经理助理唐榕蔚等出席大会开幕式。会上，汪东波肯定了中心及全国分中心在疫情期间的工作，并对中心下一步工作提出指导性意见。希望中心能坚持正确政治方向，全面提升服务质量，更好地融入智慧图书馆建设与服务中。全国图书馆联合编目中心主任王洋做大会报告，整体回顾2020年度中心工作，从章程修订、参与智慧图书馆建设、编目题库建设以及全国实体馆藏体系完善四个方面提出中心下一步的工作计划。会议对2019—2020年度优秀分中心、成员馆和个人进行表彰。

会议特别邀请国家图书馆研究馆员卜书庆做“《中图法》修订及相关工作进展”报告；新华互联电子商务有限责任公司总经理助理唐榕蔚做“新华书店总店采访平台项目”的介绍；国家图书馆中文采编部柏林做“BIBFRAME介绍及实践现状研究”的报告。通过报告与全国各分中心和成员馆就联合编目业务未来可能的发展方向进行了沟通，为各分中心和成员馆采编工作中长期开展提供新思路。

分中心主任会上，来自31个省、自治区和直辖市的分中心主任一起聆听武汉市图书馆疫情期间的工作经验分享，与质量监控员共同研究数据质量管理工作，并重点就题库建设工作以及实体馆藏建设的下一步工作进行讨论。

（2）举办全国图书馆联合编目中心上传资格培训

为加大数据质量监控员人才储备，9月14—17日，全国图书馆联合编目中心2020年度上传资格培训班在线上举办。来自全国各省、市、区、县的公共图书馆、高校图书馆及相关单位的212位学员参加此次培训。培训为期4天，内容包含全国图书馆联合编目中心数据制作细则及数据上传的要求及操作方法、名称规范数据制作规则及实例分析。培训人员都通过了测试，其中有6位获得质量监控员水平认证，这些学员将成为全国图书馆联合编目中心数据质量监控员的后备力量。

2.ISSN中国国家中心

2020年，ISSN中国国家中心全年办理ISSN165个；办理ISSN证书169个。核对刊物6种；新建和更新CNMARC数据292条；新建和更新罗马化数据287条。按月度向国际中心报送新数据，全年共计287条。参与ISSN国际中心组织的各项工作：4月参加第23届ISSN全体成员国大会线上会议；11月参加第45届ISSN国家中心主任线上会议；参与ISO3297（信息与文献——国际标准连续出版物号ISSN）第六版修订意见征求（该版于2020年正式出版）；参与ISSN国际中心组织的ISSN+系统的测试等。

3. 全国公共图书馆讲座联盟

完成“全国公共图书馆讲座联盟”常设机构的相关工作，为湖北省图书馆等成员馆推荐讲座嘉宾，推动成员馆之间的交流互助。继续与福建省图书馆、辽宁省图书馆等合作举办“国图流动讲坛”。通过联盟平台组织全国百余家图书馆参与第十五届“文津图书奖”的联合评审和获奖图书全国巡展、“文津读书沙龙 · 馆员访谈录”系列讲座线上巡讲等活动。

4. 参考咨询协作网和决策咨询服务平台

（1）全国图书馆参考咨询协作网

2 月 25 日—5 月 18 日，参考咨询部对 32 家省馆公众号、网站新闻以及其他图情机构的相关发布内容进行监测，共监测到公众号相关新闻 300 余篇，网站新闻 187 篇，其他图情机构相关新闻 400 余篇，挑选部分内容分主题在“协作网”公众号发布，累计发布专题 20 期，图文消息共计 134 篇，累计阅读量近 3000 人次。

（2）全国省级公共图书馆决策咨询服务平台

全国省级公共图书馆决策咨询服务协作平台（以下简称协作平台）2020 年继续完善协作平台管理制度，面向全国公共图书馆咨询馆员开展业务交流，打造面向从中央到地方各级政府机关的决策咨询服务协作网络。

克服疫情影响，通过协作平台网站及线上交流工具与各馆保持业务联系，分享决策咨询服务经验，解答成员馆问题，促进各馆之间的日常沟通与业务交流；为南京图书馆等提供两会服务规范及相关文件；2020 年“两会”前夕，为省级公共图书馆提供全年大会热点清单，供其为地方“两会”服务做参考。

2020 年 11 月，参加广东省公共图书馆信息开发与服务培训班，在培训班讲授“图书馆决策咨询服务设计与推广”。“协作网”公众号持续为全国图书馆界参考咨询馆员提供国内外业界新闻动态，2020 年推送业界动态共计 77 次，图文消息共计 350 篇，发布山东省图书馆信息月报共计 11 期。完成 2019—2020 年度“协作网”公众号数据分析报告。

5. 全国图书馆文献缩微复制中心

2020 年，全国图书馆文献缩微复制中心围绕年度工作要点，积极克服新冠肺炎疫情的不利影响，充分发挥行业引领作用，开展线上协调指导成员馆文献拍摄，深入调研，积极谋划，保障全国公共图书馆缩微工作稳步发展。进一步加大全国公共图书馆数字缩微建设力度，推进辽宁省图书馆、贵州省图书馆、天津图书馆、四川省图书馆等成员馆的数字缩微建设进程，确保数字缩微建设成果；对新启动数字缩微建设工作的山东省图书馆、福建省图书馆、湖南图书馆开展调研并进行线上指导培训。

根据疫情防控要求，积极通过视频、电话等方式指导成员馆开展传统拍摄、数转模工作以及设备检修与故障排查。疫情进入常态化后，恢复面向全国图书馆文献缩微复制中心成员馆到馆研修工作，接待山东省图书馆馆员到馆进修；开展全国缩微技术培训工作，录制视频课程，开展线上培训，内容涉及缩微拍摄技术、书目数据制作、质检等多项业务流程。

6. 全国图书馆文化创意产品开发联盟

（1）全国图书馆文化创意产品开发联盟产业互联网云平台建设项目

6 月，全国图书馆文化创意产品开发联盟启动产业互联网云平台建设项目。此项目是一体化平台基础功能的升级，将进一步强化平台资源聚合、优化，推动平台产业化运营，引入行业优质资源。目前平台升级项目已完成一期建设，预计 2022 年实现平台全面升级。

（2）全国图书馆文化创意产品开发联盟首家省级分店——江西省图书馆“锦文轩”揭牌

12月8日，全国图书馆文化创意产品开发联盟首家省级分店——江西省图书馆“锦文轩”在该馆凤凰洲新馆正式揭牌运营。国家图书馆馆长饶权与江西省文化和旅游厅党组书记、厅长池红共同为“锦文轩”揭牌，各级公共图书馆约150人出席揭牌仪式。江西省图书馆馆长陶涛主持揭牌仪式。该分店将充分利用联盟线上、线下融合优势，为各成员馆开发文创产品提供创新思路，共同推动中华优秀传统文化创造性转化与创新性发展，让书写在古籍里的文字活起来。

（3）全国图书馆文化创意产品开发联盟供应链调研

11月27—29日，联盟秘书处代表全国图书馆文化创意产品开发联盟应邀参加东莞制造选品与集采大联盟展会，为联盟成员馆精选百家优质文创产品生产企业、相关生活消费品制造企业以及其他文创设计产品的供应链企业，推动“全国图书馆文化创意产品开发联盟”品牌建设，引进社会力量深度参与图书馆资源创意性开发，完善联盟文创产品开发生态体系。

（4）承办2020年陕西省“文化创意产品开发”培训班

11月24日，2020年陕西省公共数字文化工程“文化创意产品开发”培训班在西安正式开班，来自陕西省各市县（区）图书馆、西北五省部分图书馆的140余名业务骨干参加培训。联盟秘书处承办此次培训，邀请原文化部副部长周和平、中央党校高宏存、国家图书馆张立朝、国家博物馆陈曦、南京博物院邱永生等专家做专题授课，内容涵盖IP理念挖掘、产品创新开发、营销渠道拓展等不同版块，采用理论讲解、案例分享、互动研讨等多样形式，就文化创意产品开发进行实战经验分享。

7. 其他工作

（1）更新《全国少年儿童图书馆（室）基本藏书目录》

2020年，国家图书馆少年儿童馆在延续之前工作的基础上，对《全国少年儿童图书馆（室）基本藏书目录》进行修订和更新。项目组通过馆藏数据、新书推荐数据、出版机构、社会大众及图书馆推荐书目数据、少儿类基本奖项和网络排行榜榜单等途径搜集初始数据3万余条，并根据全国各地少年儿童图书馆、儿童阅读机构以及家长等的使用情况对目录进行删减。经过数据筛查和标准化处理，共增补2019年出版优秀少年儿童读物1820册，其中核心书目850册、扩展书目970册，替换旧版图书13册。2020年12月，国家图书馆少年儿童馆邀请卢秋勤、朱自强、王蕾、李怀源、袁泉、孙慧阳和李一慢等7名教育界、图书馆界和阅读推广等领域专家进行书目的函审工作。专家们一致认为《全国少年儿童图书馆（室）基本藏书目录（2019年出版）》资源广泛，门类齐全，品种多样，体系完备，为各级专业少儿图书馆的基本馆藏建设提供了全面、专业的藏书依据，指导全国少年儿童图书馆藏书建设，形成少儿特有的藏书体系，对推动少儿阅读，加强基藏建设，发挥图书资料为少儿阅读、专业研究服务有着十分重要意义。国家图书馆少年儿童馆根据专家提出的意见和建议对书目进行修改，完成《全国少年儿童图书馆（室）基本藏书目录（2019年出版）》的修订和更新工作。

（2）编制《镇江小学生指导书目》

国家图书馆少年儿童馆受镇江市图书馆委托，针对镇江地区中小学生实际阅读需求，编制《镇江小学生指导书目》。该书目依托国家图书馆少年儿童服务组长期以来的书目研制数据，参考文津图书奖、信谊图画书奖、丰子恺图画书奖等图书评奖结果，同时充分考虑镇江及同类型城市儿童阅读发展水平编制而成。该书目遵循分级推荐、版本优先、可采可供、平衡兼顾等基本原则，通过数据初筛、网络初核、原书核对等步骤确定涵盖6个年级，每个年级20种，共120种图书的书目，并经由5位业界专家审核最终定稿。在确定书目内容之后，又组织团队撰写书目导读文字，配以书影，供镇江图书馆使用。

（二）行业组织引领

1. 中国图书馆学会秘书处

（1）“革命文献与民国时期文献保护计划”宣传推广活动

9月1—4日，由国家图书馆、中国图书馆学会共同举办的2020年“革命文献与民国时期文献保护计划”培训班线上开班，来自全国各地600余名民国文献整理与保护从业人员报名参训。培训期间，来自国家图书馆民国文献整理与保护领域的专家们分专题授课，授课内容理论框架清晰，融入丰富的案例，对实际工作具有重要指导作用，受到参训学员欢迎。

（2）全国图书馆未成年人服务提升计划

为发展与繁荣我国未成年人图书馆事业，更好地发挥图书馆引导未成年人阅读的独特作用，宣传新理念，介绍新方法，启迪新思维，开拓未成年人图书馆工作者的视野，提高其专业理论水平和业务工作能力，10月26日—11月9日，在文化和旅游部公共服务司指导下，由国家图书馆、中国图书馆学会主办的2020“全国图书馆未成年人服务提升计划”专题培训班在线举办，来自全国各地700余名图书馆未成年人服务工作者参加培训。

（3）全国数字图书馆建设与服务联席会议第二十一次会议

12月18日，全国数字图书馆建设与服务联席会议第二十一次会议在北京召开，主题为“‘十四五’数字图书馆发展规划”。此次会议由中国社会科学院图书馆承办。来自国家图书馆等联席会议成员单位的30余位代表参加了会议。中国社会科学院图书馆党委书记、馆长王岚，文化和旅游部公共服务司事业发展处处长王晓松，中国图书馆学会副理事长刘小琴先后致辞。中国社会科学院图书馆副馆长张大伟主持会议。会上，王岚、中国社会科学院中国历史研究院副院长路育松、国家图书馆研究院（业务管理处）院长申晓娟、文化和旅游部全国公共文化发展中心协调规划处处长王芬林、上海图书馆（上海科学技术情报研究所）系统网络中心副主任夏海、中国科学院文献情报中心业务管理处处长韩涛、北京大学图书馆（CALIS管理中心）副馆长童云海、浙江大学图书馆（CADAL管理中心）副馆长黄晨、中共中央党校（国家行政学院）图书和文化馆馆长于军，分别以“加快建设国家哲学社会科学文献中心”“建设具有中国特色、中国风格、中国气派的新时代史学专业数字图书馆”“智慧化转型发展——国家图书馆‘十四五’事业发展的初步思考”“上海图书馆‘十四五’信息化发展规划要点简介”“中国科学院文献情报中心‘十四五’规划思考”“公共文化云‘十四五’规划”“新时代背景下的CALIS发展若干问题思考”“数字知识服务联盟倡议”“收官‘十三五’，开启新征程”为主题做专题发言。专题发言后，与会代表就会议主题进行深入交流和讨论。最后，刘小琴对此次会议进行总结。

全国数字图书馆建设与服务联席会议制度于2007年7月建立，迄今已举办21次会议，取得一系列重要成果，包括发布《数字图书馆服务政策指南》《数字图书馆资源建设指南》《数字图书馆资源建设和服务中的知识产权保护政策指南》《数字图书馆安全管理指南》《数字图书馆资源管理指南》，出版《数字图书馆发展趋势研究报告》等，对推进我国数字图书馆建设与服务起到了重要作用，在全国图书馆界产生了积极影响。

（4）2020 庚子鼠年春节系列活动

2020 年春节前夕，国家图书馆与中国图书馆学会联合全国各级各类图书馆及有关单位共同开展 2020 庚子鼠年春节系列活动。活动期间，集中推送了新春文化“大礼包”，包括“书香盈岁月，新桃换旧符”新春年俗展和年俗专题资源等。据不完全统计，全国共有 1000 余家图书馆及有关单位承办活动，覆盖了全国大部分省（区、市），惠及 1000 余万人次，得到社会公众普遍欢迎和新闻媒体广泛关注。

2. 全国图书馆标准化技术委员会秘书处

2020 年全国图书馆标准化技术委员会（以下简称“图标委”）秘书处克服新冠肺炎疫情的影响，在上一年度加强标准项目工作进度和编制质量过程管理的基础上，进一步规范组织建设，推进换届工作开展，接受国家标准化管理委员会（以下简称“国家标准委”）的考核评估，并完成了多个标准项目的审查报送工作。全年完成的主要工作有：

（1）规范组织建设，推进技术委员会换届工作

根据《国家标准委办公室关于全国图书馆标准化技术委员会换届及组成方案的复函》（标委办综合函〔2015〕85 号）批复及《全国专业标准化技术委员会管理办法》规定，图标委第二届委员会于 2015 年 5 月成立，到 2020 年 5 月工作届满，应予换届。2020 年 3 月，委员会主任委员批准换届工作方案，图标委秘书处着手草拟换届报送文件并公开向业界征集第三届委员。

7 月，图标委秘书处向文化和旅游部科技教育司（以下简称“文化和旅游部科教司”）提交了《全国图书馆标准化技术委员会章程》《全国图书馆标准化技术委员会秘书处工作细则》等 5 份换届文件，以及第三届委员会委员登记表、全国专业技术委员会登记表等换届报批材料。根据文化和旅游部科教司审核反馈意见，7—9 月间补充征集委员、重新合订报批材料后，再次提交给文化与旅游部科教司，并通过主管部门审核。

第三届委员会共征集到来自各级各类图书馆系统、公共文化主管部门以及高校图书馆学系等研究单位的委员 44 人。2020 年底，经国家标准委审查的图标委第三届技术委员会组成方案通过“全国专业标准化技术委员会信息公示系统”面向社会公示。

（2）开展 2020 年度标准化工作项目征集申报工作

根据文化和旅游部科教司关于 2020 年度国家标准、行业标准和行业标准化研究项目征集的工作安排和要求，2020 年 5 月，图标委面向社会公开发函征集 2020 年度图书馆领域国家标准制修订项目、行业标准制修订项目及行业标准化研究项目。截至 7 月底，图标委秘书处共收到业界申报各类标准化工作项目 16 项。8 月，图标委秘书处在国家图书馆组织召开了本年度图书馆标准化工作项目申报专家论证会。经业界 7 位专家对申报项目的规范性、可行性评议论证，确定推荐 7 项项目申报，其中推荐行业标准制修订项目 4 项，行业标准化研究项目 3 项。10 月，根据文化和旅游部科教司要求又提交了申报项目的补充材料。12 月初，接文化和旅游部科教司通知，图标委

2020年度申报的3项行业标准制修订计划项目和2项行业标准化研究项目获批正式立项。根据立项通知要求，图标委秘书处组织协调各项目申报单位提交项目申报补充材料，并与文化和旅游部科教司签订了各项标准化项目工作合同。

此外，本年度图标委秘书处还根据国家标准委要求，组织图标委第二届委员会委员完成了对2019年申报的两项推荐性国家标准项目的调整工作。其中《图书馆纸质文献脱酸工艺有效性评价方法》从推荐性国家标准计划项目调整为国家标准指导性技术文件项目；参加国家标准技术审评中心组织召开的"2020年第一次服务业领域推荐性国家标准立项评估会"，围绕《图书馆志愿服务与管理指南》项目申报立项推荐性国家标准项目做汇报，根据国家标准立项专家论证结论，该项目改为推荐性文化和旅游行业标准申报。

（3）规范推进各类在研标准项目的管理工作

①标准制修订项目管理

截至2020年底，图标委共归口管理国家标准制定计划项目33项（其中已发布17项），行业标准制订计划项目48项（其中已发布33项）。本年度图标委在图书馆领域标准制修订方面先后开展了以下工作：

组织开展《公共图书馆业务规范》系列和《公共图书馆服务规范》等4项国家标准以及《公共图书馆读者个人信息集》《公共图书馆年度报告编制指南》2项行业标准的公开征求意见工作。

完成《公共图书馆听障人士服务规范》《中国图书馆机读规范数据格式》《信息与文献　图书馆射频识别RFID　第3部分》《公共图书馆业务规范（系列）》及《公共图书馆服务规范》《中小学图书馆评估指标》八项推荐性国家标准的函审工作。

完成《公共图书馆读者个人信息集》《公共图书馆年度报告编制指南》《网络资源元数据规范应用指南：政府信息》《图书馆民国时期文献特藏书库基本要求》4项文化行业标准的审查工作。

完成《中小学图书馆评估指标》《公共图书馆读写障碍人士服务规范》《公共图书馆业务规范（系列）》等8项推荐性国家标准和《公共图书馆评估指标（系列）》《公共图书馆总分馆业务规范》《汉文古籍文字认同描述规范》《汉文古籍集外字描述规范》等6项行业标准的报批工作。

另根据专家审查意见，向文化和旅游部教科司提交了行业标准制定计划项目《汉文古籍版式描述规范》调整说明。

②开展标准化工作项目中期检查

为及时了解图标委归口管理的各类标准化工作项目进展情况，有效督促各项目组推进工作，2020年7月图标委对20项未结项标准制修订项目和标准化研究项目进行了中期检查，向16个存在明显延期的标准化工作项目发出了《2020年图书馆标准化工作项目中期检查情况通告》，要求其明确下一步工作计划，督促其在指定时间提交相关研究成果。

此外，本年度图标委秘书处继续承担文化和旅游部科教司委托项目《文化和旅游标准化工作"十三五"总结及"十四五"规划》研究工作，1月派员参加研究课题的中期汇报，并根据主管部门的意见建议进一步修改完善研究报告，研究工作得到主管部门的好评。

（4）接受全国专业标准化技术委员会考核评估

根据《国家标准化管理委员会关于开展2020年全国专业标准化技术委员会考核评估工作的通知》（以下简称《通知》），图标委被列入本年度考核评估对象。根据国家标准技术审评中心向图标委提供的《TC389全国图书馆标准化技术委员会初核材料》，图标委秘书处根据《通知》中对此次评估指标说明及对2017—2019年图标委各项工作的梳理，起草了对《TC389全国图书馆标准化技术委员会初核材料》的反馈意见，对项目申报与标准审查、日常管理以及标准制修订过程3个指标的反馈意见为“确认，无异议”，对项目完成率、标准退稿率、标准体系建设和维护情况、经费管理、标准复审与实施、宣贯培训、组织参与国际标准化工作7个指标分别做出意见反馈和情况说明并附相应证明材料。10月，根据考核评估工作承办单位国家标准技术审评中心的安排，图标委秘书处派员参加了“2020年全国专业标准化技术委员会考核评估答辩会”，结合考核评估指标就图标委2017—2019年间相关工作情况向考核评估专家做进一步说明汇报。最终考核评估结果为“三级”。

（5）标准化工作宣贯及标准文本出版

截至2020年12月底，图标委网站信息更新14次，标准制定工作阶段进展及相关成果在图标委网站上得以及时更新，为公开标准制定工作信息、最大限度听取业界对标准化工作的意见和建议提供了良好平台。

根据国家标准委开展“标准宣贯云课堂”的工作要求，录制完成《公共图书馆少年儿童服务规范》等6项国家标准的宣贯视频；组织完成《中国规范书目格式》申报“中国标准创新贡献奖标准项目奖”的材料准备等工作。

根据主管部门行业标准的批准发布情况，完成《图书馆古籍虫霉防治指南》《公共图书馆总分馆业务规范》《公共图书馆评估指标　第1部分：区域公共图书馆事业发展》《公共图书馆评估指标　第2部分：省、市、县级公共图书馆》《公共图书馆评估指标　第3部分：省、市、县级少年儿童图书馆》《汉文古籍集外字描述规范》《汉文古籍文字认同描述规范》7项文化行业标准出版校稿工作。

（6）经费使用情况

2020年，图标委归口管理各类标准化工作项目共收到标准化工作项目补助经费共计31万元，其中国家标准项目补助经费3万元，文化和旅游行业标准制定项目和行业标准化研究项目补助经费28万元。截至2020年底，所有项目经费均已拨付到项目牵头承担单位。

2020年，图标委秘书处日常工作经费由承建单位国家图书馆承担。

3. 中国文献影像技术协会与全国文献影像技术标准化技术委员会

（1）中国文献影像技术协会

中国文献影像技术协会继续发挥组织协调功能，联合会员和会员单位，为文献影像行业从业者提供学术交流以及技术支持，利用《数字与缩微影像》杂志，推进文献影像技术的应用、普及与发展。完成社团2019年年检填报工作及全国行业协会商会收费情况自查，并在信用中国网站上公开收费标准。配合中央和国家机关工委协会党建部党建指导员开展实地调研，协助全国图书馆文献缩微复制中心开展数字缩微推广项目。启动中国文影协团体标准管理办法起草工作。

（2）全国文献影像技术标准化技术委员会

全国文献影像技术标准化技术委员会开展标准制修订工作，完成修订项目《技术图样与技术文件的缩微摄影　第2部分：35mm银－明胶型缩微品的质量准则与控制》、制订项目《文献管理　长期保存的电子文档文件格式　第3部分：支持嵌入式文件的GB/T 32010-1的使用（PDF/A-3）》2项国家标准的报批工作。组织新标准计划项目上报，完成《文档管理　影响缩微胶片冲洗机的环境与工作场所安全规则》《文献管理应用　提高电子文档文件格式无障碍化的可访问性　第1部分：ISO 32000-1的使用（PDFUA-1）》2项标准计划项目的申报工作。组织分技术委员会开展利用标准云课平台进行国家标准宣贯；组织各分技术委员会按期完成ISO/TC171的标准审查、投票工作。

4.《中国图书馆分类法》编委会

2020年8月，基于互联网环境的《中图法》与《中分表》修订维护系统通过验收，投入使用。该系统可作为修订维护《中分表》《中图法》及相关版本的工作平台，实现Web环境下用户异地、协同完成分类法、主题词表、一体化词表的编制、修订、维护和发布、打印、排版管理功能。同时，《中图法》第五版（电子升级版）通过测试，该版本增加机助复分和多版集成功能，可辅助编目员快速、准确地对类目进行复分、仿分，正确组配类号，并将《中图法》简本（第五版）、期刊分类表（第三版）集成到《中图法》详本系统中，满足不同用户需求。此外，将《〈中图法〉A大类第二表方案（征求意见稿）》向相关单位发函征求意见。

12月15日，与中国科学技术信息研究所等单位在北京以线上线下相结合的方式共同举办2020年全国知识组织与知识链接学术交流会，主题为“智能环境下图书馆的知识组织与关联”。

5. 中国古籍保护协会

2015年以来，中国古籍保护协会立足行业组织定位，配合国家古籍保护中心工作，发起并实施“中华古籍普查文化志愿服务行动”。六年来，这项活动进入全国20个省（区、市）的209家受援单位，包括省级存藏单位10家、市级存藏单位66家、县区级存藏单位91家、高等院校41家、民办非企业1家，组织志愿者1229人，完成古籍普查20余万部161万多册/件，促进了全国古籍普查进程。11月12日，协会在四川省图书馆召开总结座谈会，来自全国各省级图书馆（古籍保护中心）馆长、副馆长和古籍保护中心主任、古籍保护专家、志愿者代表、爱心企业代表等出席会议。

2020年古籍普查文化志愿服务有着明显特征。第一，攻坚克难，坚持实施古籍普查。各省古籍保护中心根据当地防控现状，一方面采取精准疫情防控和复工复产措施，另一方面因地制宜，有序开展古籍普查志愿服务。第二，重心向下，织密基层普查网络。参加2020年古籍普查志愿服务的各省中心，把攻坚扫尾的关注点指向基层。江西省古籍保护中心在吉安市图书馆、大余县图书馆、赣州市图书馆等7家基层单位开展古籍普查。云南古籍保护中心将德钦县图书馆纳入古籍普查范围。第三，积极协调，持续推进跨界普查。经过宣传推广和多方协调，博物馆、档案馆、文保所、研究所、高校、寺院等跨界系统的古籍存藏机构接受中华古籍普查文化志愿服务。2020年，古籍普查志愿进入南开大学、黑龙江大学、赣南师范大学、云南中医药大学、昆明市呈贡区第一中学、西藏藏医药大学、甘肃医学院、平凉职业技术学院等8所教育系统单位，完成超过2万册古籍的普查登记。

通过“中华古籍普查文化志愿服务活动”，志愿者深入基层参与古籍普查，加深了对中华古籍的热爱，古籍保护事业得以储备新生力量。随着活动的顺利实施，普查成效日益显著，参与活动的各省图书馆在强化顶层设计、改善存藏环境、实现跨界普查、探索藏用并举等方面的工作取得积极进展。此外，京东方科技集团、中国志愿服务基金会和浙江财通证券股份有限公司，持续为古籍普查志愿服务项目提供公益资助，中国古籍保护协会引入社会力量参与公共文化建设扎实推进。

年度掠影

【疫情面前勇担当　决策服务在行动】

2020 年，面对突如其来的新型冠状病毒肺炎疫情，立法和决策服务部（以下简称“立法部”）认真贯彻党中央和文化和旅游部工作部署，按照国家图书馆疫情防控工作领导小组的要求，一手抓疫情防控，一手抓履职担当，做到防疫履职两手抓两不误，全体工作人员用坚守诠释了在疫情防控中的责任担当。

强化政治担当，压紧压实“责任链条”。根据国家图书馆对做好疫情防控工作的通知，立法部制定《关于疫情防控期间线上服务方案》，自 2 月 3 日起开启线上服务模式。由于中央国家机关用户大多已经按时复工，为保障服务效率和质量，部门领导班子及时传达馆内精神、有序安排远程办公事宜，提出“闭馆不停工，防疫不停学”的总要求，按计划、分步骤保障各项工作任务高效优质完成。通过组建部班子和党支委微信群及时有效沟通相关工作；通过科组长微信群传达馆内有关精神及工作安排，保证工作安排到位。与此同时，立法部党支部还启动党员在家学习计划，要求党员每日通过“学习强国”学习平台、《人民日报》、新华社等载体，学习总书记系列重要指示精神，关注中央疫情工作小组及文化和旅游部对疫情防控的部署举措，发挥党员先锋模范作用，严肃纪律，自觉同党中央保持一致。

“两会”服务进行时，资料保障不松懈。2020 年的“两会”受疫情影响推迟至 5 月举行。立法部第一时间与全国人大、全国政协相关机构进行沟通，确认“两会”服务事宜，圆满完成大会资料保障工作。在家办公使用资源相对不便，一方面与馆内相关部门密切沟通，争取最大范围开通资源使用权限；一方面积极克服困难，发挥咨询馆员信息采集、获取和处理能力，保障了大会资料按时、全面、准确地完成。

深入研判形势，合力提供智力支持。围绕疫情防控工作，立法部迅速响应，主动作为，统筹推出一系列信息产品：根据用户需求，每日跟踪并收集疫情相关的领导讲话、中央及地方举措等信息；整理涉及抗疫、防疫的专题评论报道；主动报送舆情跟踪过程中涉及的疾病防控体系、公共卫生服务、重大疫情防控救治等相关资料，形成《新型冠状病毒感染肺炎疫情防控信息专报》，推送有关机构参考。

战胜疫情有信心，青年团员在行动。在馆团委和部门党支部的领导下，立法部团支部的青年团员们积极响应，制作了一支特别的微视频——《抗击肺炎，从我做起》。在视频中，青年员工们手持小标语，传递正能量，为武汉加油，为中国加油，表达战胜疫情的决心和斗志。

【财政部领导一行到访国家图书馆】

8 月 20 日，财政部机关党委群团工作部部长刘宇及财政部科教和文化司文化一处四级调研员赵嘉等一行 5 人到访国家图书馆。国家图书馆副馆长孙一钢、立法部主任毛雅君、信息技术部主任李春明及相关部处负责同志陪同参观并参加座谈交流。财政部领导一行首先参观了中华传统文化典籍陈列展和甲骨文记忆展，对展览中所展示的众多珍贵古籍和甲骨珍品，以及充满科技感的沉浸式互动体验表示赞叹，并对国家图书馆在中华文化典籍保护事业及传承和弘扬中华秀传统文化方面所做出的贡献表示高度赞赏。

参观结束后，双方围绕增进沟通、加强合作，全面提升图书馆管理水平，着力推进图书馆智慧化发展等有关内容进行座谈交流。孙一钢介绍近年来国家图书馆在馆藏资源建设、读者服务以及运行管理等方面的最新进展。刘宇表示此次到访的目的旨在加强交流、增进了解，希望国家图书馆对财政部图书馆的建设与发展提供指导和帮助，双方实现共赢发展。毛雅君表示将以国家图书馆财政部分馆为平台，全力保障财政部的文献信息需求，为帮助和推动分馆建设与发展提供高效高质的服务。

【国家图书馆与国家发展和改革委员会续签战略合作协议】

9 月 11 日下午，国家图书馆与国家发展和改革委员会（以下简称“发改委”）举行《共建发改书吧战略合作协议》续签仪式，进一步深化合作，全面推动发改书吧建设工作。国家图书馆馆长饶权，发改委办公厅主任张世昕出席仪式并代表双方签约。发改委副秘书长伍浩、社会司司长欧晓理，国家图书馆副馆长陈樱出席仪式。战略合作协议明确双方按照“明确定位、契合需求，贴近实际、确保效果，软硬结合、共建共享，办出特色、形成品牌”的思路，本着“保密为先，节约集成，共建共享，融通智慧”的原则，以国家发改委内部实体图书展示区域为依托，以现代信息网络和数字图书馆技术为手段，搭建传统与现代相融合的发改书吧，推动国家发展和改革委员会更好发挥参谋助手作用，更好贯彻落实以习近平同志为核心的党中央关于经济工作重大决策部署。

张世昕表示，发改书吧自建成以来，在发改委各级领导和各业务司局的关心支持下，不断完善服务内容，提升服务品质，目前已成为发改委内部重要的学习平台，未来更将进一步打造成学习型机关建设的重要品牌。饶权简要介绍了我国图书馆事业的发展变化以及近年来国家图书馆建设与服务的最新进展，特别提出国家图书馆将深入学习贯彻落实习近平总书记回信精神，创新服务方式，在“十四五”时期开启智慧图书馆体系建设，带领全国图书馆实现智慧化转型。饶权表示，为发改委提供文献信息支撑服务是国家图书馆应尽的义务与职责，下一步将在强化按需服务、强化线上服务、强化延伸服务、强化专业服务 4 个方面推进发改书吧的服务工作。

【举办“光影音阅汇”线上活动】

3 月 2—25 日，国家图书馆视听服务空间举办“光影音阅汇”特别活动之“理性防疫 · 从‘心’开始——心理健康主题微课堂”，通过国家图书馆视听中心网站、官方微信、国家数字图书馆 APP 移动端，向社会公众线上推送由国家开放大学推出的“疫情之下的心理与健康”系列微课资源。课程分为 13 讲，以“讲授＋访谈＋案例分析”的方式，帮助市民如何正向面对新冠病毒肺炎疫情带来的心理重压，如何对疫情中出现的合理问题进行理性的分析与判断，并做出正向、积极的选择，以优质资源助力全民心理防“疫”。视频总播放量达 1.61 万次。

4 月 19 日，为配合国家图书馆 2020 年世界读书日的“全民战‘疫’· 知识共享”读者活动主题，视听服务空间联合优谷朗读亭开展“光影音阅汇”之“听典籍故事 · 学防疫妙招”线上阅读分享活动。邀请中国中医科学院医学实验中心研究员汪南玥博士作为主讲嘉宾，利用虚拟演播室技术，切换多个虚拟场景，配合幻灯片、实体道具等，全方位展示主持人和嘉宾的有趣互动，为读者朋友讲解馆藏典籍知识，演示自己在家即可操作的防疫小妙招。讲座视频在国家图书馆官方网站、国家图书馆视听中心网站、官方微信订阅号、服务号、官方微博，优谷朗读亭官方网站、微信公众号，央视频等多个平台同步发布。活动设置线上答题互动及学习视频的分享环节。中新社、南方都市报等媒体对此次活动进行了线上报道。各平台视频播放量达 102 万余次。

【发布国家图书馆视听资源线上检索指南短视频】

2020 年新冠肺炎疫情期间，国家图书馆高度重视读者线上服务工作，通过多种线上服务途径和形式为广大读者提供丰富的数字资源，尽最大能力满足读者的文化科研等多种需求。其中，国家图书馆视听服务中心网站对馆藏视听实体资源以及自建、外购视听资源数据库进行全面展示和重点推荐，分为特色资源推荐、图书推荐、音乐欣赏、影视资源、有声读物等模块，使读者可以在线阅读和学习中外文艺术类电子书，点播特色资源专区各曲目，远程畅听志鸟专藏、经典黑胶等馆藏中西音乐特色资源。视听资源线上检索指南短视频于 3 月 11 日在国家图书馆官方微信公众号发布。

【开展世界读书日系列活动】

世界读书日期间，数字共享空间开展“喜悦新时代　书香伴我行”系列活动。主要包括三个部分：“让阅读不再孤单——手机阅读 APP 推荐”讲座，邀请专业工作人员向老年读者详细介绍市面上主流的线上阅读 APP“蜻蜓 FM”的使用方法，并推荐大量的免费优质资源，得到读者一致的好评；“好书我推荐——老年读者荐书活动”读者沙龙，采用线上直播的方式，读者互相分享疫情期间自己读的书、学习的新知识或者其他的学习感悟，给老年读者提供一个互相学习的机会；“宅家不停学 Vlog”，邀请老年读者拍摄居家学习的网络视频日志并且剪辑成片，给更多的老年人鼓励和启发。

4 月 24—30 日，中文图书阅览组开展“书香助战‘疫’　阅读传温暖”阅读分享征集线上活动，通过官方微博平台邀请广大读者推荐一本与抗疫相关的图书或疫情期间阅读的图书，并分享阅读体会。此次线上活动受到全国各地读者的关注和喜爱，共收到读者分享 115 篇，读者推荐图书类型众多，参与读者年龄、职业范围广泛。读者们在推荐好书、分享阅读心得的同时，还谈到生命的意义、梦想、亲子关系，倾诉奋战在抗疫一线的感悟、隔离在家期间的困惑、学习工作中的迷茫等。此次线上阅读分享征集活动的开展，激发广大读者的阅读热情，为引导读者读好书、荐好书提供一个分享交流平台。

【综合阅览室重启阅读时光】

作为总馆南区最大的阅览室，综合阅览室自5月9日开放预约后，受到读者的广泛关注。为全力满足读者各项需求，科组制定《有序恢复开馆期间工作方案》和《有序恢复开馆期间突发事件应急预案》，对各岗位工作职责、新增工作内容、应急处置程序等进行详细说明。开馆前，部门组织各科组人员进行多次培训及开馆演练，要求每位员工都要熟悉工作流程及突发情况应对办法；在演练结束后，及时进行总结、查缺补漏，进一步完善流程、细化措施。5月12日开馆当日，综合阅览室迎来第一批到馆读者。9点开馆后，由2位工作人员在阅览室外引导读者扫描预约二维码，验证后引导读者按程序入室，针对读者的不同需求做到提前分流，以避免人员聚集，减少读者等候时间。阅览室内工作人员每半小时进行室内巡视一次，确保读者分散就座，保持安全距离，及时提醒读者全程佩戴口罩。遇有读者提出特殊需求，工作人员及时进行耐心解释，积极与其他部门科组沟通，为读者提供一站式阅览服务。5月19日起，还开辟专门针对65岁以上老年读者的绿色通道，从咨询阅览政策到预约取书，工作人员为每位到馆的、不能熟练使用手机的老年读者提供优先、便捷的服务。

【设立“中文图书外借处”提供闭架外借服务】

5月12日，国家图书馆有序恢复开馆，中文图书外借服务调整至总馆南区二层C201、C202室（原新闻发布厅），设立中文图书外借处，为读者提供闭架图书外借服务。读者到馆前需提前获取入室预约码，随后通过联机公共目录查询系统opac.nlc.cn提前预约所需图书。待图书状态置为“书到待取”，读者可到馆核销预约码后到中文图书外借处取书。为保证读者合理安排到馆时间、错峰取书，预约图书保留2日（如遇闭馆日顺延1日）。针对借还服务模式的变化，中文图书外借处更新预约外借流程、图书续借、快递还书、开通短信提醒等多项服务内容，提升读者服务体验。在严格遵守防疫相关要求，不形成人员聚集滞留的前提下，科组提供更为细致的人性化服务，为年长读者加急配送图书，为上午现场预约图书却未取得下午入馆资格的读者开具入馆证明，切实解决读者困难。有序恢复开放期间（5月12日—9月30日），中文图书外借处共接待读者11557人次，室藏文献流通13696册/件，室外24小时自助还书机归还文献25471册/件。有序恢复读者服务以来，由北区向南区中文图书外借处提取配送文献累计15375册/件，读者预约取书外借率为89.9%。

【举办专题图书展示活动】

2020年8月，国家图书馆充分利用馆藏文献资源，在总馆南区综合阅览室设立专题图书展示区，供读者阅览。展示区共展出中外文图书120余册，主题展台摆放最新出版的《习近平谈治国理政》第三卷及《习近平谈治国理政》第一卷、第二卷图书，展台两侧的书架放置了十九大和十九届一中、二中、三中全会后出版的重点读物，以及近两年出版的《习近平新时代中国特色社会主义思想学习丛书》《贯彻落实习近平新时代中国特色社会主义思想在改革发展稳定中攻坚克难案例丛书》《习近平新时代中国特色社会主义思想研究》《习近平新时代治国理政的历史观》等图书，为读者全面系统了解习近平新时代中国特色社会主义思想提供相关阅读导引。此外，展示区还设有《习近平谈治国理政》外文版本展示专架，精选馆藏英语、俄语、法语、西班牙语、阿拉伯语、德语、日语、葡萄牙语版本的《习近平谈治国理政》进行集中展示，方便读者利用中外文版本对照阅读。此次专题图书展示活动集中汇集学习材料、搭建交流平台，为深入学习贯彻习近平新时代中国特色社会主义思想，营造良好社会阅读氛围起到推动作用。展区自设立以来，受到读者的广泛关注，形成了解最新理论、提升思想认识的良好学习氛围。

10月1日，总馆北区中文图书区正式开放接待读者前，在二层北区书墙设置第十五届文津图书奖专架，集中展示本届获奖图书以及推荐图书，方便读者集中阅读。同时对部分文津图书奖破损图书进行补藏，补藏图书118种132册。读者服务恢复后，专架吸引大批读者驻足。

2020年12月4日是我国第七个国家宪法日。为深入贯彻落实习近平法治思想，弘扬宪法精神，在总馆北区中文图书区设置"宪法宣传周"专题文献展示架，集中展示宪法、民法等法律相关书籍，包含《中华人民共和国宪法》《中华人民共和国民法典》等法律条文类，《中国十大宪法事例评析》《中华人民共和国民法典理解与适用》等法律案例类，以及《中国近代宪法史》《文化旅游法务研究札记》等相关研究类书籍。为广大员工和读者搭建宪法学习平台，把宣传法律知识与图书阅读紧密结合。

12月底，总馆北区中文图书区设置"习近平新时代中国特色社会主义思想"学习专区，内设图书陈列架、新书展示架、沙发、茶几等，形成半开放式学习空间。图书陈列架集中展示《习近平谈治国理政》一至三卷以及英语、法语、西班牙语等12个不同语言版本，《之江新语》《摆脱贫困》《知之深　爱之切》等总书记的重要著作，以及总书记在不同场合的重要讲话和党内相关研究书籍。新书展示架紧跟时事，展出2020年12月最新出版发行的研究成果《习近平新时代中国特色社会主义思想学习论丛》第一辑至第五辑。整个学习专区共展示图书400余册。

【开展线上读者沙龙活动】

8月24—28日"科技活动周"期间，视听服务空间策划了"阅览室里的视听科技"——科技周线上读者沙龙活动。活动邀请明星讲师李永乐，以馆藏音像及阅览室播放设备的相关科普知识为核心内容，通过短视频录播、线上发布的形式进行阅读分享。视频共分5段，每段时长5—10分钟，分别就黑胶唱片、视频分辨率、虚拟演播技术等相关知识点进行讲解，力求以更专业的科普方式，带领读者挖掘阅览室里那些看似平常的馆藏及设备背后的故事。讲座视频在国家图书馆官方微信公众号、官方微博、官方抖音账号等多个平台同步发布，播放量达3.2万余次。

9月23—28日，视听服务空间在国图官方微信公众号、官方微博等平台发布"从'夹生饭'到世界奇迹"——中国大运河的申遗传奇线上读者沙龙活动。活动邀请国家文物局原副局长、中国文化遗产研究院原院长刘曙光为读者进行讲述。利用虚拟演播室技术还原观影室场景，主持人和专家共同观赏大运河主题相关馆藏纪录片片段，结合专家解读，以问答的形式深入浅出地带领读者理解馆藏内容，讲述馆藏背后鲜为人知的故事。视频分为5个部分，播放量约2.4万次。

【完成总馆北区中文图书区布局调整工作】

为配合部门落实完成《关于深入学习贯彻落实习近平总书记给国家图书馆老专家回信精神 推动事业创新发展的实施意见》中关于少年儿童馆提升计划的要求，相关科组于 8 月下旬启动室藏格局调整工作。此次调整历时 30 天，共完成中文社科类图书倒架、展架 19 万余册 / 件、盲文图书 3000 余册 / 件，退库剔除图书 11 万余册 / 件，修改外文工具书数据及标签 5056 册；搬迁调整书架 150 架，调整阅览桌 45 张，维修读者阅览椅 650 把；完成阅览桌椅、沙发、光盘柜、RFID 系统安全门、RFID 手持点检仪等财产退库 260 余件；完成 RFID 采集车及安全门检修，更新、修补 RFID 架位导航层架标 1800 余个，调整文献架位导航更新盘点 30 余万册 / 件；完成一层南区腾退、财产转移及办公区搬迁等工作。

【开展疫情常态化防控时期读者服务调查】

总馆北区中文图书区自 10 月 1 日起恢复读者服务工作，但入馆规则、开放时间、文献布局等都发生较大调整。科组结合有序恢复开馆情况，设计完成“2020 年读者满意度调查问卷”，旨在通过调查进一步了解读者到馆感受及对服务的满意程度，为恢复开放后的读者服务优化调整提供依据。此次调查在中文图书区现场发放问卷 300 份，回收有效问卷共 272 份。此外，还联合其他科组在南北区多个服务空间同步发放问卷 150 余份，包括中文图书借阅区、综合阅览室、年鉴新方志阅览室、缩微阅览室。

【举办“逐梦新时代 畅享新生活”重阳节活动】

10 月 25 日，数字共享空间举办“逐梦新时代 畅享新生活”重阳节活动。活动分为“精彩晚年我做主”短视频展播和“最美的你”老照片修复活动：辅导老年读者使用 Vlog 制作软件，鼓励老年读者用 Vlog 记录自己精彩的晚年生活，包括居家生活、学习生活或者丰富多彩社团生活等，展示新时代老年人积极向上的精神状态；利用先进的修复技术，帮助老年读者的老照片着色、修复，帮助老年读者留住美好的记忆。

【疫情期间网络保障为远程办公护航】

2020 年新冠肺炎疫情期间，国家图书馆通过 VPN 技术实现各部处的远程接入连接，保障全馆各部处的业务顺利开展。根据业务需求的变化，随时调整 VPN 策略。全天候监测馆网络状态，完成国家图书馆互联网链路质量监督管理以及网络设备的配置调整和优化管理，保障全馆网络系统稳定运行。对宿舍楼带宽进行上调，满足宿舍楼住户居家办公期间的网络需求。多次及时处置网络问题，保障网络服务正常平稳。进入疫情防控第二阶段后，每天安排人员到馆对网络设备进行巡检，如降低弱电间室温、测试网络设备连通等，减少疫情期间网络设备故障率，保障国家图书馆网络设备运行正常。疫情期间，完成文化和旅游部视频会议、馆长国际交流会议等直播保障 28 次。通过多措并举，有效保障国家图书馆远程办公的正常稳定，实现全馆网络的稳定运行。

【开展无线网络系统升级调研】

国家图书馆无线网络系统经历10余年不断的建设和发展，已发展为覆盖总馆南区、总馆北区、古籍馆，含有近400台无线AP设备的较大规模无线网络。由于受客观环境和经费的限制，随着时间的推移，该系统逐渐出现硬件故障增多和性能不足的问题。开展系统升级是建设更加安全、稳定、易用、流畅的无线网络系统，为国家图书馆开展各项业务和服务提供良好网络支撑的必然要求。2020年，国家图书馆采用视频会议调研、现场技术交流等方式，分别调研4家无线厂商；同时全面梳理全馆无线网的现状、存在问题，提出技术创新方案以及无线网络系统升级实施的初步规划。无线网络系统升级项目的实施，将改善国家图书馆读者及员工无线网访问体验，优化国家图书馆无线网的安全管理机制，提升国家图书馆的公共文化服务水平。

【开展邮件系统保障与调研】

邮件系统是国家图书馆馆内办公的重要系统，从2010年上线运行至今已经提供服务11年。多年来，由于没有维护保障服务，邮件系统在使用中逐步出现硬件故障、存储空间不足等一系列安全问题。疫情期间，国家图书馆开展企业邮件调研工作。通过召开远程视频会议等方式，与腾讯、网易、阿里巴巴3家邮件系统厂商开展线上技术交流。通过分析汇总3家企业邮箱的功能、特点、成本等因素，撰写完成企业邮箱调研报告。该报告成为国家图书馆邮件系统未来规划的依据。同时，针对邮件系统亟须解决的存储空间问题，开展邮件系统的数据迁移及系统备份工作。经多次迁移，已完成所有邮件数据的迁移，解决了邮件系统存储空间不足问题，提升了邮件系统使用体验。

【开展数字图书馆专网保障及替代方案调研】

自2011年以来，国家图书馆积极推动新技术在数字图书馆建设与服务中的应用，构建数字图书馆专网。专网的组建限于当时的技术条件，采用SDH专线模式。随着组网技术的发展和5G时代的到来，原有模式已不适应新的需求。2020年，国家图书馆以“全国智慧图书馆体系”建设为抓手，开展5G专网调研工作。分别与中国移动、中国联通及中国电信3家运营商开展多次线上、线下技术交流，结合交流的技术方案，立足国家图书馆实际，撰写5G专网调研报告。在开展5G专网调研的基础上，继续开展数字图书馆专网和虚拟网的监控，处理各网络节点出现的网络故障，如专网流量异常、专网资源无法访问等，保障专网运行平稳正常。

【中央和国家机关工委数字图书馆建设完成】

2020年，国家图书馆完成中央和国家机关工委数字图书馆的建设工作。在上半年的疫情防控期间，项目团队克服疫情带来的诸多不便，齐心协力、加班加点完成机构数字图书馆的上线，为其构建内网学习平台贡献国图方案。项目团队前后10余次去中央和国家机关工委进行部署方案沟通、服务器上架、操作系统安装、资源和系统部署、系统优化等工作。在系统部署阶段，第一时间了解机构内网环境的差异，制定最优的系统部署方案，得到对方认可后用2天时间完成了服务器上架、资源拷贝和系统部署等工作。在系统优化阶段，由于机构内网的特殊性，多次前往实地进行网站和阅读器的优化，提升阅读体验。最终在中央和国家机关工委内网平台上部署图书2600余种、公开课100场、古籍500种，实现资源的一站式检索及在线阅读。

【对外和对台港澳文化交流基础信息库系统交付试用】

2020年上半年，根据对外和对港澳台文化交流基础信息库系统的实际建设情况，国家图书馆对前期已经加工完成拟发布至平台的数字资源进行整理，以适应新的发布需求，合计完成63条图书数据、4326条源自图书的文章数据、1026条源自电文的文章数据、232条源自领导讲话的文章数据的整理与发布工作。分别于8月底、11月初到文化和旅游部国际交流与合作局汇报平台的建设情况，并多次根据其新增需求和指导意见进行平台功能的调整和数据的再加工、整理及核验工作，同时向文化和旅游部提供该项目的核算表等文件资料。12月底，与文化和旅游部信息系统的维护商协同工作，完成对外和对台港澳文化交流基础信息库与文化和旅游部其他系统的集成及部署工作，并对前后台的功能进行测试以及调优，交付国际交流与合作局政研处试用。

【开展中国文化中心图书馆信息技术服务】

2020年，国家图书馆继续做好中国文化中心图书馆信息技术服务。开展中国文化中心数字图书馆网站的运行管理工作，包括系统运行监测、使用问题定位和排查、内容更新和维护、后台管理统计、用户培训和咨询等。承担各中心图书管理系统软件实施和数据加工、灌装、揭示工作。与20多家中心联系，沟通各中心图书馆管理系统实施需求，根据各中心不同情况制定系统采购合同，设计硬件设备清单和数据处理方案，提供软硬件、系统功能、图书数据整理、图书馆业务等相关问题的咨询服务。全年完成特拉维夫、柏林、曼谷、悉尼等中国文化中心图书馆管理软件的采购、实施、数据灌装或迁移、文献揭示以及技术支持工作；另有3家中心正在进行签署合同的流程。

【国有斯馆　馆有斯人——国内首部图书馆口述史纪录片《口述国图》北京首映式举办】

国家图书馆于2003年启动老馆员口述史访谈工作，十多年来，共有47位老馆员及其亲属接受口述访问，累积了200余小时、105万字的口述资料。2019年，为迎接国家图书馆建馆110周年，国图人以这些珍贵的影音文献资料为基础，特别制作以老馆员口述历史的形式展现国图发展历程的纪录片——《口述国图》。它是第一部以亲历人视角展现国图发展历史的口述史纪录片，也是国内首部记录和展现我国图书馆事业发展的口述史纪录片。全片共分为“情系国图”“缘起文津街”“善本保卫记”“馆藏的故事”“为读者服务”“艰难中的前行”“新馆的诞生”“站在世界舞台上”“走向现代化”“重返柏林寺”和“馆员心声”11个部分，全面记录几代国图人在面对不同历史机遇与挑战时担负的使命和做出的选择；表现出在民族和国家奋斗复兴的恢宏历史画卷中，图书馆人平凡而伟大的坚守和始终秉持的赤子之心。2020年1月2日，《口述国图》在国家图书馆举办首映仪式。影片将那些默默无闻的文明守望者的形象呈现于屏幕之上，获得公众的了解与肯定，在观众心中留下深刻印象，为大家深入了解图书馆、亲近图书馆、走进图书馆发挥积极作用。

【文津经典诵读推出“诗云·战疫情”原创诗词征集活动和精选诗词音视频线上发布活动】

为展现全民抗疫的决心与力量，加强闭馆期间读者的线上服务工作，文津经典诵读项目于2月28日推出“诗云·战疫情”原创诗词征集活动，号召广大读者用创作古体诗词的方式抒发疫情期间的所见所闻、所思所想，记录时代、表达心声，传递美好祝愿。活动一经启动，便得到广大读者的热情支持和积极参与，官方微信阅读量迅速破万，短短10天内就收到投稿作品979首。经过初评、复评、终审、作者授权确认等严格程序，15首“诗云·战疫情”原创诗词征集活动优秀作品于3月21日“世界诗歌日”当天正式发布。为更好地传播这些为祖国祈福、为战“疫”加油的诗词作品，在“4·23”世界读书日到来之际，特将15首优秀作品制作成配乐朗诵版视频并于4月18日起通过国家图书馆官网、官方微博、官方微信订阅号、“学习强国”学习平台等渠道进行线上展示互动。这些诗词视频推出后，社会反响热烈，官方微博发起的“让我来读你的诗”话题总阅读量达2823万次，“学习强国”学习平台上15首获奖诗词视频播放量超过33万次。作为疫情防控期间线上专题资源服务的重要内容，“诗云·战疫情”活动既是文津经典诵读项目在特殊时期线上活动的一次服务创新，也是拓展文献资源建设的一种新方式，在扩大项目品牌影响力、构建传统文化传播新模式等方面都进行了有益的探索。

【国图公开课举办2020年“文化和自然遗产日”特别活动】

6月13日“文化和自然遗产日”期间，国图公开课与中国昆剧古琴研究会、文化和旅游部恭王府博物馆、中国艺术研究院共同举办“良辰美景云端看——传统艺术公开课特别活动”。此次活动邀请国图公开课主讲人田青和丛兆桓老师，在恭王府古戏楼结合古琴与昆曲的演出，通过直播在线与广大读者讲解互动，以讲演结合的方式展现传统艺术所蕴含的民族精神力量。活动首次尝试实景拍摄的形式，融品戏、听曲与古典园林建筑为一体，当天在线收看人数达到1112.2万人次，打破历年在线收看人数的纪录。

【2020年“非物质文化遗产保护讲座月”创新性开展线上服务，以非遗知识传递健康生活理念】

“非物质文化遗产保护讲座月”（以下简称“非遗讲座月”）是国图讲坛多年来专门宣传非物质文化遗产知识、弘扬中华优秀传统文化的品牌活动，固定于每年6月“文化和自然遗产日”前后推出，深受广大读者的关注和期待。2020年，面对严峻的疫情防控形势，以及线下活动无法正常开展的实际挑战，国图讲坛积极调整服务方式，利用微博、微信等新媒体平台的传播特点进行内容策划和视频制作，如期推出一系列风格多元、形态多样的原创视频内容。活动围绕年度主题“非遗传承　健康生活”，结合防疫知识和社会热门话题，先后制作推出6个专题视频，对传统医药、传统体育、传统生活方式进行多方面介绍。首个专题“百草园里识百草”共含8集短片，在中国医学科学院研究员张本刚的带领下，以户外实景观察的形式，对北京药用植物园内的12种药用植物进行介绍，展现蕴含在传统医药中的科学和人文之光。端午节期间推出的特别活动“学传统手工　过健康端午”共含4集短片，非遗传承人倪巧凤老师通过视频，现场教授如何制作端午时令手作——粽香包、五彩绳、五毒剪纸、包粽子，展现古人对健康生活的探寻与期盼；国家体育文化发展中心研究员崔乐泉对中国传统体育项目进行梳理和盘点；国家级代表性传承人牛玉亮、北京市西城区代表性传承人方浩然等，用讲演结合的方式详细介绍口技这一独特的东方技艺，演绎“京中有善口技者”经典片段。此外，积极呼应“宋朝热”“海昏侯墓考古热”等社会热点，邀请宋史研究者吴钩、中国社会科学院考古研究所研究员王仁湘，以视频讲座的方式分别主讲“风雅宋：宋人的日常与雅趣”“往古的滋味：由海昏侯墓考古说汉代饮食”2场讲座，让处于疫情防控期间的公众更加深刻地理解古人的健康生活理念和追求方式，为战胜疫情、迎接健康美好生活鼓劲打气。2020年“非遗讲座月”通过国家图书馆新媒体平台共发布视频29个，微博话题阅读量达703.8万次，单条最高阅读量107万次，评论转发踊跃。部分视频被文化和旅游部官网、中国非物质文化遗产网等多家平台转载。

【“纪录片与口述史的文献价值——《口述国图》研讨会”在北京举办】

长期以来，国家图书馆一直致力于纪录片的制作、收藏和传播。为了让社会公众更加生动全面地了解国家图书馆，9月17—21日，纪录片《口述国图》参加在北京中华世纪坛举办的首都纪实周展映活动，并于9月21日下午举办主题为“纪录片与口述史的文献价值——《口述国图》研讨会”。研讨会上，与会领导、专家围绕“纪录片与口述史的文献价值”这一主题，就《口述国图》这部国内首次记录和展现我国图书馆事业发展的口述史纪录片，从策划、创作和传播等方面进行了深入的分析和讨论。专家们对《口述国图》的创作实践和大众传播给予积极肯定，并对影片创作以及未来图书馆界与纪录片界的融合发展提出许多建设性意见。

【文津读书沙龙首次推出“馆员访谈录”】

为更好地向公众推介第十五届文津图书奖获奖及推荐图书，传播知识，陶冶情操，提高公众的文化和科学素养，满足广大公众对公共文化服务的新需求，文津读书沙龙于2020年首次推出“馆员访谈录”特别策划。9月25日，首场活动“重新发现中国之美”通过现场直播的形式开讲，围绕科普类获奖图书《这里是中国》，特邀主创代表耿华军、摄影师陈剑峰与文津图书奖评委代表刘悦笛，分享创作背后的故事，在新中国71周年华诞到来之际，带领公众通过阅读领略祖国的大好河山。随后，文津读书沙龙还精选9种获奖和推荐图书，邀请作者、译者等担任嘉宾，以对话沙龙的方式，通过专题视频形式向公众推出。9场活动分别为：“考证与哲思——对话《播火录》作者赵致真”“你是想做实干家的空想家吗？——对话《两个天才》作者徐萃、姬炤华”“硬核的科普需要有趣的灵魂——专访《1分钟物理》创作团队代表成蒙、李治林、刘新豹”“看见中国文化里的教育智慧——对话《两个小妖精抓住一个老和尚》文字作者黄小衡、图画作者李卓颖”“《迷人的液体》背后迷人的故事——对话译者孙亚飞”“故城与故事 二条那十年——对话《二条十年（1955—1964）》作者赵珩”“说‘西’道‘东’话丝路——对话《胡天汉月映西洋》作者张国刚”“国语运动与现代中国——对话《声入心通——国语运动与现代中国》作者王东杰”“千古风流看苏轼——对话《苏轼十讲》作者朱刚”。9 场馆员访谈依托中国图书馆学会、全国公共图书馆讲座联盟等平台，联合全国图书馆界、媒体等机构进行线上推广传播，活动阅读量达 1000 万次，单场视频播放量超 114 万次。

【“读诗与远方 · 品书香生活”大型诗词文化活动走进北京公园】

为积极落实国家图书馆与北京市公园管理中心签署的战略合作协议精神，文津经典诵读项目携手北京国图书店有限公司，联合北京紫竹院公园管理处、北京植物园公园管理处，在北京市海淀区文化和旅游局的指导及海淀区图书馆的支持下，于 2020 年 10—12 月陆续推出“读诗与远方 · 品书香生活”大型诗词文化活动。活动依托文津经典诵读项目资源库，汲取以往的活动举办经验，在紫竹院公园、北京植物园内组织开展 9 场活动，分别是：“满庭芳”诗词诵读音乐会、紫竹院秋季诗词游园会、紫竹院秋季诗词文化展、“敬老传统 · 代代相传”重阳诗歌音乐会、“让诗词跃然于纸”重阳主题书画活动等 5 场文艺活动，以及“寻味晚秋——诗词里的习俗”“诗词里的植物”“汉语言音韵之美好——由立冬诗词吟诵说起”“雪落无声——围炉诗话 · 大雪篇”等 4 场讲座和主题沙龙活动。通过丰富的艺术和组织形式，“读诗与远方 · 品书香生活”大型诗词文化活动努力将中华经典诗词及与之相关的文化知识、价值观念、理想道德，配合重阳、立冬、大雪等时令节点适时推广到公园游客身边，让“诗情”融入“画意”，让现代人在领略自然之美时感悟古今相通的文化之美，陶冶心灵之美，营造良好的文化氛围。活动得到公众的热情参与和广泛肯定，近 500 人参与现场活动，16 万人次收看开幕活动“满庭芳”诗词诵读音乐会，央视网、新浪网等多家媒体也对活动进行报道和肯定。

【“予纪录片以殿堂——公共图书馆纪录片典藏体系建设研讨会”在广州举办】

12 月 16 日，由国家图书馆、广州图书馆和首都纪录片发展协会主办，中国电视艺术家协会电视纪录片学术委员会、中国广播电视社会组织联合会纪录片委员会联合主办的“予纪录片以殿堂——公共图书馆纪录片典藏体系建设研讨会”在 2020 年中国（广州）国际纪录片节上举办。与会者围绕“图书馆在人类社会发展进程中发挥的记忆功能”“图书馆对纪录片进行典藏的意义”“图书馆典藏纪录片的机遇与困难”等议题进行探讨。纪录片被视为“国家相册”，作为现代影音文献的代表，是新时代保存国家历史和民族记忆的重要载体，与图书馆传统纸本文献相互补充。未来将探索建立一个覆盖我国公共图书馆体系的纪录片收藏与服务体系，以图书馆服务于我国纪录片的收藏与传播，以纪录片服务于我国图书馆的公共文化服务，在国家文献资源体系建设中具有重要的结构性意义。近年来，国家图书馆在纪录片的收藏、交流与传播方面做了一些探索和开拓工作。继 2019 年入藏新中国 70 年纪录片百部推荐典藏作品后，2020 年又收藏 102 部记录中国抗疫、体现抗疫精神的纪录片。今后计划建立起更为完善、全面、立体的文献资源体系，传承文明、导扬文化、服务社会、惠及大众。

同日，国家图书馆凭借口述史纪录片《口述国图》获评“2020年中国十大纪录片推动者”。这一奖项由中国（广州）国际纪录片节组委会颁发，旨在表彰各行各业为纪录片做出突出贡献的单位和个人。获得“纪录片推动者”称号的机构或个人不是职业导演、制片人、投资商，却在2020年以优质的纪录片作品实践文化传播的社会责任，帮助优秀的纪实作品“出圈”传播，为纪录片行业进一步发展提供经验和范例。

【国图艺术中心举办“书香筑梦　金鼠送福”国家图书馆2020年迎春音乐会】

1月16日晚，国图艺术中心举办2020年首场公益演出——“书香筑梦　金鼠送福”国家图书馆2020年迎春音乐会。近千名观众通过国图艺术中心微信公众号免费领票入场观看演出。音乐会邀请指挥家李科、吴自强指挥。上半场，梦之舟北京军休爱乐乐团演奏管弦乐曲《我的祖国》《山丹丹开花红艳艳》《春节序曲》《茉莉花》等经典音乐作品。下半场，经典合唱团演员们表演了大型声乐套曲《长征组歌》。音乐会在返场曲《歌唱祖国》的歌声中落下帷幕。整场演出洋溢着对伟大祖国更加繁荣昌盛的祝愿，对祖国文化事业蒸蒸日上的期盼，对广大读者的深深谢意和新春祝福。演出开始前，国图艺术中心像往年一样，专门邀请书法家现场给观众送上手书福字和春联，展现中国传统节日文化，为演出增添浓厚的节日气氛。

【国图艺术中心举办世界读书日特别活动】

为在疫情防控期间丰富广大读者和观众的精神文化生活，国图艺术中心结合行业特点及自身情况举办世界读书日特别活动，将著名导演王扶林、评书表演艺术家田连元主讲的2场“致敬经典”系列讲座重新进行剪辑，于2020年“4·23”世界读书日期间分别在“国家图书馆”和“国图艺术中心”微信公众号上展播，通过线上回顾的形式开展读者活动，倡导经典阅读、弘扬传统文化。2场讲座的视频一经发布，“国图艺术中心”微信公众号浏览量比平时高出约50%，与“国家图书馆”微信公众号浏览量合计近11000人次。

【国图艺术中心展映“非遗传承人记录工作成果”】

6月9日，国图艺术中心克服疫情带来的困难，围绕2020年“文化和自然遗产日”活动主题“非遗传承　健康生活”，启动非遗传承人记录工作成果线下展映、线上公益讲座发布、读者在线有奖问答等一系列非遗宣传展示活动。此次线下展映是国图艺术中心在春节之后开展的第一次线下公益活动，按照疫情防控要求做好各项准备工作，保障读者健康与安全。展映共6天，每天在国图影院举办2场，每场放映2部展现国家级非物质文化遗产代表性传承人抢救性记录工作成果的影片，内容包含戏剧、苏州评弹、木鼓舞、木版年画、建筑彩绘、石雕、中医药以及各类手工制作。线上在“国图艺术中心”微信公众号发布国家级非物质文化遗产（昆曲艺术）代表性传承人沈世华、侯少奎、蔡正仁、梁谷音，古琴项目传承人姚公白等艺术名家的公益讲座视频；同时开展“艺术中心非遗活动我知道”读者在线有奖问答活动。

【昆曲折子戏重启国图艺术中心线下演出】

8月4日，国图艺术中心在阔别读者191天后恢复对外开放，举行线下首场昆曲折子戏公益演出，久违剧场的观众用阵阵掌声向演员们表达最真诚的谢意，央广网、文旅中国等媒体以《久别重逢　国图艺术中心重启线下演出》为题进行报道，网易、中国青年网等多家知名媒体和网站纷纷予以转载并加以评论。这场演出是“荣庆学堂——北方昆曲传统折子戏专场演出”系列公益演出之一，是北京文化艺术基金2019年度资助项目，由12场公益演出活动组成。希望通过持续不断地推广，普及昆曲艺术，特别是具有鲜明艺术特色的北方昆曲艺术。相关剧目撷选自北昆传承的优秀传统折子戏，全方位介绍以昆弋派为标志的北方昆曲的独特艺术魅力，弘扬中华民族优秀传统文化。演出前还特别安排昆曲知识讲座，普及昆曲知识，最大限度惠及观众、延揽胜友、缔结知音。

【国图艺术中心开展2020年全国科技活动周线上线下活动】

8月23—29日，在2020年全国科技活动周期间，国图艺术中心发挥自身科普资源优势，创新服务手段，通过线上线下并举的形式推出4场科技知识讲座。分别为“天坛神乐署中和韶乐”非遗传承人王玲的“中和韶乐的科学传承与发展”，中国杂技团总工程师王建民的“杂技魔术与创新——道具创新推动杂技艺术发展”，中国空间技术研究院研制中心副主任胡大为的“航天科技发展历程”，中央音乐学院音乐学系副教授贾抒冰的“音乐与科技”，为听众带来艺术与科技相结合的不同体验。另外在线上推出1场科技周音乐会回顾视频——《“书香筑梦　科技兴国”2018国家图书馆科技周专场音乐会》，通过舞台艺术的形式展现科技创新对文化艺术的促进作用。

【国图艺术中心举办“光影中的名著”系列公益展映活动】

9月5—11日，在习近平总书记给国图8位老专家回信一周年及国家图书馆建馆111周年之际，国图艺术中心特别推出“光影中的名著”系列公益展映活动。共展映《村戏》《茶馆》《英雄儿女》《边城》《骆驼祥子》《红楼梦》《口述国图》7部影片，其中《口述国图》展映时还邀请主创人员现场与广大读者进行面对面交流，受到广大读者好评，也为更好地服务社会、推广“全民阅读”，发挥国家图书馆“视听阅览服务”阵地起到积极作用。

12月20日，在2020年“国家图书馆读书周”期间，国图艺术中心策划举办“光影中的名著·中国优秀电影展映——越剧舞台艺术片《红楼梦》及映前导赏”活动。红学专家张庆善以翔实的历史资料阐释《红楼梦》在我国文学史上不可替代的地位，与广大读者一起分享越剧电影《红楼梦》的艺术精华。

【国图艺术中心开展第23届推广普通话宣传周活动】

9月19—20日，在第23届推广普通话宣传周期间，国图艺术中心策划举办2场大型公益讲座。特邀著名播音艺术家葛兰在国家图书馆音乐厅开设“趣味语言讲堂”，通过对中国古典诗词歌赋及现代文学精品佳作的分析，以各种不同形式对不同年龄段听众的语言表达进行训练，带领大家共同体验语言艺术之美，传承和弘扬中国语言文化。葛兰老师在连续2天的讲座中，介绍什么是普通话、说好普通话与建设小康社会之间的关系，用生动平实的语言通过讲述、导赏、示范、诵读和现场互动交流等形式，分享语言艺术这门实践性强、使用价值高的艺术形式。在互动环节中，葛兰老师对表演相声和朗诵古诗的学生的发音、诵读等技巧和要领以及现场表现进行点评。

【国图艺术中心举办“音乐点亮人生”——满天星业余交响乐团系列演出】

9月30日，国图艺术中心举办“音乐点亮人生”——满天星业余交响乐团国家图书馆国庆71周年音乐晚会，在中秋、国庆“双节”来临之际，以饱含深情的演唱和乐曲演奏，为观众送上耳熟能详的经典歌曲，喜迎中秋，共度国庆。12月23日，举办“音乐点亮人生”——满天星业余交响乐团国家图书馆读书周暨迎新年专场音乐晚会，本场音乐会是落实习近平总书记给国图8位老专家回信精神的重要举措，也是2020年国图艺术中心的最后一场公益活动。文化和旅游部党组书记、部长胡和平，第十三届全国政协文化文史和学习委员会副主任刘佳义，中宣部部务委员、国务院新闻办公室副主任郭卫民，国家图书馆馆长饶权等领导观看演出。

10月11日，国图艺术中心还推出“音乐点亮人生”系列公益讲座首场活动，由全国政协文化文史与学习委员会副主任、满天星业余交响乐团团长叶小文主讲“我们心中的定力——阳明心学的当代启示”。叶小文从“心即理”“知行合一”“致良知”3个要点出发，高度概括阳明心学的精神内涵，带领读者体悟“阳明心学”，阐述“阳明心学”的当代启示，讲座深入浅出、生动幽默，获得全场听众的多次热烈掌声。

【“创新驱动·融合发展”古籍保护2020年技术研讨会在成都举办】

11月11日，中国古籍保护协会、四川省图书馆、天津森罗科技股份有限公司联合举办的“创新驱动·融合发展”古籍保护2020年技术研讨会在四川省图书馆召开，来自全国图书馆、文博机构、科研院所和相关企业的专家学者、管理人员、技术人员80余人参加会议。此次会议由主题演讲、专题演讲、应用演讲3个环节组成。演讲者分别以“虫霉防治比较”“饱水古木材低温低氧保护应用”“藏品小微环境调控技术及应用”“民族古籍数字化保护技术研究及应用示范”“古籍修复专用光源的关键特征”“馆藏有害生物的综合治理和博物馆预防性保护应用技术”等为题，多角度交流探讨古籍保护技术的研究应用和创新发展。专题演讲之前，参会人员集体参观由天津森罗科技有限公司研制，在四川省图书馆安装的古籍低氧气调杀虫系统的现场演示。

与会代表一致认为，在刚刚落幕党的十九届五中全会上，习近平总书记在《中共中央关于制定国民经济和社会发展第十四个五年规划和二〇三五年远景目标的建议》中，强调坚持创新驱动发展，全面塑造发展新优势，坚持创新在我国现代化建设全局中的核心地位，深入实施科教兴国战略、人才强国战略、创新驱动发展战略，完善国家创新体系，加快建设科技强国。此次研讨会以“创新驱动，融合发展”为主题，专家们的报告科技含量高，十分精彩实用，这既是对全会精神的积极响应，也为未来推动“十四五”期间古籍保护行业发展启发了新的思路。大家表示，中国古籍保护协会作为行业组织，引导社会力量致力于通过技术应用推广、学术研究交流，推动古籍保护行业的科技进步，是一件值得肯定和有意义的事情。展望未来，从事古籍存藏保护、科学研究、技术应用的机构和单位，要在认真学习党的十九届五中全会精神基础上，促进“十四五”期间古籍保护规划开好头、起好步，要相互助力，形成产、学、研一条龙，促进古籍保护工作和利用水平的持续提升，为中华民族优秀传统文化的传承发展再作贡献。

国家数字图书馆建设与服务

- 硬件设施建设
- 数字资源建设与发布
- 应用系统和平台建设
- 数字图书馆服务
- 信息安全建设
- 年度掠影

国家数字图书馆建设与服务

一、硬件设施建设

（一）机房

国家图书馆设置有总馆南区机房、总馆北区机房、古籍馆灾备机房三处机房，总面积2350平方米，UPS系统总容量1940KVA，共安置服务器1200余台。

（二）网络

国家图书馆网络覆盖28万平方米馆区，分布在国家图书馆总馆南区、总馆北区及古籍馆。截至2020年底，已形成拥有1万多个信息点、600多台网络及安全设备的超大规模网络，为1000多台服务器、4000多台终端提供网络通信、资源共享、信息交换和数据传输，拥有互联网、教育网、科技网、政务外网、国家数字图书馆专网、虚拟网等多条单位专线。互联网带宽2.2G，实现无线全覆盖，无线接入点400余个。

（三）存储系统建设与服务

2020年存储系统平稳运行，通过定期巡检和后台监控，实时关注存储数据安全，及时解决软硬件故障，保障全馆业务系统的数据安全。全年共为10个业务系统实施集中存储管理工作。截至2020年底，国家图书馆存储系统共为70个业务系统提供存储服务，涉及服务器100台。国家图书馆存储系统总容量7169TB，其中在线/近线存储总容量3288TB，离线存储总容量3881TB。

二、数字资源建设与发布

（一）数字资源建设

截至2020年底，国家图书馆数字资源总量达2274.5TB，较2019年增加115.67TB，主要包括馆藏特色数字化资源1710.54TB（含征集资源162.53TB和交存报纸6.95TB）、外购数据库270.82TB、网络采集资源293.14TB。资源内容主要包括：电子图书2150132种2630345册，电子期刊54804种，电子报纸3430种，学位论文11265313篇，会议论文7815528篇，音频资料1919636首，视频资料198965小时。

1. 馆藏特色数字化资源

国家图书馆特色数字化资源全文超过3.2亿页，资源存储量共计1541.06TB。其中，现代文献包括：电子图书727761种734290册222491660页，博士论文292066种40647708页，音频资料 697597 首，视频资料 60209 小时。民国时期文献包括：民国图书缩微胶片 113027 种 2177 万页，民国期刊缩微胶片 4762 种 546 万页，民国报纸缩微胶片 203 种 80 万页，民国法律文件资料 11118 件 37199 页，地方征集和补藏民国文献 501.6 万页，海外回归民国文献 3.8 万种 30.6 万页。古籍文献包括：甲骨实物 6575 种 11732 幅，甲骨拓片 11775 种 13266 幅，敦煌写卷 1.6 万种 5383 卷 199205 拍，石刻拓片 26590 种 32509 幅，地方志全文影像 6868 种 3340000 叶，地方志全文文本 3181 种 2031400 叶，地方志类书和工具书 78 种 208302 页，西夏文献 124 种 4909 页，西夏论著 1202 种 9793 页，善本老照片 7264 种 7328 幅，年画 5278 种 5834 幅，新善本 101 种 6987 页，手稿 165 种 36497 拍，古籍信札 182 种 39000 叶，《大藏经》202 种 48000 拍，《永乐大典》38 种 14930 页，宋人文集 513 种 162237 页，家谱 5741 种 4616025 页，舆图 62 种 332 拍，样式雷 12006 种 15929 拍，契约文书 10023 种 11180 叶，普通古籍 1681 种 7149 册，善本胶卷转换数字资源 23304 种 11040654 页，海外中华古籍数字化回归资源 13937 种 1684819 页，中国古代典籍 1084 种约 1 亿字。

国家图书馆征集数字资源存储量共计 162.53TB，主要包括地方志、民国文献、老照片、家谱、专题视频和馆藏特色资源等。

国家图书馆接受电子报纸交存 146 种，存储量 6.95TB。

2020 年，数字化资源通过自建、联建、征集、受赠等多种渠道获取，全年新增资源 71681 种、存储量 87861GB，文献类型包括现代文献、民国文献、善本特藏、音视频资源、征集资源等。相较于 2019 年同期，资源种数增长 55.81%，存储量减少 6.41%。其中，现代文献资源建设量增长明显，资源种数和存储量同比增长 208.86%、0.93%；民国文献、音视频资源、征集资源的资源种数和存储量均有不同程度的减少。具体对比情况参见下表。

国家图书馆数字化资源建设量两年对比（2019—2020年）

资源类型	2019 年资源建设量		2020 年资源建设量		资源建设量变化	
现代文献	14926种	21942 GB	46101种	22147 GB	208.86%	0.93%
民国文献	12785种	4442 GB	2685种	1365 GB	–79.00%	–69.27%
善本特藏	8074种	50032 GB	16999种	47152 GB	110.54%	–5.76%
音视频资源	5041种	14488 GB	4402种	11920 GB	–12.68%	–17.73%
征集资源	4649种	939 GB	1151种	121 GB	–75.24%	–87.11%
联建资源	530种	1834 GB	343种	5019 GB	–35.28%	173.66%
其他资源	/	206 GB	/	137 GB	/	–33.50%
建设总量	46005种	93883 GB	71681种	87861 GB	55.81%	–6.41%

注：2019 年征集资源、联建资源建设量由现代文献析出。

就 2020 年数字化资源而言，年内入库数字化项目 33 个，首次入库的项目 10 个，占入库项目总量的 30%，其中 2 个是为抗击新型冠状病毒肺炎疫情工作特别设置的专门项目。在文献类型上，现代文献、善本特藏的资源种数位居前两位，占比分别达到 64% 和 24%。在资源存储量上，善本特藏体量最大，占总量的 54%；现代文献和音视频资源存储量分列其后，占比分别为 25% 和 14%。

各类资源建设情况详述如下：

现代文献：建设资源 46101 种 22147GB。其中：中文文献 6967 种 205.65 万页，包括馆藏普通中文图书数字化 6717 种 197.07 万页、第十五届文津图书奖图书数字化 50 种 1.64 万页、边疆文献数字化 200 种 6.94 万页；学位论文 8018 种 123.06 万页；外文电子书 31116 种。

民国文献：建设资源 2685 种 1365GB。其中：馆藏民国图书缩微胶片数字化 2438 种 2673 册 50.12 万页，馆藏民国期刊缩微胶片数字化 247 种 5578 册 41.28 万页。

善本特藏：建设资源 16999 种 47152GB。其中：馆藏甲骨文影像资源制作 1000 种 1050 幅，馆藏样式雷图档数字化 4000 种 5177 拍，馆藏普通古籍数字化 891 种 3502 册 25.04 万页，馆藏名家手稿数字化 73 种 320 册 2 万页，馆藏契约文书数字化 10023 种 1.11 万叶，馆藏敦煌写卷数字化 192 卷 2.54 万拍，海外捐赠汉籍数字化回归 36 种 2933 册 26.40 万页，古籍出版项目影像加工 784 种 1739 册 9.56 万拍。

音视频资源：建设资源 4402 种 11920GB。其中：馆藏音像资料数字化 3176 种 3691.32 小时，文津经典诵读音频制作 580 种 5.98 小时，讲座视频录制 150 场 247.54 小时，讲座资源开发 250 集 14.11 小时，新媒体视频资源建设 133 场 70.27 小时，中国记忆项目专题录制 113 场 33.12 小时。

征集资源：建设资源 1151 种 121GB。包括征集湖北省图书馆咸宁向阳湖多媒体资源 1017 种，为海外中国文化中心征集电子图书 80 种 2.17 万页，为抗击新型冠状病毒肺炎疫情专题征集电子图书 54 种 5559 页。

联建资源：数字图书馆推广工程资源联建公开课视频整合 343 场 1500 集 478.67 小时，共计 5019GB。

其他资源：掌上国图资源建设视频 200 场、学位论文摘要 7511 种，共计 137GB；中国战“疫”记忆库微网页动画 82MB。

2.“掌上国图”资源建设

2020 年，国家图书馆移动服务继续加大“掌上国图”资源建设量，丰富资源服务形式。完成视频数据 200 场的手机格式转制；整理与发布新增学位论文摘要数据 7511 种；完成移动端“家庭阅读汇”“诗词中国年”“阅读战疫进行时”“科技阅享生活”共 4 个“M 地铁 · 图书馆”移动端资源导读的建设和发布；配合国家图书馆重大宣传活动，结合活动主题，以多媒体形式，全年在手机门户网站、国家数字图书馆 APP 以及移动端相关其他渠道推出“庚子年新春专题”“4 · 23 世界读书日线上专题”“经典的新生——《哪吒闹海》立体书诞生记”“科技战疫　创新强国”“传承文明　服务社会　尽在方寸间”“珍藏时代经典　悦享网络文学”“第 15 届文津图书奖”“‘滋养民族心灵　培育文化自信’习近平总书记给国家图书馆老专家回信一周年暨建馆 111 周年”8 个专题。基于移动端的国家图书馆手机门户、数字图书馆移动阅读平台以及自媒体端的国家图书馆服务号、国家图书馆抖音号等，开展主题线上活动，推出移动端线上专题展播，融合精品图书、视频、音频资源，形成数字资源专题导读。通过开展线上有奖问答活动，增加读者互动体验，吸引用户关注和使用国家数字图书馆移动端服务。

外购资源方面，完成2020年手机知网数据库续订工作。完成2019年诚品读库采购资源验收工作，包含图书1769册、有声读物491部5458小时、视频《中国通史》100集，并支付尾款，完成所购资源的全量发布。完成2020年诚品读库资源续购工作，包含电子图书1500册、有声读物48部、纪录片171集。

“掌上国图”自建与外购相结合的资源建设模式，丰富了国家图书馆移动端资源种类和数量，满足了读者迫切的阅读需求。

3. 外购数据库

国家图书馆外购数据库共计251个，包括中文数据库134个、外文数据库117个。其中已完成本地镜像数据库111个（包含子库），占用本地存储270.82TB。中文数据库包含的文献主要为：中文图书788608种1269352册，中文期刊22000万种，中文报纸1831种，中文学位论文8086700篇，中文会议论文7402300篇，国家标准69149条，行业标准38177条，工具书15571册（未查重），年鉴37870册/卷（未查重），实物影像4000幅，语言52039集，音乐1170000首，专题节目25880小时，学术性报告94591场，多媒体课程17299学时，少儿教学课件66210个，舞台艺术1300部3500小时。外文数据库包含的文献主要为：图书512350种，英文期刊28039种，英文报纸881种、俄文报纸2种，学位论文拥有25920篇、访问2860627篇，会议论文413228篇，报告19146篇，标准3669项，档案665.47万页，行政法规9656条，案例207817件，手稿11100件，工具书767种（未查重）。

为配合移动服务工作的开展，国家图书馆于2013年启动移动服务外购数据库的采购工作。截至2020年底，已采购8个整库数据库，以及有声资源和电子图书两类裸数据资源。由于移动服务的特殊性，所购资源内容与常规PC端中文数据库内容会存在部分交叉和重合，因此这部分资源的采购数量未纳入外购数据库整体统计数据中。

4. 数字资源征集工作

2020年，国家图书馆持续开展电子图书公益阅读工作；征集并遴选336种优秀传统文化音频资源；开展阅文集团100部入藏网文版权筛查和确权工作，确保入藏网络文学版权无瑕疵；探索文津图书奖获奖图书版权征集模式。在抗击新冠肺炎疫情期间，全力战“疫”，配合“服务不打烊　战‘疫’进行时——国家图书馆抗击新型冠状病毒肺炎疫情资源专题”活动，征集54种相关电子图书版权及资源（其中捐赠52种），完成加工整理、发布揭示。

5. 网络采集资源

国家图书馆网络导航资源主要包括国内外图书馆导航、电子报刊导航、新农村建设专题导航、农林导航等，总计18644项。网络采集资源已保存我国5万余个各级政府网站、732个各级人大网站、2694个其他国内网站、5581个国外网站，315种中文电子报纸以及中国学、开放存取、奥运会、航空航天等301个专题信息。网络采集资源存储量共计293.14TB。

6. 公有领域版权筛查和甄别工作

2020年，国家图书馆继续开展“公有领域图书版权筛查”项目，筛查并制作公有领域责任者规范数据及书目数据18972条，版权甄别数据9156条。向文化和旅游部政策法规司报送《国家图书馆关于提交知识产权保护工作典型案例的报告》，协助相关部门完成对外提供数字资源的版权筛查和遴选。

（二）数字资源发布

截至2020年底，国家图书馆已发布数字资源的内容单元主要包括：电子图书（含民国图书）1998767种，发布率93.0%；电子期刊（含民国期刊）54394种，发布率99.3%；电子报纸（含民国报纸）2718种，发布率79.2%；学位论文11257640篇，发布率99.9%；会议论文7815528篇，发布率100%；音频资料1376528首，发布率71.7%；视频资料147783小时，发布率74.3%；古籍类资源91090种，发布率65.7%。

2020年，共完成19批自建和征集数字资源的发布工作。包括：2017年文津讲坛和学术讲座146场，公益图书144册，征集特色馆藏资源1242册，2016年中文图书3041册，2018年民国图书9732册，2019年少儿图书2144册，2018年馆藏音视频CD 28381张、唱片2255张，2019年甲骨拓片1050幅，2019年博士论文7511册，河南拓片2992幅，2018年文津讲坛46场，2018年善本575册，2017年善本2099册，2015普通古籍810册等。全年发布资源29667种62169册，发布的对象数据共占空间约为1.18TB。

2020年，共完成19批自建和征集数字资源的发布工作。包括：2015年普通古籍810册，2016年中文图书3041册，2017年文津讲坛和学术讲座146场、公益图书144册、征集特色馆藏资源1242册、善本2099册，2018年民国图书9732册、馆藏音视频CD 28381首和唱片2255首、文津讲坛46场、善本575册，2019年少儿图书2144册、甲骨拓片1050幅、博士论文7511篇、河南省石刻拓片2992幅等。数字资源发布的对象数据共占空间约1.18TB。

1. 馆藏特色数字化资源

国家图书馆已发布馆藏特色数字化资源中，现代文献主要实现局域网发布，发布率60.2%；民国时期文献基本实现互联网发布，发布率61.9%；古籍文献基本实现互联网发布，发布率65.7%。

征集数字资源已发布约162TB，占全部征集资源存储量的99.7%，均已实现互联网发布。

国家图书馆接受交存的146种电子报纸因与外购资源内容重复，故未予发布，主要用于备份保存。

2. 外购数据库

251个外购数据库均已在馆域网内发布。其中，131个数据库授权许可馆域网和互联网远程访问，占全部外购数据库的52.19%；120个数据库仅授权许可馆域网服务，占全部外购数据库的47.81%。

3. 网络采集资源

网络导航数据采取“建设即发布”的方式，并保持定期更新维护，全部实现互联网服务。网络采集资源已发布 129.74TB，占全部网络采集资源的 44.26%，实现局域网发布。

三、应用系统和平台建设

（一）图书馆业务自动化管理系统——ALEPH 系统

2020 年共完成 ALEPH 系统数据提取相关报文 17 个、业务通知 2 个，数据批处理总量高达 62 万条；临时数据提取任务 2 次，临时数据处理需求 5 次，共提取数据 18 批次，数据提取总量显著增加，达 413 万条。为满足国家图书馆与地方图书馆文献合作项目和创新服务的开展，探索提取书目信息和单册信息之间一一对应关系，为地方馆文献应用和国有资产管理处对账提供数据支撑。

根据新冠肺炎疫情期间国家图书馆服务政策的不断调整，修改、完善和优化 ALEPH 系统的配置，流通政策调整 6 次，特别是 5 月 12 日部分恢复开馆后，中文图书外借服务调整为闭架预约在历史上属于首次，共计修改近 20 个系统参数文件和多个 OPAC 页面文件，删除、修改正式数据 17 万条，对读者还书日期共进行 3 次统一延长操作等数据批处理，为顺利开馆提供重要的技术支撑。对每日的预约和外借情况进行统计上报，为动态掌握服务情况提供数据支撑。

全年共计完成 155 个 ALEPH 账号的权限配置管理工作；维护中文 ISBN 表 40 余次、修订索书号计数器和 001 计数器共计 10 次；完成中文名称规范库新增索引点配置及测试工作。

（二）联机公共目录检索系统——OPAC 系统

2020 年，为保障有序恢复开馆，实行预约限流服务。通过修改 OPAC 系统参数，联调微信等预约接口服务，为读者预约、借阅等服务提供技术支持。添加 OPAC 首页通知、修改馆藏页面信息，及时将业务调整进行公告。配备应用防火墙，保障 OPAC 安全稳定运行。优化系统配置，完成敏感信息屏蔽、业务答疑、读者意见回复、应用数据统计、应用日志备份、系统安全检查等基础业务工作。

（三）统一用户管理系统

2020 年，实现统一用户管理系统定期监控，做到故障及时处理，确保系统运行稳定。针对系统所集成的各个外购数据库进行监测，完成数据库资源的新增与变更，及时配合解决业务部门及读者在使用外购数据库时发现的各类问题。

新冠肺炎疫情期间，按照国家图书馆数据库服务政策调整方案，核对方案中的 86 个外购数据库对外访问权限，并调整其中 43 个数据库的使用权限，由原来只有读者卡用户有权限访问或只能到馆访问的，调整到实名用户可互联网访问，满足用户居家办公、学习、研究，以及了解防疫保健知识等各方面文献信息需求。

统一用户管理系统与读者云门户系统、微信小程序、新版手机门户以及公共数字文化工程相关平台等多个应用系统进行功能对接，提供用户认证及资源单点登录等相关功能。综合考虑技术革新和读者体验反馈，同时配合其他应用或服务功能调整，对系统软件进行完善优化；同时在硬件方面升级系统负载均衡设备。为读者和不同用户群体服务提供技术服务。

完成统一用户管理系统地方馆部署工作，截至2020年底共部署208家分馆，共有系统用户19170065人。

（四）办公自动化系统

完成对服务器的日常运维管理及定期巡检，确保服务器及应用正常运行，及时处理日常出现的各种故障；对员工在使用过程中遇到的问题提供支持和帮助解决。

积极响应馆内疫情期间政策调整，很多工作改为线上办理和线上支持，同时配合办公要求推广企业微信办公和视频会议。国家图书馆企业微信用户数从年初的239个增加到1030个；半年内发起视频会议1452次，累计时长44257分钟。

配合国家图书馆部门人事调整，全年完成人员账号调整83人次，处级组织机构新增1个，合并2个，更名1个；整体迁移科级组织2个。公文处理方面，全年办理完毕的公文3323份，合同办结1040份，解答疑问并处理公文、合同等流转方面的问题。

（五）档案管理系统

解决用户使用中遇到的各类问题，保证系统平稳运行，档案归档管理和档案检索利用工作顺利进行。完成办公自动化系统中2019年度公文类文件向档案系统的归档和检查工作，共导入包括办文、发文、刊物、会议纪要、简报等文件类别在内的档案数据4053条。全年共测试并处理系统出现的故障和功能调整11次。

（六）多媒体信息展示系统

以日常更新和专题制作相结合的方式，通过多媒体信息展示系统平台定期向读者推送读者指南、服务调整、活动预告、展览讲座、新闻通告等内容。同时配合各项活动进行专题制作，完成春节、国庆节、读书周等活动宣传展示，为馆内重大活动提供宣传和导览。

2020年，及时调整多媒体信息展示系统的设备分布，并制作全新的展示内容，包括扫码验证入馆和服务导引等，满足疫情期间读者到馆服务的需要。全年制作各类节目280批次。

（七）运行管理平台

继续做好国家图书馆运行管理平台的日常监控与管理工作。专人定期查看数据接口是否正常、是否出现异常数据，以使发现问题及时处理。确保与文化和旅游部应急指挥平台、大数据展示与分析系统、办公自动化系统等系统的数据实时传输。解决数字图书馆实名用户数据不准确、接口数据为零时前台展示界面数据更新、借还书实时数据统计与ALEPH系统借还情况统计不一致等问题；同时，在元旦、国庆节等法定节假日前对系统整体性能、接口运行状态等进行检查，确保假日期间服务正常稳定。此外，在保证现有功能稳定的基础上，进一步完善优化系统功能，增加借阅情况的详细信息记录展示与查询、门禁系统各门禁点的日志信息展示等功能。利用系统后台统计功能，统计整理 2019 年全年每日读者借还书情况，为领导决策提供数据参考。

（八）国家数字图书馆读者云门户系统

2020 年完成云门户上线前的测试工作，包括功能测试、页面测试、性能测试、压力测试等；完成云门户与 OPAC 系统、文津搜索系统和统一用户系统的联调；完成域名切换、数据库核查、数据资源正确性及完备性核查以及新、旧版本门户的数据比对等。此外，还完成古籍资源相关数据库的调整工作。云门户于 4 月 1 日正式上线服务，陆续推出“第十五届文津图书奖”“珍藏时代经典　悦享网络文学”“全民战疫　知识共享”等专题服务。

（九）数字图书馆推广工程数字资源云发布系统

完成云发布系统数据迁移工作。截至 2020 年底，共迁移和发布 190 余万条数据，涉及图书、期刊、少儿资源、古籍（包含图片、善本、方志）、海外资源、音频、视频、地方馆资源（包含馆藏特色资源、方志、民国文献、图片等）等资源的数据迁移和发布，并完成迁移数据的数据核查。

（十）拓片数字资源库系统

拓片数字资源库的数据来源，一类是以国家图书馆藏金石拓片为基础，已有书目元数据和图像对象数据约 2.3 万余种；另一类是包含释文的拓片数字资源，数据经过全文化处理，提供描述信息元数据、全文数据和结构信息的 XML 配套文件、数据类型关系数据表、图像数据（缩略图、大图、高清图），约 3000 余种。此外，针对石刻地理位置，补充有地理信息图片。项目服务具备扩展性能，预留接口，满足对象数据挂接需求。拓片数字资源库服务具备发布和服务上述两类数据的功能，并保留发布其他格式拓片数据的扩展性。另外，此资源库还具有按年代导航、元数据组合检索、拓片录文检索、拓片原文与录文拓片的对照展示、关联数据展示等多种功能。

（十一）机构服务平台

2020 年，完成国家图书馆机构服务平台的测试、部署、验收工作，并在应用过程中不断解决发现的问题。撰写 2020 年分馆技术服务合同的相关文件，包括合同、谈判文件、2019 年度分馆技术服务运维报告等。完成 2020 年分馆技术服务合同的谈判及上报工作。继续做好“学习强国”学习平台、最高人民法院分馆、军事科学院图书馆、中共中央政法委员会数字图书馆等日常运行维护，并提供技术支持。

（十二）国家数字图书馆 APP

2020 年，将智能化技术与国家图书馆服务相结合，继续对国家数字图书馆 APP 进一步优化。根据馆内相关业务流程，调整图书预约及续借功能；整合各类移动阅读资源，实现资源的统一检索、多种媒体资源组合型专题的展示；实现 APP 首页风格的灵活更换，可配合国家或者馆里特殊节日、纪念日需求进行界面的调整。同时以 SDK 为手段进一步整合图书、图片、视频资源，完善个性化服务功能，优化读者使用体验，与手机门户同步更新新闻、公告、讲座预告。全年在苹果商店和安卓商店各更新版本3次，完成“国家数字图书馆手机应用程序智能优化项目”验收。

（十三）文津搜索系统

开展“文津搜索系统整合与揭示”项目，对新增数据库元数据进行梳理、分析、整合，完成8个外购资源库约5000万条新数据的入库揭示，进一步丰富系统数据。每周进行文津搜索系统馆藏中外文资源库数据的更新，有效提升实体馆藏文献的揭示效率。配合新版云门户的上线，实现42个自建资源库对象URL链接数据的更新，确保资源稳定提供服务。

开展“国家哲学社会科学文献中心数据整合揭示”项目，完成数据接收、数据预处理、数据灌装、数据整合、底层合并、资源揭示等工作。实现国家哲学社会科学文献中心1000余万条中文期刊数据在文津搜索系统中的整合揭示，进一步扩大资源服务范围。

加强文津搜索系统400余台服务器、操作系统、中间件和应用软件的运行管理工作，通过系统监控和每日巡检及时发现问题，处理各类软硬件故障82台次。在疫情期间，有力保障文津搜索系统稳定运行，为读者提供远程服务渠道，使广大读者足不出户就能通过互联网查阅海量、优质的数字资源，全年访问量相较2019年得到大幅提升。

（十四）网络资源采集与保存原型系统

2020年，紧密跟踪互联网技术的发展趋势，加强技术研发与应用，为保证工作高效顺利进行和服务效益的提高，基于最新版本的Heritrix3.4，研发“网络资源采集与保存原型系统”，完成系统的全部功能开发和部署调试工作，实现对网络资源的增量采集、特定条件下移动互联网应用以及音视频资源的采集和保存。全年使用原型系统完成10个大型门户网站的全站采集，并进行15次增量采集。完成抖音、微信2个移动端的8个网页采集。完成主流媒体网站视频文件本地化的采集与保存实验验证。

（十五）文献数字化中心

2020年，文献数字化中心为自建数字资源项目的顺利实施提供各项生产保障。加工生产方面，年内开展“中文图书按需数字化”“少儿数字图书馆图书数字化”“博士论文数字化”“民国报纸缩微胶卷数字化”“中华人民共和国大事记馆藏报纸展文献数字化”“中国大百科图书出版资源数字化”等多项数字化加工项目，加工载体包括图书、论文、报纸等多种类型，完成1.4万册217.40万页纸质文献数字化资源产出。运营管理方面，开展文献数字化中心运行管理情况梳理调研，撰写并上报《国家图书馆文献数字化中心运行管理及业务发展方案》。全面清查和维护691件设备与办公家具，完成86件设备布局调整，文献数字化中心各项工作进展有序、稳步运行。

四、数字图书馆服务

（一）读者云门户

读者云门户网站是国家数字图书馆资源服务的重要阵地和窗口平台，汇聚国家图书馆自建资源、商购资源以及与各地图书馆联合建设的资源，内容涵盖图书、古籍、论文、期刊、音视频、少儿资源等。网站不仅提供数字化资源的在线阅读（播放）服务，还提供特色资源检索、文津搜索、OPAC 检索的一站式访问，此外，还为读者提供各类专题资源、活动资源、读者指南等服务入口。

（二）国图公开课

1. 公开课资源发布和访问情况

资源管理方面，2020 年新增课程 218 场，新增小节课 495 小节，新增时长约 155 小时。目前平台课程总量达 1960 场（5411 小节），总时长 1841 小时，关联文献 39121 条。全年访问量达 8392 万人次，较 2019 年同期增长 8.9%。

2. 公开课专题制作

新冠肺炎疫情期间，为丰富广大读者的生活，提倡“少出门、多读书”，国图公开课举办“防疫在家，书香为伴”专题活动，不定期更新精选相关优质视频资源和电子图书资源，充实读者生活，陪伴读者度过这段特殊的时期。为丰富专题的内容，国图公开课特别上线国家开放大学“疫情之下的心理与健康”系列课程，共 3 门课 13 个视频资源，同时在专题页面新开发相应的版块展示该批资源。

（三）党建平台

2020 年初，根据党群工作办公室的业务需求，完成党建平台以“党建引领　抗击疫情”为题的抗疫专题活动的设计、实现与部署工作。该专题分重要讲话和指示批示、媒体文章、国图防控 3 个栏目，为迎接“七一”，完成党建活动栏目建设，并将党建平台整体部署到 OA 系统，解决低版本 IE 浏览器的兼容性问题。平台上线之后，在做好平台运行维护与安全管理的同时，不定期更新平台数据。全年发布 20 个批次共 564 篇文章数据。制定《国家图书馆党建平台运行管理机制》及其附件《国家图书馆党建平台数据加工规范》。

（四）唯一标识符系统运行及维护

截至 2020 年 12 月底，唯一标识符系统注册数据总量达到 322 万余条。国家图书馆唯一标识符系统在确保稳定运行的同时，为地方图书馆用户提供技术支持和系统培训，及时解答关于唯一标识符数据注册、审核、解析等各类技术问题。做好数据备份，及时解决系统服务中断的问题，确保用户正常访问。

（五）公共数字文化唯一标识符系统投入使用

2020年，“公共数字文化唯一标识符系统”正式上线运行，为公共数字文化工程各类型资源服务平台提供跨域跨平台的规范管理和统一调度。截至2020年11月，完成平台功能调试、测试及部署；迁移CDOI数据300余万条；测试云发布系统接口注册、回写功能；完成云发布系统43万余条存量数据的注册；进行云发布系统与唯一标识符系统的CDOI数据比对工作，比对CDOI数据175万余条，确保均为有效数据；配合云门户系统上线，进行已注册唯一标识符数据的URL更新工作，更新唯一标识符URL数据136万余条，保证所有URL数据正确更新。完成《公共数字文化唯一标识符系统建设项目用户手册》的撰写和发放，系统正式上线后监控系统运行，及时处理系统故障，确保系统稳定运行。

（六）新媒体服务

参见“服务工作”之“三、社会公众服务（四）新媒体服务”。

（七）数字图书馆体验区服务

数字图书馆体验区积极探索AR技术、裸眼3D、5G及智能终端网络技术等新技术在体验区的创新应用，进一步丰富展厅展示手段和展示内容，增强公众在体验区参观的互动体验感。开展5G新阅读项目建设，以满足读者多层次、多样化的阅读需求。

策划组织新春活动、世界读书日活动、馆庆活动等系列活动。完成2020鼠年“VR贺新春”活动的策划、设计和开发工作，春节前在数图体验区组织VR读者现场体验活动。受新冠肺炎疫情影响，春节期间VR活动未在全国深入开展，但是此次VR设计体验的新型互动形式，在各个省市图书馆年前开展的读者活动体验中获得好评。

承担预约参观接待任务，接待各级领导、图书馆界同人、媒体人士并提供讲解服务，积极宣传推广国家数字图书馆的建设成果。全年共计接待14批次、260余人。

为保障体验区各展项的安全运行，定期对体验区设备内部进行除尘、降噪，对设备外部进行清洁护理，对机房电闸箱、传输连接线路、展项通讯、插座进行安全检查。全年共开展9次安全大排查，对数字图书馆体验区内20余类共计100余件硬件设备进行检修，处理解决体验区软硬件系统相关运行问题270余次，排除解决41件硬件设备问题。此外，还对体验区展墙、展板、展台等设施破损进行2次全面修复处理。

五、信息安全建设

不断加强网络安全管理，进一步提升国家图书馆整体网络安全水平。2020年，面对疫情下新的网络安全形势，国家图书馆通过多种管理及技术手段，保障整体网络安全。正式印发《国家图书馆网络管理办法》和《国家图书馆网络安全管理办法》2个制度性文件，规范国家图书馆网络及其安全工作，规范网络使用、网络安全管理工作；开展计算机网络安全检查；聘请馆外专家对全馆部处负责人及系统管理员开展网络安全主题培训，提升网络安全意识；完善与文化和旅游部的信息沟通机制，及时处理各类安全通知并按要求进行反馈。加强技术防范，完成网络安全及安全设备的监控和管理，及时制定调整策略，防范外来攻击，阻断来自互联网的高风险事件，封禁IP地址约90万个，拦截垃圾邮件193万余封，完成全馆服务器漏洞扫描千余台次，及时敦促各部处进行漏洞修复，在全国“两会”、服贸会、进博会期间，实施7×24小时监测工作，严格执行每日“零报告”制度，有效保障国家图书馆网络安全，全年未发生网络安全事故。开展国家图书馆网络安全等级保护差距分析及规划设计工作，针对公共数字文化用户管理系统、国图公开课系统以及相应的物理、网络环境等，按照网络安全等级保护2.0标准的要求，进行网络安全等级保护差距分析和网络安全等级保护规划。

年度掠影

【制定国家图书馆数字资源保存策略及实施方案】

为进一步提高国家图书馆数字资源保存管理的科学性、有效性，保障国家图书馆数字资源的安全保存和长期可用，经过一年多的广泛调研和反复论证修改，《国家图书馆数字资源保存策略》和《国家图书馆数字资源保存策略实施方案》于 2020 年 4 月经国家图书馆馆务会审议通过并印发。《国家图书馆数字资源保存策略》适用于国家图书馆各种来源的数字资源，包括但不限于馆藏特色数字化资源、外购数据库镜像数据、网络采集资源、交存数字资源、征集数字资源等合作建设数字资源以及国家图书馆互联网信息战略保存基地等其他合作机构提交和保存的数字资源，并对国家图书馆数字资源的保存架构、保存介质、保存原则与策略、数据管理、设备管理等进行明确约定，自印发之日起实施。《国家图书馆数字资源保存策略实施方案》依据《国家图书馆数字资源保存策略》，结合国家图书馆数字资源保存现状和经费情况，自 2020 年起对国家图书馆数字资源保存方式进行相应调整，并制定具体实施步骤。

【实施存储系统扩容和软件升级】

为满足业务发展对存储系统的实际需求，2020 年分别对在线和离线存储开展扩容工作。在线存储系统主要由 5 台高端和中端磁盘阵列组成。10 月，完成其中 1 台磁盘阵列的扩容和存储系统软件升级工作，共扩充存储空间 636TB，完成 2 个版本号的升级，实现对新增硬盘及配件的更好兼容，同时有效提升对存储系统管理的便捷性和可靠性。离线存储系统主要由 3 台磁带库组成，承担数字资源长期保存任务，为国家图书馆海量数字资源提供大容量、高速、安全、稳定的保存平台。6 月，完成其中 1 台磁带库的扩容工作，扩充磁带 385 块，存储裸容量增加 300TB，可满足未来 2—3 年的业务需求。存储系统扩容的实施，有效缓解国家图书馆业务发展需求与存储空间紧张的矛盾，为业务发展提供可靠支撑。

【更换机房 UPS 系统部分老旧蓄电池】

机房 UPS 电池是机房 UPS 系统的重要组成部分，国家图书馆机房内部分 UPS 电池运行多年，已超出 12V 蓄电池一般 3—5 年的使用寿命，逐渐暴露出电量不足等问题，漏液、短路、自燃等安全隐患增加。2020 年 9 月，完成对总馆北区机房和古籍馆灾备机房共计 432 块 UPS 电池的更换工作，包括 256 块 12V180AH、80 块 12V150AH 和 96 块 12V100AH UPS 电池，并对废旧电池进行合理化处理。此次 UPS 蓄电池更换工作在充分考察机房电池室实际情况的前提下，对新购电池按照原有设备后备时长要求的连接、配电柜接入、原有蓄电池撤换和清运的详细技术方案及蓄电池出现异常情况时的应急处理预案进行充分论证，有效降低机房电力供应隐患，提高机房电力供应的可靠性。

【网络安全培训效果显著】

11月26日，国家图书馆在全馆范围内开展计算机网络和网络安全培训，来自各部处、馆属企业网络安全负责人及系统管理员60余人参加。此次培训的主要内容是介绍国家图书馆2020年网络安全工作情况，详细讲解2020年印发的《国家图书馆网络管理办法》和《国家图书馆网络安全管理办法》，明确2020年国家图书馆计算机网络安全检查工作的具体安排和检查重点。还特别邀请文化和旅游部高级工程师索世恒开展以“由网络攻防演习谈安全”为题的安全讲座，介绍当前网络安全形势和网络攻防演习概况。通过此次培训，各网络安全负责人和系统管理员提高了对当今网络形势的认识，系统了解了《国家图书馆网络管理办法》和《国家图书馆网络安全管理办法》的出台背景、管理范围、职责分工与办法细则，加强了网络安全意识，为进一步推进国家图书馆网络和网络安全制度的实施打下基础。

【参加中国国际旅游交易会、全国文化和旅游创意产品开发推进活动】

应文化和旅游部机关服务中心邀请，为进一步创新服务方式，推动全民阅读，提升国家图书馆社会影响力，国家图书馆在2020年分别参加中国国际旅游交易会以及全国文化和旅游创意产品开发推进活动。在活动现场搭建国家图书馆展厅，通过图片展板、古籍修复现场体验、多媒体互动体验等手段，着重展示党的十八大以来国家图书馆在文化产业和文化事业方面取得的成绩以及对未来智慧图书馆的发展构想，展示国家图书馆在创新服务方式、推动全民阅读等方面的最新成果。展会期间，前来国家图书馆展区了解和体验的观众络绎不绝，积极参与古籍修复、多媒体互动等现场体验活动，对5G新阅读、智慧图书馆展望等内容也表现出浓厚的兴趣，并与现场工作人员进行热烈的探讨和交流，提升了国家图书馆的社会影响力。

【完成信息化建设项目验收，并开展数字资源版权管理技术追踪与研究】

在2020年新冠肺炎疫情期间，通过函审或远程会议方式召开信息化建设项目验收会。全年共完成“国家数字图书馆运行管理平台分站建设项目”“国家图书馆微信服务号功能拓展项目”“国家数字图书馆手机应用程序智能优化项目”“中央和国家机关图书全文检索平台”“中国记忆项目口述史采访应用程序升级扩展及接入国家数字图书馆应用程序项目”“基于互联网环境的《中图法》与《中分表》修订维护系统项目”“国家图书馆呼叫中心系统项目”“国家数字图书馆机构服务平台项目”8个项目的验收工作，所有项目均通过验收。在验收中对项目进行规范化管理，严格审核验收材料，并对相关文档进行收集、整理和保存。

2020年，在做好版权管理系统运行管理的同时，依托中国战“疫”记忆库项目推动利用区块链技术，实现版权管理系统优化升级。编发《数字版权传真》5期。为地方图书馆、馆内各部门和重点项目提供版权管理咨询10余次；协助相关部门完成对外提供数字资源的版权筛查和遴选。

重点文化工程及项目

- 中华古籍保护计划
- 革命文献与民国时期文献保护计划
- 公共数字文化工程
- 《中华传统文化百部经典》编纂项目
- 《鲁迅手稿全集》编辑出版项目
- 国家传统文化典籍整理工程
- 中国记忆项目
- 年度掠影

重点文化工程及项目

一、中华古籍保护计划

2020年，国家古籍保护中心以习近平新时代中国特色社会主义思想为指导，深入贯彻落实党的十九大精神，坚持增强“四个意识”，坚定“四个自信”，做到“两个维护”，按照《“十三五”时期全国古籍保护工作规划》要求，结合全国古籍保护工作实际，完成各项工作任务。

（一）围绕“十三五”规划，谋划“十四五”工作，加强统筹协调，配合推进古籍保护相关国家重大项目

组织召开全国古籍保护工作管理人员培训班，以《“十三五”时期全国古籍保护工作规划》为时间表、路线图，总结调研全国古籍保护重点工作完成情况及“十四五”规划制定相关进展。

根据上级部门有关要求，完成中华古籍保护计划实施进展情况的有关材料和报告。包括“十三五”时期国家古籍保护工程进展情况、中华文化资源普查工程进展等。编写古籍保护工作五年及十年规划方案，报送上级有关部门。

配合馆领导赴辽宁、甘肃开展国家图书馆“十四五”规划调研工作，提出与敦煌研究院签署战略合作协议的建议，并对中宣部牵头的有关敦煌保护工程方案提出相关建议。

组织完成“中华传统典籍保存保护战略研究”课题研究工作。

配合文化和旅游部做好《中华医藏》、山东大学“全球汉籍合璧工程”等项目的推进和协调等工作。完成《中华医藏》出版商洽工作，积极推进国家图书馆出版社获得出版资格后的相关出版协调、督促工作。

（二）以《“十三五”时期全国古籍保护工作规划》为基点，有序推进各项业务

1. 全国古籍普查登记工作

继续全面推进全国古籍普查登记工作。截至2020年底，古籍普查完成总量汉文古籍270余万部另藏文古籍1.8万函，占预计汉文古籍总量的94%以上，全国29个省份基本完成汉文古籍普查工作（90%以上），共2830家单位完成古籍普查登记工作（其中1160家为西藏藏文古籍收藏单位），占预计单位总数的96%以上。

推进古籍普查成果的全社会共享。全年新增出版67家收藏单位的16种26册《全国古籍普查登记目录》。截至2020年底，累计出版368家收藏单位的《全国古籍普查登记目录》102种156册，收录款目108万条。

继续做好普查平台维护和数据发布工作。“全国古籍普查登记基本数据库”全年新增发布47家单位古籍普查数据52501条。截至2020年底，累计发布264家单位古籍普查数据825362条7973050册。“2018—2020年度中华历代古籍书目数据库建设项目”完成第二批数据269600条验

收工作。

11月3日，经国务院批准，文化和旅游部印发通知，公布第六批《国家珍贵古籍名录》（752部）和第六批“全国古籍重点保护单位”名单（23家），并召开新闻发布会，宣介相关情况。目前已公布的六批《国家珍贵古籍名录》共收录古籍13026部，命名“全国古籍重点保护单位”203家。

撰写上报《中华古籍总目》（分省卷）编纂出版方案。

整理“十三五”期间“全国古籍普查登记工作”完成情况和“省级珍贵古籍名录”“省级重点保护单位”评审工作完成情况。

开展“一级古籍定级试点”相关工作。

协助做好国家文化大数据体系建设相关工作方案中关于全国古籍普查数据的对接工作设想。配合文化和旅游部做好“中华文化资源公共数据库”的相关咨询工作，对其建设方案和数据规范提出相应意见与建议。

2. 古籍保护人才培养工作

继续开展古籍保护在职培训。受新冠肺炎疫情影响，2020年调整培训计划，举办2期培训班，培训学员97人次。累计举办培训班223期，培训学员10737人次，完成“十三五”时期古籍保护培训工作既定目标。

推动古籍修复技艺传习工作。2020年，正式批复吉林省图书馆、宁波市天一阁博物馆等7家单位为“古籍修复技艺传习所”或“传拓技艺传习所”。9月，制定《古籍修复技艺传习所学徒出师评审暂行办法》，组织复旦大学传习所完成首批学徒出师工作，开启传习所最后一个工作环节运行。目前，已累计设立国家级古籍修复技艺传习中心全国附设传习所32家，共有传习导师28位，收徒270人。

组织全国各省级古籍保护中心、国家级古籍修复中心、国家级古籍修复技艺传习所等单位，开展“古籍修复技艺竞赛暨古籍修复成果展示”活动，汇集全国21个省43家单位推选的近百件参赛作品，评选出一、二、三等奖及优秀奖共79件。举办“妙手补书书可春——全国古籍修复技艺竞赛暨成果展”（参见“特别记载”之“重大展览”）。

推动古籍保护学科体系建设。做好古籍保护专业硕士培养工作，2020年继续联合复旦大学等4所高校招收古籍保护专业硕士25人；与中山大学联合举办首届全国大学生中华典籍文化保护与传承大赛及第四届古籍保护学科建设研讨会；配合国家图书馆出版社召开推进“古籍保护系列培训教材”第一期编纂出版工作会议，推进编纂工作。

完善古籍保护人才库，逐步建立古籍保护人员名录。完成古籍保护人才库数据录入，共收集全国2552家单位的古籍保护人员数据4809条，包括专家数据363条；联合各省级古籍保护中心和相关古籍收藏单位开展《全国古籍保护人员名录》编纂工作，拟征集中华古籍保护计划开展以来全国古籍管理人员等6类古籍保护人员情况，率先开展其中古籍修复师部分的名录征集，目前已收集近200家公藏及相关单位近800位修复师信息，同时委托中国古籍保护协会开展修复师民间机构部分的名录征集工作，签订《全国古籍保护人员名录·古籍修复师》出版合同和《全国古籍保护人员名录·古籍修复师》（民间机构）编纂委托协议。

3. 古籍数字化建设

继续开展善本缩微胶片异质保存数字化。截至2020年底，完成善本缩微胶片异质保存项目数据加工1224018拍；完成2020年度善本缩微胶片异质保存项目立项审批、招标签约等工作。

推进馆藏普通古籍、永青文库捐赠汉籍、民族文字古籍数字化工作。馆藏普通古籍数字化项目完成图像扫描加工62万拍。永青文库捐赠汉籍数字化项目一期完成26.4万拍数据加工和质检，二期完成10万拍数据加工。馆藏民族文字古籍数字化项目完成19个文种33万拍数据加工，继续推进项目图像处理、数据整理工作。

整合馆外古籍数字资源。完成云南省图书馆古籍数字资源（128种535册31661拍）采购项目立项、签约及数据接收工作；完成天津图书馆古籍数字资源（约819种64万拍）采购项目的立项、招标、签约及样例数据审核工作，陆续开展数据接收。完成所购河南明清碑刻拓片数字资源2595种图像数据和拓片实物采购项目的验收结项工作。督促推进“国家图书馆2018—2020年度古籍再生性保护项目”。

推动古籍数字资源发布共享工作。配合信息技术部做好读者云门户古籍资源整理和发布，测试碑帖菁华资源库资源发布，对“数字古籍”数据库部分原数据缺失情况进行修订；配合相关部门完成馆藏500部古籍数字资源的发布任务；联络全国9家古籍存藏单位筹备第五次古籍数字资源联合在线发布活动，在线发布古籍数字资源1200余部。

组织和协调开展中宣部出版局委托的“古籍数字化标准规范研究”相关工作，完成项目成果提交和结项验收。

设立并开展新中国古籍影印及数字化书目数据库项目，完成项目中期报告审核工作；疫情期间为全国各省级古籍保护中心开通中华书局“籍合网”资源试用并撰写试用调研报告；指导全国相关单位开展古籍数字化工作，解答读者关于“中华古籍资源库”使用相关问题。

4. 古籍影印再造与保护研究工作

推进《国学基本典籍丛刊》编纂出版工作，2020年出版9种139册，累计出版87种598册。继续开展“《国家珍贵古籍名录》中古籍题跋整理与研究”项目，组织审校《国家珍贵古籍题跋丛刊》，推进出版工作。

出版《书志》第二辑；推进《孔子博物馆藏孔府档案汇编》编撰出版工作。

完成《中华再造善本》（三编）编纂出版工作方案，以及350种选目工作。

推动出版《书目题跋丛书》4种。

5. 海外中华古籍调查与合作保护工作

继续推进海外中华古籍书目数据库建设，开展“2018—2020年度海外中华古籍书目数据库建设项目”，完成第二批数据305334条的验收工作。继续推进“日本藏中国古籍总目”“韩国藏中国古籍总目”项目。完成《永乐大典》工作方案和相关材料撰写工作，继续开展海外藏《永乐大典》等珍贵文献数字化出版工作，出版日本京都大学藏《永乐大典》（全3册）、英国伦敦大学亚非学院藏《永乐大典》（全5册）、爱尔兰切斯特·比蒂图书馆藏《永乐大典》（全3册）等。

继续开展《海外中华古籍珍本丛刊》《海外中华古籍书目书志丛刊》项目，出版《哈佛燕京图书馆藏稀见书目书志丛刊》（全23册）等。

6. 民族文字古籍保护工作

贯彻落实中央领导批示精神及文化和旅游部等部委文件要求，继续推进和指导少数民族地区开展古籍普查、修复、数字化工作，完成相关情况的报送工作。与北京苹果慈善基金会开展藏文古籍保护工作，促进开展云南省有关少数民族古籍保护工作。

在云南省图书馆举办第十二期少数民族古籍修复技术培训班，来自西藏、云南、四川、甘肃、青海等40家藏文古籍收藏单位的47名学员参加培训，修复破损藏文古籍281叶。

7. 古籍保护法律法规和标准规范建设

继续推进古籍保护相关制度建设，继续修订和完善国家珍贵古籍、全国古籍重点保护单位、国家级古籍修复中心等管理办法。依托全国图书馆标准化技术委员会，立项行业标准化研究项目“图书馆古籍影印标准规范研究”；与国家文物局就古籍定级相关事宜进行沟通商讨，推进文物框架下古籍定级修订工作，明确古籍定级工作开展方式和实施路径。

8. 古籍修复和原生性保护工作

完成全国古籍修复相关情况调研数据汇总，开展相关政策和法规的梳理与调查，研究推进第二批国家级古籍修复中心申报评审等工作。

继续推进“天禄琳琅”专项修复项目，累计已完成修复296册。完成“天禄琳琅”专项修复档案制作图像采集工作，共采集图像8000拍。协助唐河县图书馆召开馆藏国家珍贵古籍修复方案专家论证会。

继续支持古籍馆古籍保护科技文化和旅游部重点实验室建设，完成2020年度相关设备和耗材的配置工作。继续为馆藏舆图等特藏古籍文献配置各类装具3200余个。配合国资处完成2020年度馆藏舆图柜配置项目招标工作。

举办“纪念抗日战争胜利75周年・抗战时期典籍文献抢救保护学术研讨会”，推进论文集编撰出版工作。

与天津师范大学古籍保护研究院合作，编撰出版《古籍保护研究》集刊3辑；组织召开《古籍保护研究》协商会和编委会；推进与中国知网合作，《古籍保护研究》集刊正式收入中国知网（CNKI）检索并启用其采编系统。

9. 古籍保护宣传推广工作

举办各类展览3场。9月1日，在国家典籍博物馆举办“妙手补书书可春——全国古籍修复技艺竞赛暨成果展”，展出珍贵古籍修复成果103件。12月，在江西、重庆陆续举办“册府千华”系列展览，取得良好社会反响。

号召全国举办“传习经典　融古慧今——2020年中华传统晒书活动”。活动从8月—11月，以北京、河北、浙江、河南、甘肃、云南、广东、江苏、湖北、西藏等地特色分会场为主，以各地自行举办的晒书活动为辅，全国18个省份近80家古籍公藏单位举办各类特色活动100余场。

举办3期主题为“书山有路”的传统文化互联网推广系列活动。通过光明网直播，国家图书馆抖音号、微博等平台进行直播互动，点击量近200万次。

整理出版《国图名家讲座集》系列丛书，编纂《“中华优秀传统文化典籍保护传承大展”图录》等，推动开展“册府千华”系列展览图录编纂工作。

依托传统和新媒体平台，建立古籍保护宣传阵地。与《藏书报》合作刊发《古籍保护专刊》25期共100版，与《图书馆报》合作刊发《文献保护专刊》100版；《光明日报》《中国文化报》等传统媒体多次刊发专版报道；“国家古籍保护中心”微信公众号累计发布图文消息近1000条，关注人数近3万人。

推动开展中华经典传习项目试点工作。11月，正式为大连图书馆白云书院、大连连海书院传习所授牌“中华经典传习所”，并召集全国20家传习所单位，就经典传习整体工作进行说明，推进开展下一阶段工作。

二、革命文献与民国时期文献保护计划

2020年是“十三五”收官之年，民国时期文献保护工作坚持以习近平新时代中国特色社会主义思想和习近平总书记给国图老专家回信精神为指导，全面贯彻党的十九大和十九届二中、三中、四中、五中全会精神，增强“四个意识”、坚定“四个自信”、做到“两个维护”，从严把好意识形态关口。坚决贯彻落实习近平总书记关于新型冠状病毒肺炎疫情防控工作的重要指示精神，全力做好疫情防控和各项业务工作，切实履行文献保护工作职责，发挥图书馆“滋养民族心灵、培育文化自信”重要作用，较好完成各项年度工作任务。

（一）科学决策统筹规划

按照《中华人民共和国国民经济和社会发展第十三个五年规划纲要》《国家“十三五”时期文化发展改革规划纲要》《文化部“十三五”时期文化发展改革规划》《国家图书馆“十三五”规划纲要》相关部署，在广泛征求各有关单位和部门意见基础上，编制《2020年民国时期文献保护工作方案》和年度预算执行计划。克服疫情带来的重重困难，守岗尽责，不懈努力，完成年度业务工作和预算执行。

（二）严格落实意识形态工作责任制

根据《国家图书馆意识形态工作责任制实施办法》，结合工作实际，起草《民国时期文献保护工作办公室意识形态工作实施规范》，指导预防和处置相关意识形态工作问题，建立意识形态风险点台账及管理机制，加强对相关业务工作在意识形态方面的管理和把控。根据《文化和旅游部党组巡视国家图书馆整改工作方案》相关部署，做好部门落实意识形态工作责任制情况自查。

（三）稳步推进文献普查

加快推进民国时期平装书普查工作，新建平装书普查书目数据3930条，完成安徽省图书馆、贵州省图书馆、宁夏回族自治区图书馆、长春市图书馆、绍兴图书馆5家单位民国时期平装书普查登记结项工作；与河南省图书馆、陕西省图书馆、柳州市图书馆、惠州慈云图书馆和天津师范大学5家单位签署平装书普查合作协议，完成相关数据评估、书目数据联机上载培训等工作。继续推进民国时期连续出版物普查数据收集工作，完成重庆图书馆藏3175条民国期刊数据整理与匹配灌装工作，完成湖南图书馆民国时期连续出版物样例数据评估，指导赣州市图书馆开展民国时期连续出版物普查数据制作工作。在组织馆内各相关业务部门充分讨论修改的基础上，邀请来自文献普查一线、省级古籍保护中心以及高等院校的专家对《民国时期线装书普查登记数据标准（草稿）》进行审读并提出修改意见，做好民国时期线装书普查前期准备工作。在整合革命历史文献普查成果基础上，启动《革命历史文献专题书目（1911—1949）》编纂出版工作。

（四）有序推进《民国时期图书总目》编纂

紧密结合工作实际，实时跟进《民国时期图书总目》编纂进度，积极推进民国时期图书普查阶段性成果转化和发布利用。完成《民国时期图书总目・自然科学（基础科学）》《民国时期图书总目・农业科学》编纂出版。其中，《民国时期图书总目・自然科学（基础科学）》共收录1911—1949年9月间国内出版的自然科学（基础科学）方面中文图书5079种，较为全面地反映了民国时期自然科学类图书的出版状况。《民国时期图书总目・农业科学》收录1911年1月—1949年9月间我国出版的有关农业科学方面的中文图书4017种，较之前《民国时期总书目》农业科学类目增加图书1562种，增幅达63%。

（五）积极开展海内外文献征集

积极履行国家文献战略保障职能、填补国内史料空白，开展海内外革命文献与民国时期文献征集工作。抢先在海外新冠肺炎疫情暴发之前，完成7076页日本战争罪行和对华调查档案的数字化征集工作。启动约1.5万页日本对华经济侵略档案数字化征集项目，形成包括日本对华政治侵略、军事侵略、文化侵略、经济侵略等专题在内的日本战争罪行文献体系，不断丰富和完善国家图书馆文献资源。认真贯彻习近平总书记“把红色资源利用好、把红色传统发扬好、把红色基因传承好”重要指示精神，开展国内革命文献征集工作，征集到图书50万页、期刊15万余页。

（六）持续推进革命文献与民国时期文献整理

依据文献的资料类型、濒危状况、珍稀程度和社会需求，有计划、分步骤、成体系地整理革命文献与民国时期文献，重点开展中央苏区文献、根据地文献、解放区文献等专题文献的整理工作。继续在全国范围内组织2020年革命文献与民国时期文献整理项目的申报及评审立项工作，召开革命文献与民国时期文献整理项目专家评审会，对26家单位申报的42个项目进行评审，确定立项38项。全年共结项整理项目19个，出版图书694册。累计立项294项，结项121项，出版图书7330册。

（七）开展文献数字化，丰富专题数据库建设

继续开展民国时期图书缩微胶片数字化项目。完成2019—2020年度民国图书数字化数据加工2438种2673册501264拍，存储量59.8GB。启动2020—2021年度民国时期图书缩微胶片数字化加工工作。依托文献征集和整理成果，不断丰富和完善国家图书馆特色专题数据库建设，开展2019—2020年度“国家图书馆西南太平洋战区日本战争嫌犯讯问档案数字化服务”项目，启动2020—2021年度“国家图书馆中缅印战区抗战历史档案整理项目”，筹备“革命历史文献专题资源库”建设工作，积极发挥革命历史文献在继承和弘扬革命文化方面的独特作用，向中国共产党成立100周年献礼。

（八）继续开展文献原生性保护工作

继续开展馆藏民国时期文献实验性建档和酸化程度测试工作。加强对馆藏革命文献的保护工作，开展革命文献特藏数字化项目，扫描馆藏新善本275种447册/件，完成20122拍图像扫描、图片处理及元数据制作工作。

（九）做好宣传推广及人才培养

为纪念习近平总书记“让历史说话用史实发言，深入开展中国人民抗日战争研究”重要讲话发表5周年、给国图老专家回信1周年、中国人民抗日战争暨世界反法西斯战争胜利75周年，举行纪念中国人民抗日战争胜利75周年暨抗战文献研究整理成果发布会，发布“日本细菌战资源库”，展示相关文献整理成果，引起社会各界强烈反响，9月2—6日，《人民日报》《人民日报海外版》《光明日报》《中国文化报》《解放军报》等8家重要中央媒体关注报道，相关的媒体原发报道88篇，网络转载报道约300余篇，为进一步开展文献保护工作营造良好氛围。全年编撰发布《国家图书馆简报》2期。

为满足新冠肺炎疫情常态化防控期间文献保护工作者的培训需求，2020年革命文献与民国时期文献保护计划专题培训工作创新模式，采取线上方式开展，共计475人参加线上培训，其中435人完成全部课程学习。

（十）做好国际图联保存保护中国中心工作

按照主管馆领导相关工作调整安排，承担国际图联保存保护中国中心职责，积极参与国际图联各类专题文献编写工作，提交《国际图联保存保护中国中心简介之收藏、复制、保存：缩微摄影和文献数字化》及《国际图联保存保护中国中心2019年度工作报告》英文版材料。新冠肺炎疫情期间，及时通报国图疫情期间转变服务模式、以多种方式提供线上服务的情况。国际图联保存保护中心对国家图书馆在疫情期间所做的工作表示高度肯定与赞赏，希望与国家图书馆分享工作经验，今后开展更加密切的合作。

三、公共数字文化工程

(一)继续开展资源建设与整合揭示工作

2020年，推进党建专题资源平台建设工作，为建党100周年献礼。全年完成93册党建电子图书、15册/15044分钟有声书、200册连环画、25种期刊、330部视频的采购。开展中国戏曲文化知识库(少儿版)的建设。完成80分钟动漫视频制作；新增100个戏曲动漫人物词条及人物形象图、60位戏曲表演艺术家词条、50位戏曲剧作家生平简介及代表作词条；制作10个有声绘本。围绕代表作，按照FRBR知识框架整合各种类型的图书馆馆藏，共制作622条元数据。

持续开展联建项目业务指导与统筹管理。统筹开展工程资源累计保有量如下：政府信息数据1305万条、元数据仓储数据91万条、采集网站33812个、数字化图书833.6万页、数字化报纸150.1万版、少数民族语言书刊53.8万页、公开课23182节、专题31个。开展联建资源的数据质检和长期保存，年内完成2015年、2016年联建资源数据质检结项和长期保存，结项2017年数据初筛与整理项目，完成2019年专家验收项目的数据质检及整理。持续推进公共数字文化工程专家验收，克服疫情影响及验收项目多、资源类型复杂困难，完成23省提交372个项目的专家验收。

进一步提升核心普适性数字资源服务利用。通过数字图书馆专用网络，向全国各级公共图书馆提供的资源内容包括：40万种中文图书、7700余种中文期刊、47万张图片、20万首音频音乐、5000个英语微视频、1650集科普学习视频、100种工具书、1470种连环画、4000集少儿动画、2000集少儿动漫、1600余集少儿绘本、650集少儿手工视频、2800余集有声书、1000集英语口语学习资源等。强化资源整合揭示，有序推进网络书香资源检索平台建设，元数据总量达277万条；新建1个中国艺术主题专题，部署160家图书馆。

(二)举办服务推广活动和人才培训

加强贫困地区和基层地区服务力度，保障当地群众文化权益。国家图书馆以“文旅e家助力美好生活”为主题，分别在广西巴马、河北张家口开展“‘我们的中国梦’——公共数字文化进万家活动”，主要内容包括赠送实体图书、壁挂智能播放机，搭建数字图书馆服务平台，组织文旅e家扫码阅读活动，举办国图讲座等，并在全国1000多家县级图书馆开展扫码阅读活动。在云南和贵州两省的县级图书馆组织开展2020年“春雨工程・网络书香”数字阅读推广活动，为两省的6家县级图书馆捐赠纸质书刊2万册；举办2场线上直播讲座，共有5家县级图书馆的600余名读者观看；面向基层宣传推广公共数字文化工程可以免费使用的数字资源。此次活动荣获2020年文化和旅游部“全国文化和旅游志愿服务项目线上大赛”三等奖。

积极推进疫情防控常态化下工程创新性培训工作。制定线上为主、线下为辅的年度培训方案，依托线上平台远程培训和线下多途径沟通答疑相结合的方式，切实满足地方培训提升和沟通交流的需求。全年开展线上培训2期，培训人员近500人次。为地方图书馆开展培训提供内容策划与师资支持。

四、《中华传统文化百部经典》编纂项目

2020年，在中宣部、文化和旅游部的支持指导下，《中华传统文化百部经典》编纂项目在按要求进行疫情防控的同时，以总结工作经验、保障编纂质量、推进2020年编纂出版任务为主线，紧密团结各方力量，及时调整工作方式方法，共克时艰，稳步推进编纂工作全面开展。

（一）主要工作进展

全年共召开各类型会议6次，其中编纂委员会会议4次、项目出版单位工作交流会议2次。根据疫情防控需要，编纂委员会会议采取通讯形式召开。共编报工作简报7期、会议纪要6期。全年新联络并达成合作意向解读人10人、审订专家40人；16种书稿完成审订专家遴选；收到样稿19种、初稿16种；审订书稿11种；编纂出版图书10种，保质保量完成阶段编纂出版任务。截至2020年底，《中华传统文化百部经典》编纂项目累计编纂出版图书40种。

（二）重要工作会议

1.《中华传统文化百部经典》编纂委员会第二十六次会议

3月23日，《中华传统文化百部经典》编纂委员会第二十六次会议召开。主要议题为讨论确定部分典籍的解读人选和部分书稿审订专家人选。《中华传统文化百部经典》编纂委员会主任委员、中央文史研究馆馆长袁行霈和部分编委在编纂工作办公室前期专家人选调研的基础上发表意见和建议。会议最终确定《李白集》书稿审订专家人选，《王祯农书》《范仲淹集》《三国演义》《水浒传》《西游记》《红楼梦》6种典籍的解读人选。

2.《中华传统文化百部经典》编纂委员会第二十七次会议

5月25日，《中华传统文化百部经典》编纂委员会第二十七次会议召开。讨论部分书稿审订专家人选和部分典籍的解读人选。《中华传统文化百部经典》编纂委员会主任委员、中央文史研究馆馆长袁行霈和部分编委在编纂工作办公室前期人选调研的基础上反馈意见和建议。会议最终确定《孝经》《欧阳修集》《曹操集》《陶渊明集》《梦溪笔谈》《牡丹亭》和《龚自珍集》7种书稿审订专家人选，《文献通考》《通典》《四书章句集注》《黄遵宪集》《海国图志》5种典籍解读人选。

3.《中华传统文化百部经典》编纂委员会第二十八次会议

8月25日，《中华传统文化百部经典》编纂委员会第二十八次会议召开。讨论确定部分典籍解读人选和部分书稿审订专家人选。《中华传统文化百部经典》编纂委员会主任委员、中央文史研究馆馆长袁行霈和部分编委在编纂工作办公室前期人选调研的基础上反馈意见和建议。会议最终确定《徐霞客游记》解读人选，《世说新语》《畴人传》《汉书》《日知录》《读通鉴论》《王祯农书》《伤寒杂病论》《水经注》《儒林外史》《赵氏孤儿》10种书稿的审订专家人选。

4.《中华传统文化百部经典》编纂委员会第二十九次会议

11月17日，《中华传统文化百部经典》编纂委员会第二十九次会议召开。讨论部分书稿审订专家人选。《中华传统文化百部经典》编纂委员会主任委员、中央文史研究馆馆长袁行霈和部分编委在编纂工作办公室前期人选调研的基础上反馈意见和建议。会议最终确定《商君书》《张载集》

《文史通义》《元好问集》《耶律楚材集》《陆游集》《明夷待访录》《资治通鉴》《黄遵宪集》《营造法式》10种书稿审订专家人选。

（三）《中华传统文化百部经典》第五批图书编纂出版

2020年底，《中华传统文化百部经典》第五批图书编纂出版，包括《国语》《礼记》《抱朴子》《陶渊明集》《坛经》《李白集》《柳宗元集》《辛弃疾集》《曲律》《本草纲目》10种。

此次编纂出版的图书涉及历史、文学、哲学、宗教、科技、艺术等众多学科领域。《礼记》是儒家经典之一，解读人围绕终极信仰与天人关系，生态伦理，社会政治，道德修养等方面来选择篇目，注释参考前人时贤，择善而从，点评严谨有度，旁批简洁持重。《国语》是了解我国西周春秋时期的重要史籍，是一部记言与记事相结合的“语”类著作，具有鉴戒精神。《抱朴子》分为《内篇》和《外篇》两个部分，以儒家思想为主，吸收道家、道教、法家等其他各家思想，为个人修养及社会管理提出全方位的建议。《陶渊明集》以毛氏汲古阁藏宋刻十卷本《陶渊明集》为底本，注释重于史实、本事、名物、地理、人物等，点评探索诗心，发隐抉微，旁批时出新见，别有会心。《坛经》主要记载中国禅宗第六代祖师惠能的言行说教，是唯一一部以“经”命名的中国僧人的著作，是中国禅宗的最主要代表作，推进了禅宗乃至中国佛教的发展，并参与世界文明的构建。《李白集》解读人依据宋蜀刻三十三卷本《李太白文集》进行解读，以求体现李白作品的气象雄逸、飘然不群、飘逸英爽等特点，充分展现中国古代诗歌的创作手法和抒情方式。《柳宗元集》原著作者柳宗元以其文名列“唐宋八大家”，其诗各体兼备，五言古体成就尤高；其议论文、寓言和杂说类文章、传记类文章、游记类散文和辞赋类文章缜密清峻、真切生动。《辛弃疾集》依据元大德广信书院刻十二卷本《稼轩长短句》，所选词全面反映辛词的艺术风貌，典故、语辞注释精当考究，句式疏解清晰流畅，点评阐明词意和作法，揭示词心，旁批多录前人精彩评语，引人入胜。《本草纲目》是继《黄帝内经》之后本项目编纂出版的第二种中医类典籍，内容涉及医学、植物学、动物学、矿物学、农林牧渔等诸多领域，被达尔文称为“中国古代的百科全书”，影响广泛而深远。《曲律》是中国戏曲理论史的重要著作，介绍“曲”的形成历史和南北曲的风格，主体部分专论南曲，涉及声律、修辞、曲词、剧戏四个部分，探讨戏曲和散曲的艺术本质与写作规律，研究戏曲和散曲作家作品，为后世留下“本色当行”等重要理论见解。

2020年，《中华传统文化百部经典》编纂项目继续深入总结经验并认真听取各方反馈意见和建议，在编纂过程中不断完善各项工作，精益求精。增设书稿审订编纂工作办公室样稿把关环节，经编纂工作办公室初步审读符合编纂要求的样稿再发编委审读。加强书稿蓝样办公室检查工作，并及时与解读人、责编充分交流，把好“一头一尾”两个关口。

根据有关反馈意见和建议，编纂委员会深入调研，归纳总结，实事求是，对书稿编纂作出及时调整。后续编纂工作在遵照现有体例的情况下，在体量允许的范围内，尽量照顾原典完整性，继续坚持将最大可能地兼顾原典完整性和“面向普及”放在首位，力争处理好“全选”与“节选”的关系。同时，加重原典作者生平笔墨，卷末《主要参考文献》增设原典作者年谱相关书目，既弥补缺失原典作者详细年谱的遗憾，又避免直接附录年谱带来的版权及学术争议和因增加年谱而造成的丛书体例不统一等情况。

五、《鲁迅手稿全集》编辑出版项目

2020年，在各级领导的关心指导下，在海内外鲁迅手稿收藏机构和个人的广泛支持下，在参与编辑和出版的专家学者及工作人员的共同努力下，《鲁迅手稿全集》（以下简称《全集》）编辑出版项目稳步有序推进，取得阶段性成果。

（一）编辑出版工作稳步开展

《全集》编辑出版项目全体工作人员本着质量第一的原则，严谨编纂、科学著录、把控细节、精心设计，并充分发挥项目专家组力量，努力克服疫情带来的不利影响，扎实有序推进各项工作稳步开展。

1. 手稿征集工作进展

手稿征集工作得到社会各界的广泛支持。鲁迅手稿的主要存藏单位，包括北京鲁迅博物馆、上海鲁迅纪念馆、广州鲁迅纪念馆、绍兴鲁迅纪念馆在人力物力上的全面配合，为项目的顺利进行奠定坚实基础。鲁迅先生的家人马新云、周令飞、周令一3位先生第一时间提供了家藏手稿的图片；鲁迅先生的日本好友内山完造的后人内山篱和内山深2位先生积极帮助核实一些日本所藏手稿的线索，并协助出版社委托人员完成拍照；新加坡杜南发先生藏有鲁迅致胡绥之书信，及时发来图片和相关信息；曹靖华先生的后人曹明先生直接携带所藏鲁迅致曹靖华书信至国家图书馆扫描。此外，还克服疫情影响，远程获得美国哈佛大学哈佛燕京图书馆，日本东北大学、关西大学、鹿岛历史民俗资料馆的相关资料；中国嘉德拍卖公司、中国社会科学院近代史研究所、广西壮族自治区博物馆、上海宋庆龄纪念馆、蔡元培纪念馆、甘肃省图书馆、厦门大学鲁迅纪念馆等机构也对此项工作给予大力支持。目前，鲁迅手稿线索征集工作已经基本结束，共征集鲁迅手稿图像近33000页。

2. 各编编辑工作进展

《全集》共分为七编，包括文稿编、日记编、书信编、译稿编、辑校古籍编、辑校金石编、杂编，成书规模预计80册。截至2020年底，已基本完成鲁迅先生手稿征集与整理工作。文稿编、日记编、译稿编的编校工作已基本完成，书信编、辑校古籍编、辑校金石编、杂编的编校工作即将完成。

3. 序言、凡例撰写

序言、凡例初稿已起草完成，编委会办公室已在一定范围内征求了专家意见，并由研究院（业务管理处）正在根据专家意见对初稿做进一步修改完善。

4. 装帧设计工作

印刷开本已在充分征求专家意见基础上改用小8开本编排，以尽可能呈现手稿作品原貌；外观由著名装帧设计专家宁成春先生设计，装帧设计已在专家意见基础上进行修改完善，并提供多种方案征询专家意见。

（二）重要工作进展

1. 定期召开编辑出版工作会议

全年组织召开编辑出版工作会议 3 次。

3 月 27 日，《全集》编委会办公室主任饶权主持召开编辑项目工作会议，编委会办公室副主任张志清与国家图书馆相关部处负责人及有关人员参加会议。会议听取参会部处对近期《全集》编辑出版工作进展的汇报，研究《全集》日记编相关问题，并对下一步工作进行部署。会议提出要进一步调整专家委员会工作机制，优化决策机制，确保项目顺利进行。

9 月 14 日，《全集》编委会办公室主任饶权主持召开编辑项目工作会议，编委会办公室副主任张志清与国家图书馆相关部处负责人及有关人员参加会议。会议听取《全集》编辑出版项目整体工作进展情况汇报。会议肯定相关部处前期所做的大量工作。会议强调，要深刻认识《全集》编辑出版项目的重要意义，提高政治站位，统筹协调、全力以赴做好整体工作。

12 月 29 日，《全集》编委会办公室副主任张志清主持召开编辑项目工作会议，国家图书馆相关部处负责人及有关人员参加会议。会议传达文化和旅游部领导对《全集》编辑出版工作的重要批示精神，听取参会部处对《全集》编辑出版工作进展及现阶段问题的汇报，对推进后续编辑、审稿、排版等工作进行部署。

2. 成立专家委员会决策组

为进一步发挥《全集》项目专家委员的作用，确保出版工作保质保量完成，编委会办公室在充分征求专家委员会委员意见的基础上，于 2020 年 5 月在专家委员会中设立决策组，由专家委员会主任、副主任和 5 位委员组成，以便及时解决问题，提出意见，推进工作。专家委员会决策组主要职责为：以《鲁迅手稿全集》收录范围与编辑体例、著录规范为依据，整体把握新版《鲁迅手稿全集》的定位与宗旨，保证全面性、专业性和权威性。在充分征求专家委员会各位委员意见的基础上，重点对编纂出版中各类疑难问题提出解决办法，由专家委员会主任确定后，上报编辑委员会。专家委员会决策组成员（按姓氏笔画排序）包括：王锡荣、陈力、陈子善、陈漱渝、张志清、饶权、黄乔生。

3. 召开专家委员会决策组会议

全年组织召开专家委员会决策组会议 1 次。

《全集》编辑工作任务重、难度大。在编辑工作中，存在各收藏单位著录体例不统一，提交缺漏，图片不合格等问题，还有一些书信存在题名、系年错误，写作时间不详，存藏情况不详等问题，需要一一进行考辨梳理、沟通修正。在线索征集过程中，存在线索多而琐碎，手稿收藏单位与个人遍布海内外各地，部分线索需要花费较长时间、较大精力进一步征集与核实。特别是最后一编，有许多创新之处，由于此前缺乏出版和研究基础，编辑难度很大，专家就命名、分编等问题意见不一。鉴于此，10 月 14 日，专家委员会决策组会议在国家图书馆召开。《全集》专家委员会主任、编委会办公室主任饶权主持会议，专家委员会决策组全体成员出席会议。会议听取《全集》编辑出版项目进展情况及现阶段问题的汇报，对鲁迅先生课堂笔记的处理、最后一编的命名和编排方式等问题进行研究讨论并形成一致意见，即将最后一编名称确定为“杂编”，在《全集》中不单设笔记编，而是归入杂编并相对集中编排，但不对归集结果进行命名。

六、国家传统文化典籍整理工程

国家传统文化典籍整理工程于2017年5月正式启动。2017—2019年期间，先后开展“中国海洋珍贵历史文献整理与研究”（立法决策服务部承担），“辛亥革命武昌起义文献整理与研究”“全国图书馆藏新民主主义革命时期中共党史文献整理与研究”（研究院承担），“中国石刻资料征集、整理与研究”“‘一带一路’文献整理与研究”（古籍馆承担）5个子项目。2020年，工程继续实施，实际拨付经费500万元（含《鲁迅手稿全集》出版预算406万元）。

2019年11月，研究院面向馆内相关部处征集工程第二批选题建议。在相关部处反馈的选题策划方案基础上，结合文献整理现状与现实需求，2020年启动“长江、黄河、长城、大运河古籍文献整理与研究”“徽州文书的调查、整理与研究”“清代乡试文献整理与研究”“清代藏书史料整理与研究”等4个子项目，继续实施“全国图书馆藏新民主主义革命时期中共党史文献整理与研究”子项目，拟于3年内完成。古籍馆承担其中的“长江、黄河、长城、大运河古籍文献整理与研究”“徽州文书的调查、整理与研究”“清代乡试文献整理与研究”子项目，研究院承担“清代藏书史料整理与研究”子项目。

2020年，国家传统文化典籍整理工程正式出版的成果有学苑出版社出版的《中国国家图书馆藏西域文书·藏文卷》。该书收录国家图书馆所藏西域文书中的藏文文献290号，包括纸质文献21号、木质文献269号，反映吐蕃占领西域之后深远的文化影响，具有重要的学术资料价值。

按照2020年11月26日下发的《国家图书馆关于部分内设机构及职责调整的通知》（国图人发〔2020〕49号）的要求，原研究院组织实施国家传统文化典籍整理工程的任务划入古籍馆。

七、中国记忆项目

2020年，中国记忆项目中心始终坚持以习近平新时代中国特色社会主义思想为指导，深入学习总书记系列讲话精神和党的十九届五中全会精神，在严守疫情防控的形势下，专题资源建设、标准规范研制、资源整理编目、资源宣传推广等各项工作有序推进，同时，延续性地承担了国家级非物质文化遗产代表性传承人记录工作的成果验收、成果展映、成果转化、培训等相关工作。

（一）持续开展多类型资源建设工作

继续开展当代重要学者、中国图书馆界重要人物、人口较少民族口头传统、东北抗日联军、国图总馆南区建设等专题的延续性资源建设，重点筹备推进《中华传统文化百部经典》顾问及解读人口述史访问，启动中国战“疫”记忆库口述史资源建设，各专题采集和收集口述史料、影音资料共计约177小时。

1. 专题延续性自建资源建设

中国记忆项目继续开展当代重要学者专题延续性自建资源建设，重点筹备推进《中华传统文化百部经典》顾问、编委及解读人口述史访问，同时采集数学家丘成桐、计算机软件专家王永民、纪录片专家司徒兆敦、人类学家周国兴、戏剧理论家张玮、气象学家秦大河等学者口述史料约41小时，并对已访问学者的口述史料进行整理和文稿编辑。开展国家图书馆总馆南区建成三十周年纪念专题补充资源采集工作，并对口述史文稿进行整理和编辑。开展东北抗日联军专题延续性资源建设，采集口述史料、影像资料约53小时。开展人口较少民族口头传统延续性资源建设，对云南省怒族、基诺族、独龙族和普米族的口头传统进行影像资料采集。

2. 中国战“疫”记忆库口述史资源建设

开展中国战“疫”记忆库抗击新冠肺炎疫情主题口述史访问和征集工作，采集国家中医援鄂抗疫医疗队24位成员的口述史料约54小时，征集江苏省常州市第三人民医院援鄂医疗队19位医护人员的口述史料约8.5小时。

3. 中国图书馆界重要人物专题资源共建

中国记忆项目之中国图书馆界重要人物专题资源共建工作自2015年启动以来，截至2020年底，全国共有28家公共图书馆、高校图书馆、高校相关院系等单位参与该项目资源共建，对48位在我国图书馆事业建设中做出重要贡献的图书馆界重要人物进行口述史访问，为我国当代图书馆史积累了重要的一手资料。2020年，武汉大学图书馆、内蒙古大学图书馆、山东师范大学图书馆申报4位受访人的口述史项目，成为新一批开展该专题资源共建共享的合作单位。该专题在共建资源开发与推广方面也迈出新的一步，中国记忆项目中心联合各共建单位对已完成建设的口述史料进行整理，与国家图书馆出版社合作，启动《中国图书馆人物口述史》（第一批）出版项目，并获得国家出版基金资助。

（二）结合已有经验，研制针对性标准规范

在有关部门牵头组织下，组建专门队伍，在做好保密工作的同时，广泛搜集资料，多方调查参考，开创性地提出人物口述史模块化主题体系，解决了人物类别特征在资源建设中的映射和实操问题，并组织馆内相关方面专家充分参与，反复研究论证，听取吸收意见建议，起草《人物口述史料和影音资料建设规范》《人物资源库资源描述元数据规范》等工作规范，代拟《人物口述史采集实施方案》，为后续相关文献资源建设奠定基础。

接到相关工作任务后，中国记忆项目中心对此项标准规范的研制高度重视，于7月2日成立专门工作组，讨论细化标准规范的结构框架及附录的模块化设计，针对不同类型的人物编制有针对性的访谈参考提纲。7月31日完成规范初稿，共计11.1万字，25个附件。10月21日，中国记忆项目中心负责人带领标准规范编写小组部分成员与中国科学技术协会创新战略研究院、北京理工大学图书馆相关专家进行专项业务交流，就人物类资料收集范围及种类等问题开展深入探讨，并参观设在北京理工大学图书馆的“老科学家学术成长资料采集工程馆藏基地”。10月30日、11月16日、11月26日和12月24日，中国记忆项目中心4次邀请馆内外专家召开专题论证会，修订完善标准规范。12月30日，工作规范研制完成并提交有关部门。

（三）开展视频资源整理编目，推进资源有序化

中国记忆项目中心在持续开展资源建设的同时，不断推进对已建设口述史料、影像资料等视频资源的整理、加工和编目工作。2020年，完成病毒学家顾方舟、东北抗联后代冯忆罗等受访人共计约24小时口述史料的加工、编目，并提交相关部门验收入藏。在确立中国记忆项目资源编目加工规范的基础上，继续探索素材级视频资源及其关联文献资源的系统管理工作，研制素材级视频资源的编目操作细则。

（四）推动资源开发与宣传推广

2020年，中国记忆项目中心完成口述史采访应用程序扩展功能开发及与国家数字图书馆应用程序的对接。同时，继续完善中国记忆项目网站（域名：memory.nlc.cn），拓展"国家级非物质文化遗产代表性传承人记录工作成果线上展示专区"（域名：ich.nlc.cn），完成第二批和第三批优秀成果的上线工作，并进行在线展示和推广。继续推动资源开发，基于已建设资源，编辑出版"我们的文字"专题图书《文字的记忆——非遗中的文字书写与传播口述史》1套3种:《中国的文字》《书写的工具》《文字的传播》，并纳入《中国记忆口述史》系列丛书。

（五）承担国家级非物质文化遗产代表性传承人记录相关工作

受文化和旅游部非物质文化遗产司委托，中国记忆项目中心于2020年继续承担国家级非物质文化遗产代表性传承人记录相关工作。其中包括：对第三批提交的293个国家级非遗代表性传承人记录项目成果进行抽复查验收；接收各省实施单位另行提交的前两批国家级非遗代表性传承人记录项目成果，进行梳理整合，筹备开展读者服务，并将成果副本移交中国非物质文化遗产保护中心等指定单位保存；以宣传文章连载方式进行前两批47个国家级非遗代表性传承人记录优秀项目成果在线展示；对前两批国家级非遗代表性传承人记录优秀项目成果进行转化利用，策划录制"他们鉴证了文明——非遗影像公开课"系列课程；举办"年华易老　技忆永存——第三届国家级非物质文化遗产代表性传承人记录工作成果展映月"，对在本年度验收中被评为优秀的48个项目综述片及示范性项目成果进行在线展映和专题推广；举办2020年度国家级非遗代表性传承人记录工作在线培训班；完成国家级非遗代表性传承人记录成果中2个示范性项目《刘永安——木偶戏（邵阳布袋戏）》《沈少三——撂石锁》的制作，通过专家验收，并在展映宣传活动中进行重点推介。

年度掠影

【国家古籍保护中心推出“书山有路”系列互联网直播活动】

8—11月，国家古籍保护中心推出3期“书山有路”系列互联网直播活动。8月22日，第一期活动以“书山有路·你不知道的图书馆古籍人”为题，在传承弘扬中华优秀传统文化的大题目下，向社会公众展示国家图书馆馆员风采，邀请来自国家图书馆古籍馆、国家古籍保护中心办公室、民国时期文献保护工作办公室、国家图书馆出版社4个部门的4位工作有特点、学问有专攻的中青年馆员进行文化沙龙式对谈活动。9月19日，第二期活动以“书山有路·在故纸中寻觅匠心”为题，配合“妙手补书书可春——全国古籍修复技艺竞赛暨成果展”展览宣传，邀请来自国家图书馆古籍馆、国家古籍保护中心办公室以及浙江图书馆从事古籍修复、科学保护的4位中青年馆员参加活动。11月1日，第三期活动以“书山有路·历尽劫波丹心在”为题，结合中央电视台纪录片频道即将播出的由国家图书馆协助拍摄的六集纪录片《炮火下的国宝》，进一步宣传新时代图书馆人、古籍保护人不忘初心、接续先贤遗志所做的扎实工作，邀请该纪录片导演杜兴，国家图书馆研究馆员李际宁、副研究馆员袁媛，浙江图书馆古籍部主任陈谊4人参加活动。

【2020年中华传统晒书活动在孔子博物馆启动】

8月25日，“传习经典　融古慧今——2020年中华传统晒书活动”启动仪式在山东曲阜孔子博物馆举行。国家图书馆副馆长、国家古籍保护中心副主任张志清，山东省文化和旅游厅副厅长、省文物局副局长王廷琦等出席仪式。“晒书”这一传统是中国书籍文化的重要组成部分，始于汉代，兴于魏晋，到唐宋时期逐渐形成制度，在中国读书人心中占据着重要位置，饱含着国人对中华文化的深厚情怀。在国家古籍保护中心的倡议下，全国各地从七夕开始陆续举办“晒国宝”“晒经典”“晒技艺”“晒传统”丰富多彩的晒书活动。如在浙江举办晒书雅集，在北京展示修复技艺，在河南探寻黄河文化，在河北民间晒宝，在四川颂扬诗圣，在辽宁展映孔门七十二贤图，在广东岭海揽珍，在云南体验VR《滇南本草》，在西藏感受藏文佛典，等等，江苏、山东、山西、甘肃、湖北等地也都策划了各种特色晒书活动。据不完全统计，全国18个省份近80家古籍公藏单位举办各类特色活动100余场，涉及省市县各级图书馆、博物馆以及高校图书馆等。

【国家古籍保护中心举办抗战时期典籍文献抢救保护学术研讨会】

9月4日，“纪念抗日战争胜利75周年·抗战时期典籍文献抢救保护学术研讨会”在国家图书馆召开。国家图书馆党委书记、副馆长魏大威，国家图书馆副馆长、国家古籍保护中心副主任张志清出席会议。魏大威在会上致辞。部分省级古籍保护中心负责人和专家学者、新闻媒体代表等60余人参会。此次研讨会是贯彻落实习近平总书记给国家图书馆老专家回信精神的重要举措，也是继抗战胜利 70 周年国家古籍保护中心举办抗战时期古籍抢救保护史迹研讨会后，我国图书馆界再一次全方位、多角度地揭露日本军国主义破坏中国文化典籍、展示我国民众抢救保护珍贵典籍文献艰辛历程和感人事迹的重要活动。国家图书馆古籍馆副馆长陈红彦、研究馆员李际宁分别介绍《赵城金藏》仿真影印回归入藏广胜寺事例和《赵城金藏》在大藏经史上的意义。多位专家学者以大量生动丰富的历史图片、影像和翔实记录，讲述抗战时期合众图书馆先贤抢救保护典籍文献、八路军抢救保护《赵城金藏》、文澜阁《四库全书》西迁贵阳、梅冷生抢救温州重要典籍文献等壮举，揭示郑振铎抢救典籍文献的新史料，丰富了抗战期间王重民在美国为抢救和整理中华典籍文献的历史细节。

【国家古籍保护中心举办首届全国大学生中华典籍文化保护与传承大赛】

11 月 5 日，首届全国大学生中华典籍文化保护与传承大赛决赛在中山大学举办，来自国家图书馆（国家古籍保护中心）、国家档案局、中国古籍保护协会等单位的评审专家，与来自中国人民大学、黑龙江大学、复旦大学等学校的 24 支参赛队伍代表出席决赛开幕式。国家古籍保护中心办公室主任苏品红出席开幕式并致辞。为贯彻落实习近平总书记在全国高校思想政治工作会议上“以文化人、以文育人”的讲话精神，加强大学生中华优秀传统文化教育，为古籍保护事业储备高层次有生力量，国家古籍保护中心与中山大学信息管理学院、中山大学国家文化遗产与文化发展研究院于 7 月联合发起首届全国大学生中华典籍文化保护与传承大赛。大赛分为学术论文、典籍文化保护与传承提案、典籍文化创意设计 3 个单元，经过初评筛选，每个单元有 8 支队伍进入决赛环节。决赛按照不同单元分别在 3 个会场同时举行，各单元均由 3 至 4 位专家组成评审团，评审团根据参赛团队陈述进行提问，团队成员现场答辩，评审专家评议打分。通过严格的答辩和评选，3 个单元分别评出一等奖 1 名、二等奖 2 名、三等奖 5 名。

【国家古籍保护中心举办第四届古籍保护学科建设研讨会】

11 月 6 日，第四届古籍保护学科建设研讨会在中山大学举办，国家古籍保护中心副主任张志清、国家古籍保护中心办公室主任苏品红出席会议并讲话。此次会议分为主旨报告、专题报告和专题研讨 3 个环节，就古籍保护学科建设的内涵思路、科学方向、专业设置、职业发展等展开研讨，旨在谋划“十四五”时期古籍保护学科建设，推动古籍保护学术研究与人才培养工作。张志清在回顾中华古籍保护计划实施以来古籍保护工作所取得成果的基础上，结合国家最新政策，整体勾勒古籍保护的工作格局、知识体系和主要内容。苏品红在致辞中总结了国家古籍保护中心在“十三五”时期开展的工作及取得的成果，为各高校和研究机构做好“十四五”规划提出指导意见。

【国家图书馆（国家古籍保护中心）举办中华经典传习所颁牌仪式】

11 月 19 日，中华经典传习所颁牌仪式在大连图书馆举行。国家图书馆副馆长、国家古籍保护中心副主任张志清，大连市公共文化服务中心、大连市文化和旅游局等相关单位领导及来自全国30余家公共图书馆的50余名图书馆界同人出席仪式。中华经典传习项目是国家图书馆（国家古籍保护中心）联合全国各级公共图书馆和相关单位，在中华古籍保护计划框架下开展的以《中华传统文化百部经典》为主要内容的中华优秀传统文化实践活动，旨在将中华古籍经典的精神内核与图书馆社会教育职能相结合，进一步构建出既传承经典又贴近时代、既传播知识又启发智慧、既涵养精英又教育大众的可持续发展模式。仪式上，国家古籍保护中心与大连图书馆相关负责人共同为大连图书馆白云书院传习所、大连连海书院传习所揭牌，国家古籍保护中心还向传习所赠送百部经典教材。白云书院国学义塾小学员以视频形式做汇报演出，诵读《大学》《论语》《诗经·国风·周南·关雎》《诗经·秦风·蒹葭》《千字文》片段；由大连图书馆馆员组成的白云吟唱团表演古诗吟唱曲目《春日》《春夜喜雨》《渔歌子》《敕勒歌》。第五期全国古籍保护工作管理人员研修班同日开班。

【国家图书馆（国家古籍保护中心）举办黄河文化遗产古籍保护研讨会】

11月25日，黄河文化遗产古籍保护研讨会在甘肃兰州召开。会议由国家图书馆（国家古籍保护中心）、甘肃省文化和旅游厅主办，甘肃省图书馆（甘肃省古籍保护中心）承办。国家图书馆副馆长、国家古籍保护中心副主任张志清，甘肃省文化和旅游厅二级巡视员李长迅出席会议，来自黄河沿线九省、区古籍保护中心主要负责人和相关专家参加会议。黄河是中华民族的母亲河，黄河文化是中华文明的重要组成部分，是中华民族的根和魂。2019年9月，习近平总书记在黄河流域生态保护和高质量发展座谈会上的讲话中提出要保护传承弘扬黄河文化。此次会议根据习近平总书记有关黄河文化的重要讲话精神和上级有关部门相关要求，围绕黄河流域古籍普查调查、整理研究、成果呈现、展览展示、讲座推广、人才培养等方面进行深入讨论。“十四五”期间，国家古籍保护中心将在中华古籍保护计划框架下，以保护传承弘扬黄河文化为主线，系统推进黄河流域古籍保护工作。

【国家图书馆（国家古籍保护中心）主办“册府千华”系列展览分别在江西、重庆开展】

12月8日，江西省图书馆迎来建馆100周年馆庆，由国家图书馆（国家古籍保护中心）、江西省文化和旅游厅主办，江西省图书馆（江西省古籍保护中心）承办的“册府千华——江西省藏国家珍贵古籍特展”正式开展，向广大观众展示众多江西省藏珍稀古籍和江西省古籍保护成果。此次展览以中华古籍发展历史为主线，按经、史、子、集分为“诗礼传家　儒典辉光”“知史明智　经世致用”“百家争鸣　匠心独运”“文章节义　翰墨华彩”四部分。展览以实物和展板相结合的方式，展出江西省图书馆入选《国家珍贵古籍名录》及《江西省珍贵古籍名录》的馆藏百余册珍贵古籍，这是江西省展出古籍珍本数量最多、价值最高、规模最大的一次展览。

12月15日，“册府千华——重庆市藏国家珍贵古籍特展”在重庆图书馆开展。此次展览由国家图书馆（国家古籍保护中心）、重庆市文化和旅游发展委员会主办，重庆图书馆（重庆市古籍保护中心）承办，协办单位包括重庆中国三峡博物馆、重庆市北碚图书馆、西南大学图书馆、重庆市黔江区图书馆和西南政法大学图书馆。此次展览以展板和原书相结合的方式，主要展出重庆地区入选《国家珍贵古籍名录》的部分精品古籍约百部，使观众充分领略重庆市珍贵古籍的风采。

【守岗尽责，同心战疫——民国时期文献保护工作办公室努力做好疫情期间各项服务工作】

2020年新型冠状病毒肺炎疫情期间，民国时期文献保护工作办公室坚决贯彻落实习近平总书记关于疫情防控工作的重要指示精神和国家图书馆统筹推进疫情防控与事业发展的工作部署，切实履行社会责任，在做好疫情防控工作的同时，紧密结合自身业务特点，积极做好各项服务工作。

充分利用在线服务模式，满足各界资源需求。通过革命文献与民国时期文献保护网提供“不朽的长城——馆藏抗战文献展”等在线展览，满足不能到馆读者的观展需要。通过民国时期文献联合目录普查平台满足业界编目人员查询套录民国时期文献书目信息需要，该平台汇聚国家图书馆及31家民国时期文献普查成员馆的书目数据30万条、馆藏数据70万条以及民国时期图书书影目次2万余种，是目前国内最大的民国时期图书普查数据库。通过国家图书馆民国图书专题资源库全文发布753万页缩微胶片数字化成品，助力学术研究。通过中国图书馆学会“会员学习中心”，免费开放共享“革命文献与民国时期文献保护专题讲座”15场，助力图书馆从业人员在疫情期间提升专业知识与服务技能。

据统计，从1月24日到3月10日，革命文献与民国时期文献保护网的点击量为582978次，用户访问数为17076人次。民国时期文献联合目录普查平台点击量为222491次，用户访问数为5653人次。民国图书专题资源库网页点击量为554160次。表明上述线上资源在远程读者服务方面发挥重要作用。

积极发挥史料整理优势，策划疫情防控选题。结合当时疫情和国家图书馆馆藏优势，主动联络多家单位，开展民国时期传染病防疫资料、社会疾病史与地方疾病史资料的选题调研，策划并高质量推出“民国时期防疫资料系列”专题文献。继续推出《民国时期温病学文献汇编》等医疗卫生资料整理项目。

主动通报工作进展，回应国际同行关切。疫情暴发后，民国时期文献保护工作办公室积极履行国际图联保存保护中国中心职责，持续与国际图联保存保护中心保持线上沟通，及时通报国图疫情期间转变服务模式、以多种方式持续提供线上服务的情况，同时积极参与国际图联各类专题文献编写工作，得到国际图联保存保护中心高度肯定与赞赏。

【开展民国时期黄河文化遗产保护文献整理项目申报工作】

4月23日，国家图书馆正式启动民国时期黄河文化遗产保护文献整理项目的组织申报工作。该项目旨在深入贯彻落实习近平总书记在黄河流域生态保护和高质量发展座谈会上的重要讲话精神，以及文化和旅游部实施黄河文化遗产系统保护工程相关要求，由国家图书馆民国时期文献保护工作办公室负责组织实施，全国各图书馆、档案馆、博物馆、纪念馆均可参与申报。申报截止日期为6月30日。此次文献整理范围涵盖民国时期出版发行的有关黄河流域的图书、期刊、历史档案、名人日记、手稿等，文献整理内容原则上以尚未公开整理出版过的文献为主。主要内容包括：民国时期治黄档案；民国时期出版的黄河志书、治黄著作、治黄专家日记、治黄有关的刊物等；民国时期黄河流域各省、市、县志；民国时期黄河河道状况、航运、农田灌溉、黄河水患与治理水患等历史文献；民国时期治黄法规、规划、计划的制定和实施文献；民国时期治黄机构治河活动文献；民国时期治黄技术、河防体制、河防工程、水利工程、桥梁建设、流域水利开发利用等历史文献。选题申报坚持以习近平新时代中国特色社会主义思想为指导，国家图书馆组织专家评审会对申报项目进行评审，积极推动相关工作的开展。

【出版《图书馆老照片》再现民国时期图书馆风貌】

5 月，《图书馆老照片》一书由国家图书馆出版社出版发行。该书是革命文献与民国时期文献保护计划的重要整理项目成果。书中收录民国时期与图书馆有关的照片 1000 多幅，分建筑篇、人物篇、阅览篇和其他四部分，涵盖国内 200 多个图书馆和国外 30 多个图书馆。照片主要来源于国家图书馆所藏民国时期报纸、期刊和专著，包括丁丙、冯平山、韦棣华、戴志骞、洪有丰、袁同礼、杜定友、刘国钧等 390 余人的个人照片；各图书馆及图书馆学会合影 146 幅，如梁思庄等国立北平图书馆四职员参加图书馆年会合影、武昌文华图书馆学专科学校师生合影，各地图书馆职员合影等；还有当时国内外流动图书车、巡回图书馆等照片，如浙江流通图书馆自由车送书、重庆北碚民众图书馆深入民间的巡回图书担等。每幅照片均标明出处，部分提供简介。书后编有详细索引，方便读者快速检索。本书从多方面展现民国时期各地图书馆及图书馆人的整体风貌，以鲜活影像增加今人对前辈的了解与景仰，充分体现在当时经济落后、办馆条件简陋的状况下，图书馆人为开启民智所付出的艰苦卓绝努力，这种不惧困难的精神和传播知识的使命感对于当前推动图书馆事业的发展仍然具有重要意义。

【2020 年革命文献与民国时期文献整理项目专家评审会召开】

8 月 12 日，2020 年革命文献与民国时期文献整理项目专家评审会在国家图书馆召开。中共中央党校党史教研部教授李东朗、高中华，中国社会科学院近代史研究所所长王建朗、副所长金以林，中国第二历史档案馆馆长马振犊，北京大学历史学系教授王晓秋、臧运祜，中国人民大学历史学院院长黄兴涛，南开大学日本研究院教授宋志勇，四川大学历史文化学院教授陈力 10 位专家参加评审。评审会上，国家图书馆民国时期文献保护工作办公室主任马静首先介绍近年来革命文献与民国时期文献整理出版情况、今年各单位申报情况，并说明评审要求，特别强调要把好意识形态关。与会专家本着公开、公平、公正原则，对各级图书馆、档案馆、出版社、科研院所等 26 家单位申报的 42 个项目逐一进行评审，遴选出符合要求的优秀申报项目，并积极建言献策，对文献整理工作提出建设性意见和建议。

为带动全国革命文献与民国时期文献的保护工作，向社会公众与学界提供高质量的文献资料，国家图书馆从 2013 年开始面向全国组织革命文献与民国时期文献整理项目申报，依据文献资料类型、濒危状况、珍稀程度和社会需求，有计划、分步骤、成规模地整理文献。经过数年努力，取得明显成效，在实践中逐步形成"民国时期文献资料丛编""对日战犯审判文献资料丛刊""抗日战争文献史料丛编""革命历史文献资料丛编""民国时期珍稀档案、日记、手札文献""民国时期文献目录、图录、索引""民国时期小报系列""'满铁'对华调查资料丛编"八大整理体系，填补多项国内空白，在一定程度上满足科研单位、社会公众对文献的需求。2020 年，国家图书馆革命文献与民国时期文献整理项目申报工作，在选题上，坚持以习近平新时代中国特色社会主义思想为指导，增强“四个意识”、坚定“四个自信”、做到“两个维护”，把好意识形态关；在具体实施上，采取单位申报、专家评审、项目资助机制，内容涵盖民国时期政治、经济、社会、文化、教育、卫生等各个领域，还加强民国时期黄河文化遗产保护方向的申报立项工作。

【2020 年革命文献与民国时期文献保护计划举办线上专题培训班】

为满足新冠肺炎疫情常态化防控期间广大革命文献与民国时期文献保护工作者的培训需求，国家图书馆按照相关疫情防控要求，创新服务模式，和中国图书馆学会合作，采取线上方式开展2020 年革命文献与民国时期文献保护计划专题培训。9 月 1 日，线上专题培训班正式开班，至 10 月 31 日结束，为期 2 个月，共有各级各类图书馆民国文献整理与保护人员 475 人参训，其中 435 人完成全部课程学习。此次培训充分利用互联网和信息化平台，将专家授课、互动答疑等培训环节均以线上形式呈现，给学员提供全新的培训体验。培训期间，国家图书馆专家刘小玲、朱芊、杨静、董馥荣、袁春艳分别讲授“民国图书著录”“民国文献标引”“民国连续出版物著录”“民国时期线装书普查”“民国时期文献联机上载与馆藏编制”。授课内容理论框架清晰，融入丰富的案例，对实际工作具有重要指导作用，受到参训学员的欢迎。

2014 年至今，国家图书馆联合中国图书馆学会开展人才培养和宣传推广活动。在全国 18 个省（自治区、直辖市）累计举办革命文献与民国时期文献保护工作培训班 20 次，同时举办革命文献与民国时期文献保护计划成果展览 18 场，培训来自全国各级各类革命文献与民国时期文献收藏单位的业务骨干 2879 人，为文献保护工作深入开展做好人才培养和专业力量储备。

【开展“国家图书馆民国时期文献建档及酸化程度测试项目”】

“国家图书馆民国时期文献建档及酸化程度测试项目”于 2019 年 2 月启动，项目计划完成民国时期图书 10 万册建档和 5.6 万册酸化程度测试工作。截至 2020 年 12 月，已完成全部 10 万册图书的建档，并继续进行收尾工作，包括档案表的校审、钤印的辨识等；另完成 6988 册图书的酸化程度测试。

该项目是以国家图书馆馆藏民国时期文献为研究主体的实验性项目。旨在建立国家图书馆馆藏民国时期文献总台账，为实现文献精细化管理和精准保护打基础，并为后续文献脱酸、文献装订等原生性保护工作做准备。在工作开展的过程中，项目小组定期组织工作人员梳理各项建档内容，制定“民国时期文献建档及酸化程度测试工作流程”，以达到标准化、规范化操作的目的。完成民国库藏文献中存在的新中国成立后出版的图书以及图书馆藏地错误、书目信息错误情况的统计工作，分类整理并建立文献档案。同步开展民国文献整理工作，对建档过程中发现的民国图书缺藏情况做统计，并建立补藏清单。该项目为推动民国文献保存保护工作提供经验与依据。

【开展“公共数字文化服务小分队下基层”活动】

为落实中央宣传部、中央文明办、文化和旅游部、国家广播电视总局、中国文联《关于 2020 年元旦春节期间广泛开展“我们的中国梦”——文化进万家活动的通知》的相关要求，国家图书馆联合文化和旅游部全国公共文化发展中心组织2支公共数字文化服务小分队，于1月分别前往广西壮族自治区巴马瑶族自治县和河北省康保县开展一系列线上线下结合、形式多样的文化惠民活动，丰富基层群众的精神文化生活，提高人民群众的文化获得感、幸福感。活动期间，国家图书馆向巴马县图书馆、康保县图书馆捐赠包括《中华传统文化百部经典》在内的图书累计30000余册，极大地充实了两馆的馆藏；为两馆开通的基层数字图书馆服务平台整合2000册电子图书、200种电子期刊、3000集视频等数字文化资源，内容涵盖农林牧渔、医药健康、创业就业、法律咨询等领域，可以满足不同群体的多方面阅读需求。同时，小分队还举办阅读推广、科学普及主题的专家讲座，开展“文旅e家助力美好生活”扫码阅读活动，赠送基层图书馆、基层综合文化服务中心资源海报，通过讲座和资源的带动提高基层群众的文化、科学素养。

【举办2020年公共数字文化工程图书馆创新服务培训班】

9月24—25日，由国家图书馆首次举办的公共数字文化工程网络视频直播培训——2020年公共数字文化工程图书馆创新服务培训班开班，全国省市级公共图书馆的200余位工作人员参加此次线上远程学习。为进一步提升我国公共图书馆创新能力和服务水平，交流分享疫情防控特殊时期各馆创新服务经验，国家图书馆特别策划举办此次培训班。培训班邀请南开大学教授柯平、浙江图书馆研究馆员刘晓清等业界资深专家，就图书馆的智慧化发展、未来转型等新兴前沿内容进行专题教学，进一步提升学员对这些问题的理解与认识。同时邀请国家图书馆、上海图书馆、湖北省图书馆等图书馆界同人及新兴创新技术企业中图云创智能科技有限公司，为学员讲解疫情防控特殊时期图书馆创新性服务、中国战“疫”记忆库建设与服务情况，分享创新服务的先进理念、经验和技术应用，为业界同人开展更广泛的创新性服务提供有益参考。此次培训采取的远程网络视频直播授课模式，不仅扩展了培训的受众规模，实现同步教学人数和沟通交流模式的突破，同时也是疫情防控常态化新形势下创新培训方式的有益尝试。

【开展2020年“春雨工程·网络书香”数字阅读推广活动】

2020年，为响应文化和旅游部、中央文明办开展的“春雨工程”号召，加强对边疆民族地区数字文化服务的援助力度，国家图书馆面向云南、贵州两省的县级图书馆，组织开展“春雨工程·网络书香”数字阅读推广活动。活动期间，向两省6家县级图书馆捐赠纸质书刊2万册，充实当地图书馆馆藏。根据国家疫情防控整体要求，活动由以往的实地活动转化为线上讲座直播活动，于10月16日、23日分别举办2场线上直播讲座，讲座主题为“研究自己的乡土：启动我们的博物学”和“读名著，品经典——《西游记》的文化解读”，两省共有5家县级图书馆的600余名读者观看，投入志愿者服务30余人次。每场讲座结束后，各馆馆员和现场观众积极开展互动。此外，此次活动提供一批免费的公共数字文化工程资源，指导帮助当地图书馆如何借助国家图书馆官方网站、微信公众号等挂接、宣传这些免费资源，面向当地群众开展数字文化服务；同时提供资源海报、资源折页等宣传推广材料，供各馆在线下进行宣传推广。此次活动通过赠送图书、举办主题文化讲座、推荐数字资源等形式，向基层群众输送优质的公共数字文化资源服务与体验，让数字图书馆建设成果真正惠及于民，并荣获2020年文化和旅游部“全国文化和旅游志愿服务项目线上大赛”三等奖。

【举办 2020 年公共数字文化工程基层数字图书馆建设培训班】

11 月 23—26 日，由国家图书馆主办的 2020 年公共数字文化工程基层数字图书馆建设培训班开班。因疫情防控常态化的需要，此次培训采用线上直播的授课模式，在保障培训工作开展的同时极大地扩展了培训辐射面，全国 270 余位县级图书馆馆长及相关工作人员参加培训，是往年人数的 5 倍之多，切实满足基层图书馆工作者对培训提升与沟通交流的需求。此次线上培训班邀请多位业界资深专家进行专题授课，内容涵盖“公共文化服务创新发展”“我国公共图书馆品牌营销模式”“儿童图书馆阅读推广理论与实践”“公共图书馆阅读推广读者服务实践”“国外公共图书馆阅读推广的发展”“公共数字文化工程数字资源服务”“面向基层图书馆的服务推广”等。授课内容从基层图书馆工作人员需求出发，既有深入的理论探讨，又富有实践指导意义。此外，培训班还特别邀请江苏省昆山市图书馆、广东省深圳市宝安区图书馆的同人，分享他们在数字图书馆建设与服务、新媒体宣传推广等方面的实践经验。为期 3 天半的系统培训，学员们共同学习专业知识、交流工作经验、分享发展成果，进一步提升各基层图书馆对公共文化服务、数字图书馆建设等理念和实践的理解和认识，为新时期提高公共数字文化人才队伍专业素质和综合能力、指导和推进未来基层数字图书馆相关工作发挥重要的推动作用。

【中国记忆项目中心举办“他们鉴证了文明”系列展示推广活动】

3—7 月，为配合国家图书馆“服务不打烊，战‘疫’进行时”读者服务整体工作安排，中国记忆项目中心策划编写“他们鉴证了文明”系列展示文章，以国家级非物质文化遗产代表性传承人记录工作前两批的 47 个优秀项目成果为素材，以图文视频并茂的富媒体形式编写制作成推文，在国家图书馆微信公众号、新华网等媒体进行连载。通过这些推文，读者既能够了解相关传承人的故事和他们所传承的非遗项目，又能够看到以他们为记录对象的纪录片花絮。系列文章共推出 31 篇，点击量逾 11 万次。

6 月“文化和自然遗产日”期间，中国记忆项目中心策划录制“他们鉴证了文明——非遗影像公开课”系列课程。邀请 11 位国家级非遗代表性传承人记录工作验收专家委员会成员，从国家级非遗代表性传承人记录工作优秀成果中精选 20 部非遗纪录片，以专家“陪同看片、伴随讲解”的模式，对片中的背景知识和传承精神进行实时解读。课程共计 20 讲，在国家级非物质文化遗产代表性传承人记录工作成果线上展示专区（域名：ich.nlc.cn）首发，并在文化和旅游部网站、新华网、光明日报客户端、哔哩哔哩等在线平台进行播放和推广，点击量逾 1400 万次。

【中国记忆项目中心举办“年华易老 技忆永存——第三届国家级非物质文化遗产代表性传承人记录成果展映月”】

12 月，在完成第三批国家级非物质文化遗产代表性传承人记录工作成果验收的基础上，中国记忆项目中心通过国家级非物质文化遗产代表性传承人记录工作成果线上展示专区及新华网、光明日报客户端、央广网等网络平台，举办“年华易老 技忆永存——第三届国家级非物质文化遗产代表性传承人记录工作成果展映月”。由于新冠肺炎疫情防控的要求，此届展映月主要以线上展映方式开展。展映影片分为“乐舞·情韵”“腔调·故事”“手艺·匠心”“吉祥·人生”4个单元，主要包括在2020年度验收中被评为优秀的48个项目的综述片及制作完成的示范性项目成果。展映影片通过综合相关传承人的非遗实践、传承教学和口述史料等影音内容，全面立体地展示了不同非遗项目的国家级代表性传承人的生活环境、成长经历，以及技艺习得和传承的历程。通过观赏影片，观众不仅能够领略到非遗传承人的技艺和风采，还能了解到非遗根植于不同民族、不同地域所焕发出的魅力和生命力。展映影片在新华网客户端所开设专题的点击量为174.01万次，在光明日报客户端所开设专题的点击量为62.3万次。

线上展映的同时，在做好疫情防控相关工作的前提下，12月17日，在第18届中国（广州）国际纪录片节举办期间，中国记忆项目中心于广州图书馆举行了一场线下展示推广活动——国家级非遗代表性传承人记录工作成果选映活动。活动选映3部国家级非遗传承人纪录片，分别是2018年、2019年展映月观众票选出的“最受观众喜爱影片”:《刘永安——木偶戏（邵阳布袋戏）》《季克良——茅台酒酿制技艺》和2020年验收中广东省的优秀项目《文琰森——狮舞（松岗七星狮舞）》，为观众呈现了一场非遗传承人的影像盛宴。

【2020年国家级非物质文化遗产代表性传承人记录工作培训班举办线上培训】

12月31日，2020年国家级非物质文化遗产代表性传承人记录工作培训班全部课程正式上线。全国各省非遗保护中心的项目负责人、学术专员及评审专家等共664人参加培训。在新冠肺炎疫情防控要求下，此次培训在全国文化和旅游干部网络学院平台以线上培训形式开展，邀请国家级非遗代表性传承人记录工作验收专家委员会的10位专家，分别从非遗的10个类别，对记录工作重点及验收情况进行解析，并邀请纪录片、口述史等方面专家进行专项讲解，共录制14节视频课程。同时，选取10节“非遗影像公开课”作为培训素材，供学员进行同步专题学习。

【中国记忆项目出版《文字的记忆——非遗中的文字书写与传播口述史》】

2020年，“我们的文字”专题图书《文字的记忆——非遗中的文字书写与传播口述史》1套3种（《中国的文字》《书写的工具》《文字的传播》）由天津人民出版社出版。本系列丛书全方位展示与文字相关的48项非遗项目，集合71位传承人与专家学者的口述史，进而阐述文字所承载的中华优秀传统文化。丛书第一卷《中国的文字》一书覆盖我国13种涉及文字书写艺术的非遗项目，讲述汉字和少数民族文字的审美价值、应用价值和历史价值。从书第二卷《书写的工具》详述传统书写工具相关的13项非遗项目，展示书写工具的起源、工序及精神传承。从书第三卷《文字的传播》详述文字传播相关的14项非遗项目，展现印刷、游戏、彩绘、雕塑、建筑等多样化的文字传播形式和载体。

文献整理与编辑出版

- 古籍整理出版
- 民国时期文献整理出版
- 馆藏重大出版整理项目
- 学术期刊编辑出版
- 年鉴编辑出版
- 专业文献出版
- 年度掠影

文献整理与编辑出版

一、古籍整理出版

（一）善本特藏古籍

2020年，继续与多家出版社合作，开展馆藏文献的整理与编辑出版，签订出版合同60余个。地方文献以及方志类文献依然是出版的重点，前者有《全椒古代典籍丛书》《朔方文库》《金陵全书》《韶关历史文献丛书》《茂名历史文献丛书》《东莞历史文献丛书》《江苏文库》《郴州文献集成》《嘉兴文献丛书》《浙江文丛》《处州文献集成》等，后者有《江苏历代方志全书》《重庆历代方志集成》《陇右方志文库》《闽台历代方志集成》等。专题文献整理开发有利于研究者系统地使用资料开展研究，此类选题有《明代诗话丛刊》《清代词谱丛刊》《清代珍本笔记丛刊》《清代诗话丛刊续编》《书画文献稿钞本集成》等。在文献整理开发过程中，注重为与国家重大战略相关的选题提供文献保障，例如为《海上丝绸之路文献集成》提供底本68种，整理出版《大清渠录》《卫根治运计划报告书》等涉及黄河、运河的水利文献。2020年，民族文字古籍的出版成为一大亮点：与北京大学出版社合作出版的《国家图书馆藏民族文字古籍丛书》一套8册，收录馆藏中每个文种的古籍珍品，具有文种标本价值；与学苑出版社签署馆藏彝文古籍出版协议，进一步加强西南民族文字古籍的抢救性整理与保护。

（二）普通古籍

普通古籍的整理出版按照专题分类的方式进行，涵盖传记文献、史籍史料、书目版本、文学艺术、方志地理、综合文献等方面。

传记文献方面：①《域外人物传记资料汇编》（全30册），收录有关域外人物传记文献，按照日本、朝鲜、欧美各国的顺序编排。第1—15册收录有关日本著名历史人物的传记，主要包括《本朝列女传》《先哲丛谈》《先哲丛谈续编》《先哲丛谈后编》《改正增补诸家知谱拙记》等34种传记文献。第16—26册收录有关朝鲜名人的传记，主要包括《璇源系谱纪略》《国朝人物志》《韩代崧阳耆旧传》《首阳世家文襄公实纪》等30种文献。第27—30册收录有关西方国家名人的传记，主要包括《泰西政治学者列传》《泰西人物韵编》《增补泰西名人传》《海国尚有录》《外国列女传》《海外名贤事略》《近代教士传》《欧司爱哈同先生行述》等19种文献。这83种文献收录包括日本维新三杰西乡隆盛、木户孝允、大久保利通以及摩西、柏拉图、伯拉西达、加林、保罗、德川家康、利玛窦、汤若望、南怀仁、康德、边沁等多人的传记资料。②《近代史研究所藏稿钞本日记丛刊》（全80册），精选中国社会科学院近代史研究所藏31种未刊稿钞本日记影印出版，作者包括清室宗亲和政界、学界、实业界名流。具体内容包括奕譞《醇亲王巡阅北洋海防日记》，载沣《使德日记》，张朝墉《半园日记》，华金寿《督学山左日记》《督学中州日记》等，对于近代政治史、经济史、军事史、外交史、文化史、学术史、边疆史等领域，具有十分重要的史料价值和研究意义。

史籍史料方面：①《清代乡试文献集成·第一辑》（全150册），收录清代乡试录、题名录、同年录、同年齿录、同门录等乡试文献368种，记录有当次乡试的考官、试题以及录取考生的姓名、年龄、籍贯、家世、著述等履历资料，涉及全国各个地域，尤以其时文化和经济发达的顺天、浙江、江南等为最。本书的重要价值：一是所收录的试题、考官等科举资料可为清代科举研究提供重要的基础文献。二是所收录的人物资料不仅有益于清代人物的家世和师承关系研究，也有益于地方志和地方著述目录的补充和订正，是地方文化研究的重要参考资料。②《近代经济档案文献汇编：第一辑》（全23册），本书主要收录近代天津行业同业公会等相关经济档案文献，涉及"天津市各行业同业公会""天津商会""天津市政府""天津市社会局""天津市财政局""天津市警察局"等10余类内容，时间上限为1908年，下限至1948年12月，主要包括各行业同业公会的筹建、创立、发展、撤销等各时期的呈文、批文等，还有各行业自行拟定的各项规章制度、实施办法、办事细则等。本书的出版可以为研究中国近代经济发展提供重要的史料支持。

书目版本方面：《北京师范大学图书馆藏稀见书目书志丛刊》（全8册），收录北京师范大学图书馆所藏稀见书目题跋15种，既有公藏书目，又有私家藏书目，如刘元亮《玉轩新纂古今书目》、何松《常惺惺斋书目》、杨亨寿《绥福堂藏书目》等。私藏目录中，《常惺惺斋书目》《传甓堂家塾藏书目录》《临海屈氏精壹堂家藏书目》《绥福堂藏书目》《听香精舍石印书目》《绿棠吟馆书目》6种稿本书目未见刊本及其他抄本行世。本丛刊对了解这些藏书家的私家藏书情况、藏书思想等具有较高的文献参考价值。

文学艺术方面：①《梅兰芳珍藏老戏单全编》，整理编辑北京梅兰芳纪念馆所藏梅兰芳先生历年来搜集、珍藏的晚清民国年间的戏单，以原貌彩印出版。全书收录戏单1100种左右，既有设计精美的抄写戏单，也有简洁朴素的印制戏单。这批戏单生动地反映出晚清民国时期戏曲舞台上的演出剧目和大受欢迎的戏曲艺人名单，是进行晚清民国戏曲研究的珍贵资料。②《槜李诗文合集》（全72册），槜李为嘉兴地区的古称、别称、雅称。本书搜集整理"槜李文系""槜李诗系"等嘉兴地区的相关文献13种。其中除清敦素堂刻沈季友所辑《沈南疑先生槜李诗系》、清宣统刻胡昌基所辑《续槜李诗系》外，皆为稿本。包括清忻虞卿辑《槜李文系》、张元济等补辑《槜李文系》、清胡昌基辑《续槜李诗系》（2部）、王成瑞辑《再续槜李诗系不分卷附鹦湖词识不分卷》、金兆蕃等辑《续槜李诗系姓名索引稿附初稿》等，另有槜李文系目录稿本5种。这些稿本都是孤本，未曾面世，具有极高的文献价值。从内容而言，这批文献涵盖政治、经济、文教、社会等领域，对了解和研究嘉兴、浙江乃至江南地区的历史发展、社会变迁、文化发展轨迹，具有重要参考价值。

方志地理方面：《常熟文库》（全100册），收录常熟地区清初之前邑人著述，包括学术著作、诗文集、戏剧、小说、随笔、杂记、印谱、琴谱、书目等著作，酌收与常熟有关的重要文献著述500多种。刻本、抄本、稿本、铅印本均收录，兼顾系统性和稀见性。在版本选择上体现学术性、稀缺性、代表性，同一著述有多种版本的原则上选择善本。

综合文献方面：《子藏·儒家部·孟子卷》，是《子藏》系列丛书中的一部。共收书247种，整合为精装16开本144册予以出版。本卷收录目前所知有关《孟子》白文本、注释本、辑佚本、校勘本及相关研究著作，集《孟子》文献及研究著作之大成。本卷还特别重视对稀见文献、稿抄本等的收录，如元刊《孟子集注章图纂释》、元天历二年余志安勤有堂刊《孟子通》、元刊《读晦庵孟子集解衍义》、明抄本《读孟子》、明抄本《孟子遇》、明执中堂抄本《孟子归一集》、清孙国仁稿本《孟子古语录证》、康有为稿本《孟子微》等。这些稀见文献、稿抄本文献的收入，不仅充实了《孟子》版本系统，也为学界开展《孟子》及儒学研究提供了丰富的原始文献。

二、民国时期文献整理出版

2020年，民国时期文献整理出版工作主要集中在民国文献资料丛编、抗战及对日战犯审判文献等方面。

民国文献资料丛编方面。(1)《近代卫生防疫史料汇编》(全50册)，选编近代以来我国重要的卫生防疫资料，为公共卫生防控工作提供参考和借鉴。包括5方面内容：①卫生行政，即卫生署及各省市地方卫生局、民政厅的工作报告、简报、工作计划及颁布的法令法规等；②卫生防疫，包括中央及各省市防疫处、海港检疫处的报告、管理规程；③防疫附属机构资料，包括时疫医院、传染病医院的报告，医学研究会的会议记录、会议报告；④防疫宣传，即新闻局等官方及民间机构所编传染病常识的宣传册；⑤防疫期刊，包括中央防疫处、华北防疫委员会、卫生署东南鼠疫防治处等编辑期刊。这些史料反映近代卫生防疫的发展脉络，国家与社会在应对疫情预防与治理时的运行机制，为推进国家治理体系和治理能力建设提供参考。(2)《民国时期漫画杂志汇编》(全32册)。漫画是中国近现代美术中的重要画种，其社会传播之广、影响力之大、受众面之多，是其他绘画形式不能与之相比的。我国现代意义上的漫画是外来文化的产物，滥觞于清末，成熟于民国时期，与中国现代社会的变迁关系密切，具有强烈的现实主义特色。漫画的创作与传播离不开新兴媒体报刊的发行。我国漫画的发表经历从早期依附于报刊的零星刊登，到专业漫画杂志的出版，漫画的社会影响不断扩大，日益成为一种文化现象。特别是在20世纪30年代，漫画杂志涌现，形成一股出版热潮。民国时期的众多报刊定期或不定期地辟有漫画作品专栏。漫画杂志的问世，更是不仅以其专业性丰富了中国美术杂志的种类，还以其新闻性、批判性和幽默性特色，使其在艺术性之外，具有强烈的社会性价值，是折射时代面貌的重要媒体。本丛书选录京沪两地所藏部分较有代表性的漫画杂志，由于底本保存状况、文献来源限制等原因，仍有待将来进一步完善与补充。

抗战及对日战犯审判文献方面。(1)《近代日本对华调查档案资料丛刊：第四辑　农业调查》(全140册)。近代日本为满足侵略与殖民需要，采取个人踏访、官方扶持、设立机构等各类手段，长期、系统地开展对华情报调查，涉及中国的政治、经济、教育、法律、军事、社会、文化、民俗等诸多方面。这类调查活动一直持续到日本战败，以此留下卷帙浩繁的见闻录、调查报告、统计资料、研究专著等原始文献，客观上为从事晚清民国政治史、经济史、文化史、社会史、地方史及中日关系史的研究者提供了直接或间接的宝贵资料。《近代日本对华调查档案资料丛刊》计划将国内各机构馆藏日本对华调查文献综合开发，系统整理，按专题分类，分辑影印出版，并加以详细著录标引，以供学界使用。第四辑的主要内容为农业调查，系国内首次将近代日本对华农业调查的档案资料系统梳理出版。全书收录文献约700种，细分若干子专题，包括农业政策、方针计划、机关团体、生产劳动、农业计划、产业概况、土地问题、农业部门经济（种植业、林业、畜牧业、水产业及副业等）、地方农业经济（涵盖全国，以东北地区最为详尽）等多方面，绝大多数为从未出版过的文献资料，具有极高的史料价值，其中披露的大量关于当时土地、农业、农村的信息和所采用的调查方法对当代的“三农”建设、国情调查亦有重要的参考意义。（2）《抗战时期大后方经济社会资料汇编》（全50册），以影印方式，汇辑抗战时期关于大后方经济社会生活的资料文献300余种。其内容可以分为：①经济社会概况，包括社会全貌、经济概况、地方概况等；②资源调查，包括地质矿藏、水利水道、森林土地、特产资源等；③农村调查，包括农村概况、地政徭役等；④农业调查，包括耕地垦殖、农田水利、部门经济及农业技术等；⑤工业调查，包括工业概况、工业类型、生产经营等；⑥城乡生活，包括粮食运销、粮价粮政、城乡物价、消费指数等；⑦社会建设，包括国民教育、社会教育、医疗卫生、社会救济等；⑧社会治理，包括社政工作、警政工作等；⑨交通运输，包括工作报告、铁路踏勘、公路管理等；⑩财政金融，包括财政报告、金融统计、银行报告等；⑪ 人口户政，包括户口统计、保甲概况、民政统计等。汇编综合展现战时大后方的社会全貌，是战时中国经济社会真实状况的集中反映。其中收录多种珍稀的油印本、手抄本，此前未见披露，具有较高的史料价值和学术价值。本书的出版为学界和大众深入研究抗战史提供第一手的资料支撑。（3）开展《二战后审判日本战犯报刊资料续编》项目，完成该项目全部报刊资料条目的整理校对工作，已进入出版阶段。

其他方面。①《百年大生企业号信》系列书籍（包括《百年大生企业号信：民国元年（上）》等），对南通市档案馆藏大生企业与大生驻沪事务所往来号信档案进行系统整理。号信档案内容丰富，涉及大生集团各企业经营活动的方方面面和当时社会生活的各个领域，是我国目前保存下来的最系统完整的近现代民族资本主义企业档案。这是首次整理出版公开，对研究近代著名企业——大生企业及近代企业的生产经营活动具有重要的史料价值。这些档案也从一个侧面反映近代的经济史、社会史、政治史，为中国近代民族工商业乃至中国近代史研究提供了宝贵的第一手资料。此次出版的是民国元年大生纱厂（又称“正厂”“一厂”）致大生驻沪事务所（简称“沪所”“沪账房”）的信函，从第元号至第二百四十一号。②完成《民国时期儿童期刊资料汇编》项目全部期刊资料的影印和数字化工作。同时，完成《国家图书馆藏满铁调查资料汇编》29册文献约16000余拍，以及《兴亚院对华调查资料汇编》134册文献约9500拍的数字化工作。开展《马克思主义在中国早期传播新闻资料汇编》项目，完成10余种报刊资料的翻查工作。

三、馆藏重大出版整理项目

《国家图书馆藏样式雷图档·王公府第卷》（全14函），收录国家图书馆藏王府及赐园相关样式雷图档700余件。清代北京的建设延续明代的旧制，同时也有两个大的改变。一是将内城作为“满城”，将汉人迁出，分成8个部分给八旗满人居住，并兴建大量的王公府第；二是在北京西郊大兴园林，建成大规模的皇家园林组群，同时在周边兴建大批的王公贵族赐园。从数量、规模和对城市面貌的影响来说，清代的王公府第建筑及赐园是中国古建中非常重要的一类。本卷收录的样式雷图档，在内容方面，包含从现场勘测、呈报现状、方案设计、修改变更、核算工程量、出具施工说明、尺寸复核等各阶段的王府营建活动。在形式方面，图样包括总平面图，个体建筑平面图、立体图、剖面图，建筑细部图，建筑装修图等；文档包括与工程相关的说贴、略节和做法册等。这些图档均为珍贵的建筑史料，对于王府及园林研究、清代建筑研究，乃至北京的城市建设和历史文化研究都有重要参考价值。

四、学术期刊编辑出版

（一）《中国图书馆学报》

《中国图书馆学报》中文刊创刊于1957年，是中华人民共和国文化和旅游部主管，中国图书馆学会和国家图书馆共同主办的图书情报学专业学术期刊。期刊的学术定位是思想性、战略性、前瞻性。

选题方面，2020年全年出版6期，发文52篇，尤其重视专题和专稿的组织策划。全年刊登的专题主要包括："图书馆转型"和"学科发展研究"（第1期），"图书馆理论与实践"（第2期），"数字记忆和数字人文"（第3期），"图书馆信息学理论研究"（第4期）。专稿包括：抗疫专稿《新时代图书馆专业性的追问与思考——以武汉地区公共图书馆的抗疫实践为例》（第3期），理论专稿《构建中国特色的公共图书馆治理制度体系》（第5期），新文科专稿《新文科背景下我国图书情报学科的发展前景》（第6期）。以上专题、专稿从中国特色图书馆学理论体系、图书馆事业发展道路、图书馆信息学发展方向，以及图书情报档案学对人文社会科学研究的贡献等方面展开研究，推动学术研究的理论创新和事业发展的实践创新，具有深远的理论意义和重要的现实意义。

审稿方面，全年审稿1071篇。严格执行双向匿名审稿制度，严格遵守学术规范和编辑出版规范，认真执行国家有关编校质量的规定。针对学术不端行为，在审稿过程中严格审核，并规范版权授权管理。

出版发行方面，《中国图书馆学报》全年面向国内外正式发行，国内读者主要为全国公共图书馆、大学图书馆、专业图书馆、高校相关院所、信息机构的研究人员、从业人员和高校学生。通过国家图书馆国际交换组，发行至世界300个国家和地区的国家图书馆及相关地区的图书馆。

学术交流方面，12月11—13日，在上海举办"选题策划会暨'道大无外——图书馆与社会'学术研讨会"。来自武汉大学、北京大学、南京大学等近20个单位的50余名专家学者以线上线下形式参加会议，围绕"无可替代的知识和信息服务机构——智慧时代图书馆向何去""兼容并包的图书馆情报学——学科领域的内生和纳新""重新觉醒的图书馆职业精神——图书馆和图书馆情报学如何作为"3个议题展开讨论。

《中国图书馆学报英文年刊》（辑刊）创刊于2009年，每年一辑。从该刊中文版中挑选代表中国图书馆事业发展和图书馆学研究的学术成果，翻译成英文，结集出版。2020年完成2019年

第11卷的编辑和发行工作，与中文期刊一起发行至世界300个国家和地区的国家图书馆和重要图书馆。

（二）《国家图书馆学刊》

《国家图书馆学刊》是由中华人民共和国文化和旅游部主管、国家图书馆主办，国内外公开发行的图书情报专业学术刊物，主要面向国内外图书馆、高等院校及科研单位的广大图书情报专业工作者。是《中文社会科学引文索引》（CSSCI）来源期刊，《中文核心期刊要目总览》收录期刊，入选《中国人文社会科学核心期刊要览》《“中国人文社会科学综合评价AMI”核心期刊》《复印报刊资料重要转载来源期刊》。

2020年，《国家图书馆学刊》全年来稿量1300多篇，刊发66篇，另刊登“业界动态”25条。主要栏目有“政策与法规研究”“管理与服务”“资源建设”“信息组织”“图书馆史研究”“他山之石”“研究综述”等。为充分反映图书馆学研究与图书馆事业发展重点，本年度新设专栏“公共数字文化服务研究”“智慧图书馆”“阅读推广”等。

（三）《文献》

《文献》杂志创刊于1979年，中华人民共和国文化和旅游部主管、国家图书馆主办的学术刊物。内容以披露国家图书馆的丰富馆藏和其他公私家典藏的、国内外新近发现的、具有重要价值的各种古、近代文献资料及其研究成果为主。着重发表古文献学、训诂学、校勘学、目录学、版本学、辨伪学、辑佚学等选题的研究论文，同时重视报道海外汉学研究进展。刊物从文献学的角度，为促进和繁荣我国传统文化及其研究事业服务。

2020年，《文献》杂志在新闻出版部门和主管部门的双重领导下，有效完成全年的编辑出版任务。全年共出版6期，刊发各类稿件76篇，约144万字，发行1万余册。在策划刊物选题方面，本年度继续加强栏目集中化的运作，力求每期成规模地揭示同类文献，更好地为学术界服务。因此，2020年每期均设立专刊或专栏，集中刊发“书籍史”“历史文献研究”“书籍与档案”“信札整理与研究”“写本与印本”“目录学研究”“校勘理论”等研究文章，方便学者阅读利用。另外，结合文章选题，约请相关领域专家撰写导言5篇。全年继续利用“国家古籍保护中心”“古代小说网”“古文字微刊”“古文献学微刊”“精一文献”等多个较为成熟的微信公众号刊布《文献》各期目录和内容摘要，成效显著，有更多学者对已刊发文章给予高度关注。

五、年鉴编辑出版

（一）《中国图书馆年鉴》

《中国图书馆年鉴2020》全面反映2019年中国图书馆事业的发展状况。正文采用分类编辑法。设立特载、纪事、图书馆事业、学术研究与活动、法律法规与政策性文件、专业文献、统计资料、年度大事记、图书馆活动图辑、综合索引10个栏目。2019年9月，在国家图书馆建馆110

周年前夕，中共中央总书记、国家主席、国家军委主席习近平同志给国图8位老专家回信，充分肯定国家图书馆110年来在传承中华文明、提高国民素质、推动经济社会发展等方面所发挥的积极作用，指出“图书馆是国家文化发展水平的重要标志，是滋养民族心灵、培育文化自信的重要场所”，这是总书记首次就图书馆事业专门做出重要论述，充分体现以习近平同志为核心的党中央对国家图书馆工作，乃至全国图书馆事业、文化事业的高度重视。国家图书馆党政领导班子积极回应，多措并举，在全馆，并联合中国图书馆学会在全国图书馆界掀起学习贯彻落实习近平总书记回信精神的高潮。为此，《中国图书馆年鉴2020》通过“特载”栏目对全国图书馆深入开展学习贯彻落实习近平总书记给国家图书馆老专家回信精神活动予以特别记录。

2020卷共收到原始稿件140余万字，图片635幅；誊清稿约110万字交付国家图书馆出版社出版。

（二）《国家图书馆年鉴》

《国家图书馆年鉴2020》全面记录国家图书馆在2019年的工作全貌，系统、准确地反映国家图书馆2019年各项事业的发展情况，为读者了解和研究国家图书馆提供基础数据和资料。全书共分为综述、特别记载、基础业务工作、服务工作、国家数字图书馆建设与服务、重点文化工程及项目、文献整理与编辑出版、学术与科研、对外交流与合作、机构与人事管理、设施建设与安全保卫、党建与群团活动、统计资料、重要文件选编、媒体报道、年度大事记、综合索引17个栏目。其中，“特别记载”栏目重点记录“国家图书馆深入学习贯彻落实习近平总书记回信精神”“开展‘不忘初心、牢记使命’主题教育”“举办建馆110周年系列纪念活动”等内容。

《国家图书馆年鉴2020》预计于2021年2月由国家图书馆出版社出版，全书共计70万字，图片129幅，统计表29个。

六、专业文献出版

2020年，国家图书馆出版社出版图书220种，比2019年同期减少32.7%。其中新版书182种，比2019年同期减少31.6%；重印书38种，比2019年同期减少37.7%。受疫情影响，全年销售额有所减少，发货码洋1.75亿元，比2019年同期减少32%。

（一）重点图书的出版

2020年，《中华传统文化百部经典》出版《辛弃疾集》《柳宗元集》《国语》《抱朴子》《陶渊明集》《李白集》《坛经》等7种图书（参见“重点文化工程及项目”之“《中华传统文化百部经典》编纂项目”）；《鲁迅手稿全集》全面进入编纂、排版和审校环节，日记编、译稿编、文稿编完成五审（参见“重点文化工程及项目”之“《鲁迅手稿全集》编辑出版项目”）；新承接国家重点古籍整理出版项目《中华医藏》；中华古籍保护计划之《全国古籍普查登记目录》出版《首都师范大学图书馆古籍普查登记目录》等9种20册，《国学基本典籍丛刊》出版《元本资治通鉴》

等10种138册，“海外藏《永乐大典》仿真影印回归项目”出版《日本京都大学藏〈永乐大典〉》《英国伦敦大学亚非学院藏〈永乐大典〉》2种8册；革命文献与民国时期文献保护计划出版《民国时期图书总目·自然科学（基础科学）》《民国时期图书总目·农业科学》，另出版《民国时期江苏司法档案辑录·法官卷》《中国近代医疗卫生资料续编》等共计19种681册。

完成出版“十一五”国家重点图书出版规划项目《杨继振藏百廿回红楼梦》，“十三五”国家重点图书出版规划项目《中华传统文化百部经典》7种，2011—2020年国家古籍整理出版规划项目《国家图书馆藏样式雷图档》（3种，畅春园卷、南苑卷、王公府第卷）以及《日本京都大学藏〈永乐大典〉》《英国伦敦大学亚非学院藏〈永乐大典〉》《美国芝加哥大学图书馆藏中文古籍善本书志·经部》，国家出版基金项目《近代日本对华调查档案资料丛刊：第四辑　农业调查》《浙学未刊稿丛编（第二辑）》，国家古籍整理出版资助项目《上海图书馆藏涉园稿抄校本丛书》《近代史研究所藏稿钞本日记丛刊》《海源阁杨氏诗文校注》等6种，国家社科基金后期资助项目《中国近代书刊形态变迁研究》《“17年”图书馆事业与学术思想史研究》《数字环境下高校图书馆业务流程重组模式研究》《世博会在中国近代百年传播研究（1851—1949）》《会议新闻传播活动论——一种政治传播的研究视角》。

（二）申报项目和参评奖项

1. 申报各类重点项目

申报2020年度国家出版基金资助项目，获得批准2项：《浙学未刊稿丛编（第三、四辑）》《百年道家与道教研究著作提要集成》。

《古本戏曲丛刊十集》《海外藏〈永乐大典〉（英国伦敦大学亚非学院卷、日本京都大学卷）》《明人别集稿抄本丛刊（第一辑）》《稿本〈明文案〉（外一种）》《国家图书馆藏样式雷图档（畅春园卷、南苑卷、王公府第卷）》《海源阁杨氏诗文校注》《美国芝加哥大学图书馆藏中文古籍善本书志·经部》《中华再造善本底本印章考释》8个项目入选2020年度国家古籍整理出版资助项目。

《〈儒门事亲〉新校释》《会议新闻传播活动论——一种政治传播的研究视角》《数字环境下高校图书馆业务流程重组模式研究》《世博会在中国近代百年传播研究（1851—1949）》《宋代地方的官民信息沟通与治理秩序》《面向国家安全的情报研究》6个项目获2020年国家社科基金后期资助项目出版安排。

2. 优秀图书评奖

《中华传统文化百部经典·第一辑》获第七届中华优秀出版物奖图书奖，《国家图书馆藏样式雷图档·圆明园卷初编》获图书提名奖；《知识学研究》《元末明初大转变时期东南文坛格局及文学走向研究》获教育部第八届高校科学研究优秀成果奖（人文社会科学）著作论文奖二等奖，《图像语义可视化交互研究》获三等奖；《遵义丛书》获贵州省第十三次哲学社会科学优秀成果一等奖；《中国历史编纂学史》获北京市第十六届哲学社会科学优秀成果二等奖；《中华传统文化百部经典·史通》获江苏省第十六届哲学社会科学优秀成果奖二等奖；《福建历代私家藏书》获福建省第十三届社会科学优秀成果奖二等奖；《民国时期图书馆学教育研究》获成都市第十四次哲学社会科学优秀成果一等奖；《百年大生企业号信：清光绪三十三—三十四年》《百年大生企业号信：清宣统元年、三年）获2020年江苏省档案开发利用成果奖特等奖，《黄体润日记》《侵华日军徐州审判档案汇编》获一等奖；《梁启超：永远的少年》获第28届上海市中小学、幼儿园优秀图书评选活动三等奖；《中华传统文化百部经典（套书）》获北京印刷协会“北京印刷质量大奖”。

《从〈诗经〉到〈红楼梦〉：那些年我们读过的经典》入选国家新闻出版署《2020年农家书屋重点出版物推荐目录》；《中华传统文化百部经典》（论语、孟子）入选全国政协举行委员读书活动及网上“全国政协书院”；《近代日本对华调查档案资料丛刊》（第一至三辑）入选中国社会科学院中国历史研究院重大成果。

3. 数字出版项目

“中华优秀传统文化典籍深度整理开发与‘中国历史文献总库’融合出版”（预算支出方向：弘扬中华优秀传统文化）入选2020年中央文化企业国有资本经营预算支出项目；“中国历史文献总库・近代报纸数据库”入选国家新闻出版署2020年度“数字出版精品遴选推荐计划”；“红色文献专题数据库”“北京古建遗迹大观”2个项目入选2020年度北京宣传文化引导基金资助项目（出版类资助项目—优秀网络出版项目）；“北京市东城区寺观名录与石刻整理数据库”入选北京市新闻出版局2020年北京典籍与经典老唱片数字化出版项目。

“中国历史文献总库”平台建设被列入贯彻落实习近平总书记给国图老专家回信精神项目；“近代报纸数据库”完成第四、五辑200余种报纸上线，并实现美国芝加哥大学、斯坦福大学等海外知名大学销售。

年度掠影

【开展缩微文献整理与开发工作】

2020年，缩微文献部依托革命文献与民国时期文献保护计划和市场动能，拓展思路，丰富内容，策划并参与文献的整理与开发工作。在古籍方面，策划古籍出版项目《论语文献集成》（四川巴蜀书社）、《王阳明后学珍本文献丛刊》（社会科学文献出版社）2项。在民国文献方面，为国家图书馆出版社多个项目提供底本支持，策划《南京国民政府华东地区省级行政机关刊物选编》《民国时期教育期刊汇编》《民国时期税务期刊汇编》3项；在新中国成立后文献方面，参与“中华人民共和国大事记馆藏报纸展”的文献整理与开发。同时对馆藏缩微革命历史文献存藏情况进行摸底，并开展数字人文基础调研，为下一步开发工作夯实基础。

【浙江文化研究工程新成果发布暨出版座谈会召开】

10月19日，浙江文化研究工程新成果发布暨出版座谈会在国家图书馆召开，3项新成果——《浙学未刊稿丛编·第二辑》《槜李诗文合集》《（民国）浙江续通志稿》均由国家图书馆出版社出版。国家图书馆党委书记、副馆长魏大威，国家出版基金规划管理办公室副主任何瑞，浙江省社会科学界联合会党组书记、副主席郭华巍出席会议并致辞。中国社会科学院学部委员、文学研究所所长刘跃进，北京师范大学历史学院教授陈其泰，四川大学古籍研究所所长舒大刚等专家出席会议。浙江省社科联党组成员、副主席范钧，国家图书馆出版社社长魏崇分别主持会议。

《浙学未刊稿丛编》不仅是浙江文化研究工程重大项目成果，也是中华古籍保护计划实施方案中的精品示范项目、国家出版基金项目重要成果。该丛编以浙江图书馆馆藏底本为基础，并广泛搜集各省市图书馆、档案馆、高校图书馆等馆藏单位底本，由浙江图书馆与浙江师范大学等单位合作编辑成书，主要收录明代以降浙籍人士以及外省人士有关浙学的未刊稿抄本著作，以及1950年后未刊印的重要稿抄本。《浙学未刊稿丛编·第二辑》（110册）以人为单位专题出版，收集来集之、朱骏声等8人未出版稿抄本460余种。《槜李诗文合集》（72册）收集与整理“槜李文系”“槜李诗系”的相关文献13种，堪称嘉兴历史文献的渊薮，是研究江南文化的重要资料，具有重要的社会现实意义与文化发展价值。《（民国）浙江续通志稿》（52册）在纲目上沿用清雍正《浙江通志》体例，记述清乾隆元年（1736年）至宣统三年（1911年）间浙江省事，且志稿多属于未完稿、未刊稿，本书涵盖浙江地方社会的方方面面，是研究近代浙江、反映浙江风土人情的重要史料。

【2021—2030年国家古籍规划编制专家咨询论证会（图书馆界）召开】

10月23日，由全国古籍整理出版规划领导小组办公室委托，国家图书馆出版社承办的2021—2030年国家古籍规划编制专家咨询论证会（图书馆界）在国家图书馆召开。中宣部出版局古籍处处长章隆江，全国高等院校古籍整理研究工作委员会秘书处办公室主任卢伟、《中国典籍与文化》编辑部主任顾永新，国家图书馆党委书记、副馆长魏大威，国家图书馆副馆长、国家古籍保护中心副主任张志清出席会议。李致忠、吴格、李国荣、冯立昇、姚伯岳、郭思克、庄立臻等长期从事古籍整理与研究的专家学者，部分省级公共图书馆、高校图书馆、社科院图书馆负责人及专家40余人参加会议。国家图书馆出版社社长魏崇、总编辑殷梦霞分别主持会议。此次会议旨在做好2021—2030年国家古籍规划编制，全国古籍整理出版规划领导小组办公室委托中国出版协会古籍出版工作委员会及相关出版单位，在全国分领域、分片区集中征集全国重点古籍整理研究单位及古籍整理专家的建议项目。国家图书馆出版社负责牵头征集全国图书馆界专家的建议项目。与会专家结合会议主题与要求对古籍规划编制建言献策，对《中华古籍总目（分省卷）》《中华再造善本三编》等重点项目进行论证，并对加强古籍数字化统合、避免重复建设，加强珍贵档案与舆图等特藏文献、地方文献开发提出意见建议。

【《近代史研究所藏稿钞本日记丛刊》发布暨出版座谈会召开】

11月24日，由中国社会科学院近代史研究所、国家图书馆出版社共同主办的《近代史研究所藏稿钞本日记丛刊》发布暨出版座谈会在国家图书馆举办，来自中国社会科学院、北京大学、清华大学、中国人民大学、北京师范大学、中央民族大学、国家图书馆、首都图书馆、凤凰出版社等单位的40余位代表出席会议。中国社会科学院近代史研究所原所长王建朗，国家图书馆党委书记、副馆长魏大威致辞并为新书揭幕，中国社会科学院近代史研究所副所长金以林做总结发言。国家图书馆出版社社长魏崇主持新书发布式。

《近代史研究所藏稿钞本日记丛刊》是国家图书馆出版社“珍稀日记手札文献丛刊”之一种，被列入中华古籍保护计划成果和国家古籍整理出版专项资助项目。《丛刊》精选中国社会科学院近代史研究所藏31种未刊稿钞本日记，如《定边日记》《李星沅日记》《吴焘日记》《张朝墉日记》《潞生日记》等。日记底本经高清彩色扫描，凡原书扉页、题签、印章，以及日记中粘贴的各种剪报全部予以保留，灰度制版印行，总计80册。这些日记撰者既有晚清督抚重臣，也有北洋政府高官，既有名士学者，也有世家子弟。每种日记虽篇幅长短不同，却都是反映近代社会剧烈动荡和变迁历史的珍贵文献。这些日记折射出近代政治、经济、文化和社会生活的多重面相。

【《图书情报与档案管理博士文库》暨《中国情报学前沿》新书发布】

12月6日，中国情报学年会暨情报学与情报工作发展论坛在广州召开，会上举行《图书情报与档案管理博士文库》暨《中国情报学前沿》新书发布。发布仪式由中山大学信息管理学院教授曹树金主持，武汉大学人文社科资深教授马费成、北京大学信息管理系教授赖茂生、军事科学信息研究中心主任刘林山、南京大学信息管理学院教授苏新宁为新书揭幕，国家图书馆出版社副社长葛艳聪、武汉大学信息管理学院院长陆伟、华中师范大学信息管理学院院长李玉海分别致辞。《图书情报与档案管理博士文库》由中国图书馆学会编译出版委员会规划指导，着眼于学术前沿和现实行业应用导向，经各图书情报与档案管理一级学科博士点授予单位和有关专家推荐，经专家委员会评审入选，由国家图书馆出版社出版。首批成果包括《科学数据素养能力指标体系建设》（秦小燕著）、《网络健康信息风险感知研究》（赵蕊菡著）、《基于深度学习的用户问答查询推荐》（丁恒著）。

《中国情报学前沿》系统梳理大数据时代我国情报学发展脉络，为学科发展指明方向，具体内容分为5个部分：大数据视角的情报学和情报工作、人文视角的情报学理论和方法、大数据环境中的情报分析和知识组织、支持创新的情报学方法和情报工作、情报学与情报事业的过去和未来。

【《中华医藏》编纂出版工作会议在国家图书馆召开】

12月10日，《中华医藏》编纂出版工作会议在国家图书馆出版社召开。国家中医药管理局科技司副司长陈榕虎，国家图书馆副馆长、国家古籍保护中心副主任张志清，中国中医科学院中医药信息研究所党委书记王映辉出席会议，国家中医药管理局科技司、中国中医科学院中医药信息研究所、国家图书馆（国家古籍保护中心）、国家图书馆出版社（简称国图出版社）有关负责同志参会。会议专题对推进《中华医藏》（简称《医藏》）出版工作进行研究。会议认为，《医藏》项目启动实施以来，在主管部门、项目办公室和各参加单位支持下，编纂进展顺利，出版工作即将全面启动，为推动各项工作落实落地，需根据实际确定出版工作机制和工作机构。各方要充分认识《医藏》项目意义，配齐力量、加快进度，通过编纂、出版两方面打造国家项目的时代精品。国家图书馆（国家古籍保护中心）在会上通报"《中华医藏》影印出版商洽项目"中选情况（2020年8月），根据商洽项目评审结果，确定国图出版社为《医藏》影印出版项目出版单位。

《医藏》拟将2300余种重要中医古籍分四编十九类影印出版，并撰写书目提要，5年内完成，全部出版后进行数字资源库建设。这是一项多行业、多民族共同承担的全面揭示中医药发展源流的重大基础性学术工程，意义重大。由国图出版社尽快开展图书装帧设计，提供开本、用纸备选方案，报工作委员会各方单位确定。适时考虑出版配套特藏品种，包括《中华医藏精华本》《中华医藏普及本》。围绕《医藏》项目深度挖掘开发出版品种，丰富出版形态。

【《苏颂全集》首发式举行】

12月10日是苏颂诞辰1000周年纪念日，来自全球的苏氏宗亲、专家学者共200余人汇聚厦门市同安区，庆祝苏颂诞辰1000周年，举行第九届厦门（同安）苏颂国际文化节暨《苏颂全集》首发式。厦门市政协副主席陈昌生、厦门市人大常委会原副主任苏文金、中共厦门市同安区委书记王雪敏、国家图书馆出版社总编辑殷梦霞、厦门大学国学院副院长朱人求等出席会议和首发式。

苏颂（1020—1101），字子容，福建同安人，北宋宰相。他是我国北宋时期著名的天文学家、药物学家、思想家、政治家，他"学问赅博，练达典故"，于经史九流、百家之说，无所不通，是一位"百科全书式"的人物，英国科学家李约瑟称之为"中国古代和中世纪最伟大的博物学家和科学家之一”。苏颂一生勤于著述，各类著作10余种。遗憾的是，完整流传至今的只有《苏魏公文集》《新仪象法要》，以及尚志钧先生辑录本《本草图经》、苏颂的孙子苏象先编辑的苏颂言行录《丞相魏公谭训》。此次由厦门大学和厦门市同安区组织，朱人求、和溪主编，国家图书馆出版社整理出版的《苏颂全集》，将以上4部著作全部收录。与会专家认为，此次《苏颂全集》的整理出版，不仅弥补之前其作品一直分散流存、不成系统的遗憾，还有助于扩大苏颂的社会影响，提高同安的文化知名度，塑造城市文化精神，同时，对于宋代历史文化、中国科技思想史的研究起到重要的推动作用。

学术与科研

- 科研项目
- 学术成果
- 博士后科研工作站
- 图书馆事业发展研究与图书馆政策研究

学术与科研

一、科研项目

（一）立项情况

2020年，国家图书馆获准立项国家社科基金项目3项，资助经费共计75万元；馆级课题立项项目32项，资助经费共计59万元（参见“统计资料”之“科研项目”）。

（二）结项情况

2020年共结项13项。其中，馆级项目8项，部级项目1项，国家级项目4项（参见“统计资料”之“科研项目”）。

二、学术成果

2020年，国家图书馆员工正式发表的成果包括著作类（包括参与编撰等）23部、论文240篇、专利3项。

文津出版基金共资助著作6部，资助经费18万元，成果于两年内出版。①李楠，《图书馆竞争情报服务概论》，中国商务出版社有限公司出版。该书系统介绍竞争情报的基本理论、开展竞争情报服务的工作方法，并以国家图书馆为例，详细阐述在图书馆如何有效开展竞争情报服务工作，包括竞争情报服务工作部门的建立、可提供的竞争情报产品以及服务模式等。②邱奉捷，《数字资源共建共享中的版权管理与风险防范研究》，知识产权出版社出版。该书构建了版权管理流程，设计了一套符合实际、可操作性强的版权管理模式，对实现版权风险事前防患于未然、事中有力控制、事后妥善处理具有较高的理论与实践价值；构建图书馆在资源联合建设中的开发、服务中的版权管理模式，整合联合采购的授权方式，解决各个环节中版权风险防范问题。分析不同共享方式的不同版权管理手段，以及根据数字资源建设的不同版权状态进行分层共享服务，以期对数字资源共建共享版权管理实践工作的开展有所裨益。③杨静，《中文期刊书目数据编制指南》，广西科学技术出版社出版。该书将文献著录标准和规则、机读目录数据填写细则、大量的工作实例一并描述，按照CNMARC格式字段的顺序逐项叙述。将规则和格式结合在一起，可以使期刊编目人员的操作更加便捷。④平安，《外文文献信息资源评估实证研究》，国家图书馆出版社出版。图书馆馆藏资源评估是图书馆文献资源建设中的重要环节，该书针对馆藏资源评估理论陈旧、缺乏实证验证的问题，充分借鉴国际最新标准ISO21248：2019《信息与文献：国家图书馆质量评估》以及其他评估标准，设计具体的评估体系框架指标，完成馆藏资源绩效评估和馆藏资源影响力评估的实证内容，既纵向比较国家图书馆近20年的外文资源利用情况，又横向比较国内外相关机构的利用情况，最后基于SWOT模型完成馆藏资源发展策略的分析。⑤张炜，《网络信息采集与保存策略研究》，国家图书馆出版社出版。该书基于国家社科基金课题“网络信息采集与保存策略研究”，立足公共图书馆职能，在充分对国内外网络信息保存理论研究进行深入调研分析的基础上，总结梳理行业现状，结合我国实际情况、已有基础和可操作性，系统研究网络信息资源评估体系，为科学客观地制定网络资源采选规则提供支持。该书结合国家图书馆网络资源采集工作，围绕网络信息资源生命周期，重点探讨网络信息保存和服务体系，并对相关的重点问题和关键技术进行详细阐述。此外，为保证工作的规范性，促进全国网络信息保存事业更好更快发展，对相关的资源建设规范、元数据描述标准等做细致分析和研究，为构建统一的资源建设与服务平台、提高服务效益奠定基础。⑥颜彦，《明清叙事文学插图的图像学研究》，浙江古籍出版社出版。该书以明清叙事文学插图（主要为小说和戏曲刊本插图）为研究对象，从图像认知、图像结构、图像叙事、图像风格、图像传播5个方面展开论述，探讨明清叙事文学插图在文献、文学、文化等多方面的属性、特征、规律及社会影响。既将插图与传统绘画等视觉资料相关联，考察插图在参与建构特定历史时期视觉文化格局中的图式特征和图像效应，又将插图置于动态的生产传播链条中，考察其作为“物”的形态所牵连的各种社会历史关系。

三、博士后科研工作站

（一）博士后合作导师及在站人员基本情况

截至2020年底，国家图书馆博士后科研工作站（以下简称“工作站”）共有合作导师5人，主要研究方向包括文献信息组织、数字图书馆、古典文献学研究和善本书志与古籍保护。已出（退）站博士后29人，在站博士后4人。

在站博士后中：2018级2人，2020级2人；古典文献学研究方向3人，图书馆学研究方向1人；女生3人，男生1人；全职2人，兼职2人。

（二）博士后招收及日常管理情况

工作站发布2020年招生简章，6人申请进站，经资格筛选和进站面试，最终确定招收2名2020级博士后人员。

2020年，按照北京市及国家图书馆疫情防控要求，工作站未举办线下博士后讲座，而是采取录制3场博士后线上讲座并在国家图书馆局域网播放的方式，发布并共享博士后在站研究成果。

组织召开3场出站鉴定会，其中2场采取线上视频会议方式。

（三）2020年度博士后综合评估

工作站参加人力资源社会保障部、全国博士后管理委员会组织开展的2020年度博士后综合评估，自评与正式评估结果均为良。

（四）博士后基金申报与资助情况

2020 年，工作站积极组织在站博士后申报博士后面上资助项目等科研项目，获批中国博士后科学基金第 13 批特别资助项目 1 项。

四、图书馆事业发展研究与图书馆政策研究

（一）图书馆事业发展研究

1. 开展图书馆事业发展战略研究

开展国家图书馆发展战略研究。2020 年，协调馆内 28 个部处近 440 名干部职工，以及 3 个馆外专家团队，围绕国家图书馆馆藏发展、公共服务、数字化建设、优秀传统文化等 22 个重点领域，完成调研报告 22 份约 150 万字，提出项目建议 74 项，提出既有前瞻性又有现实可操作性的规划思路和项目建议。面向主要图书情报机构及社会公众征集国家图书馆“十四五”时期发展建议 60 余份；由馆领导带队，协调有关部处开展“十四五”规划思路实地调研 7 组。在此基础上，组织起草《国家图书馆“十四五”规划纲要》。

开展公共图书馆事业发展战略研究。联合中国图书馆学会，邀请 15 家公共图书馆共同组成全国公共图书馆事业发展战略研究工作组，围绕公共图书馆文献资源建设、公共文化服务、优秀传统文化传承发展、全民阅读服务、新技术创新应用等 13 个专题开展研究，共形成调研报告 15 份约 122 万字，提出 49 项“十四五”时期重点项目建议，并召开线上专家论证会，广泛征求专家意见。

2. 策划“全国智慧图书馆体系”建设项目

根据 5G、云计算、大数据、区块链、人工智能等新技术发展的现状和趋势，提出建设“全国智慧图书馆体系”工作思路，并与文化和旅游部、财政部等主管部门进行多次沟通，与全国副省级以上公共图书馆及业界专家，以及华为、阿里巴巴、中国图书进出口（集团）总公司、科大讯飞等高科技企业进行广泛深入交流，形成项目建设方案，积极推动将该项目纳入国家文化和旅游发展领域重大工程。

3. 组织编撰事业发展出版物

组织编纂《中国图书馆年鉴》和《国家图书馆年鉴》（参见“文献整理与编辑出版”之“年鉴编辑出版”）。

组织编撰《中国图书馆事业发展报告》（蓝皮书）。其中《图书馆建筑卷》完成编校工作，于 11 月交付出版。

在文化和旅游部财务司的支持和指导下，继续组织对我国公共图书馆事业发展的年度数据进行汇总整理和分析，编制完成《2019 年全国公共图书馆事业发展基础数据概览》，提供全国公共图书馆事业发展主要数据及多维度对比分析，供省级以上政府主管部门领导和副省级以上公共图

书馆管理者参阅。

编辑出版发行《国家图书馆学刊》2020年共6期，编发学术论文67篇。

4. 组织事业发展交流活动

9月9—10日，召开“学习贯彻习近平总书记给国图老专家回信精神一周年座谈会”，文化和旅游部领导、有关司局领导，国家图书馆老专家代表，全国副省级以上图书馆及少年儿童图书馆主要负责人等共计61人参加会议，交流一年来贯彻落实习近平总书记回信精神的举措与成果，研讨谋划“十四五”时期公共图书馆事业发展（参见“特别记载”之“国家图书馆举办习近平总书记给国家图书馆老专家回信一周年暨建馆111周年相关活动”）。

5. 组织事业发展调研工作

根据文化和旅游部政策法规司要求，征集上报国家图书馆2019年度调研成果6项，其中，《公共数字文化标准体系调研报告》获文化和旅游部2019年度文化系统二十佳调研报告，《面向文化和旅游融合发展的公共文化服务标准化调研报告》获优秀调研报告。上报2020年度调研选题3项。

（二）图书馆政策研究

1. 开展立法支撑研究

《中华人民共和国公共图书馆法》配套制度研究方面，受文化和旅游部公共服务司委托，根据公开征求意见、专家座谈会征求意见及文化和旅游部相关司局、财政部等部委意见，修改《公共图书馆馆藏文献信息处置管理办法》。受文化和旅游部公共服务司委托，与广州图书馆、中山大学等联合开展公共图书馆年报制度研究，编制《公共图书馆年度报告编制指南》，于7月正式结项。

2. 提供重要政策建议及报告

受疫情影响，对部分台账项目的名称、任务内容及完成时限进行调整，编制“关于调整《〈关于深入学习贯彻落实习近平总书记给国家图书馆老专家回信精神　推动事业创新发展的实施意见〉项目工作台账》部分项目任务的通知”。

根据《文化和旅游部贯彻落实习近平总书记重要批示精神　深入做好公共图书馆改革创新工作的实施方案》，围绕总书记对国家图书馆的四方面要求，提出17项工作任务建议，编制《国家图书馆关于贯彻落实〈文化和旅游部贯彻落实习近平总书记重要批示精神　深入做好公共图书馆改革创新工作的实施方案〉的工作方案》。

围绕事业发展重点事项、重大问题及重要政策，编制《国家图书馆优化调整馆区开放时间及开放区域工作方案》《关于建议对国家图书馆进口文献给予特殊政策支持的报告》《请文化和旅游部协调出台交存出版物实施细则的请示》《国家图书馆关于报请协调加快推进国家图书馆国家文献战略储备库项目的请示》，起草“关于推进国家图书馆国家文献储备库建设的提案复函意见”等；就将国家图书馆纳入“十四五”时期科技创新进口免税清单事宜，与文化和旅游部、财政部有关司局加强工作沟通，提供工作建议及全国主要公共图书馆进口环节增值税有关情况的调研材料；梳理国家图书馆关于《中华人民共和国公共文化服务保障法》执行情况的汇报材料、国家图书馆知识产权保护工作报告。

就《中华人民共和国著作权法修正案（草案）》《中华人民共和国文物保护法（修订草案）（征求意见稿）》《文化和旅游部关于推动公共文化服务高质量发展的意见（征求意见稿）》等法律政策提出意见建议。

研究制定《临时馆藏文献使用与处置管理办法》《部委分馆文献管理工作规范》《国家图书馆文献资源建设专家委员会管理办法》《国家图书馆分阶段逐步恢复开馆细化方案》《国家图书馆有序恢复开馆演练方案》《国家图书馆有序恢复开馆准备工作资料汇编》《国家图书馆关于进一步扩大开放区域的公告》《国家图书馆关于落实切实解决老年人运用智能技术困难实施方案的通知》等馆内政策文件；修订《馆藏文献库房管理条例》《国家图书馆服务标兵评选办法》《国家图书馆科研管理办法》等10余个规章制度；围绕国内外主要图书馆馆藏发展政策、外文文献进口入藏、黑胶唱片编目加工及保存管理、服务空间格局优化、库房调整及搬迁、读者证卡办理、疫情期间文献消毒、各主要图书馆预约入馆政策、博士后研究报告入藏与服务等业务问题开展深入调研，形成系列调研报告。

3. 组织研制相关标准规范

开展《公共图书馆总分馆业务规范》《公共图书馆评估指标》《公共图书馆年度报告编制指南》等5项国家或行业标准的起草工作，目前已发布4项。申报国家标准制修订项目《信息与文献 国家图书馆质量评价》。

4. 对相关政策文件及行业发展动态进行搜集整理和研究

面向图书馆管理者和政府主管部门领导，跟踪报道国内外图书馆相关政策制度发布情况和图书馆事业发展动态信息，全年组织编发《图书馆决策参考》3期、《图书馆动态》21期。

编辑整理《2019年公共文化相关法律政策选编》，其中国家和地方法律、法规及规章12个，全国性政策文件27个，地方性政策文件13个，近20万字。

（三）数字图书馆研究

2020年，国家图书馆开展图书馆现代技术、数字图书馆建设与发展等相关内容研究，追踪图书馆和IT业界以及文化行业最新资讯热点，充分结合社会信息技术发展的大趋势，面向全馆推出12期技术动态。完成远程办公技术、通信运营商抗疫科技、AI抗疫技术、新基建主线下的数据中心建设、智能物联网技术、混合现实技术等实时热点技术专题追踪，完成全国“两会”、2020服贸会、2020旅交会等文化与科技的融合碰撞专题追踪，完成ICT10大创新技术应用年终盘点专题，为相关业务的决策和发展提供参考。

开展公共数字文化资源移动终端元数据系列标准规范研究。2020年，根据《文化和旅游部科技教育司关于2019年下半年行业标准化项目立项的通知》要求，通过文献调研、实地调研、调查问卷、专家咨询等多种方式，调研国内外相关标准及公共图书馆标准应用现状和实际需求，结合调研结果，完成《公共数字文化资源移动终端元数据规范；第1部分：图像资源》《公共数字文化资源移动终端元数据规范；第2部分：音频资源》《公共数字文化资源移动终端元数据规范；第3部分：视频资源》系列标准的草案及编制说明，并两次根据专家意见进行修改完善。

对外交流与合作

- 赴国外及台、港、澳地区交流
- 国外及台、港、澳地区重要来访
- 国外及台、港、澳地区合作项目
- 年度掠影

对外交流与合作

一、赴国外及台、港、澳地区交流

2020年，受新冠肺炎疫情在全球蔓延形势的影响，国家图书馆贯彻国家疫情管控的要求，积极通过网络、电子邮件、电话等形式保持与国际图联、国外及台港澳地区图书馆的交流和沟通，努力创新工作思路，采取线上线下交流相结合的方式，及时更新信息，保证通讯顺畅，利用视频会议等形式积极拓展对外交流与合作。

全年实际派出1批次馆领导出国（境）访问团组，共计5人次，即11月28日至12月1日，馆长饶权率团应澳门科技大学邀请赴澳门访问，参加澳门科技大学校庆二十周年系列庆典活动，与澳门科技大学图书馆签署合作意向书、共同举办“中国古代典籍通史展”，并与澳门科技大学图书馆、澳门大学图书馆、澳门公共图书馆管理厅（澳门中央图书馆）等机构进行业务交流。

在疫情防控常态化的情况下，国家图书馆积极组织、参与同其他国家图书馆的线上双边、多边交流活动。

（一）双边交流（线上）

馆领导参加的双边在线交流活动包括：5月19日，馆长饶权与伊朗国家图书和档案馆馆长阿什拉芙·博鲁尔杰迪举行视频会议；8月20日，馆长饶权与新加坡国家图书馆管理局局长黄子鹏举行视频会议；12月10日，馆长饶权与新西兰国家图书馆馆长威廉·麦克努特、候任馆长雷切尔·艾森举行视频交流活动。

（二）国际会议（线上）

国家图书馆全年参加和举办线上国际会议共计15场。其中，馆领导参加4场会议：3月17日，副馆长陈樱参加国际图联亚大地区专业组常委会年中视频会议；9月18日，馆长饶权出席由新加坡国家图书馆管理局组织的“亚洲和大洋洲地区国家图书馆领导者对话”活动；10月15日，馆长饶权参加第十届上海图书馆论坛，以视频形式在会议开幕式致辞，并做题为“创新中谋发展，变局中开新局——开启图书馆智慧化转型新篇章”的主旨报告；10月27日，副馆长陈樱参加由中国国家图书馆、中国图书馆学会和英国国家图书馆联合举办的2020中英图书馆论坛视频会议。

其他线上国际会议包括：6月24日，国际交流处副研究馆员吴凯参加俄罗斯科学院西伯利亚分院科技图书馆组织的“欧亚文化共同体：图书馆员的互动交流”视频会议并做大会交流报告；6月25日，国际交流处副研究馆员吴凯参加哈萨克斯坦国家学术图书馆举办的“全球图书馆的转型与合作”视频会议；7月19日，数字资源部副研究馆员季士妍等3人参加由斯洛文尼亚卢布尔雅那大学亚洲研究系的项目团队与欧洲数字图书馆合作发起的“宝塔”语义研讨会，代表中国国家图书馆分享国家数字图书馆在文化遗产语义整合方面的实践经验；9月14日—15日，数字资源部馆员周笑盈参加都柏林核心元数据（DCMI）年会，并做题为“多源异构资源的语义挖掘与语义组织研究与实践”的专题报告；11 月 18 日，社会教育部主任王志庚等 2 人参加由哈萨克斯坦文化和体育部、哈萨克斯坦国家学术图书馆主办的“数字和全球变化时代的阅读民族”国际在线阅读大会，并代表中国国家图书馆做专题报告；11 月 25 日，中文采编部副主任槐燕等 2 人参加第 45 届国际标准连续出版物刊号组织（ISSN）国家中心主任会议等。

二、国外及台、港、澳地区重要来访

国家图书馆全面复工开馆后，在保持线上交流的同时，积极配合全馆业务发展需求，适应疫情常态化下的新情况，在遵守疫情期间防控要求的前提下，开展来访接待工作。

全年接待来访团组 2 批次，共计 10 人次，包括：11 月 4 日，接待法国驻华大使罗梁一行 7 人来馆参加法文本《论语导读》典藏仪式暨展览开幕式；11 月 12 日，接待艾利贝斯公司亚太区总经理奥舍 · 格林斯基一行 3 人来访，与相关部门进行业务洽谈。

三、国外及台、港、澳地区合作项目

2020 年，国家图书馆服从国家文化外交大局，结合自身业务特点以及疫情防控形势，积极巩固双、多边交流机制，努力寻求合作契机，通过外事交流相关活动，搭建合作桥梁，打造合作品牌。

（一）稳步推进国家图书馆参与“一带一路”建设工作

为深入学习贯彻落实习近平总书记给国家图书馆老专家回信精神，科学统筹谋划好国家图书馆“十四五”时期国际交流事业创新发展的思路与路径，更好地服务国际国内两个大局，国家图书馆以图书馆参与“一带一路”建设为抓手，在文化和旅游部“一带一路”工作领导小组办公室的指导下，有序开展相关工作。

1. 参与《文化和旅游部“一带一路”文化和旅游发展行动计划（2021—2025 年）》编制工作。按照《文化和旅游部“一带一路”工作领导小组办公室关于报送“十三五”推进“一带一路”建设工作总结和“十四五”工作计划的通知》要求，以及文化和旅游部国际交流与合作局副局长封立涛来馆调研的指示精神，在副馆长陈樱的领导下，国家图书馆撰写完成《国家图书馆关于“十三五”推进“一带一路”建设工作总结和“十四五”工作计划的报告》。“十四五”时期，国家图书馆将以丝绸之路国际图书馆联盟、“一带一路”沿线国家中国文化中心图书馆等品牌建设为抓手，择优策划组织若干重点品牌项目，为“一带一路”倡议的实施贡献图书馆界的力量。

2. 深入开展图书馆共建“一带一路”调研工作。本着“开门问策、登门求计、集思广益、共同发展”的原则，经周密安排、精心准备，副馆长陈樱率队赴陕西西安和宝鸡、宁夏银川、江苏南京和常州等地开展调研，并重点就图书馆共建“一带一路”工作与上述“一带一路”国内节点城市的图书馆开展深入交流，各方就下一阶段开展“一带一路”主题相关的国际交流活动达成初步合作意向。

（二）庆祝“中沙建交30周年电子图书月”活动专题网站上线

2020年12月11日，由中华人民共和国文化和旅游部主办、中国国家图书馆协办的庆祝“中沙建交30周年电子图书月”活动在线上启动。活动以中阿电子图书馆平台为依托，专题网站“中阿电子图书月”同日正式上线。此次活动历时一个月。

活动以在线展示中阿双方文明代表性优质图书及各类数字资源为契机，深入推进中阿电子图书馆建设，为中国、沙特阿拉伯两国和其他阿拉伯国家民众提供优质的数字资源服务。中国国家图书馆此次共遴选近150册中文、阿拉伯文和英文电子图书，内容涵盖中国与阿拉伯国家历史文化、文学艺术、风景名胜、非物质文化遗产特色等主题。专题网站还重点展示关于“一带一路”建设、战“疫”纪实和当代中国社会经济建设等主题的图书，以全方位展示近些年来中阿在各领域的交流与合作。专题网站除设置重点栏目“电子图书”外，还依托中国国家图书馆馆藏珍贵典籍，设置“文津经典诵读”“国图公开课”“典籍文化展览”等栏目，上线一批介绍中华优秀传统文化的音视频和在线展览等特色资源；“新闻报道”栏目则集中展示庆祝中沙两国建交30周年的相关资讯。网站视频配译阿拉伯文字幕，并提供一键切换式的网站中/阿文双语浏览功能，为阿拉伯国家民众更好地使用线上资源提供便利。

此次活动结束后，专题网站上的精品资源纳入中国国家图书馆与阿拉伯国家联盟秘书处合作建设的中阿电子图书馆平台中，为中国和阿拉伯国家民众及专家学者提供长期资源服务，继续为促进中阿文明交流互鉴、双方人民心灵相通发挥积极作用。

年度掠影

【英国国家图书馆来函慰问中国国家图书馆】

2月21日，英国国家图书馆首席执行官罗利·基廷致函中国国家图书馆馆长饶权，代表该馆对中国国家图书馆抗击疫情工作表示慰问。罗利·基廷在来函中表示，英国国家图书馆一直密切关注有关新型冠状病毒爆发的新闻，对中国国家图书馆所做的努力，特别是开展数字在线服务表示赞赏，他认为这是此时此刻最能向读者体现图书馆价值的工作。他还对中国国家图书馆尽快恢复开放以及两馆间开展进一步合作表达良好的意愿。饶权在回函中对慰问表示感谢。他指出，中国国家图书馆在做好新型冠状病毒疫情防控工作的同时，利用新技术手段努力为广大读者和用户提供及时而丰富的数字资源服务。通过此次疫情，中国国家图书馆各项服务经受住了突发情况的考验，发挥出与时代同行的图书馆所具备的优势与价值。相信图书馆一定会尽快恢复正常服务，并相信中英图书馆界今后的合作会更加紧密。

【馆长饶权应约与伊朗国家图书和档案馆馆长举行视频会议】

5月19日，中国国家图书馆馆长饶权应约与伊朗国家图书和档案馆馆长阿什拉芙·博鲁尔杰迪举行视频会议，就两馆应对新冠肺炎疫情经验进行交流和分享。饶权重点介绍中国国家图书馆围绕疫情防控需求，组织开展线上专题资源建设与服务的做法，通过增加网络学习资源内容、推送防疫抗疫专题阅读资源等方式提供在线服务。博鲁尔杰迪分享伊朗国家图书和档案馆通过加强电子图书馆与数字化建设，为读者持续提供优质资源等举措。双方还就建设抗击新冠肺炎疫情互联网信息专题、有序恢复开馆服务等议题交换意见。

【馆长饶权与新加坡国家图书馆管理局局长黄子鹏举行视频会议】

8月20日，中国国家图书馆馆长饶权与新加坡国家图书馆管理局局长黄子鹏举行视频会议，双方分享各自针对新冠肺炎疫情所采取的应对措施。饶权重点介绍中国国家图书馆针对疫情采取的应对措施；强调随着疫情防控进入常态化，图书馆应该研究利用5G、大数据等技术建设智慧图书馆，推进智慧阅读，提升服务效能。黄子鹏指出在新冠肺炎疫情全球流行的情况下，应在疫情应对以及后疫情时代图书馆的转型等领域继续加强交流。双方还就合作开展数字资源建设、智慧图书馆研究等议题交换意见。

【馆长饶权出席“亚洲和大洋洲地区国家图书馆领导者对话”活动】

9月18日，由新加坡国家图书馆管理局（国际图联亚洲和大洋洲地区办公室）组织实施，并得到国际图联大力支持的“亚洲和大洋洲地区国家图书馆领导者对话”活动举行。此次活动以视频会议方式举行，旨在分享各馆应对新冠肺炎疫情的经验，并探讨今后一个时期的发展策略。国际图联主席克里斯汀·麦肯锡与来自新加坡、中国、印度尼西亚、马来西亚、菲律宾、新西兰、英国、澳大利亚、缅甸等国的国家图书馆馆长参与对话活动，并围绕“疫情应对举措”“国家图书馆的定位和发展策略”等会议主题进行研讨。中国国家图书馆馆长饶权出席活动并做题为“新冠肺炎疫情下图书馆的发展”的专题报告。饶权在报告中介绍中国国家图书馆应对疫情的主要举措，并从四个方面分析新冠肺炎疫情暴发以来，各国图书馆业务运行和事业发展面临的考验。饶权指出，图书馆界应及时总结疫情防控经验，加快推进有关业务制度及标准规范建设；加快新技术应用的系统研究，推动图书馆智慧化转型；积极拓展图书馆间以及图书馆与其他社会机构之间的开放交流与合作。

【国家图书馆派员参加“数字和全球变化时代的阅读民族”国际在线阅读大会】

11 月 18 日，由哈萨克斯坦文化和体育部、哈萨克斯坦国家学术图书馆主办的“数字和全球变化时代的阅读民族”国际在线阅读大会召开。此次大会邀请国际图联主席克里斯汀·麦肯齐，以及来自中国、哈萨克斯坦、俄罗斯、土耳其、匈牙利、拉脱维亚等国的文化领域代表和图书馆界人士共计 100 余人参加会议。中国国家图书馆社会教育部主任王志庚、典藏阅览部副主任陈慧娜参加大会。克里斯汀·麦肯齐在发言中表示，图书馆在推动全民阅读和信息获取方面起着举足轻重的作用，国际图联也始终致力于协助各国图书馆推动全民文化素养提升。面对席卷全球的新冠肺炎疫情，各国图书馆在信息提供、服务方式等方面实现创新，图书馆的角色正在发生变化，这也需要图书馆间加强合作，建立友好的伙伴关系。王志庚代表中国国家图书馆做专题报告，介绍国图推动全民阅读和阅读型社会建设的主要举措，如通过“文津图书奖”“国图公开课”等品牌项目建设，打造阅读社会和知识社会，让图书馆成为公民终身学习的大课堂等，并提出未来的中国国家图书馆将通过新一代的智慧图书馆体系建设，为读者提供更加智能、便捷的服务。哈萨克国家学术图书馆代表在发言中着重强调培养儿童和青少年阅读与信息素养的重要性，并提出在 2021 年开展“儿童阅读年”的倡议，得到各国参会代表的积极响应。俄罗斯国立图书馆参会代表详细介绍该馆 2021—2023 年发展规划，突出强调数字图书馆建设、古籍数字化等发展项目。此外，来自土耳其文化和旅游部、乌兹别克斯坦国家图书馆、保加利亚国家图书馆、匈牙利阅读协会等十余家机构的代表也分别围绕大会主题发言，交流分享各自经验。

【馆长饶权率团赴澳门访问】

11 月 28 日至 12 月 1 日，国家图书馆馆长饶权一行 5 人应澳门科技大学邀请赴澳门访问。访问期间，代表团参加澳门科技大学校庆二十周年系列庆典活动，并赴澳门科技大学图书馆等机构座谈交流。

11 月 29 日，代表团赴澳门科技大学图书馆访问交流。澳门科技大学图书馆馆长赵洗尘做题为“图书馆在大学智慧校园建设中的作用”的工作报告，介绍该馆的基本情况和文献资源特色，并重点展示该馆不断创新的技术服务在智慧校园建设、大学人才评估、澳门文献港建设中发挥的积极作用。饶权回顾了自 2009 年建立“中国国家数字图书馆澳门科技大学合作馆”以来双方开展的广泛而深入的合作，并就下一阶段两馆合作提出建议。座谈交流后，代表团参观了澳门科技大学图书馆“全球地图中的澳门”古地图特藏。

11月30日上午，在全国政协常委、澳门科技大学校董会主席、校监廖泽云和澳门科技大学校长刘良的见证下，饶权与赵冼尘签署《中国国家图书馆与澳门科技大学图书馆合作意向书》，双方将深化数字资源服务、展览资源推送服务、粤港澳大湾区文化合作、文献数字化和数字人文研究、出版物交换等领域的合作。

11月30日下午，饶权出席“澳门科技大学创新科技与高等教育峰会”并做题为“智慧时代　共建知识服务新生态”的主旨报告，与参会代表交流分享国家图书馆建设“全国智慧图书馆体系”的工作思路。

12月1日，饶权出席国家图书馆与澳门科技大学图书馆合作举办的“中国古代典籍通史展”揭幕仪式并致辞，他表示，此次展览有助于增进澳门社会的中华文化认同感，助力澳门构建“以中华文化为主流，多元文化共存”的交流合作基地。今后，国家图书馆愿充分利用馆藏资源优势，继续与澳门地区图书馆开展多种形式的合作，为继承和发扬中华文化做出贡献。

【馆长饶权与新西兰国家图书馆馆长举行视频会议】

12月10日，中国国家图书馆馆长饶权应约与新西兰国家图书馆馆长威廉·麦克努特、候任馆长雷切尔·艾森举行视频会议。饶权首先向麦克努特、艾森以及新西兰国家图书馆同人表示诚挚问候。他指出，中新两国国家图书馆长期以来保持着密切的人员交流，双方在图书馆业务建设上互有借鉴，在双边合作项目、国际会议、展览等领域开展务实的合作，有效推动了各自的业务发展，也促进了两国图书馆事业的共同进步。饶权代表中国国家图书馆感谢麦克努特在任职期间为推动双方合作所做出的巨大贡献，期待新西兰国家图书馆在艾森的领导下不断深化双方交流与合作。麦克努特对饶权的问候表示感谢。他指出，新西兰国家图书馆长期以来重视与中国国家图书馆的交流与合作，感谢中方同人在他担任馆长期间为推动双方合作所做出的努力，希望中方继续支持艾森的工作，拓展两馆间的交流与合作。艾森表示亚太地区是新西兰国家图书馆的交流与合作重点，新方将继续巩固与中国国家图书馆的交流，不断拓展新的合作项目。双方还就疫情应对措施、新常态下的图书馆服务、线上业务交流、线上展览等议题交换意见。

机构与人事管理

- 机构设置与调整
- 干部管理
- 职称评审
- 国家图书馆内设机构设置图

机构与人事管理

一、机构设置与调整

根据《文化和旅游部关于国家图书馆调整内设机构的批复》（文旅人函〔2020〕478号），国家图书馆对部分内设机构及职责优化调整如下：

（一）设立承德文献周转库管理处，为内设处级职能部门，主要负责承德周转库区文献管理以及库区的统筹规划、安全保卫和后勤保障工作。

（二）业务管理处与研究院合并，整合为研究院（业务管理处、全国图书馆标准化技术委员会秘书处、国家图书馆博士后科研工作站办公室），为内设处级职能部门，主要负责国家图书馆总体规划及业务统筹协调、综合管理，开展图书馆发展理论与实践研究，编辑《国家图书馆学刊》，管理国家图书馆博士后科研工作站，承担全国图书馆标准化技术委员会秘书处工作。

（三）将研究院《文献》的编辑工作职责划入国家古籍保护中心办公室（国际图联保存保护中国中心办公室）。

（四）立法决策服务部更名为立法和决策服务部。

二、干部管理

着眼于更好地推进国家图书馆创新转型、更有力度地推动各项重点工作落实落地、推进干部队伍建设，开展中层干部聘任工作。2020年，根据文化和旅游部对直属事业单位人事管理的规定和要求，规范履行程序，做好中层干部续聘、调整、提任相关工作。其中，部处正职续聘20人，岗位调整10人，提任3人，解除聘任2人；部处副职续聘35人，调整7人，解除聘任2人；完成馆属企业管理岗位人员聘任工作，综合考虑各企业工作需要及人员实际情况，共聘任19人。

三、职称评审

按照文化和旅游部关于职称评审工作的统一部署，组织完成2020年度职称评审和推荐工作。本年度共有126人申报评审，其中有7人晋升正高级专业技术职称资格，41人晋升副高级专业技术职称资格，19人晋升或转任中级专业技术职称资格。55人完成专业技术职称资格初聘。

处级机构：33 个
科级机构：114 个

国家图书馆内设机构设置图

（2020 年 12 月 31 日）

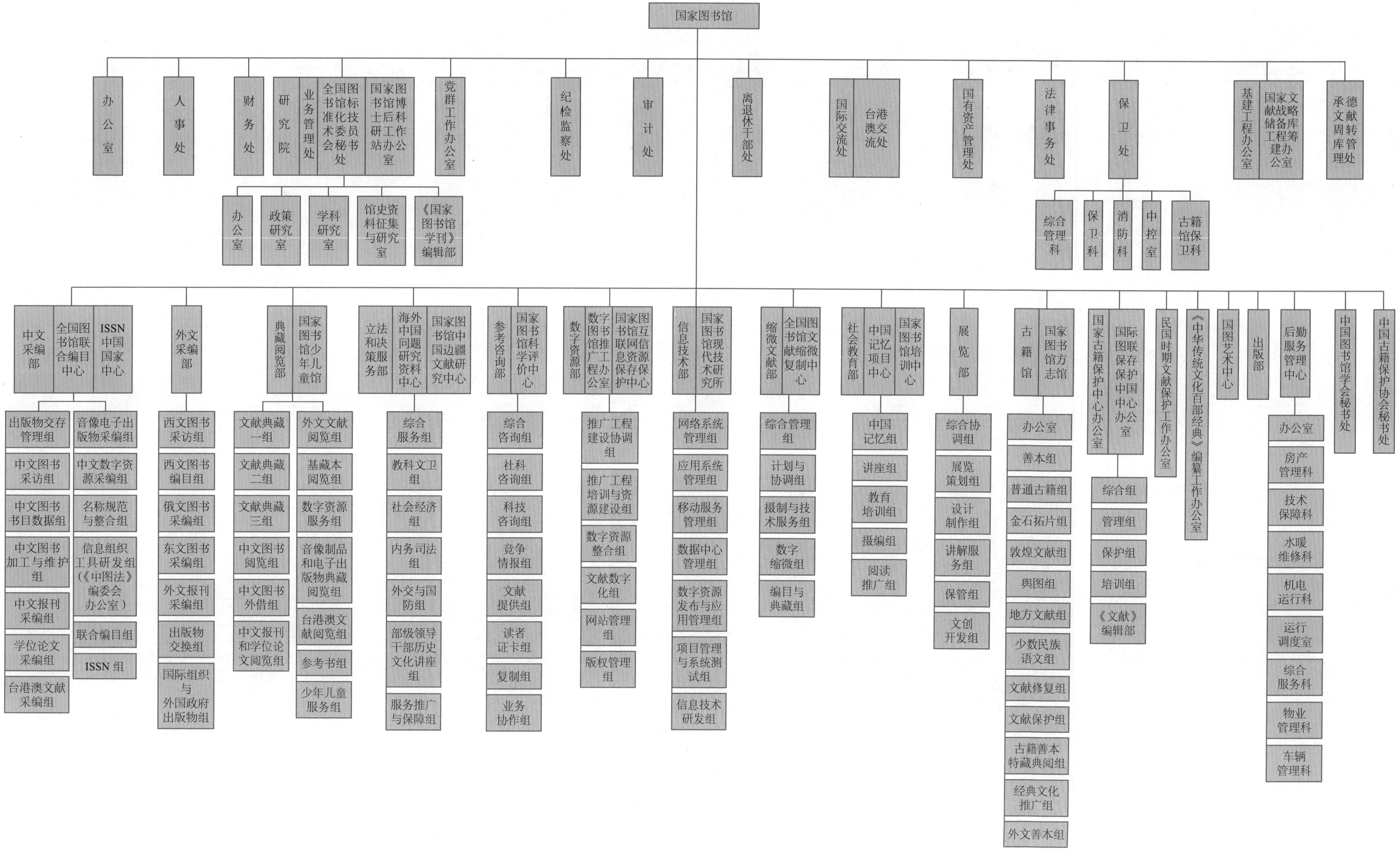

党建与群团活动

- 党建工作
- 纪检监察审计及法务工作
- 工会工作
- 共青团工作
- 离退休服务与管理工作
- 年度掠影

党建与群团活动

一、党建工作

2020年，国家图书馆党政班子在文化和旅游部党组的正确领导和部直属机关党委指导下，认真贯彻落实习近平新时代中国特色社会主义思想和党的十九大，十九届二中、三中、四中、五中全会精神，深入贯彻落实习近平总书记给国图老专家回信精神，按照“参与决策、推动发展、监督保障”的要求，以加强党的政治建设为统领，扎实推进部党组巡视整改工作，严格落实党建工作责任制和意识形态工作责任制，深入推进党建工作和业务工作融合发展，充分发挥国图党组织和广大党员在疫情防控、事业发展中的战斗堡垒作用和党员先锋模范作用，攻坚克难、开拓创新，为建设让党放心、让人民群众满意的国家图书馆提供坚强保障。

（一）深入学习贯彻习近平新时代中国特色社会主义思想，始终坚持正确政治方向

深入开展强化政治机关意识教育，将学习贯彻党的创新理论贯穿始终。全面开展党的十九届五中全会精神学习，组织正处级以上干部参加部系统专题培训，部署全馆范围深入学习，确保学习全覆盖。深入贯彻落实习近平总书记给国图老专家回信精神，推进全馆贯彻落实回信精神部署的系列项目深入实施。馆党委理论学习中心组制订年度学习计划，全年围绕习近平总书记关于疫情防控系列重要讲话和指示批示精神、强化政治机关意识教育、《习近平谈治国理政（第三卷）》、党的十九届五中全会精神等组织集体学习研讨共计11次。七一前后，馆领导班子成员以“强化政治机关意识、走好第一方阵”为主题为党员干部讲授党课。及时配发习近平总书记最新系列讲话单行本及新出版的重要理论读物，组织督促党员干部读原著、学原文、悟原理。组织全体党员参加“习近平新时代中国特色社会主义思想”线上培训班；组织党员学习《中央和国家机关党员干部应知应会党内法规文件选编》，参加部直属机关党委“强化政治机关意识教育——党章党规党纪知识在线答题”活动。

各党支部结合实际，依托“三会一课”、主题党日，深入开展强化政治机关意识教育，深入学习党的创新理论。各党支部书记围绕学习贯彻习近平总书记给国图老专家回信精神，为支部党员讲授党课。加强对年轻干部理论学习小组的指导督促，着力提升年轻干部理论水平。创新各层面理论学习方式，通过主题研讨、联学共建、调查研究、线上交流、党员微党课、看展观影等方式创新学习方式，调动党员学习主动性，提高学习成效。鼓励引导广大党员学好用好“学习强国”学习平台等，丰富党员学习方式。通过全方位、多层次、深入系统地学习，全馆党员干部员工进一步增强“四个意识”，坚定“四个自信”，做到“两个维护”。

（二）扎实推进巡视整改工作，推动党中央和部党组重大决策部署落地见效

馆党政班子以高度的思想自觉和行动自觉扎实推进巡视整改任务落实落地，做好巡视“后半篇文章”。部党组巡视反馈意见后，迅速召开馆务会、党委会传达学习部党组巡视整改部署及要

求；坚持问题导向，逐条分解反馈意见，研究制订巡视整改工作方案，梳理问题，制定整改措施，明确时间表、路线图、责任人。召开馆领导班子巡视整改专题民主生活会，举一反三，检视剖析，带头抓好整改工作。到年底，巡视指出的“四个方面”问题整改工作取得重要成绩，党中央决策和部党组部署贯彻落实更加深入，国图党的建设质量进一步提高，管理制度体系建设进一步加强，综合管理科学化水平进一步提升，事业创新发展的能力和水平迈上新台阶。

（三）落实新时代党的组织路线，推进党支部标准化规范化建设

贯彻落实新时代党的组织路线，推进党建与业务和队伍建设融合互促。组织召开国家图书馆2020年党的工作暨纪检工作会议，部署全年工作任务。贯彻落实文化和旅游部关于开展强化政治机关意识教育等3个专项工作要求，制订全馆开展强化政治机关意识教育、全面推进党支部标准化规范化建设和开展“灯下黑”问题专项整治的实施方案，强化广大党员干部政治机关意识。馆党委深入学习习近平总书记关于意识形态工作的重要论述，及时传达学习中央和部党组关于意识形态工作的各项部署要求，严格落实意识形态工作责任制，加强制度建设，严守意识形态阵地。

以建设“四强”党支部为目标，推动国图党支部全面进步、全面过硬；排查“灯下黑”各种表现，集中整改提高，积极创建模范机关。开展国图党组织建设与发展研究，总结经验和分析不足，谋划“十四五”时期国图党的建设思路和规划。开展党支部工作专项调研，馆领导班子成员带队，采取走访座谈的方式，深入全馆各党支部调研，落实党的政治建设要求，落实巡视整改方案，提升党支部标准化规范化建设水平，推动党建工作与业务工作融合发展，加强对党支部建设的指导与监督。加强党建制度建设，围绕加强党建工作监督考核、完善党务管理等方面制修订《中国共产党国家图书馆委员会党费收缴、使用和管理办法》《党支部党建述职考核办法》等规章制度。加强对馆属企业党建工作的指导，压实相关支部责任，督促指导完善企业党建制度，充分发挥党组织在馆属企业中的战斗堡垒作用。完善党支部工作考核制度机制，开展年度党支部工作考核，强化考核结果应用。加强支委班子建设，中层干部调整期间，馆党委及时指派相关党支部临时负责人，并加强对新任负责人的教育培训，确保党支部工作有序推进。

加强对党支部建设的指导，完善动态跟踪机制，着力提升党支部标准化规范化建设质量。引导党支部积极围绕部门中心工作和队伍建设实际，结合疫情防控要求，创新开展“三会一课”等组织活动的思路和方式，推动开展线上线下相结合的组织活动，加强党支部之间的联动，增进了解、相互借鉴，不断提升党支部工作水平。各党支部积极创新活动形式，增强支部“三会一课”等组织活动的吸引力，不断提高党员参与度。

（四）加强党员教育管理，发挥党员先锋模范作用

坚持加强党员教育管理。疫情期间，馆党委印发《国家图书馆党委关于坚决贯彻落实习近平总书记重要指示精神　在打赢疫情防控阻击战中充分发挥共产党员先锋模范作用的通知》《关于做好疫情防控期间党建工作的通知》，要求全馆党员在打赢疫情防控阻击战中充分发挥先锋模范作用。在统筹疫情防控与事业发展中，广大党员打头阵、当先锋，全面落实防疫责任，“闭馆不打烊”，着力提升远程服务水平；向全国人大、国务院等政府机关、科研机构提供疫情防控舆情等信息专报400余份；有序恢复到馆服务过程中，在一线设立党员服务岗，党员示范标杆作用进一步

彰显；全馆干部职工自愿捐款支持疫情防控。

加强新形势下党员发展和管理工作，按照年度计划，新发展党员9名，预备党员转正10名。选派45名党员干部参加上级单位各类学习培训。加强党建宣传工作，表彰党建信息报送先进集体和个人；建设开通“党建信息平台”，稳步推进智慧党建，提升支部党建信息化水平，增强支部党建活力。完善党费收缴、使用和管理工作，落实规章制度，进一步规范党费收支管理。贯彻落实习近平总书记“厉行节约、反对浪费”批示精神，制订专项实施方案，召开会议深入研究部署，重点加强餐饮管理，并在各项工作中落实节约精神。馆党工团多角度通过组织专题学习，加强宣传教育，开展“厉行节约”寄语、“勤俭节约”妙招分享、主题海报设计、VLOG小视频制作等活动，全面推进厉行节约制止浪费工作。

二、纪检监察审计及法务工作

（一）会同馆党委组织召开国家图书馆2020年党的工作暨纪检工作会议

为学习贯彻落实文化和旅游部党的工作暨纪检工作会议精神，总结部署国家图书馆党建及党风廉政建设工作，馆纪委会同馆党委于5月27日召开国家图书馆2020年党的工作暨纪检工作会议。副馆长、党委副书记、纪委书记陈樱在会上总结2019年国家图书馆党风廉政建设工作，对2020年党风廉政建设工作进行安排部署（参见“年度掠影”之“召开国家图书馆2020年党的工作暨经检工作会议”）。

（二）深入贯彻落实中央八项规定精神　驰而不息纠治“四风”

1. 加强宣传教育，做好中央八项规定精神的贯彻落实

严格落实《国家图书馆关于进一步贯彻落实中央八项规定精神实施细则》，巩固拓展落实中央八项规定精神成果。认真做好中央、文化和旅游部关于严明纪律有关文件和情况通报精神的传达贯彻工作。及时向全馆党员干部传达《中央纪委国家监委公开曝光六起违反中央八项规定精神典型问题》《关于转发中央和国家机关纪检监察工委〈关于5起违反中央八项规定精神问题的通报〉的通知》，要求全体党员领导干部从反面典型中汲取教训，高度警醒、引以为戒，从严落实中央八项规定精神。

2. 重点抓好节日关口反“四风”工作

在元旦、春节、五一、端午、中秋、国庆各重点节日关口，及时发布通知提醒，明确节日期间纪律要求。继续做好节前约谈相关工作，由馆党委书记、纪委书记约谈财务、公务接待、公车管理、食堂等管理部门负责人，督促其切实履行监管职责，严格落实中央八项规定精神，认真把好第一道关口，做好节日期间廉洁自律工作。通过节前宣传教育，聚焦重点领域、薄弱环节和隐形变异新表现新问题，严明纪律、明确要求，加强节日期间监督检查等方式，认真做好节日关口反“四风”工作，切实保证中央精神和相关规定不折不扣地得到执行。

（三）认真贯彻落实上级纪检监察机关工作安排部署

按照文化和旅游部直属机关纪委要求部署，做好节日关口反“四风”工作，并按要求完成相关情况的报送汇报工作。按照相关工作要求，组织召开会议，及时传达落实文化和旅游部党组有关扩大会议精神。配合上级纪委，做好信访举报问题线索及有关案件的处置工作。积极参加上级纪委工作会议及业务培训，并做好各项会议精神的贯彻落实工作。配合上级纪检监察机关认真做好其他有关工作。

（四）积极开展党纪党规学习教育，不断增强党员领导干部纪律规矩意识

1. 组织专题学习培训，贯彻落实十九届中央纪委四次全会精神

结合疫情期间居家办公的实际情况，将十九届中央纪委四次全会相关内容汇总整理成学习材料，及时组织下发给馆纪委委员及各党支部纪检委员线下学习，要求大家深刻领会习近平总书记在十九届中央纪委四次全会上的重要讲话精神，结合自身工作实际及岗位职责，扎实做好国家图书馆全面从严治党各项工作。

2. 积极开展警示教育，引导党员领导干部筑牢拒腐防变思想防线

及时召开会议，传达文化和旅游部党组有关李金早涉嫌严重违纪违法问题扩大会议精神，要求各级党员领导干部认真贯彻落实中央及文化和旅游部关于党风廉政建设工作的各项要求部署，高度警醒，警钟长鸣。馆纪委配合馆党委，积极开展警示教育活动，做好警示教育大会及党委理论学习中心组学习有关专题的警示教育片选取工作。通过多方协调，在北京市纪委等的大力协助下，精心选取《“京”人的小目标》《迷失的初心》《上任就放任的队长》《阳光大厅里的暗影》《叩问初心（三）——围猎之祸》等5部案例典型、针对性强的警示教育片，内容涉及普通岗位员工、“小官”、高级领导干部等共11个典型案例，从不同角度、不同侧面挖掘这些反面典型的违纪违法轨迹，剖析他们走上违纪违法深渊的思想根源，通过用身边事教育身边人，引导党员领导干部严格执行党章党规党纪各项要求，不断筑牢廉洁自律思想防线。

（五）落实监督责任，切实做好部党组巡视反馈问题整改相关工作

针对部党组巡视反馈意见，馆纪委认真做好巡视整改工作贯彻落实。聚焦监督执纪问责主业，深化转职能转方式转作风，积极探索“再监督”有效模式，重点加强对采购主责部门依法履行监管职责的监督，努力发挥好“监督的再监督”作用。针对巡视反馈意见指出的加强巡视、审计、主题教育整改工作日常监督的要求，提高政治站位，增强对于抓整改工作日常监督责任的意识，把握纪委在整改工作中的任务和责任，探索抓整改工作日常监督的方法举措，制定整改监督措施，明确工作思路，做好整改监督工作。

（六）持续开展审计和专项检查监督评价工作，保障经济活动合法合规，提高财政资金使用效益

1. 审计工作

2020年全年开展5项审计工作，其中，馆属企业负责人离任经济责任审计1次，出版社及馆

属企业财务报表审计、经营责任书审计、财务收支审计各1次，国家社会科学基金项目鉴定结项审计1次。开展馆领导离任审计发现问题整改情况上报工作。持续健全审计发现问题台账，从细从实加强历次审计发现问题台账建设、维护和管理工作，对台账已有信息持续梳理、完善、优化、更新，补充新完成审计项目信息，为审计发现问题整改督查工作奠定良好基础，提高审计发现问题整改督查工作效率。

2. 绩效管理工作

（1）重点项目绩效评价

开展2019年度国家图书馆书刊资料购置项目支出的绩效评价工作。通过重点项目绩效评价，进一步加强财政支出管理，强化支出责任，提高财政资金使用效益。

（2）绩效自评

开展全馆所有二级项目（包含以前年度结转结余资金）2019年度支出绩效自评工作。通过项目绩效自评，促进全馆对各个项目管理工作的自省和全方位梳理，查找存在的问题，对未来提供指导。

（3）绩效监控

开展全馆18个二级项目2020年1月至7月的支出绩效目标执行监控。通过绩效监控工作，跟踪年初设定的绩效目标完成情况，查找资金使用和业务管理中的薄弱环节，及时发现和纠正绩效目标执行偏差，弥补管理“漏洞”，促进预算管理、财务管理和项目管理有机融合，有效提高项目资金的使用绩效和管理水平，进一步促进全年绩效目标如期实现。

3. 内部控制工作

以《行政事业单位内部控制规范（试行）》为指引，全面梳理国家图书馆内部控制流程和制度建立情况，完成《2019年度行政事业单位内部控制报告》的填报。重点梳理权力集中的重点领域和关键岗位建立制衡机制情况、职责分离和主要风险管控情况、控制制度执行情况，对内部控制建立与实施情况进行监督，对内部控制制度和体系的有效性进行评价。

4. 经济风险评估工作

开展国家图书馆经济活动风险评估前期工作。项目整体包括单位层面风险评估和业务层面风险评估，重点对单位层面的内部控制工作组织情况、内部控制机制建设情况、内部管理制度完善情况、内部控制关键岗位人员管理情况、财务信息编报情况，以及业务层面的单位预算、收支、政府采购、资产、建设项目、合同管理情况等方面进行评估。已完成中介机构的遴选、委托合同的签订、摸底清单基础材料的准备、风险评估工作方案的制订等阶段性工作。

5. 其他监督检查工作

向文化和旅游部财务司上报《中华传统文化百部经典》编纂项目预算编制和预算执行情况说明；参加文化和旅游部财务司对国家图书馆政府采购履约验收情况现场检查，以及对检查结果和发现问题的口头反馈；向审计署上报国家图书馆国家文献战略储备库项目批复、目前进展、下一步计划、资金投入和承德租赁场馆等情况。

（七）法务工作

1. 案件处理

（1）2020年全年处理诉讼案件25件（包括新案4件、旧案21件）。其中，在审一审案件3

件，在审上诉案件3件，结案19件。按照案由区分，涉知识产权纠纷18件，人事及劳动争议2件，不动产确权纠纷1件，借贷纠纷1件，服务合同纠纷1件，工程合同纠纷1件，人身损害赔偿纠纷1件。在审结案件中，裁判结案16件，和解撤诉结案3件。新发案件均自行应诉处理。

（2）全年处理侵权投诉事件3件，均结案。

2. 知识产权保护和管理

（1）进一步推进商标注册的复核申请工作。在2019年商标注册申请工作的基础上，对初审驳回的31件商标申请进行申请复审，其中“中国国家图书馆”“NATIONAL LIBRARY OF CHINA”涉及的28件商标申请复审通过，进入商标审定公告期。“中华古籍保护及图形”涉及的3件商标注册申请再次驳回。

（2）开展已注册商标的续展工作。为保证注册商标的可持续性使用，对全馆已注册商标进行系统梳理，及时对保护期已经届满或即将届满的5个注册商标的11个类别申请办理续展。

3. 法律服务与重点合同审查

发挥专业优势，与外聘律师密切配合，为全馆提供优质高效的法律咨询服务，咨询范围涵盖重点合同审查、资源建设与服务、规章制度的制修订、科研支撑、自有知识产权的维权保护、劳动人事纠纷、对外合作项目等，有力保障业务依法依规开展。每月底向馆内各部处发布下月律师到馆安排以提高咨询服务效率，对馆聘律师出具的书面法律意见进行备案备查，加强内控管理。

4. 助力疫情防控，保障业务平稳发展

（1）根据疫情防控工作安排，做好相关法律工作预警和风险防控。面向全馆及馆属企业下发《关于疫情期间合同延迟签订及履行相关事项的通知》，面向馆属企业配合编制《疫情期间劳动法相关问题解答》。

（2）加强馆属企业法律顾问管理。充分调研馆属企业的律师聘任和法律事务实际运行情况，了解疫情期间馆属企业的法务需求和实际解决方案，配合下发《国家图书馆关于加强馆属企业法律顾问管理工作的通知》，要求馆属企业充分重视法律顾问工作。

5. 外聘律师服务

全年外聘律师共计出具正式法律意见书32份，审核合同1212件次，提出审核意见1668条，代理国家图书馆及馆属企业诉讼案件2件，回复邮件咨询或到馆咨询若干，切实发挥外聘律师管控全馆法律风险的重要作用。

三、工会工作

2020年，国家图书馆工会在文化和旅游部直属机关工会和馆党政班子领导下，以习近平新时代中国特色社会主义思想为统领，学习贯彻习近平总书记给国图老专家回信精神，围绕疫情防控与事业发展大局，调动员工积极性，凝聚合力，充分发挥工会组织桥梁纽带作用。2020年，国家图书馆通过中央和国家机关精神文明建设委员会全国文明单位复审，继续保有全国文明单位荣誉称号，获得第五届全国未成年人思想道德建设工作先进单位称号；馆工会荣获中央和国家机关模范职工之家荣誉称号。

（一）深入学习贯彻习近平新时代中国特色社会主义思想

紧密结合全馆实际和员工特点，组织引导全馆员工深入学习贯彻习近平新时代中国特色社会主义思想、学习贯彻党的十九届五中全会精神，深入学习习近平总书记关于疫情防控工作的重要讲话和指示批示精神，学习《习近平谈治国理政》第三卷，不断加强理论武装，提高思想认识水平，提升政治站位。深入学习贯彻习近平总书记给国图老专家回信精神，与落实巡视整改工作相结合，教育引导广大员工紧密结合岗位实际，深刻认识回信精神重大意义，不断增强责任感使命感，自觉将回信精神融入本职工作，落实好各项整改任务。配合全馆政治机关意识教育，引导广大员工不断提升政治意识。通过学习，广大干部员工学懂、弄通、做实习近平新时代中国特色社会主义思想的自觉不断强化；增强“四个意识”，坚定“四个自信”，做到“两个维护”的自觉不断巩固。

（二）推动民主管理，促进合力办馆

馆工会积极发挥职工代表大会在推进国图民主管理中的重要作用。以线上会议的方式，召开国家图书馆第二届职工代表大会第十次全体会议，审议并通过《国家图书馆 2020 年工作要点》《国家图书馆 2019 年度财务工作报告》。落实馆领导不断办好员工食堂的有关要求，召开伙委会，听取后勤服务管理中心、食堂运营方对疫情期间和防控常态化条件下食堂防控措施、餐饮质量提升、厉行节约反对浪费等情况的报告，征求员工有关意见建议。通过伙委会机制，进一步畅通沟通渠道，促进员工与食堂运营管理相关部门和单位的良性互动，增进了理解。

（三）围绕全馆工作大局，广泛开展群众性文体活动

疫情期间，围绕全馆疫情防控和事业发展大局，馆工会创新形式，开展丰富的员工活动，举办“防疫有我，共克时艰”作品征集活动，征集到抗疫主题的诗歌、书法、摄影等作品，发布到国图通讯、微信平台宣传展示，进一步凝聚力量，鼓舞士气。围绕国图建馆 111 周年庆祝活动，以“我的国图，我的家”为主题举办“馆员寄语”活动（参见“年度掠影”之“举办‘我的国图，我的家——国家图书馆馆庆馆员寄语活动’”）。

落实馆党政班子关于深入贯彻落实习近平总书记重要指示精神要求，印发《关于广泛开展厉行节约、反对浪费教育的通知》并开展系列活动，引导全馆员工响应号召，提高思想认识，提升政治站位，切实增强厉行节约、反对浪费的政治自觉、思想自觉、行动自觉。广大员工积极参与“厉行节约”寄语、“勤俭节约”妙招分享、主题海报设计、VLOG 小视频制作等相关活动（参见“年度掠影”之“开展厉行节约、反对浪费系列活动”）。

（四）关心群众生活，努力把工会建设成员工之家

馆工会努力发挥桥梁纽带作用，围绕民生问题，积极主动开展工作，不断提升服务水平。元旦春节期间，通过核拨专项活动经费方式支持各分工会（基层工会）开展迎春庆祝活动；结合

疫情防控工作，开展“三八”妇女节相关活动；结合员工关注点，举办“六一”亲子绘画活动。“八一”建军节，馆工会对全馆在职复转军人给予慰问。结合常态化疫情防控相关要求，进一步加强母婴室、健身房、员工活动室等员工活动场所管理，有力支持群众文体活动的开展。坚持开展员工慰问和送温暖活动，给予当年罹患重病或生活出现特殊困难的员工切实帮扶，为其排忧解难，把组织的温暖及时送到困难员工身边。

（五）加强自身建设，提高工作水平

加强工会干部队伍建设，围绕学习贯彻习近平新时代中国特色社会主义思想，通过线上线下学习相结合的方式，切实提高广大工会干部思想政治水平，自觉坚持党委对工会工作的统一领导，进一步提高工会干部专业精神和履职能力，为统筹推进疫情防控和事业发展做出积极贡献。按照中华全国总工会印发的《基层工会经费收支管理办法》《中央和国家机关基层工会经费收支管理实施细则（试行）》要求和国图财务管理相关政策，制定《国家图书馆工会经费收支管理办法》，进一步规范工会经费管理，严格落实中央八项规定精神，确保工会经费使用合规高效。

四、共青团工作

2020年，在部直属机关团委和馆党政班子的领导下，馆团委紧紧围绕全馆中心工作和青年工作实际，以锤炼政治品格，提升业务素养作为全年工作的出发点和落脚点，团结带领全馆广大团员青年围绕中心、服务大局，扎实推进各项工作，为国家图书馆事业发展贡献青春力量。

（一）强化理论武装，深入学习贯彻落实习近平新时代中国特色社会主义思想和党的十九届五中全会精神

馆团委坚持以政治建设为统领，把学懂、弄通、做实习近平新时代中国特色社会主义思想，特别是党的十九届五中全会精神作为团员青年理论武装的首要任务，以研读原文、座谈交流、联系工作为主要方式，实现对习近平总书记重要讲话和党中央重大决策部署学习的常态化、制度化，带动团员青年自觉用习近平新时代中国特色社会主义思想武装头脑、指导实践、推动工作。依托年轻干部理论学习小组开展学习活动，深入学习习近平总书记在五四青年节给新时代青年的寄语、在决战决胜脱贫攻坚座谈会上的重要讲话精神、在中央和国家机关党的建设工作会议上的重要讲话等。引导团员青年充分利用“学习强国”学习平台APP、网络媒体等方式，开展自主学习，进一步增强“四个意识”，坚定“四个自信”，做到“两个维护”。

（二）发挥生力军突击队作用，统筹做好疫情期间服务大局服务青年工作

疫情防控期间，馆团委持续深化抗击疫情正面宣传，通过信息网络平台、“两微一端”等形式组织网上学习、异地学习。开展“青年学习汇”，组织青年专题学习习近平总书记关于疫情防控工作的重要讲话精神、《论坚持党对一切工作的领导》等，切实做好爱党爱国和制度自信教育，引导

青年充分体悟抗疫背后的精神力量和制度优势。坚持党的助手和后备军定位，开展“坚定制度自信”专题学习周、“文旅青春战疫·坚定制度自信”青年理论学习知识竞赛，馆团委荣获文化和旅游部主题活动优秀组织奖。开展“云交流共分享 同话战‘疫’青春”五四主题青年交流会、“国图青春战疫”视频分享等系列活动，进一步坚定团员青年听党话、跟党走的初心。及时了解青年员工在疫情期间的思想动态，帮助解决遇到的实际困难，鼓励青年做好常态化疫情防控工作，积极投身复工复产。与尚未返京特别是留鄂青年保持密切联系，按照要求积极配合服从当地社区防控安排，有些青年还主动参与所在社区疫情防控工作，充分展现新时代国图青年的家国情怀和责任担当。

（三）引导青年立足岗位，将理论学习成果转化为创新创效创优的行动方向

积极落实文化和旅游部关于开展“根在基层”2020年文化和旅游部青年干部调研实践活动的工作部署，号召青年干部按照疫情防控常态化要求，结合国图业务实际，深入基层，聚焦文化传承、业界动态、公共服务等开展相关调研活动，共形成调研报告15篇，国图荣获此次活动的优秀组织奖，将优秀调研报告结集成册，团支部间开展业务宣讲交流，将“根在基层”调研实践活动不断引向深入。开展年轻干部理论学习小组“我的家风家训故事”征文活动，对征文作品进行集中展示和分享，引导广大青年自觉做家风建设的表率。下发《关于广泛开展厉行节约、反对浪费教育的通知》，号召团员青年从小事做起、从自身做起、从现在做起，以实际行动带动厉行节约、反对浪费的良好风气。组织团员青年参观故宫博物院“丹宸永固：紫禁城建成六百年”大展和故宫博物院藏苏轼主题书画特展。为各团支部配发《胡天汉月映西洋：丝路沧桑三千年》《苏轼十讲》《这里是中国》等文津图书奖获奖图书，鼓励团支部间开展读书交流活动，营造浓厚书香氛围。

（四）扎实推进团组织建设，不断增强团组织凝聚力和战斗力

稳步推进“智慧团建”系统平台建设，完成团支部、团委“对标定级”工作，不断提升共青团工作信息化水平。扎实落实“三会两制一课”要求，夯实从严治团基础。做好年度团费收缴及团员信息统计报送，完成新入馆团员青年信息录入，指导团支部做好团员青年推优入党、支委补选等工作，进一步夯实团建基础。选派团干部参加文化和旅游部团干部培训班，提高团干部政治理论修养和业务工作能力。协助古籍馆文献修复组做好“号声嘹亮·青年文明号向祖国报告——2020年青年文明号开放周”活动，强化引领作用，树立先进典型，激励广大团员青年争优创先。

五、离退休服务与管理工作

2020年，国家图书馆离退休干部工作坚持“围绕中心，服务大局”，在做好新冠肺炎疫情防控基础上，全面做好服务保障，抓住重点统筹兼顾，加强离退休干部党支部建设，丰富老同志精神文化生活，引导老同志凝聚传播正能量，推进离退休服务管理信息化、精准化、规范化建设，维护老干部队伍整体和谐稳定，按照年度计划扎实推进老干部工作。

（一）基础工作

1. 常规服务

截至 2020 年 12 月底，国家图书馆共有离退休员工 1180 人，含离休员工 33 人、退休员工 1147 人。全年共接收新退休员工 59 人；为老同志办理就近就医医院及社区卫生服务中心登记备案及变更手续 105 人次；为年满 80、90 周岁的老同志上门祝寿 21 人次，探视慰问离退休生病住院、特困人员等 163 人次；协助过世离退休员工家属办理后事 26 人次；发放退休员工独生子女费 55 人次 55000 元；协助老同志通过馆“法律咨询日”平台完成法律咨询 2 人；协助党群工作办公室完成老同志家属入党政审 6 人；上报文化和旅游部离退休干部局年度离退休干部统计表，协助人事处完成“中国人民志愿军抗美援朝出国作战 70 周年”纪念章颁发对象、文化艺术界老专家统计报送工作；协助后勤服务管理中心做好离退休员工及司局级干部老同志体检工作；参加文化和旅游部系统新党员培训、文化和旅游部团干部培训、网络安全培训、“一警六员”消防安全培训、学习习近平新时代中国特色社会主义思想课程培训、民法典课程培训 16 人次。新冠肺炎疫情期间，离退休干部处深入了解疫情导致的老同志报销取药不便、生活困难等情况，会同相关部门为老同志办理住院支票领取，简化就近医院及社区卫生服务中心登记备案变更手续，做好预约登记，及时传达上级关于老同志就诊取药的最新医疗政策。回应老同志关切，引导老同志正确理性认识疫情，自觉遵守各项防疫措施要求。

2. 党支部建设

离退休干部处党支部按照文化和旅游部党组及馆党委安排部署，以习近平新时代中国特色社会主义思想为指引，组织离退休党员深入学习党的十九大及十九届二中、三中、四中、五中全会精神，贯彻落实习近平总书记在统筹推进新冠肺炎疫情防控和经济社会发展工作部署会议上的讲话、在全国抗击新冠肺炎疫情表彰大会上的讲话、在纪念中国人民志愿军抗美援朝出国作战 70 周年大会上的讲话精神等，引导离退休老同志增强“四个意识”，坚定“四个自信”，坚决做到“两个维护”，全面拥护支持党的各项路线方针政策，在思想上行动上与以习近平同志为核心的党中央保持高度一致；提交《离退休干部处党支部党建“灯下黑”自查工作报告》《开展落实意识形态工作责任制自查报告》《党支部调研报告》等材料，梳理党支部意识形态工作方法成效、风险点及解决方案。

3 月，离退休干部处党支部组织离退休党员为新冠肺炎疫情防控工作自愿捐款，共收到 301 位党员群众通过各种渠道的捐款共计 154682 元，体现老党员的先锋模范作用，彰显老党员灾难面前勇于担当的赤诚之心和家国情怀。七一期间，离退休干部处党支部开展对 3 名离退休困难党员的慰问帮扶活动，解决老同志的实际生活困难。9 月，馆领导带队走访慰问吴瀚、宋克夫、刘德原、雷冬瑞等 4 位健在的抗日战争时期及以前参加革命工作的老战士、老同志，向老同志们为民族解放和抗日战争做出的重要贡献表示崇高敬意。10 月 30 日—11 月 4 日，馆长饶权、党委书记魏大威、副馆长陈樱带队看望慰问闫莉、李竞、陈翔华、翟凤岐、秦亚杰等 5 位获得“中国人民志愿军抗美援朝出国作战 70 周年”纪念章的老同志（参见“年度掠影”之“馆领导看望慰问获得‘中国人民志愿军抗美援朝出国作战 70 周年’纪念章”的老同志）。

（二）重点工作

1月17日上午，国家图书馆2020年新春团拜会在国图艺术中心举行，800余位离退休员工及统战人士欢聚一堂共迎佳节，馆领导班子、老领导、老专家等出席团拜会。馆长饶权代表馆领导班子致辞，向老同志们对国家图书馆的关心支持表示衷心感谢，希望广大离退休员工继续发光发热，积极建言献策，携手共创国图发展新辉煌。抽奖活动结束后，与会人员欣赏了由梦之舟北京军休爱乐乐团带来的专场音乐会，大型音乐史诗《长征组歌》把观众带回激情燃烧的岁月，与会人员在经典曲目中受到洗礼，获得了“不忘初心、牢记使命、砥砺前行”的动力。团拜活动受到老同志热烈欢迎，为新年创造了祥和愉快的氛围。

春节前夕，馆领导深入走访老同志家中、医院、敬老院等，亲切看望慰问离退休老领导、老专家，送去组织关怀和新春祝福；离退休干部处从老同志身体状况、家庭收入、离退休金水平、医药费报销额度等出发，筛选出困难老同志发放补助，缓解他们的生活压力。中秋国庆“双节”前夕，离退休干部处代表馆领导班子和全体在职员工，实地走访慰问退休老专家、老领导、离休干部、居住在敬老院的老同志等60余人（参见“年度掠影”之“开展中秋国庆‘双节’慰问”）。

2020年是习近平总书记给国家图书馆老专家回信一周年暨国家图书馆建馆111周年，离退休干部处联系邀请老同志代表参与馆庆特别活动主题节目、“代代国图人”录制工作，组织老同志参加9月9日馆区升旗仪式、全馆员工大会、学习贯彻习近平总书记回信精神一周年座谈会等，发挥老同志模范表率作用，贯彻落实习近平总书记系列重要讲话，传承弘扬国图精神。

（三）文化养老

受疫情影响，离退休干部处积极支持社团俱乐部开展线上服务活动，创新形式，丰富老同志精神文化生活。银杏摄影之家组织“银杏人战疫情”技术交流周、居家作品展和网上观片会，展示作品245件；书香舞蹈队开展网络课程学习及资源共享，得到会员积极参与和热烈欢迎。离退休干部处高度重视宣传工作，通过宣传窗口展示国家图书馆离退休员工队伍夕阳风采，弘扬文化养老理念，荣获年度宣传工作优秀部处。组织老同志参加文化和旅游部系统离退休干部“我看脱贫攻坚新成就”征稿及书画摄影展活动，引导老同志畅谈发展变化，展示阳光心态；赴文化和旅游部离退休干部局、国家博物馆等单位调研，加快推进离退休员工服务管理系统APP上线工作，助力老同志享受信息化、智能化成果，提供更精准、优质服务；开展离退休员工“记忆国图”口述史整理，保存馆史资料；组织老同志代表赴燕达金色年华健康养护中心考察，积极应对人口老龄化严峻形势，满足离退休员工多样化养老需求。疫情期间，离退休干部处在国家图书馆通讯微信公众号发表老同志抗疫相关文章、画作、书法、诗歌、篆刻作品，引导老同志弘扬主旋律，传播正能量，践行社会主义核心价值观，营造风清气正的抗击疫情舆论环境，全面展现国图老同志队伍昂扬向上的风貌。

年度掠影

【召开国家图书馆2020年党的工作暨纪检工作会议】

5月27日，国家图书馆召开2020年党的工作暨纪检工作会议，馆长、党委副书记饶权主持会议。党委书记、副馆长魏大威代表馆党委总结2019年国图党建工作，部署2020年党建工作任务；副馆长、党委副书记、纪委书记陈樱代表馆纪委总结2019年国图党风廉政建设工作，部署2020年党风廉政建设工作任务。馆领导班子成员、党委委员、纪委委员、各党支部书记、部门主要负责人、馆属企业主要负责人40余人到场参会；各支部其他支委、其他中层干部90余人通过馆内网络视频形式参会。

【组织开展基层党支部书记和纪检委员专题培训　推动全面从严治党向基层延伸】

为进一步履行基层党支部党风廉政建设主体责任，加强各党支部纪检委员履行职责，切实把从严治党、正风肃纪的要求落实到基层，馆纪委于9月23日邀请文化和旅游部直属机关党委副书记、纪委书记张彦胜就“如何进一步发挥好基层党支部党风廉政建设主体责任、加强各党支部纪检委员履行职责”进行专题培训。国家图书馆党委书记、副馆长魏大威出席培训会并发表讲话，国家图书馆副馆长、党委副书记、纪委书记陈樱主持培训会。馆纪委委员、各党支部书记及纪检委员共40余人参加培训会。张彦胜首先分析介绍部系统近年来开展全面从严治党及党风廉政建设工作的基本情况，并结合自身丰富的实践经验以及部系统各直属单位的实际情况，重点围绕基层党支部如何履行党风廉政建设主体责任、基层党支部纪检委员如何开展监督工作以及监督的重点等问题进行讲解。培训结束后，各党支部参会人员踊跃现场提问。此次培训对基层党支部开展好党风廉政建设工作具有重要的指导意义和作用。

【召开国家图书馆统战工作座谈会】

11月3日，国家图书馆召开统战工作座谈会，围绕贯彻落实习近平总书记给国图老专家回信精神和党的十九届五中全会精神，扎实落实部党组巡视整改要求，就“加强统战工作、凝聚办馆合力”主题开展座谈研讨。文化和旅游部直属机关党委副书记、一级巡视员孙秋霞，馆长、党委副书记饶权，党委书记、副馆长魏大威出席会议并讲话，副馆长、党委副书记、纪委书记陈樱主持会议。全馆党外人士代表、相关职能部处的主要负责人参加会议。

【开展“国图青春战疫”视频分享活动】

4月，馆团委开展“国图青春战疫”视频分享活动，围绕在疫情阻击战中涌现出的先进典型和感人事迹，记录在新冠肺炎疫情阻击战中的所见所闻所感，记录国图在疫情防控、复工复产等方面的好经验、好做法。国图青年积极响应号召，以“抗击疫情，国图青年在行动”为主题，精心策划抗疫小视频，用真人、真事和真情实感，讲好“国图青春战疫”故事，凝聚强大精神力量。

【举办五四主题青年交流会　学习习近平总书记对新时代青年寄语】

5月13日，馆团委举办“云交流共分享　同话战‘疫’青春”五四主题青年交流会，围绕学习习近平总书记对新时代青年的五四寄语，聚焦疫情防控期间国图青年的所为所感和岗位实践，交流分享在疫情防控、复工复产、业务培训、志愿服务等方面的经验做法。党委书记、副馆长魏大威出席会议并做总结讲话，党群工作办公室副主任、团委书记张红霞主持会议，30余名青年代表参加会议。青年代表结合疫情期间的岗位工作，交流自己对习近平总书记五四重要寄语的认识和理解。

【关注员工子女成长　举办“六一”亲子绘画活动】

为提升员工幸福指数，增进队伍凝聚力和归属感，馆工会于5月26日至6月5日举办主题为“我眼中的图书馆”的“六一”亲子绘画活动。活动共收到水彩画、版画、国画等各类绘画作品30余幅。近年来，馆工会已经连续6年为馆内员工举办“六一”亲子活动。

【开展年轻干部理论学习小组“我的家风家训故事”征文活动】

为深入贯彻落实习近平总书记关于家风建设的系列重要论述精神，进一步培育和践行社会主义核心价值观，传承文明家风家训，8月初，馆团委组织开展年轻干部理论学习小组“我的家风家训故事”征文活动。各学习小组择优推送了情感真挚、感悟深刻、引人向善的家风故事。馆团委依托党建信息平台、OA论坛等对优秀家风故事进行推送展示，让传家训、育家风、立家教在馆内形成浓厚氛围，引导广大青年自觉做家风建设的表率。

【举办“我的国图，我的家——国家图书馆馆庆馆员寄语活动”】

为继承传扬百年国图精神，传播正能量，进一步抒发国图员工爱党爱国爱馆的真挚情感，增进广大员工职业荣誉感和归属感，围绕国图建馆111周年庆祝活动，馆工会举办“我的国图，我的家——国家图书馆馆庆馆员寄语活动”，向全馆员工（含离退休员工）征集寄语。共收到员工寄语148条，遴选出54条优秀寄语进行展示。

【开展厉行节约、反对浪费系列活动】

10月13日，为深入贯彻落实习近平总书记关于制止餐饮浪费行为的重要指示精神，按照馆党委相关部署，馆工会、团委联合开展厉行节约、反对浪费系列活动。活动由员工“厉行节约”寄语、“勤俭节约”妙招分享、主题海报设计和VLOG小视频制作等部分组成。广大员工积极参与活动，共收到寄语和妙招273条，主题海报设计7幅，VLOG小视频5个。为展示活动成果、弘扬勤俭节约之风，在员工食堂以张贴主题海报、电视播出VLOG小视频等方式将员工作品进行宣传展示。此次活动倡导全体员工增强“勤俭节约、反对浪费”的意识，在工作生活中形成崇尚节约的良好风尚。

【开展中秋国庆“双节”慰问】

中秋国庆“双节”前夕，国家图书馆离退休干部处代表馆领导班子和全体在职员工，实地走访慰问退休老专家、老领导、离休干部、居住在敬老院的老同志等60余人，了解他们的身体状况、居住环境、生活条件等，向各位老领导、老同志汇报国家图书馆一年来贯彻落实习近平总书记回信精神取得的重要成就，以及推动全国图书馆事业呈现出的蓬勃发展新气象，感谢他们长期以来对国家图书馆各项工作的关心支持，叮嘱老同志们保重身体，做好对新冠肺炎疫情的科学防护，保持老骥伏枥、老当益壮的健康心态，为开启新时代国图新征程继续贡献智慧和力量。受疫情影响，国家图书馆2020年财政形势严峻。在馆领导班子和全体在职员工支持与努力下，克服经费短缺困难，筹措资金全力保障“双节”前老同志慰问工作顺利开展。离退休干部处拟定致离退休员工的一封信，做好解释传达工作。

【馆领导看望慰问获得“中国人民志愿军抗美援朝出国作战70周年”纪念章的老同志】

10月30日—11月4日，国家图书馆馆长饶权、党委书记魏大威、副馆长陈樱看望慰问闫莉、李竞、陈翔华、翟凤岐、秦亚杰等5位获得“中国人民志愿军抗美援朝出国作战70周年”纪念章的老同志，亲切询问他们的身体状况，聆听老同志对抗美援朝作战峥嵘岁月的回忆，向志愿军老战士老同志致以诚挚问候和崇高敬意，衷心祝愿老人们健康长寿。馆领导指出，在中国人民志愿军抗美援朝出国作战70周年之际颁发纪念章，充分体现了党和政府对参战老战士老同志的关心厚爱，要进一步传承弘扬伟大的抗美援朝精神，倍加珍惜当前来之不易的大好形势，锐意进取，开拓创新，扎实工作，推动国家图书馆事业高质量转型发展，为建设社会主义文化强国再立新功。

设施建设与安全保卫

- 基建工程
- 安全保卫
- 后勤服务保障
- 年度掠影

设施建设与安全保卫

一、基建工程

2020年，国家图书馆基建工程主要包括继续推进国家图书馆国家文献战略储备库工程（以下简称“储备库工程”）项目筹建前期工作，配合做好一期维修改造工程仲裁资料整理核对工作以及其他基建相关工作。

（一）继续推进储备库工程筹建工作

1. 协调各方推进项目前期工作

2020年，国家图书馆5次向文化和旅游部及其相关司局报告储备库工程项目建设进展情况。2月，国家图书馆根据疫情形势和项目进度，向承德县自然资源和规划局申请工程开工延期建设；4月，疫情形势好转后，拟定国家图书馆关于报请文化和旅游部协调推进储备库工程项目函件上报。

2. 完成工程项目用地围挡修建工程

国家图书馆及时重启工程项目用地围挡工程厂家及材料的比选调研工作，于5月完成合同签订，并配合围挡施工单位开展进场工作，克服重重困难，于7月下旬开始项目施工。施工过程中，国家图书馆基建管理人员轮流到承德值班，驻守现场，随时应对处理突发事件。面对继续反复出现的村民强硬阻工情况，不与当地村民发生直接纠纷，国家图书馆多次与县、镇、村各级有关部门召开协调会议并赴现场参与协调工作，积极协调承德县主管部门出面解决。相继安装完成围挡和项目用地临时大门；11月中旬，全部工程通过验收。

3. 完成工程项目管理制度起草工作

为保障国家图书馆工程建设管理工作的科学化、规范化和制度化，提升工程建设管理水平，于10月组织相关人员赴故宫博物院基本建设办公室考察学习故宫博物院工程管理经验。在深入借鉴学习的基础上，拟定《国家图书馆基本建设工程项目管理规定》，对工程项目全流程、各环节进行建章立制，多次召开讨论会进行修改完善。

（二）做好一期维修改造工程仲裁工作

2020年10月以来，在法律事务处和基建工程办公室的密切配合下，根据律师的要求，国家图书馆就一期维修改造工程施工合同仲裁一案所需设计变更、工程洽商、现场签证等重要资料进行搜集梳理、制表造册，对新兴公司所提供质证资料进行核对、确认。

（三）做好其他基建相关项目工作

2020年，推进国家图书馆少年儿童馆提升改造工程，进行改造项目可行性研究报告编制工作的线上、线下会议及现场踏勘，完成报告的组稿；推进北平图书馆旧址保护规划编制工作，对初稿文本进行审定；梳理国家图书馆二期工程暨国家数字图书馆工程建设档案，供中国国际工程咨询公司编制国家重点工程档案，献礼建党100周年。

二、安全保卫

（一）配合新冠病毒肺炎疫情防控做好安全保卫工作

2020年，保卫处在国家图书馆疫情防控工作领导小组指导下，多次组织在馆区现场查勘，根据形势研讨防疫方案、措施，逐步理清思路、突出重点、明确分工、落实责任。疫情初期，保卫处及时调整工作重点，主要做好以下3项工作：一是及时协调保安公司重新分配安保力量，要求安检人员暂时在公司基地居住，以降低安检人员上下班途中与人接触，将疫情带入馆区的风险；同时要求所有驻馆保安队员要认清形势，克服困难，无特殊情况严禁外出。二是将在馆区居住的保安队员重新分工，进行疫情防护技能的培训和考核；安排专人实时了解掌握全国、北京市和馆区周边疫情动态，关注保安队员思想和身体健康状况，对思想波动人员及时进行疏导，化解疑问；安排安保骨干重点把好馆区各出入口，对出入馆区人员严格审核、测温。三是针对国家图书馆暂停开放，各部处员工大部分居家办公，馆区人稀楼空的实际情况，严格落实干部骨干轮流值班制度，坚守一线，确保保卫值班干部24小时在岗在位，督促保安公司加强馆区内部和外围执勤巡查力量，每天定期对馆区各重点和要害部位进行巡视检查，及时发现和排除安全隐患。

疫情前期，面对防疫物资紧缺的困境，保卫处协同保安公司群策群力，多方式、多途径购买口罩12000余只、消毒液200余公斤、新型测温仪10台。安排专人指导驻馆保安公司骨干定期对人员居住和工作区域进行病毒消杀，为战斗在一线的安保人员做好疫情防护。2月29日，根据中央国家机关驻京事业单位外包物业公司出现新冠肺炎的疫情通报，为加强对外包单位的管理，由保卫处制订《新冠肺炎疫情防控期间外包人员管理实施方案》，并下发至所有保卫处管理的外包公司，要求外包公司在疫情期间严格管理驻馆外包人员，确保人员和馆区安全。2020年保安队员一直值守在国家图书馆防疫工作最前线，与各类人员频繁接触，但由于防护措施到位，无一被新冠病毒感染。

国家图书馆于5月12日逐步恢复读者服务工作。面对随时可能卷土重来的疫情，保卫处迅速和办公室、业务管理处、后勤服务管理中心等部处共同对疫情防控形势进行研判，多次针对入馆制度、预约流程、健康查验、疑难解答、应急处突等方面进行商讨。根据开放区域和读者流量，及时制定各种应急预案并多次模拟演练，继续深入开展国家图书馆的疫情防控工作，落到实处。

（二）治安工作

1. 重大活动安保任务

2020年，保卫处完成“书香盈岁月，新桃换旧符——2020年国家图书馆年俗文化展”“追梦水云间——白煦的水墨书暨白煦书法作品捐赠展”“古籍修复成果展”等展览的安保工作。周密部署习近平总书记给国家图书馆老专家回信一周年暨建馆111周年相关活动及座谈会、文化和旅游部部长胡和平到馆调研、副部长张旭到馆检查疫情防控情况、国家图书馆新春团拜会、国家图书馆与阅文集团战略合作发布会、全国古籍修复技艺竞赛暨成果展开幕式、财政部到馆参观调研、纪念中国人民抗日战争胜利75周年暨抗战文献研究整理成果发布会、《朗读者》第三季直播录制、北京市文化和旅游局党组到馆调研参观、文化和旅游部国际交流与合作局到馆参观调研、北京市人民政府参事室到馆参观调研、浙江文化研究工程新成果发布暨出版座谈会、法文本《论语导读》入藏仪式、文化和旅游部直属系统单位十九届五中全会动员会、"119"消防演练暨消防宣传月启动仪式、中国图书馆学会第十次会员代表大会等活动现场的安保工作，保证活动安全有序进行。5月，根据北京市公安局内部单位保卫局文保支队通知要求，保卫处认真汲取故宫东华门被不法分子开车冲撞案件的教训，为古籍馆大门增配防撞护栏1个，并完成3次文津讲坛及中国典籍与文化系列讲座、2次国际儒学联合会集中学习、1次部级领导干部历史文化讲座的现场安保任务。

2. 日常安保工作

全年处理读者故意滋事2起，安检查扣各类刀具30余把、打火机4000余个。日常值班和巡视检查中，发现并排除房屋漏雨、玻璃碎裂、围墙受损、门窗未关等隐患30余起，捡拾并归还读者身份证20余张、手机5部、钱包6个、笔记本电脑3台。办理人员调动（含离馆）手续16人次，办理IC卡新增、丢失补办和权限变更117人次，退休证及各类证书盖钢印284人次。为各部处办理临时出入证349人次，为4名员工及员工子女办理落户手续，办理集体户口出借手续200人次，动员48名已不符合集体户口落户规定的员工将户口迁出。5—11月，按照第七次全国人口普查工作的统一部署，核查并登记636名员工（含外包企业工作人员）人口信息。

（三）消防安全工作

1. 日常消防工作

一是开展火灾隐患常态化治理，做好消防安全日常巡查工作，整顿消防安全隐患。严格用火管理，强化馆区施工动火审查，累计开具动火证209张。按照分区负责的原则，织密检查网络，针对总馆地下三层车库、北区空调和用水管路改造、北区四层地板改造以及北区南侧排风井和外围水池改造等馆内重点工程加大巡查力度，对违反消防安全管理规定的行为采取"零容忍"，及时处理，绝不将隐患留到次日。二是突出重要时间节点的火灾隐患整改督办。提前计划、广泛动员，做好"两会"、国庆等重大活动和重大节假日期间的消防安全检查。全年共组织5次安全专题会议及协调会，督促开展4次消防安全自查。三是主动做好消防器具的检测和更换。5月、9月分两次共检修总馆南区、北区，古籍馆馆区以及总馆西侧家属区的便携式灭火器5309具，建立器材档案；11月更换总馆馆区和西侧家属区消防水带1068条；对总馆、古籍馆和总馆西侧、金沟河、皮研所、大慧寺、舞蹈学院等家属区的建筑物进行避雷检测，共计测试等电位连接点387处、电涌保护器40处。古籍馆保卫科在保卫处的指导下，全年督促古籍馆馆区各部门清理可燃物7批次，处理水火报警18次。

2. 培训工作

6月"安全生产月"期间，受疫情的影响，保卫处采用线上方式，组织国家图书馆全体在编员工开展安全宣传培训，包括深入学习贯彻习近平总书记关于安全生产重要论述、组织观看安全警示教育视频、“安全生产大家谈”云课堂、参与安全生产知识竞赛等丰富多彩的活动。参考文化和旅游部安全检查小组的检查细则，结合国家图书馆实际，对创建安全单位检查考核评分标准进行修改和完善，细化计分标准。7 月，采取微信小程序答题形式进行创安中期验收，共组织 1421 名员工参与答题。11 月，以“消防宣传月”为契机，联合紫竹院街道和首体南路消防中队在馆区开展以“关注消防　生命至上”为主题的消防宣传活动。全年共下发消防文摘邮件 12 期 18744 份、纸质版 490 份，国家图书馆通讯刊发消防稿件 7 篇。

（四）设施建设与维护工作

7 月完成总馆北区 61 处防火门施工改造，9 月对总馆南区、北区七氟丙烷气体灭火设施进行专业检测，10 月底完成国家图书馆（含古籍馆）消防、电气设施专业检测，排除消防、电气设施安全隐患 100 处。配合展览部完成国家典籍博物馆 2 个展厅 7 个展柜安防设施点位的安装调整；利用闭馆停电检修期间，对 18 台 UPS 电源、21 台存储服务器、39 台硬盘录像机进行专业检测和清洁除尘；发现并纠正消防报警设施现场位置与中控室 CRT 图形显示位置描述信息错误；督导维保公司、物业公司排除消防设施隐患 63 处，解决全馆安防设备故障 41 处。全年共办理门禁卡和修改门禁卡数据 572 人次，查火警或相关操作 99 次，现场核查漏水报警 91 次，进行安防系统设、撤防操作 1959 次。配合属地派出所及相关单位调看监控录像 23 次、刻盘 11 张，累计提供监控数据 4.12GB。为古籍馆馆区更换监控探头 6 个、烟雾报警探测器 4 个。聘请专业公司完成《国家图书馆消防、安防设施升级改造项目可行性研究报告》申报工作，另配合后勤服务管理中心及时向地铁 16 号线施工单位提交总馆南区占地周界安防还建需求。

三、后勤服务保障

后勤服务管理中心担负着国家图书馆总馆南区、北区和古籍馆的后勤服务保障任务以及馆属各住宅区物业服务管理工作。为应对目前需求增加、人员老化等各方面不利因素，引入物业外包服务，承担部分区域的服务保障工作，并在人员聘用、技术手段等各方面探索更为高效的运行、服务、管理模式。

2020 年，围绕“管理有序、保障有力、服务到位”主线，以打好新型冠状病毒肺炎疫情防控阻击战为基础，立足运行保障，以增强保障能力为目标，推进重点工程改造项目，以继续贯彻“常修常新”理念为着力点，提升馆区基础设施设备管理水平，做好服务后勤建设；以建章立制为基础，规范日常工作准则，以服务质量为中心，加强馆区物业管理、食堂监督和员工体检、核酸检测等的组织工作，做好管理后勤建设；以“创新小组”为平台，推动科研成果在后勤工作中的不断转化，做好技术后勤建设。确保各项工作稳步开展，各系统设备平稳运行，服务水平不断提升，完成各项服务保障任务，做到稳中有进，服务质量和服务水平稳步提高。

（一）系统设备运行保障和日常维修工作

全年无重大设备事故，综合设备完好率达到96%以上。完成2019—2020年度冬季供暖保障和2020—2021年度冬季供暖准备及保障各项工作。完成2020年中央空调保障任务。总馆北区中央空调安全运行5256小时，恒温恒湿机运行保障8760小时。后勤服务管理中心完成电力设备巡检732次；完成空调、电气、照明设备、书刊传送系统维修以及房屋、家具、给排水等各种维修近9000次；安装、调整电话240部；接听、解决全馆电话报修1501次。

（二）服务保障工作

在重大活动服务保障方面，全年完成“两会”期间的车辆保障及通信保障，完成国家领导人参观视察、高层讲座、馆长公开课等重要活动、会议及艺术中心演出活动的空调、医务、保洁、绿植摆放、车辆、电梯、电力等的保障工作122次。

车队结合不同季节特点对司机进行安全行车教育，认真落实公务用车管理和车辆安全检查制度，全年共完成重大活动、会议车辆保障任务4000余台次，安全行驶12余万公里，无重大交通安全责任事故。医务室日常门诊服务4739人次，为各项活动提供医务保障。完成全馆336名一线员工的健康证体检和全员健康体检工作，并根据疫情调整体检时间。收发工作准确率99%以上，完成本年度的报刊订阅工作。接送桶装水15820桶，清洗、维修饮水机590台次；对开放读者饮水机外围消毒2300次以上；更换总馆南区读者饮水机机架20台。按照电梯运行管理制度和维保合同，督促电梯公司加强日常巡检和年检，对馆区及馆属宿舍区电梯及时进行维修；对总馆、古籍馆及馆属宿舍区共计59部电梯进行逐一排查，排除各类故障及维修70次。

（三）行政管理工作

做好计生管理与服务、爱国卫生工作；完善垃圾分类；完成房产管理档案建设及补贴发放工作；完成宿舍区地下空间的平面图绘制和资料整理，与国有资产管理处完成办公用房、地下空间管理等房产管理工作的交接；开展节能减排工作；做好物业公司监管与考核、食堂监管；开展地铁16号线施工占地补偿及还建。

（四）申报重点改造工程项目

（1）国家图书馆少年儿童馆改扩建项目。为解决少儿馆内设施陈旧、空间狭小、读者阅读体验不佳等问题，拟对少儿馆公共区域和阅览室进行全面调整与改造，已完成可行性研究报告（代项目建议书）的编制和报送工作，等待文化和旅游部进行评审。

（2）国家图书馆总馆南区电梯改造项目。为解决总馆南区现有7部电梯使用期已在10年以上，内部设备严重老化，存在关不上门、无超载装置、控制柜部件老化、运行不平稳等多种安全隐患问题拟进行电梯改造，已完成可行性研究报告（代项目建议书）的编制和报送工作，等待文化和旅游部进行评审。

（3）北平图书馆旧址改造项目。为解决目前古籍馆文津楼前楼书库漏雨严重、密封差，造成书库温湿度不达标且外观情况不容乐观，门窗、外墙和石台风化严重，彩画脱落，石栏杆外散，楼内电线混乱等问题，根据《全国重点文物保护单位保护规划编制审批办法》和《全国重点文物保护单位保护规划编制要求》要求，编制北平图书馆旧址保护规划，已完成《北平图书馆旧址修缮及保护性设施建设工程计划书》的报送工作。

年度掠影

【饶权、魏大威出席承德文献周转库管理处干部任职宣布会并视察库区工作】

11月27日，国家图书馆在河北省承德县举行承德文献周转库干部任职宣布会。馆长、党委副书记饶权，党委书记、副馆长魏大威出席会议并讲话。人事处处长辛璐、基建工程办公室主任王六长、纪检监察处副处长王正元等相关负责同志参加会议。副馆长孙一钢主持会议。会上，魏大威宣读《国家图书馆关于张海波任职的决定》，宣布由张海波担任承德文献周转库管理处负责人。饶权对承德文献周转库安全管理等方面的工作给予肯定，指出承德文献周转库管理处的设立，是国家图书馆为了进一步做好国家战略文献的长久安全保存，做好周转库功能规划、为国家文献战略储备库建设先期探索和积累经验而采取的重要举措，希望张海波作为负责人能够切实担当履责，带领全处做好库区各项工作。他对承德文献周转库管理处今后的工作重点提出六方面要求：一是要加强政治引领，完善党组织建设，做到党建和业务两手抓、两加强、两促进；二是要充分认识做好承德文献周转库管理工作的重要性，牢记文献安全是重中之重，必须确保万无一失；三是要健全制度、落实责任、强化管理，对违反规定的人员要严肃处理；四是要注重队伍建设，打造一个能够战斗、善于战斗的集体；五是要加强和承德当地政府以及库区业主的沟通协调，遵守当地党委、政府的有关规定，为做好库区工作营造良好环境；六是要做好库区职工的办公和生活保障。

会后，饶权、魏大威一行在周转库区逐一视察库房，查看文献存放情况，听取关于库区值守、消防、安防以及后勤保障等工作的情况汇报；随后，前往国家文献战略储备库项目用地调研视察，实地听取各项工作进展汇报。承德市委常委、常务副市长李晋宇，承德县委书记齐建文、县长刘志琦等陪同调研。

【召开春节前安全工作会议】

1月15日，国家图书馆2020年春节期间安全工作部署会在行政楼413会议室召开，副馆长孙一钢出席会议并讲话，各部处主管安全的领导和安全员约50人参加会议，保卫处副处长周道贵主持会议。会上，保卫处处长赵建国宣读《国务院安委会办公室　应急管理部关于做好岁末年初安全防范工作的通知》和《文化和旅游部系统安全生产集中整治工作方案》，周道贵宣读《保卫处关于做好春节期间各项安全工作的通知》，对有效开展春节期间的安全工作作出具体部署。孙一钢在会议最后提出三点要求：一是要落实好各级安全责任；二是要抓好节前安全检查工作；三是要高度重视提高员工安全意识。

【举办安全生产月系列活动】

根据国务院安委会办公室、应急管理部统一部署，国家图书馆紧密结合常态化疫情防控实际，开展由保卫处具体组织，以“消除事故隐患，筑牢安全防线”为主题，线上线下相结合，形式丰富的安全生产月系列活动。保卫处于6月1日前将习近平总书记关于安全生产重要论述及安全警示教育视频发至各部处，各部处通过OA、微信群等形式组织部处员工学习相关内容，并发动员工参与全国“安全生产月”活动官方网站等平台开展的知识竞赛。期间，各部处针对疫情所需的含酒精免洗洗手液、各类消毒液的使用和储存管理等问题开展隐患排查。6月8日上午和6月17日下午，组织保卫干部和微型消防站队员开展室内外消火栓出水，灭火器、空气呼吸器使用等消防技能培训。

【文化和旅游部机关服务局到馆开展安全工作督查】

9月29日，文化和旅游部机关服务局局长李六三一行3人到国家图书馆开展国庆节前安全督查。国家图书馆党委书记、副馆长魏大威，副馆长张军陪同并参加座谈。座谈中，李六三针对消防、治安、防疫、节约等方面做出指示。座谈结束后，保卫处处长赵建国、副处长周道贵，后勤服务管理中心主任曹伟等陪同督导组对相关区域进行检查。

11月23日，文化和旅游部机关服务局局长李六三带领部保卫处及社会专家一行8人到国家图书馆开展安全工作督查。国家图书馆党委书记、副馆长魏大威、副馆长孙一钢陪同并参加座谈。座谈中，李六三针对粮食节约、防疫工作、垃圾分类和安全工作4个方面做出指示。座谈结束后，督查组分3组对相关工作进行督查，其中2组为安全工作督查。此次安全工作督查分为台账资料查阅和现场安全检查。台账资料查阅主要检查消防安全制度和计划、消防安防维保、重点部位风险辨识、隐患整改台账等方面，并对台账的薄弱环节提出意见和建议。督察组对总馆南区中控室、A栋书库、热力站、食堂操作间、网络机房和消防设备间等重点区域进行现场检查，并给出相应指导意见。

【“119”消防演练暨消防宣传月启动】

11月9日，国家图书馆联合紫竹院街道、首体南路消防中队在总馆南区广场举办“关注消防　生命至上——紫竹院地区2020年119消防宣传月启动仪式”。副馆长孙一钢，海淀消防救援支队副支队长杨磊，紫竹院街道办事处主任付海涛、副主任廉海英，各部处分管安全领导和安全员以及紫竹院街道相关重点单位部分员工共计200余人参加此次活动。

为确保启动仪式和随后开展的消防演练活动的顺利进行，10月29日，保卫处和紫竹院街道组织召开部署协调会，会议对启动仪式流程和相关演练科目进行商讨。11月5日，保卫处组织办公室、社会教育部、后勤服务管理中心、北图文化发展中心等相关部处和馆属企业召开“119”消防演练活动协调会，对活动当日的场地布置、人员安排和科目演示等进行具体协调。

启动仪式上，孙一钢致辞，廉海英部署消防宣传重点活动，并向地区单位、社区代表发放宣传手册。随后进行的消防演练科目包括消防灭火防护服的穿戴演示、灭火器灭火演示、消防水带铺设与撤收演示、小型消防车灭火出水演示、液化石油气安全知识讲解、消防云梯车载人升降体验、烟道逃生体验以及消防装备的展示等。此外，11 月 10 日上午，保卫处古籍馆保卫科还邀请西城区府右街消防员蒋定宇为古籍馆馆区的工作人员讲授消防安全常识课。

【开展“一警六员”消防基本技能实操实训考核】

11 月 13 日，保卫处组织微型消防站队员、各部处安全员和馆属企业有关员工共约 40 人，参加“一警六员”消防基本技能实操实训考核。此次实操实训考核内容包括利用灭火器扑灭火盆中火的“灭真火”操作和打开消火栓阀门射水的“出真水”操作。首先对参训考核人员进行灭火器和消火栓使用方法的培训，讲解手提式干粉灭火器的使用方法和消防水带、水枪的连接方法，随后参训考核人员逐个进行练习。首体南路消防中队 2 位消防指战员随后对所有参训考核人员进行考核。考核过程中，重点突出“三真”，即：“灭真火、出真水、真动作”，严格按照“逐人过关”的要求实施，直至全部考核合格。通过此次消防基本技能实操实训考核，使每位参训考核人员达到“小火会用灭火器、大火会用消火栓”的要求，成为“见火不慌、抬手就灭”的准消防员。

【完成 2020 年度创建安全单位验收工作】

为全面掌握各部处安全工作开展情况，推动年度安全工作任务目标完成，12 月 7—18 日，国家图书馆组织开展 2020 年度创建安全单位（以下简称“创安”）验收工作。保卫处成立以处长赵建国为组长的验收工作组，分别对国家图书馆 33 个部处和国家图书馆出版社全年安全工作落实情况进行检查验收。验收工作组在总结往年工作经验的基础上，继续深化检查细则，统一检查标准，量化项目分值，进行全方位、分层次、多角度的检查。创安验收过程中采用查阅档案、现场提问、现场检查、考试抽查等多种形式，对各部处组织领导、安全制度、安全教育、安全检查等工作开展情况进行详细考核。此次创安验收按照“严密组织、严格考核”的原则，对各部门全年违章情况、全员答题情况、创安现场检查情况进行汇总，按照既定的权重比例，核算出创安验收总成绩，为国家图书馆先进部处评比提供参考，也为国家图书馆各项工作安全平稳运行夯实基础。

【完成夏季防汛工作】

2020 年，后勤服务管理中心按照防大汛和应对极端天气的要求，在雨季前完成防汛方案、防汛物资、应急队伍等的准备。拟定《国家图书馆防灾减灾救灾应急预案》并印发全馆。定期清理屋顶雨水口、雨水天沟及地面雨水方沟，重点巡查 7 个内部庭院中雨水排水情况，逐个打开管沟盖板，确认各个管沟低点处积水深度，防止水位过深倒灌至地下室及库房。对潜污泵进行逐台检查，对问题水泵进行维修更换。对总馆南区 K 栋南侧外立面及下方地面、D 栋西侧外墙立面、A 栋西侧下方地面、H 栋阳光房西侧立面等点位重新铺设防水立面。汛期 24 小时值班，及时应对汛情。

【提升应急保障抢险维修能力】

2020年，在做好馆区服务同时，后勤服务管理中心凭借丰富的应急经验和较强的保障能力，对兄弟单位及上级单位提供紧急支援。8月13日凌晨1点，接报地铁16号线施工区域内的总馆南区环状管网供水管线变形错位跑水，地面坍塌，迅速到达现场响应保障抢修跑水管道。11月30日，应文化和旅游部机关服务局请求，赴文旅部胡家园宿舍进行抢险排水作业，克服天气寒冷等不利因素，积极行动、密切配合，快速圆满完成抢修任务。

【推进国家图书馆总馆北区基础设施设备改造工作】

国家图书馆总馆北区（以下简称“北区”）基础设施设备改造项目是2019年文化和旅游部批复的中央预算内投资项目，共有8个子项工程，其中4个子项于2020年完成竣工验收。

（1）北区气动窗系统维修工程。北区为密闭绿色节能建筑，原空气调节功能全部依靠空调机组换新风。为满足新冠肺炎疫情常态化防控要求，对气动窗系统进行近半个月的紧急修复，更换所有气动窗输气管道及电动执行器，实现1—5层全部气动窗可开启，确保消防排烟安全。

（2）北区四层地板改造更新工程。北区四层地板因压损变形严重，局部风口盖板经长期踩踏变形产生噪音，严重影响读者的阅览环境。在典藏阅览部、保卫处、古籍馆、信息技术部等部门支持和配合下，经多方沟通解决阅览室文献搬迁有序衔接、入馆施工手续及健康证明、物料运输通道与室外材料堆放、信息技术改造配合等难题，历时4个月完成北区四层地板改造更新工程，全面改善地面变形塌陷、运送书车和读者通行不畅通，消除噪音及绊倒伤人的隐患。

（3）Q栋管道维护更新工程。Q栋管道多次渗漏爆管，影响Q栋正常供热、供水。施工过程中经过现场踏勘探测西小区既有管线情况，逐个井盖打开确认管道走向，分布点位局部开挖摸排，调整施工方案，缩减开挖范围，最大限度降低影响。全部更换已经使用20年的埋地管道，建设综合可通行管廊便于日后维修及改造。解决西小区管道常年因锈蚀老化而爆管的问题，不再受困于埋地管道维修需开挖维护的局面，杜绝断水停暖的隐患。

（4）北区水池防水修复工程。北区水池自建成不久后因漏水长期未投入使用。此次开展防水修复工作，选用刚性水泥基渗透结晶及柔性聚氨酯防水涂料相结合的新型防水材料，避免多年后卷材材料老化防水失效导致的重复维修的情况，封堵已经废弃或无法继续使用的管道，加长标高较低的溢水管以保障水池水位，加装管道泵以改善水景加药回水管道无法通过重力回流的问题。解决水池景观缺乏、给排水管线不畅通、加药过滤供回水功能不全面、漏水无法存水的问题，并将步道移位至水池边，实现读者和员工近距离游览。

【提升馆区基础设施设备管理水平】

2020年，后勤服务管理中心在提升馆区基础设施设备管理水平方面开展两项工作。一是加强维修材料管理，完成库房管理软件的安装调试，实现维修材料的集中存放、专人管理、实时查询、动态跟踪、定期盘点。每季度对接报修、日常巡检、设备维修等情况进行总结梳理，对维修材料的采购、消耗等情况进行统计，对库存材料备件进行清点，做到账实相符。二是升级固定电话系统，在保障现有电话不停机的情况下，对电话计费软件进行升级，并更换40块无来电显示功能且老化严重的程控交换机来电显示用户板，更换后总馆约1000门办公电话（8854开头）全部实现馆内、馆外主叫号码显示功能。

【完成春、秋季设备检修保养工作】

2020年，为确保国家图书馆电力设备安全运行，后勤服务管理中心聘请专业公司对电力设备运行状况进行动态检测，并根据检测报告及时进行问题整改。同时，会同物业公司利用夜间闭馆期间对总馆南、北区电力设备进行停电检修，并尽量压缩停电时间，把停电对员工工作和小区居民生活的影响降到最低。自2020年秋季起，在国家图书馆优化调整馆区开放时间的基础上，首次将秋季电力系统检修日从国庆节假期最后一天改至10月的第二个周一，经调整后的春、秋季检修日既为即将到来的夏季空调使用、冬季供暖做好电力准备，同时与劳动节、国庆节假期不冲突，收到较好效果。经馆务会决定，正式设立国家图书馆电力系统检修日，以进一步降低停电检修对业务工作的影响，提升服务效能。

统计资料

- 经费使用
- 国有资产
- 业务统计数据
- 科研项目
- 人员
- 馆内外奖励
- 对外交流
- 部分会议、讲座、培训、展览
- 档案资料

统计资料

一、经费使用

（一）购书经费

单位：万元

项目	经费	项目	经费
中文书	2300.18	联合国资料	80.00
西文书	3440.00	图书装订费	75.45
东文书	650.25	中文资料	35.06
俄文书	300.01	中文刊	204.75
交换书	419.99	外文报刊	4050.07
港台书	479.21	中文报	46.04
善本特藏	79.99	港台报刊	180.12
学位论文	4.97	地方文献	129.61
视听资料	50.06	其他书	17.37
合计	12543.13		

（二）国家数字图书馆资源建设及服务经费

单位：万元

项目		经费
电子出版物	中文	654.60
	外文	1950.00
合计		2604.60

二、国有资产

（一）简况

截至2020年12月31日，国家图书馆资产总额达到542376.15万元。其中，固定资产净值

401904.57 万元，流动资产原值 36687.38 万元，对外投资 3235.02 万元，无形资产净值 14578.81 万元，其他资产原值 85970.37 万元。固定资产中，图书文物 340253.92 万元，房屋构筑物 50276.19 万元，车辆 164.82 万元，通用办公设备 431.03 万元，办公家具 4294.72 万元，其他固定资产 6483.89 万元。

与 2019 年同期相比，2020 年资产总额减少 59717.87 万元。其中，固定资产增加 59382.67 万元，流动资产减少 1344.82 万元，对外投资减少 29.43 万元，无形资产减少 1631.95 万元，其他资产由于在建工程转入固定资产减少 116094.34 万元。

（二）政府采购

2020 年，国家图书馆严格执行政府采购的各项法律法规，全年政府采购预算 25639.62 万元，节约资金 197.38 万元，资金节约率约为 0.77%。

政府采购总额 25442.25 万元。其中，货物类为 15810.00 万元，占采购总额的 62.14%，与上年基本保持一致；服务类为 8975.10 万元，占采购总额的 35.28%，与上年基本保持一致；工程类为 657.15 万元，占采购总额的 2.58%，与上年基本保持一致。其中，公开招标方式采购额 23269.52 万元，竞争性谈判方式采购额 305.81 万元，竞争性磋商方式采购额 198.56 万元，单一来源采购方式采购额 1668.36 万元。

（三）馆属企业

2020 年，馆属企业营业总收入（含国家图书馆出版社）为 23810 万元，缴纳国有资产收益费 4154 万元。出版社及馆属企业管理运行规范高效。各企业坚持把社会效益放在首位，实现社会效益和经济效益双丰收，为国家图书馆事业发展做出积极贡献。同时，面对突如其来的新冠病毒肺炎疫情，各企业始终将疫情防控工作作为最重要的任务来抓，高度重视、认真落实，疫情防控及各项经营工作取得良好成绩。

国家图书馆出版社全年出版图书 220 种，获得各级各类奖项 20 余项，连续八年入选海外馆藏影响力出版社排名 100 强。国图艺术中心全年举办各类公益活动 64 场，其中大型公益演出 15 场、公益讲座 13 场、公益展映 15 场，线上展映及讲座视频回顾 21 场，共有 7000 余名观众现场观看演出、讲座。北图文化发展中心全年培训服务生超过 3900 人次，提供会议服务超过 1000 场次，赢得服务对象的高度认可；江苏省淮安市文化三馆、南通市文化三馆等各文化场馆运营平稳，凸显馆属企业品牌优势。国图书店所运营的紫竹院公园“友贤山馆书房”被北京市委宣传部评为“最美书店”;《中国历代图书总目 · 哲学卷》获得国家出版基金的资金支持；国图书店获得第十八届北京国际图书节优秀组织奖。国图创新文化服务公司举办或参与公益类文化活动 30 余场，并通过文化创意产品或创新空间的形式，打造青少年中华优秀传统文化教育基地，探索图书馆行业文化创意产品研发新模式，承担“全国图书馆文化创意产品开发联盟”的相关工作。国图酒店圆满完成疫情期间员工餐厅餐食保障工作。

三、业务统计数据

1. 各类文献登记总量 564518 种 2509897 册 / 件，登记册 / 件与 2019 年相比减少 14.32%。

2. 各类文献编目加工总量 457664 种 988836 册 / 件，编目加工种数与 2019 年相比减少 27.18%。

3. 入藏各类正式文献 340685 种 754755 册 / 件，入藏册 / 件与 2019 年相比减少 43.70%；入藏各类非正式文献 500448 册 / 件，入藏册 / 件与 2019 年相比减少 12.37%。

4. 截至 2020 年底，馆藏总量 41079751 册 / 件。

5. 接待到馆读者 672261 人次，与 2019 年相比减少 88.35%。

6. 全馆流通书刊 2129988 册次，与 2019 年相比减少 91.35%。

7. 国家图书馆网站年访问量 85760.73 万次，与 2019 年相比增长 5.30%。月平均访问量 7146.73 万次，日平均访问量 234.96 万次。手机门户读者年访问量 10395.18 万次，月平均访问量 866.27 万次，日平均访问量 28.48 万次。

8. 各类咨询 17.85 万件，与 2019 年相比减少 79.50%。其中一般咨询 16.92 万件，与 2019 年相比减少 80.29%。

9. 办理读者证卡共计 17.28 万个，其中实体证卡 2.53 万个，虚拟办证（网络实名注册）14.75 万个。实体证卡与 2019 年相比减少 85.33%。

10. 培训、讲座、参观、展览等各项活动共接待读者 18.99 万人次，与 2019 年相比减少 89.59%。其中：举办展览 8 场，共计 12.80 万人次；开办公益性讲座 34 场，共计 0.51 万人次；组织培训 791 批，共计 3.37 万人次；接待参观 447 批，共计 0.64 万人次；举办演出 37 场，共计 1.67 万人次。

11. 截至 2020 年底，数字资源总量达 2274.5TB，较 2019 年增加 115.67TB。其中馆藏特色数字资源 1710.54TB（含征集资源 162.53TB 和交存报纸 6.95TB）、外购数据库 270.82TB、网络采集资源 293.14TB。资源内容主要包括电子图书 2150132 种 2630345 册，电子期刊 54804 种，电子报纸 3430 种，学位论文 11265313 篇，会议论文 7815528 篇，音频资料 1919636 首，视频资料 198965 小时。

12. 截至 2020 年底，外购数据库共计 251 个，包括中文数据库 134 个，外文数据库 117 个。

外购数据库类型及数量

数据库类型	中文库数量	外文库数量
全文数据库	69	75
文摘/索引数据库	14	19
数值/事实数据库	31	16
多媒体数据库	16	0
工具型数据库	3	3
复合型数据库	1	4
合计	134	117

13. 截至2020年底，已发布数字资源的内容单元主要包括：电子图书（含民国图书）1998767种，发布率93.0%；电子期刊（含民国期刊）54394种，发布率99.3%；电子报纸（含民国报纸）2718种，发布率79.2%；学位论文11257640篇，发布率99.9%；会议论文7815528篇，发布率100%；音频资料1376528首，发布率71.7%；视频资料147783小时，发布率74.3%；古籍类资源91090种，发布率65.7%。

2020年各类文献入藏明细表（正式馆藏）

	文献类别	种数	册 / 件数	上年册 / 件数	增长率 %
图书	中文普通书	185058	424666	668678	–36.49
	台港图书	15466	15808	19404	–18.53
	盲文图书	0	0	2295	–100.00
	线装书	147	1171	12798	–90.85
	中文图书总计	200671	441645	703175	–37.19
	西文图书	36732	39699	50563	–21.49
	俄文图书	6000	6108	7089	–13.84
	日文图书	13593	13833	16695	–17.14
	东文图书	3356	3681	4372	–15.81
	外文图书总计	59681	63321	78719	–19.56
	图书总计	260352	504966	781894	–35.42
期刊	中文期刊	10374	109859	195572	–43.83
	台港期刊	700	6967	7855	–11.30
	中文期刊总计	11074	116826	203427	–42.57
	西文期刊	3616	26875	30019	–10.47
	日文期刊	1118	9587	9310	2.98
	俄文期刊	597	5424	8810	–38.43
	东文期刊	105	1024	1073	–4.57
	外文期刊总计	5436	42910	49212	–12.81
	期刊总计	16510	159736	252639	–36.77

（续表）

	文献类别	种数	册 / 件数	上年册 / 件数	增长率 %
报纸	中文报纸（合订册）	1314	3323	5848	−43.18
	台港报纸（合订册）	79	0	3318	−100.00
	中文报纸总计（合订册）	1393	3323	9166	−63.75
	外文报纸总计（合订册）	71	0	24	−100.00
	报纸总计（合订册）	1464	3323	9190	−63.84
特藏专藏	善本	2	17	1	1600.00
	外文善本	0	0	45	−100.00
	新善本	53	56	73	−23.29
	精装精印	30	30	78	−61.54
	其他文献	0	0	0	—
	金石文献	746	1143	1421	−19.56
	手稿	538	4189	59	7000.00
	舆图	2386	4426	1658	166.95
	画片	115	115	26	342.31
	照片	1	109	810	−86.54
	民语文献	3756	7130	9797	−27.22
	学位论文	29331	29426	216162	−86.39
特藏专藏	敦煌资料	343	557	994	−43.96
	地方文献	380	2280	3974	−42.63
	图书馆学资料	1006	1202	107	1023.36
	联合国资料	751	1001	989	1.21
	中文资料	3637	3798	7276	−47.80
	特藏专藏总计	43075	55479	243470	−77.21
缩微	缩微平片	11843	19373	27343	−29.15
	缩微胶卷	0	0	197	−100.00
	缩微文献总计	11843	19373	27540	−29.66

（续表）

	文献类别	种数	册 / 件数	上年册 / 件数	增长率 %
音像资料	中文音像资料	3763	6858	14852	–53.82
	外文音像资料	1062	1766	16100	–89.03
	音像资料总计	4825	8624	30952	–72.14
电子	电子文献总计	2616	3254	6656	–51.11
正式入藏文献总计		340685	754755	1352341	–44.19

注：表中所列台港文献即台港图书、台港期刊、台港报纸（合订册），包括台湾、香港、澳门地区文献和海外华文文献。

到馆读者人次、文献流通册次统计表

	人次	册次
1月	290286	1176794
2月	0	0
3月	0	0
4月	0	0
5月	13574	14637
6月	15165	15159
7月	15476	13801
8月	35500	19723
9月	38663	24624
10月	92041	288955
11月	64111	266045
12月	107445	310250
合计	672261	2129988

各阅览室与服务点接待读者人次统计表

阅览室及服务点名称	读者人次	阅览室及服务点名称	读者人次
OPAC检索（南区）	18973	OPAC检索（北区）	3324
人工复制（南区）	17454	人工复制（北区）	277
自助复制（南区）	1442	自助复制（北区）	474

（续表）

阅览室及服务点名称	读者人次	阅览室及服务点名称	读者人次
缩微文献阅览室	3771	中文图书阅览区	142270
保存本（综合阅览室）	176	工具书区（北区）	44921
基藏本（综合阅览室）	43808	中文图书借阅区	43016
工具书（综合阅览室）	7553	中文报刊区（期刊）	5942
馆际互借出纳台	15635	中文报刊区（报纸）	3961
台港澳文献阅览室	8467	学位论文阅览室	4636
外文文献第一阅览室	19180	中国少数民族语文阅览室	584
外文文献第二阅览室	8908	数字共享空间（集中区）	14968
外文文献第三阅览室 国际赠书阅览室 日本出版物文库阅览室	6679	数字共享空间（分散区）	674
基藏外文图书外借出纳台	6315	视听服务空间	5446
年鉴　新方志阅览室	6050	少年儿童图书馆	27315
善本特藏阅览室	2021	复制服务（古籍馆区）	406
敦煌吐鲁番资料阅览室	2438	普通古籍阅览室（古籍馆区）	4492
国际组织与外国政府出版物阅览室	1459	家谱　旧方志阅览室（古籍馆区）	1686
海外中国问题研究资料中心	3874	法律参考阅览室	3790
总计	482385		

咨询工作统计

单位：件

	一般咨询	代检索课题	编制文献	年累计
党和国家领导	0	0	22	22
中央国家机关	0	1	2153	2154
重点科教单位	402	4635	2457	7494
一般读者	168748	3	121	168872
年累计	169150	4639	4753	178542

国际互借工作统计表

项目	借出资料	借入资料
人次	6	31
册次	6	88
复印（件）	4	22
拒绝（件）	2	66

读者证卡统计

单位：个

证卡名称		本年证卡	累计（实体 / 虚拟）
人工办证	成人读者卡	3665	3038669
自助办证	读者卡	21665	
虚拟办证	实名注册	147537	1892772
合计		172867	4931441

注：自 2020 年起不再统计少儿读者卡项目。

四、科研项目

（一）立项科研项目

项目类型	编号	项目名称	申请人	经费（万元）	研制时间
社科基金一般项目	20BZW077	西谛藏图谱文献整理和研究	颜　彦	20	2020-07—2025-02
社科基金一般项目	20BZW050	六朝譬喻文学研究	王红蕾	20	2020-07—2022-09
社科基金重点项目	20ATQ003	明代宫廷图书史	马学良	35	2020-07—2024-12
馆级	NLC-KY-2020-01	移动互联网环境下国家数字图书馆人工智能服务创新应用研究	张　炜	5	2020-04—2021-12
馆级	NLC-KY-2020-02	国家图书馆图书类资产管理研究	黄　洁	2	2020-04—2021-12

（续表）

项目类型	编号	项目名称	申请人	经费（万元）	研制时间
馆级	NLC-KY-2020–03	馆藏方玉润日记文献整理与研究	白云娇	2	2020–04—2022–03
馆级	NLC-KY-2020–04	融媒体视域下国家图书馆音像电子资源建设和视听服务研究	赵　琨	2	2020–04—2022–05
馆级	NLC-KY-2020–05	国家图书馆跨语种名称规范控制研究	戴建武	2	2020–04—2022–06
馆级	NLC-KY-2020–06	公共图书馆突发公共事件应对研究——以新冠肺炎疫情应对为例	陈　攀	2	2020–04—2021–12
馆级	NLC-KY-2020–07	馆藏民国时期美术期刊整理与研究	李　诺	2	2020–04—2022–01
馆级	NLC-KY-2020–08	馆藏民国时期华侨华文期刊出版情况研究	张珊珊	2	2020–04—2021–12
馆级	NLC-KY-2020–09	部级领导干部历史文化讲座知识服务模式研究	孙　阔	2	2020–04—2022–04
馆级	NLC-KY-2020–10	国家图书馆参考咨询史与职能定位研究	孙　蕊	2	2020–04—2022–12
馆级	NLC-KY-2020–11	郑振铎与国家图书馆过往研究	蔡成普	2	2020–04—2021–12
馆级	NLC-KY-2020–12	国家科研奖励政策对国家图书馆科学评价服务策略影响的研究	鲁　玥	2	2020–04—2022–03
馆级	NLC-KY-2020–13	基于大数据的网络资源知识组织与应用研究	敦文杰	2	2020–04—2022–03
馆级	NLC-KY-2020–14	图书馆自建数字资源项目多节点协同优化策略研究	韩新月	2	2020–04—2022–03
馆级	NLC-KY-2020–15	5G+区块链技术在图书馆智慧服务中的应用研究	只莹莹	2	2020–04—2021–08
馆级	NLC-KY-2020–16	下一代图书馆服务平台的发展及其在国家图书馆中的应用策略研究	刘金哲	2	2020–04—2021–12

（续表）

项目类型	编号	项目名称	申请人	经费（万元）	研制时间
馆级	NLC-KY-2020–17	古籍用纸仿制工艺研究——古籍修复所用补纸的自行抄造	郭志新	2	2020–04—2022–03
馆级	NLC-KY-2020–18	董作宾未刊稿《甲骨丛编》的整理与研究	胡辉平	2	2020–04—2020–02
馆级	NLC-KY-2020–19	馆藏民国地形图的整理研究	成二丽	2	2020–04—2022–12
馆级	NLC-KY-2020–20	西谛藏中国古代木刻画整理与研究	颜　彦	2	2020–04—2023–02
馆级	NLC-KY-2020–21	古籍书画修复用绢的复原织造研究	宋　玥	2	2020–04—2021–10
馆级	NLC-KY-2020–22	古籍粉蜡笺纸书衣的研究与仿制	崔志宾	2	2020–04—2022–02
馆级	NLC-KY-2020–23	古籍影像在古籍保护工作中的实践应用研究	王　沛	2	2020–04—2021–12
馆级	NLC-KY-2020–24	高质量社会发展背景下少年儿童图书馆发展路径探究	石　慧	2	2020–04—2020–12
馆级	NLC-KY-2020–25	公共图书馆文化志愿服务现状调查及改善对策研究	宣艺瑶	1	2020–04—2022–01
馆级	NLC-KY-2020–26	馆藏五四时期“四大”报纸副刊整理与研究	袁　野	1	2020–04—2022–03
馆级	NLC-KY-2020–27	国家图书馆藏解放战争时期解放区地方报纸社论内容研究	屈　凯	1	2020–04—2021–12
馆级	NLC-KY-2020–28	机器学习方法及其在图书馆微信服务中的应用研究	高　哲	1	2020–04—2021–12
馆级	NLC-KY-2020–29	公共数字文化工程文化帮扶现状及策略研究	任　通	1	2020–04—2021–07
馆级	NLC-KY-2020–30	维多利亚时代的英国书籍装帧研究	齐世峰	1	2020–04—2021–04

（续表）

项目类型	编号	项目名称	申请人	经费（万元）	研制时间
馆级	NLC-KY-2020-31	国家图书馆藏丛帖中二王尺牍题跋辑录	刘　赟	1	2020-04—2022-01
馆级	NLC-KY-2020-32	国家图书馆藏河北石刻拓片目录研究	孙可依	1	2020-04—2022-03

（二）结项科研项目

项目类型	编号	项目名称	申请人	经费（万元）	结项时间
社科基金重点项目	15ATQ006	《中图法》最终用户版体系结构及可视化研究	卜书庆	35	2020-10-28
社科基金一般项目	14BXW069	二战后日本战犯审判新闻史料的整理与研究	郭传芹	20	2020-05-11
社科基金青年项目	14CTQ010	乾嘉四大藏书家研究	刘　鹏	20	2020-05-11
社科基金一般项目	15BTQ019	网络信息采集与保存策略研究	张　炜	20	2020-02-21
文化艺术智库项目	17zk04	现代公共文化服务体系中的公共数字文化建设与服务研究	魏大威	—	2020-12-09
馆级	NLC-KY-2017-02	美国国家档案馆藏日本在华暴行文献调研	雷　亮	2	2020-11-25
馆级	NLC-KY-2019-34	古籍数字资源服务效能评价指标体系构建及影响因素研究	赵洪雅	1	2020-11-19
馆级	NLC-KY-2016-19	新媒体环境下的国家图书馆文献提供服务模式创新研究	赵　星	2	2020-11-03
馆级	NLC-KY-2018-14	缩微胶片冲洗废水处理的研究	李晓明	2	2020-09-27

（续表）

项目类型	编号	项目名称	申请人	经费（万元）	结项时间
馆级	NLC-KY-2018–20	基于海绵城市理念的图书馆景观规划设计研究	王　菲	2	2020–09–18
馆级	NLC-KY-2017–07	国家图书馆馆藏滇西抗战资料整理与研究	徐　辉	2	2020–09–09
馆级	NLC-KY-2018–19	国家图书馆建筑设施设备信息化管理标准研究	张清华	2	2020–08–07
馆级	NLC-KY-2015-24	人口老龄化环境下国家图书馆老年教育服务模式创新研究	全根先	2	2020–01–03

五、人员

（一）2020 年馆领导班子

姓名	职务名称
饶　权	馆长、党委副书记、国家古籍保护中心主任、国家典籍博物馆馆长
魏大威	党委书记、副馆长
张志清	副馆长、国家古籍保护中心副主任
孙一钢	副馆长
陈　樱	副馆长、党委副书记、纪委书记
汪东波	副馆长
张　军	副馆长

（二）2020 年部处负责人

部处	职务名称	姓名	备注
办公室	主任	霍瑞娟	
	副主任	李　楠	

（续表）

部处	职务名称	姓名	备注
人事处	处长	辛　璐	
	副处长	吴　洋	
财务处	处长	李红霞	
	副处长	刘婷婷	
研究院（业务管理处）	院长（副局级）	申晓娟	
	副院长	张　玮	
	副院长	廖永霞	
	副院长	樊　桦	
	《国家图书馆学刊》常务副主编	陈清慧	
党群工作办公室	主任	荣　杰	
	副主任	谢万幸	
纪检监察处	处长	陈荔京	
	副处长	王正元	
	纪检监察员（副处级）	乔淑锦	
审计处	处长	安　洁	
离退休干部处	处长	孙　乐	
国际交流处（台港澳交流处）	处长	张　煦	
国有资产管理处	处长	黄　洁	
	副处长	郝丽萍	
	副处长	齐　欣	
法律事务处	处长	孙伯阳	
保卫处	处长	赵建国	
	副处长	张明亮	
	副处长	周道贵	
基建工程办公室	主任	王六长	
	副主任	卢　希	
承德文献周转库管理处	负责人	张海波	

（续表）

部处	职务名称	姓名	备注
中文采编部	主任	王　洋	
	副主任	刘　瑛	
	副主任	槐　燕	
外文采编部	主任	顾　犇	
	副主任	罗　翀	
	副主任	宋仁霞	
典藏阅览部	主任	李晓明	
	副主任	陈慧娜	
	副主任	郭传芹	
立法和决策服务部	主任	毛雅君	
	副主任	田贺龙	
参考咨询部	主任	曹　宁	
	副主任	李翠薇	
	副主任	白云峰	
	副主任	张李江	
数字资源部	主任	谢　强	
	副主任	李志尧	
	副主任	张　炜	
信息技术部（国家图书馆现代技术研究所）	主任	李春明	
	总工程师（正处级）	邢　军	
	副主任	茹　文	
缩微文献部	主任	王　磊	
	副主任	张　阳	
	副主任	张红霞	

（续表）

部处	职务名称	姓名	备注
社会教育部	负责人	廖永霞	
	副主任	黄　亮	
	副主任	田　苗	
展览部	主任	顾　恒	
古籍馆	馆长	张志清	兼任
	副馆长（正处级）	陈红彦	
	副馆长（副处级）	谢冬荣	
	副馆长（副处级）	萨仁高娃	
国家古籍保护中心办公室	主任	苏品红	
民国时期文献保护工作办公室	主任	马　静	
	副主任	雷　亮	
	副主任	朱　亮	
《中华传统文化百部经典》编纂工作办公室	主任	张　洁	
国图艺术中心	主任	吕慧军	
	副主任	侯　宁	
出版部	主任	方自金	
	总编辑	魏　崇	
	副主任	葛艳聪	
后勤服务管理中心	主任	曹　伟	
	副主任	张海波	
	副主任	董雪磊	
中国图书馆学会秘书处	秘书长	王雁行	
	《中国图书馆学报》副主编	吴澍时	
中国古籍保护协会秘书处	副秘书长	王红蕾	

（三）人员结构

单位：人

人员总数		
	在编员工	1336
	离退休人员	1179
	2020年进馆人数	1
	2020年离馆人数	72（其中退休59人，调出13人）
性别结构		
	男	454
	女	882
部处科组管理人员		
	处级	73
	科级	271
年龄结构		
	30岁及以下	159
	31—40岁	680
	41—50岁	246
	51岁及以上	251
专业技术职务结构		
	正高级职称	70
	副高级职称	454
	中级职称	654
	初级职称	84
学历结构		
	博士学历	87
	硕士学历	661
	本科学历（硕士学位）	76
	本科学历	413
	专科及以下学历	99

六、馆内外奖励

（一）馆内奖励

2020 年度先进集体名单

1. 获得 2020 年度国家图书馆先进集体的部处

法律事务处

典藏阅览部

中文采编部

立法和决策服务部

民国时期文献保护工作办公室

2. 获得 2020 年度国家图书馆先进集体的科组

保卫处中控室

缩微文献部数字缩微组

外文采编部西文图书采访组

社会教育部中国记忆组

参考咨询部综合咨询组

展览部综合协调组

数字资源部数字资源整合组

古籍馆文献修复组

信息技术部应用系统管理组

国家古籍保护中心办公室培训组

2020 年度国家图书馆服务标兵名单

张　茜（中文采编部联合编目组）

张学梅（外文采编部国际组织与外国政府出版物组）

钟世国（典藏阅览部中文图书外借组）

张　蕊（典藏阅览部基藏本阅览组）

王　蕊（典藏阅览部中文图书阅览组）

龚海青（典藏阅览部外文文献阅览组）

丰　楠（典藏阅览部少年儿童服务组）

屈　凯（典藏阅览部参考书组）

段萌婕（典藏阅览部中文报刊和学位论文阅览组）

赵　爽（立法和决策服务部社会经济组）

张曙光（立法和决策服务部综合服务组）

黄　伶（参考咨询部复制组）

刘向前（参考咨询部读者证卡组）

袁　浩（参考咨询部科技咨询组）

张秉辉（参考咨询部文献提供组）

唐　晶（参考咨询部社科咨询组）

鲁　玥（参考咨询部科技咨询组）

赵月平（数字资源部网站管理组）

刘术华（信息技术部移动服务管理组）

常慧慧（缩微文献部综合管理组）
曹丽萍（社会教育部讲座组）
宁秋丹（社会教育部阅读推广组）
刘羽冰（展览部讲解服务组）
邹文革（古籍馆古籍善本特藏典阅组）
杨秀齐（古籍馆古籍善本特藏典阅组）

2020 年度“馆长特别奖”获奖名单

1. 凝心聚力　精准施策——新冠肺炎疫情防控工作取得重要成效
获奖部处：后勤服务管理中心、保卫处、国有资产管理处、中国图书馆学会秘书处
2. 闭馆不停工　服务不打烊——新冠肺炎疫情防控期间开展创新服务
获奖部处：数字资源部、信息技术部、立法和决策服务部、研究院（业务管理处）
3. 习近平总书记给国家图书馆老专家回信一周年暨建馆 111 周年特别活动
获奖部处：办公室、社会教育部、研究院（业务管理处）
4. 重要文献资源捐赠入藏
获奖部处：古籍馆、展览部、办公室、国际交流处
5. 中国战“疫”记忆库项目
获奖部处：研究院（业务管理处）、数字资源部、参考咨询部、社会教育部

（二）馆外奖励

序号	获奖单位	奖项名称	授予单位
1	国家图书馆	全国文明单位	中央精神文明建设指导委员会
2	国家图书馆	第五届全国未成年人思想道德建设工作先进单位	中央精神文明建设指导委员会
3	国家图书馆	2019—2020年节约型公共机构示范单位	国家机关事务管理局、国家发展改革委、财政部
4	国家图书馆	《公共数字文化标准体系调研报告》获评全国文化和旅游系统2019年度二十佳调研报告	文化和旅游部
5	国家图书馆	《面向文化和旅游融合发展的公共文化服务标准化调研报告》获评全国文化和旅游系统2019年度优秀调研报告	文化和旅游部

（续表）

序号	获奖单位	奖项名称	授予单位
6	国家图书馆	2020年全国文化和旅游志愿服务项目线上大赛三等奖	文化和旅游部
7	国家图书馆	2020年度交通安全先进单位	北京市海淀区交通安全工作部门联席会
8	国家图书馆	2019年度信息工作先进单位	文化和旅游部办公厅
9	国家图书馆	2019年度公文处理工作先进单位	文化和旅游部办公厅
10	国家图书馆	“根在基层”2020年文化和旅游部青年干部调研实践活动优秀组织奖	文化和旅游部直属机关党委
11	国家图书馆	2020年度文化和旅游信息化发展典型案例	文化和旅游部科技教育司
12	国家图书馆	中国国际旅游交易会“最佳组织奖”“最佳展台奖”	中国国际旅游交易会组委会秘书处
13	国家图书馆	中国十大纪录片推动者	中国（广州）国际纪录片节组委会
14	中国图书馆学会	2019年度科协系统统计调查工作优秀单位	中国科协计划财务部
15	国家图书馆工会	中央和国家机关模范职工之家	中央和国家机关工会联合会
16	国家图书馆团委	2020年文化和旅游部“文旅青春战疫·坚定制度自信”系列主题活动优秀组织奖	文化和旅游部直属机关团委
17	典藏阅览部	2020年度全国三八红旗集体	中华全国妇女联合会
18	典藏阅览部	首届北京网红打卡地推荐	北京市旅游行业协会、北京演出行业协会、北京动漫游戏产业协会
19	国家图书馆少年儿童馆	全国科普工作先进集体	中华人民共和国科学技术部、中共中央宣传部、中国科学技术协会
20	研究院党支部青年理论学习小组	“根在基层”2020年文化和旅游部青年干部调研实践活动一等奖	文化和旅游部直属机关党委

（续表）

序号	获奖单位	奖项名称	授予单位
21	国家古籍保护中心办公室联合党支部青年理论学习小组	“根在基层”2020年文化和旅游部青年干部调研实践活动二等奖	文化和旅游部直属机关党委
22	参考咨询部党支部青年理论学习小组	“根在基层”2020年文化和旅游部青年干部调研实践活动三等奖	文化和旅游部直属机关党委
23	国家图书馆出版社	“中国历史文献总库·近代报纸数据库”入选国家新闻出版署2020年度“数字出版精品遴选推荐计划”	国家新闻出版署
24	国家图书馆出版社	2020中国图书馆海外馆藏影响力出版100强	中国出版传媒商报、北京外国语大学国际新闻与传播学院·中国文化走出去效果评估中心、中国图书进出口（集团）总公司
25	国家图书馆出版社	《遵义丛书》获贵州省第十三次哲学社会科学优秀成果一等奖	贵州省人民政府
26	国家图书馆出版社	《中国历史编纂学史》获北京市第十六届哲学社会科学优秀成果二等奖	北京市哲学社会科学优秀成果奖评奖委员会办公室
27	国家图书馆出版社	《知识学研究》《元末明初大转变时期东南文坛格局及文学走向研究》获第八届高等学校科学研究优秀成果奖（人文社会科学）著作论文奖二等奖；《图像语义可视化交互研究》获第八届高等学校科学研究优秀成果奖（人文社会科学）著作论文奖三等奖	教育部
28	国家图书馆出版社	《中华传统文化百部经典·史通》获江苏省第十六届哲学社会科学优秀成果二等奖	江苏省社科评奖办公室
29	国家图书馆出版社	《福建历代私家藏书》获福建省第十三届社会科学优秀成果奖二等奖	福建省人民政府

（续表）

序号	获奖单位	奖项名称	授予单位
30	国家图书馆出版社	《从〈诗经〉到〈红楼梦〉：那些年我们读过的经典》入选《2020年农家书屋重点出版物推荐目录》	国家新闻出版署
31	北京国图书店有限责任公司	第十八届北京国际图书节优秀组织奖	第十八届北京国际图书节组委会
32	北京国图书店有限责任公司	人民出版社2019—2020年度优秀馆配经销商	人民出版社
33	北京国图书店有限责任公司	"友贤山馆书房"在2020年度北京特色书店（最美书店）评选活动中荣获最美书店称号	中共北京市委宣传部
34	北京国图创新文化服务有限公司	2020中国文创新品牌榜"文创100"暨文化产业隐形冠军企业遴选活动入围文创100	北京市文化创意产业促进中心、2020北京文化创意大赛组委会
35	北京国图创新文化服务有限公司	2020中国文创新品牌榜"文创100"暨文化产业隐形冠军企业遴选活动文创之星	北京市文化创意产业促进中心、2020北京文化创意大赛组委会

七、对外交流

（一）双边交流（线上）

5 月 19 日，馆长饶权与伊朗国家图书和档案馆馆长阿什拉芙·博鲁尔杰迪举行视频会议。

8 月 20 日，馆长饶权与新加坡国家图书馆管理局局长黄子鹏举行视频会议。

12 月 10 日，馆长饶权与新西兰国家图书馆馆长威廉·麦克努特、候任馆长雷切尔·艾森举行视频会议。

（二）国际会议（线上）

3 月 17 日，副馆长陈樱参加国际图联亚大地区专业组常委会年中视频会议。

6 月 24 日，国际交流处副研究馆员吴凯参加俄罗斯科学院西伯利亚分院科技图书馆组织的"欧亚文化共同体：图书馆员的互动交流"视频会议。

6 月 25 日，国际交流处副研究馆员吴凯参加哈萨克斯坦国家学术图书馆举办的"全球图书馆的转型与合作"视频会议。

7 月 19 日，数字资源部副研究馆员季士妍、馆员周笑盈、馆员李一秀参加由斯洛文尼亚卢布尔雅那大学亚洲研究系的项目团队与欧洲数字图书馆合作发起的“宝塔”语义研讨会。

9 月 14—15 日，数字资源部馆员周笑盈参加都柏林核心元数据（DCMI）年会。

9 月 18 日，馆长饶权出席“亚洲和大洋洲地区国家图书馆领导者对话”活动。

10 月 15 日，馆长饶权参加第十届上海图书馆论坛。

10 月 27 日，副馆长陈樱参加“2020 中英图书馆论坛”视频会议。

11 月 2 日，国际交流处副研究馆员郝金敏参加国际图联亚大地区专业组常委会第二次年中视频会议。

11 月 5 日，国际交流处副研究馆员郝金敏参加 2020 年度国际图联会员大会。

11 月 18 日，社会教育部主任王志庚、典藏阅览部副主任陈慧娜参加“数字和全球变化时代的阅读民族”国际在线阅读大会。

11 月 25 日，中文采编部副主任槐燕、副研究馆员金文昌参加第 45 届国际标准连续出版物刊号组织（ISSN）国家中心主任会议。

（三）出国（境）访问和来访

11 月 4 日，法国驻华大使罗梁一行 7 人来访并参加法文本《论语导读》典藏仪式暨展览开幕式。

11 月 12 日，艾利贝斯公司亚太区总经理奥舍 · 格林斯基一行 3 人来访进行业务洽谈。

11 月 28 日至 12 月 1 日，馆长饶权、中文采编部主任王洋、信息技术部主任李春明、古籍馆副馆长陈红彦、国际交流处副研究馆员吴凯应澳门科技大学邀请赴澳门访问。

八、部分会议、讲座、培训、展览

（一）会议

时间	会议名称	地点	备注
5月22日	国家数字图书馆工程专家验收会	北京	
8月12日	2020年革命文献与民国时期文献整理出版项目专家评审会	北京	
8月30日	全国古籍修复技艺竞赛专家评审会	北京	
9月4日	纪念抗日战争胜利75周年 · 抗战时期典籍文献抢救保护学术研讨会	北京	

（续表）

时间	会议名称	地点	备注
9月10日	学习贯彻习近平总书记给国图老专家回信精神一周年座谈会	北京	
10月27日	“2020中英图书馆论坛”视频会议	北京	与中国图书馆学会、英国国家图书馆合办
11月6日	第四届古籍保护学科建设研讨会	广东广州	中山大学承办
11月25日	全国图书馆联合编目中心2020年度工作会议	北京	
11月25日	2020年黄河文化遗产古籍保护研讨会	甘肃兰州	与甘肃省文化和旅游厅合办
12月16日	“予纪录片以殿堂——公共图书馆纪录片典藏体系建设研讨会”	广东广州	与广州图书馆、首都纪录片发展协会合办

（二）讲座

时间	讲座名称	主讲人	备注
1月1日	诗人寒山的世界之旅	陈跃红	文津讲坛
1月3日	典籍陈列的形式设计——以大展为例	顾　恒	国家典籍博物馆系列讲座
1月4日	胸中丘壑，笔下山川——唐宋以来中国山水画的发展与文人画的形成	赵　珩	文津讲坛
1月5日	书画鉴真与辨伪	朱万章	文津讲坛
1月5日	《贞观政要》与“贞观之治”	谢保成	国图讲坛·中华传统文化百部经典系列
1月5日	民间过大年	萧　放	国图讲坛·新春特别活动
1月10日	来自民间的藏书报告	韦　力	国家典籍博物馆系列讲座
1月11日	重读鲁迅经典的几个问题	陈漱渝	文津读书沙龙
1月11日	论《史记·大宛列传》的撰作特征——从“匈奴西域”的概念说起	孙闻博	中国典籍与文化系列
1月11日	北京的风俗画：以《北京风俗图谱》为中心	牛贯杰	国图讲坛·新春特别活动
1月15日	千年传承——作为世界非遗的中国剪纸	乔晓光	国图流动讲坛·辽宁省图书馆

（续表）

时间	讲座名称	主讲人	备注
1月18日	文明型国家视角下的中国道路	张维为	部级领导干部历史文化讲座
6月9日	战国政治变革与韩非法术势治国理念的形成	蒋重跃	部级领导干部历史文化讲座
6月15日	百草园里识百草——“国民咖啡”板蓝根？不，服用一定遵医嘱！	张本刚	国图讲坛·2020年非物质文化遗产保护讲座月
6月17日	百草园里识百草——黄芩、连翘、金银花，清热解毒我有方！	张本刚	国图讲坛·2020年非物质文化遗产保护讲座月
6月18日	百草园里识百草——“看牡丹第一，芍药成双”	张本刚	国图讲坛·2020年非物质文化遗产保护讲座月
6月19日	汉唐盛世与丝绸之路	刘庆柱	国图讲坛·世界遗产视野下的“一带一路”系列讲座
6月20日	世界遗产与文化战略的思考	吕　舟	国图讲坛·世界遗产视野下的“一带一路”系列讲座
6月21日	外来文明的华化与华夏文明的东传——基于魏晋南北朝考古材料的考察	韦　正	国图讲坛·世界遗产视野下的“一带一路”系列讲座
6月21日	百草园里识百草——“我是杜仲，浑身是宝”	张本刚	国图讲坛·2020年非物质文化遗产保护讲座月
6月22日	夷俗并从：北朝隋唐来华粟特人的丧葬	沈睿文	国图讲坛·世界遗产视野下的“一带一路”系列讲座
6月23日	百草园里识百草——“彼采艾兮，一日不见，如三岁兮”	张本刚	国图讲坛·2020年非物质文化遗产保护讲座月
6月24日	学传统手工　过健康端午——五彩粽子香包	倪巧凤	国图讲坛·2020年非物质文化遗产保护讲座月
6月24日	学传统手工　过健康端午——长命缕	倪巧凤	国图讲坛·2020年非物质文化遗产保护讲座月
6月24日	人工智能时代的伦理挑战与治理之道	段伟文	部级领导干部历史文化讲座
6月25日	学传统手工　过健康端午——葫芦镇五毒剪纸	倪巧凤	国图讲坛·2020年非物质文化遗产保护讲座月
6月25日	学传统手工　过健康端午——包粽子	倪巧凤	国图讲坛·2020年非物质文化遗产保护讲座月

（续表）

时间	讲座名称	主讲人	备注
7月1日	《孙子兵法》的战略思维及其当代价值	黄朴民	部级领导干部历史文化讲座
7月2日	百草园里识百草——银杏银杏，你也是“活化石”吗？	张本刚	国图讲坛·2020年非物质文化遗产保护讲座月
7月3日	敦煌与敦煌学	郝春文	部级领导干部历史文化讲座
7月3日	百草园里识百草——《诗经》里的植物情：忘忧的草啊高洁的树	张本刚	国图讲坛·2020年非物质文化遗产保护讲座月
7月4日	百草园里识百草——海外来的“新中药”	张本刚	国图讲坛·2020年非物质文化遗产保护讲座月
7月9日	春秋君子文化及其影响	过常宝	部级领导干部历史文化讲座
7月14日	上古的天文、思想与制度	冯　时	部级领导干部历史文化讲座
7月29日	细数家珍——中国传统体育项目“大盘点”	崔乐泉	国图讲坛·2020年非物质文化遗产保护讲座月
7月30日	中国神技——“京中有善口技者”	牛玉亮、方浩然、江海洋	国图讲坛·2020年非物质文化遗产保护讲座月
8月6日	简谈中国古代建筑、艺术变迁及现代建筑发展	王贵祥	部级领导干部历史文化讲座
8月10日	明清时期中西版画的交流与融通	周心慧	文津讲坛
8月18日	天命再续：庄子对孔子生命形象的多重改写	夏可君	文津讲坛
8月20日	往古的滋味：由海昏侯墓考古说汉代饮食	王仁湘	国图讲坛·2020年非物质文化遗产保护讲座月
8月23日	除了速度，5G还能带来哪些改变？	张新生	国图讲坛·2020年科技活动周特别活动“科技的力量”系列讲座
8月24日	纳米科技与智能社会	赵宇亮	国图讲坛·2020年科技活动周特别活动“科技的力量”系列讲座
8月24日	北京与俄国汉学的起源	张建华	文津讲坛
8月25日	重读《资本论》：文献、思想与当代性	聂锦芳	文津讲坛

（续表）

时间	讲座名称	主讲人	备注
8月26日	理解天气预报　认识和谐自然	梁旭东	国图讲坛·2020年科技活动周特别活动“科技的力量”系列讲座
8月26日	走近机器人世界	韩力群	国图讲坛·2020年科技活动周特别活动“科技的力量”系列讲座
8月27日	认识流感病毒　探索生命奥秘	冯录召	国图讲坛·2020年科技活动周特别活动“科技的力量”系列讲座
8月28日	打造“无废城市”，让废物变资源	杜祥琬	国图讲坛·2020年科技活动周特别活动“科技的力量”系列讲座
8月29日	从区域走向全球：揭秘北斗系统背后的故事	耿　涛	国图讲坛·2020年科技活动周特别活动“科技的力量”系列讲座
8月31日	中国古代重要科技发明创造及其现代价值	韩　毅	文津讲坛
9月1日	故宫宫廷生活设施解密	周　乾	文津讲坛
9月1日	风雅宋：宋人的日常与雅趣	吴　钩	国图讲坛·2020年非物质文化遗产保护讲座月
9月4日	公元前3千纪的物种全球化	杨益民	文津讲坛
9月11日	汉字：中华民族的基因密码	李守奎	部级领导干部历史文化讲座
9月16日	魏碑略论	刘运峰	文津讲坛
9月18日	康熙《皇舆全览图》的绘制及在欧洲的传播和影响	韩昭庆	文津讲坛
9月24日	传染病与19世纪中期以前北美白人人口的增长	丁见民	文津讲坛
9月24日	古代西方的健康、疾病与医疗	张大庆	文津讲坛
9月25日	重新发现中国之美——对话《这里是中国》	耿华军、陈剑峰、刘悦笛	2020年文津读书沙龙直播特别活动

（续表）

时间	讲座名称	主讲人	备注
9月28日	宋代瘟疫的流行与防治	韩　毅	文津讲坛
9月28日	从着眼问题到关注环境——环境史研究心路历程	梅雪芹	文津讲坛
9月29日	从“陆游的乡村世界”看南宋社会经济发展水平	包伟民	部级领导干部历史文化讲座
10月19日	“满庭芳”诗词音乐会	于晓鹏、山水民乐团等	国图讲坛·“读诗与远方 品书香生活”大型诗词文化活动
10月20日	康熙帝与数学	田　淼	文津讲坛
10月24日	历史瓶颈突破下的《诗经》篇章	李　山	部级领导干部历史文化讲座
10月27日	中国传统疫病应对的特点、成效与启示策略	余新忠	文津讲坛
10月30日	考证与哲思——对话《播火录》	赵致真 李　静	2020年文津读书沙龙·馆员访谈录
11月2日	你是想做实干家的空想家吗？——对话《两个天才》	徐　萃、姬炤华、曹丽萍	2020年文津读书沙龙·馆员访谈录
11月3日	恩格斯的资本批判与当代价值	聂锦芳	部级领导干部历史文化讲座
11月5日	张爱玲晚期小说《小团圆》	杨联芬	文津讲坛
11月5日	寻味晚秋——诗词里的习俗	褚宝增	国图讲坛·“读诗与远方 品书香生活”大型诗词文化活动
11月6日	硬核的科普需要有趣的灵魂——专访《1分钟物理》创作团队	成　蒙、李治林、刘新豹、宁秋丹	2020年文津读书沙龙·馆员访谈录
11月7日	汉语言音韵之美好——由立冬诗词吟诵说起	于晓鹏	国图讲坛·“读诗与远方 品书香生活”大型诗词文化活动

（续表）

时间	讲座名称	主讲人	备注
11月9日	看见中国文化里的教育智慧——对话《两个小妖精抓住一个老和尚》	黄小衡、李卓颖、杨经玮	2020年文津读书沙龙·馆员访谈录
11月12日	诗词里的植物	褚宝增	国图讲坛·“读诗与远方 品书香生活”大型诗词文化活动
11月13日	《迷人的液体》背后迷人的故事——对话译者孙亚飞	孙亚飞、李　静	2020年文津读书沙龙·馆员访谈录
11月17日	浅谈碑帖的收藏与鉴赏	孟宪钧	文津讲坛
11月18日	故城与故事　二条那十年	赵　珩、张　宇	2020年文津读书沙龙·馆员访谈录
11月20日	说“西”道“东”话丝路——对话《胡天汉月映西洋》	张国刚、刘文睿	2020年文津读书沙龙·馆员访谈录
11月24日	国语运动与现代中国	王东杰、黄　静	2020年文津读书沙龙·馆员访谈录
11月24日	回鹘文及其文献	张铁山	中国典籍与文化系列
11月27日	千古风流看苏轼——对话《苏轼十讲》	朱　刚、郭比多	2020年文津读书沙龙·馆员访谈录
12月2日	从“出亡”到“从亡”——明代以来建文传说的一个内在理路	丁修真	中国典籍与文化系列
12月8日	雪落无声——围炉诗话·大雪篇	范诗银、莫真宝、静　如	国图讲坛·“读诗与远方 品书香生活”大型诗词文化活动
12月10日	杨守敬观海堂藏书的特色及价值	郗志群	中国典籍与文化系列
12月25日	满文与满文历史文献	吴元丰	中国典籍与文化系列
12月25日	档案中所见乾隆皇帝的一天	王敬雅	中国典籍与文化系列

（三）培训

时间	培训名称	主讲人	备注
1月18—23日	经典读书班2020冬令营	朱子辉	
7月20日	华为联合创新实验室新技术应用线上培训	陈双宝、陈刚睿	
9月1日—10月31日	2020年革命文献与民国时期文献保护计划线上专题培训班	刘小玲、朱　芊、杨　静、董馥荣、袁春艳	与中国图书馆学会合办
9月15—29日	第十二期少数民族古籍修复技术培训班	杨利群、白张等	云南省古籍保护中心承办
9月24—25日	2020年公共数字文化工程图书馆创新服务线上培训班	刘晓清、柯　平、谢　强、廖永霞、邵　丹	
11月19—22日	第五期全国古籍保护工作管理人员研修班	章隆江、王晓松等	大连图书馆承办
11月23—26日	2020年基层数字图书馆建设线上培训班	倪晓建、柯　平、范并思、陈建新、赵俊玲、温　泉、于　琳	
11月26日	2020年网络安全培训	索世恒	
11月28日—2021年1月30日	古籍修复基础班（秋冬周末班）	崔志宾	
12月6日—2021年1月17日	篆刻艺术鉴赏与实践培训班（秋冬周末班）	孙志强	
12月14—18日	2020年全国典籍保护与利用线上培训班	朱建军、易晓辉、胡海帆、陈红彦、侯郁然	中国博物馆协会博物馆图文典籍与金石拓片专业委员会主办，国家典籍博物馆和河北省博物馆承办
12月31日	2020年全国公共图书馆缩微技术线上培训班	马玉峰、杜文学、樊向伟、吴静雯	中国文献影像技术协会承办

（四）展览

日期	展览名称	地点	备注
2014年8月15日—2020年1月23日	名家手稿展	北京	
2017年1月19日—2020年1月23日	不忘初心　砥砺奋进——国家图书馆藏革命历史文献精品展	北京	
2019年9月7日—2020年1月23日	中华传统文化典籍保护传承大展之“国宝吉光”“百代芸香”	北京	文化和旅游部、国家文物局主办，国家图书馆（国家古籍保护中心、国家典籍博物馆）承办，全国高等院校古籍整理研究工作委员会及各参展单位协办
2019年9月7日—2020年1月5日	中华传统文化典籍保护传承大展之“汲古润今”“交流互鉴”	北京	
2019年9月10日—2020年1月23日，2020年12月29—31日	“甲骨文记忆”改陈展	北京	
2019年12月27日—2020年1月23日	凡是国宝都要争取——郑振铎等抢救流散香港文物往来信札入藏纪念展	北京	文化和旅游部、国家文物局主办，国家图书馆（国家古籍保护中心）承办
1月11—23日	入古出新——中国艺术研究院中国篆刻艺术院提名全国中青年篆刻家作品展	北京	与中国艺术研究院中国篆刻艺术院合办
1月19—23日	“甲骨文记忆”四川省图书馆巡展	四川成都	与四川省文化和旅游厅合办
1月21—23日	书香盈岁月　新桃换旧符——2020年国家图书馆年俗文化展	北京	与衡水市人民政府合办
7月17日—8月16日	“悠然得佳趣——古代经典诗词与当代书法创作展”中国妇女儿童博物馆巡展	北京	与中国妇女儿童博物馆合办
7月28日—8月21日	追梦水云间——白煦的水墨书暨白煦书法作品捐赠展	北京	与中国书法家协会合办
7月28日起	中华传统文化典籍陈列展	北京	

（续表）

日期	展览名称	地点	备注
7月28日—9月13日	诗歌的样子——全国儿童美术作品展	北京	与中国妇女儿童博物馆合办
9月1日起	妙手补书书可春——全国古籍修复技艺竞赛暨成果展	北京	与全国各省级古籍保护中心合办
9月30日—12月13日	自然的吟唱——重庆中国三峡博物馆馆藏花鸟画艺术展	北京	与重庆中国三峡博物馆（重庆博物馆）合办
10月1日—2021年3月28日	“从《诗经》到《红楼梦》——那些年我们读过的经典”特藏文献展新疆图书馆巡展	新疆乌鲁木齐	与新疆图书馆合办
11月4日—2021年3月4日	法文本《论语导读》入藏展	北京	
11月18日—2021年1月10日	“甲骨文记忆”上海市松江区博物馆巡展	上海	与上海市松江区博物馆合办
12月8日起	册府千华——江西省藏国家珍贵古籍特展	江西南昌	与江西省文化和旅游厅合办
12月15日起	册府千华——重庆市藏国家珍贵古籍特展	重庆	与重庆市文化和旅游发展委员会合办

九、档案资料

（一）完成2019年度档案归档工作

2020年，办公室对各部处2019年度归档范围进行梳理，开展年度档案归档工作，在档案移交过程中加大审核力度，通过电话或面对面辅导，加大对兼职档案员归档工作的指导力度，电话咨询归档32部处108人次，及时整改，减少归档错误，提高归档质量，顺利完成2019年度档案归档工作。共接收全馆34个部处移交的文书、活动、业务、刊物、项目等各类档案共计17724件。纸质文件与电子文件一一对应。部分部处还对历史档案开展回溯整理工作。

（二）为馆内各项工作提供档案支持

随着馆内各项工作不断深入开展，对历史档案的需求也随之提升。截至11月底，接待到档案室查阅档案共计 38 项 29 人次，与 2019 年基本持平；审批电子档案查阅 8 个部处 150 个条目；配合研究院编写《馆史汇编》查阅 1967—1989 年间电子档案并下载 150296 页，创历史新高。

归档情况统计

档案类型	档案数量
文书档案	4627件
活动档案	384件
业务档案	1948件
照片档案	10500张
实物档案	8件
刊物档案	185件
项目档案	80件
合计	17732件/张

重要文件选编

- 馆发文件目录
- 重要文件选编

重要文件选编

一、馆发文件目录

◇ 国家图书馆关于2019年度全员考核情况的通报
国图人发〔2020〕1号

◇ 国家图书馆关于认真做好疫情防控工作的通知
国图办发〔2020〕2号

◇ 关于印发《2019年国家图书馆工作总结》的通知
国图研发〔2020〕3号

◇ 关于印发《国家图书馆关于统筹推进新冠肺炎疫情防控和事业发展的工作方案》的通知
国图研发〔2020〕4号

◇ 关于印发《2020年国家图书馆工作要点》的通知
国图研发〔2020〕5号

◇ 关于下发《2020年立法决策服务部任务书》的通知
国图业发〔2020〕6号

◇ 关于下发《2020年社会教育部任务书》的通知
国图业发〔2020〕7号

◇ 关于下发《2020年参考咨询部任务书》的通知
国图业发〔2020〕8号

◇ 关于下发《2020年外文采编部任务书》的通知
国图业发〔2020〕9号

◇ 关于下发《2020年典藏阅览部任务书》的通知
国图业发〔2020〕10号

◇ 关于下发《2020年中文采编部任务书》的通知
国图业发〔2020〕11号

◇ 关于下发《2020年数字资源部任务书》的通知
国图业发〔2020〕12号

◇ 关于下发《2020年信息技术部任务书》的通知
国图业发〔2020〕13号

◇ 关于下发《2020年后勤服务管理中心任务书》的通知
国图业发〔2020〕14号

◇ 关于下发《2020年国图艺术中心任务书》的通知
国图业发〔2020〕15号

◇ 关于下发《2020 年展览部任务书》的通知
国图业发〔2020〕16 号
◇ 关于下发《2020 年古籍馆任务书》的通知
国图业发〔2020〕17 号
◇ 关于下发《2020 年缩微文献部任务书》的通知
国图业发〔2020〕18 号
◇ 国家图书馆关于牛春兰等 9 人职务聘任的通知
国图人发〔2020〕19 号
◇ 关于印发《国家图书馆房屋资产管理办法》的通知
国图资发〔2020〕20 号
◇ 国家图书馆关于孙乐、申晓娟任职转正的通知
国图人发〔2020〕21 号
◇ 关于印发《国家图书馆网络安全管理办法》的通知
国图办发〔2020〕22 号
◇ 关于印发《国家图书馆网络管理办法》的通知
国图办发〔2020〕23 号
◇ 关于印发《国家图书馆新冠肺炎疫情期间开馆服务应急预案》的通知
国图办发〔2020〕24 号
◇ 关于印发《国家图书馆数字资源保存策略》的通知
国图网发〔2020〕25 号
◇ 关于公示 2020 年度文化和旅游部优秀专家推荐人选的通知
国图人发〔2020〕26 号
◇ 关于馆领导班子成员分工调整的通知
国图人发〔2020〕27 号
◇ 关于调整《关于深入学习贯彻落实习近平总书记给国家图书馆老专家回信精神 推动事业创新发展的实施意见项目工作台账》部分项目任务的通知
国图研发〔2020〕28 号
◇ 国家图书馆关于开展 2020 年度职称评审工作的通知
国图人发〔2020〕29 号
◇ 国家图书馆关于辛璐等 20 人职务聘任的通知
国图人发〔2020〕30 号
◇ 国家图书馆关于霍瑞娟等 10 人职务聘任的通知
国图人发〔2020〕31 号
◇ 国家图书馆关于林世田不再担任处级职务的通知
国图人发〔2020〕32 号

◇ 关于印发《国家图书馆特殊文献购买管理办法（修订）》的通知
国图资发〔2020〕33 号
◇ 关于修订《国家图书馆采购管理办法（修订）》有关内容的通知
国图资发〔2020〕34 号
◇ 国家图书馆关于表彰 2019 年度宣传工作先进集体和个人的决定
国图办发〔2020〕35 号
◇ 国家图书馆关于颁发 2019 年度“馆长特别奖”的决定
国图办发〔2020〕36 号
◇ 国家图书馆关于表彰 2019 年度先进集体的决定
国图人发〔2020〕37 号
◇ 国家图书馆关于表彰 2019 年度服务标兵的决定
国图业发〔2020〕38 号
◇ 关于印发《国家图书馆防灾减灾救灾应急预案》的通知
国图办发〔2020〕39 号
◇ 国家图书馆关于表彰 2019 年度创建安全单位先进集体和先进个人的决定
国图保发〔2020〕40 号
◇ 关于印发饶权同志、魏大威同志在国家图书馆 2020 年中层干部扩大会议上讲话的通知
国图办发〔2020〕41 号
◇ 关于公示 2020 年度专业技术职务任职资格评审（推荐）结果的通知
国图人发〔2020〕42 号
◇ 国家图书馆关于李红霞、顾恒任职公示的通知
国图人发〔2020〕43 号
◇ 国家图书馆关于馆属企业管理岗位竞争上岗的通知
国图人发〔2020〕44 号
◇ 国家图书馆关于李红霞、顾恒职务试用聘任的通知
国图人发〔2020〕45 号
◇ 国家图书馆关于印发《文化和旅游部党组巡视国家图书馆整改工作方案》《文化和旅游部党组巡视国家图书馆选人用人工作专项检查整改工作方案》及《文化和旅游部党组巡视国家图书馆意识形态工作责任制落实情况专项检查整改工作方案》的通知
国图党发〔2020〕46 号
◇ 关于设立国家图书馆厉行节约制止浪费工作小组的通知
国图人发〔2020〕47 号
◇ 关于印发《国家图书馆关于贯彻落实习近平总书记关于厉行节约反对浪费工作的实施方案》的通知
国图资发〔2020〕48 号

◇ 国家图书馆关于部分内设机构及职责调整的通知

国图人发〔2020〕49 号

◇ 国家图书馆关于王雁行任职公示的通知

国图人发〔2020〕50 号

◇ 关于馆领导班子成员分工调整的通知

国图人发〔2020〕51 号

◇ 关于 2020 年度部处领导班子及全员年度考核工作的通知

国图人发〔2020〕52 号

◇ 关于印发《国家图书馆关于贯彻落实〈文化和旅游部贯彻落实习近平总书记重要批示精神深入做好公共图书馆改革创新工作的实施方案〉的工作方案》的通知

国图研发〔2020〕53 号

◇ 国家图书馆关于深入学习宣传贯彻党的十九届五中全会精神的通知

国图党发〔2020〕54 号

◇ 国家图书馆关于王浩等 5 人职务聘任的通知

国图人发〔2020〕55 号

◇ 国家图书馆关于落实《关于切实解决老年人运用智能技术困难的实施方案》的通知

国图研发〔2020〕56 号

◇ 关于印发《国家图书馆临时馆藏文献使用与处置管理办法》的通知

国图研发〔2020〕57 号

二、重要文件选编

国家图书馆关于统筹推进新冠肺炎疫情防控和事业发展的工作方案

为认真贯彻落实习近平总书记重要讲话精神，按照党中央、国务院关于防控新冠肺炎疫情的决策部署及文化和旅游部党组有关要求，科学统筹国家图书馆疫情防控与事业发展各项工作，坚决打赢疫情防控阻击战，确保完成全年工作任务，特制订本工作方案。

一、总体要求

深入学习贯彻习近平总书记关于新冠肺炎疫情防控工作的重要讲话和指示精神，切实落实党中央、国务院及文化和旅游部党组有关部署要求，结合国家图书馆实际，坚持“一手抓防控，一手抓发展”的指导思想，两手抓、两不误，尽可能将疫情对业务工作的影响降到最低，努力完成全年工作任务、实现全年发展目标。

要坚持全馆统一部署和各部处联系实际因地制宜相结合，坚持三线作战，坚决打赢疫情防控阻击战，切实保障广大员工身体健康和生命安全；坚决按照总书记回信要求推进事业发展，完成好工作要点确定的各项工作任务；坚决防范生产安全责任事故，确保国家图书馆平稳运行。

要按照科学评估、统筹兼顾、分类施策、平稳有序的工作方针，在确保疫情防控到位的前提下，分阶段逐步恢复馆内各项工作。在第一阶段闭馆不停工的基础上，拟自2020年3月中下旬起进入第二阶段（具体时间待馆疫情防控工作领导小组决定后由办公室通知全馆），要继续毫不放松抓紧抓实抓细各项防控工作，根据防控部门最新指导意见及时动态调整各项防控举措，同时要根据防控形势逐步有序恢复除提供到馆服务以外的其他工作，并为恢复开馆服务做好周密细致准备；第三阶段，根据疫情防控进展情况及文化和旅游部的部署、要求，适时恢复开馆服务。

二、加强返岗复工统筹管理

（一）返岗复工整体安排

自第二阶段起，除一线服务岗位外，其他岗位身体无异常情况且不在隔离观察期间的工作人员，应根据各部处工作实际需要安排到岗工作，可实行轮岗工作制和弹性工作制，错峰、错时上下班，有效避免疫情期间人员过于聚集；暂不需要到岗的工作人员，各部处要组织好网上办公和居家学习。

一线服务岗位应以做好开馆服务各项准备工作和强化业务培训为重点，组织好有关工作。

国有资产管理处应做好返岗员工个人防护用品的配发工作；后勤服务管理中心应重点做好工作场所、临时隔离观察室和其他人员流动场所的消毒、清洁、通风等工作，加强疫情监测，及时妥善处理各类疫情突发事件，严格落实“早发现、早报告、早隔离、早治疗”要求，为各项工作的开展提供健康安全环境。

第三阶段全面恢复到馆服务和到岗工作，恢复全馆正常工作秩序。

（二）返岗复工人员管理

要按照馆疫情防控工作领导小组的统一部署，根据《国家图书馆关于认真做好疫情防控工作的通知》要求，继续严格执行健康监测、疫情报备、隔离、入馆检查及到岗员工登记管理等制度。

各部处要进一步强化责任担当，做到守土有责、守土担责、守土尽责，准确及时掌握并按要求上报本部门员工身体状况、疫情期间出行情况、使用交通工具情况、返京及隔离情况等，按照有关规定评估后确定返岗复工人员，并提前一天向办公室报送第二日拟到岗员工名单及午餐就餐需求信息。到岗员工确有防护用品需求的，由各部处统一向国有资产管理处申请，国有资产管理处按照优先保证重点岗位的原则，统筹提出具体分配方案，报请馆疫情防控工作小组领导批准后发放。

所有返京人员到京后，均应居家医学观察14天，期间不得入馆。实行居家医学观察人员，每日自行测量体温，定时向所在部处报告。隔离观察期结束后无异常情况的，经馆疫情防控工作领导小组批准，方可返岗。尚在湖北疫区人员，要按有关要求做好居家隔离，安排返京前应通过所在部处及时向馆疫情防控工作领导小组报告。有密切接触史的人员，应按有关规定隔离观察，并及时向所在部处报告。

返岗人员要肩负起个人疫情防控责任，主动向所在部处报告个人情况，时刻监测个人及家属身体状况，有特殊情况要及时报告，不得瞒报、谎报、迟报。要做好上下班途中的个人防护，到岗工作应遵守馆内各项疫情防控措施规定，配合入馆登记、体温检测及食堂安全供餐管理工作。

三、严格落实科学精准防控措施

（一）采取灵活办公方式

各部处要在确保疫情防控工作和部处正常运转的前提下，根据实际情况，临时、局部采取灵活工作方式，通过轮流到岗、网络、电话等方式办公，错峰、错时上下班。特别是集中办公空间，可通过轮岗上班等方式，确保员工保持安全间距，实际到岗人数应不超过正常工作期间该集中办公空间实有人数的25%。

（二）做好公共场所防护

疫情防控期间，要做好公共区域的清洁消毒。后勤服务管理中心应在返岗复工前对公共区域、电梯、办公室、会议室、卫生间等重点部位进行全面消毒。复工后实行办公场所定期消毒制度，对电梯、楼梯、走廊、卫生间等公共区域每日消毒两次；办公场所应注意加强通风，出现疫情特殊情况时可向后勤服务管理中心申请消毒处理；会议室在使用前应提前做好通风、消毒等准备工作，会议结束后及时清洁、消毒；车辆使用后应立即消毒；应监督驻馆物业公司加强员工宿舍管理，每日消毒。员工对自己的办公区域也应注意保持清洁卫生。

在馆区主体建筑外设置临时隔离观察室，用于身体情况异常员工或读者的临时隔离与观察。

（三）严格落实就餐安全

疫情防控期间，总馆食堂和古籍馆食堂均只提供午餐，供餐采取餐盒分餐、分散就餐方式，每餐两荤两素加主食、酸奶，餐费为正式卡10元，临时卡20元。

国图酒店应按照错峰取餐、间隔就餐的要求，根据就餐人数做好分时段就餐安排并通知至各部处。同时，要对食堂所有区域进行定时消毒，加强对蔬菜、粮油等物资进货渠道的监管，严把食品安全、卫生防疫关，服务人员每日岗前必须开展健康检查，测量体温并保留检测记录，作业中要统一佩戴手套、口罩等，切实保障干部职工餐饮安全。

员工应遵守分批就餐时间安排，并配合体温检测，在取餐、用餐前用消毒洗手液规范洗手，佩戴口罩取餐，一桌一人同向就餐，不聚集、不交谈，注意用餐卫生，用餐完毕后将餐余投入指定区域。

（四）切实做好个人防护

疫情防控期间，馆里将根据不同岗位情况，为到岗员工配备防护用品。员工上下班及出行时要做好个人防护。办公室同时超过一人在岗时，员工应全程佩戴口罩，不聚餐聚会、不串办公室。面对面交接文献、文件、邮件等物品时，应佩戴口罩；处理外来文献、文件、包裹等物品后，应及时洗手。鼓励员工自行分散在馆区、楼道开展工间健身活动。

（五）精简各类会议与活动

疫情防控期间，严格控制人员聚集，原则上不安排大中型会议，不接待来访参观，不安排员工出差及外出调研培训等。尽量采用通讯、邮件、网络手段洽商工作，充分利用企业微信平台等工具，以文字、音频、视频等方式商讨工作，尽量不开见面会。确有必要面商，应请示分管馆领导同意，并严格控制参会人数和会议时长，参会人员应全程佩戴口罩并保持安全距离。

（六）加强人员出入管理

疫情防控期间，馆区开放东中门和北门，楼宇开放南区C栋一层楼门、北区西北楼门、行政楼门及综合楼门，员工进入馆区和楼门时应出示员工IC卡或其他有效证件，自觉佩戴口罩、接受体温检测，健康状况异常者不得进入，应登记并进行合理处置。除必要物资保障及设备维护外，其余外来人员和车辆原则上不得入馆。员工不得在馆内收取个人购物快递。

（七）积极加强宣传引导

通过显示屏、宣传板、微信、短信、办公自动化系统等，大力宣传国务院应对新型冠状病毒感染的肺炎疫情联防联控机制《公共场所新型冠状病毒感染的肺炎卫生防护指南》、国家卫生健康委员会《新型冠状病毒感染的肺炎防控方案》《新型冠状病毒感染的肺炎公众防护指南》《北京市疾病预防控制中心关于印发新型冠状病毒感染的肺炎相关工作指引的通知》等文件精神和有关科学防护知识，切实提高员工增强自我防范意识和防护能力。引导员工避免去人群密集场所，避免疲劳，保持个人卫生和室内空气流通。

四、平稳有序推进各项工作

（一）做好年度任务分解落实

各部处要根据工作要点和任务书做好全年工作的统筹安排部署，确保完成全年工作任务，重点做好资源采集、入藏、揭示，重点文化工程项目实施，各类型、各渠道读者服务，国家图书馆发展战略研究，“十四五”规划编制等工作。特别是要做好贯彻落实习近平总书记回信精神台账项目的落地实施，办公室要根据有关项目工作台账的时间进度安排，做好检查督办工作。

（二）进一步加强网络服务

进一步加强线上服务，整合优质数字资源，丰富学术论文、电子书刊、在线讲座、在线展览以及心理疏导、疫情防控科学知识等各类型资源供给，尽可能为政府部门、科研人员、学生、社会公众等不同群体用户提供高效网络服务，加大专题资源推送和宣传推广力度，帮助读者随时通过网络获取我馆的数字资源与服务，提升网络服务和移动服务水平。

（三）扎实做好开馆服务各项准备工作

各有关部门做好设施设备的检测，文献上架与整架等内务工作，读者服务区域的彻底清洁与消毒，必要的文献消毒，口罩、手套、消毒液、洗手液等防护物资的配备，业务技能的培训等工作，积极稳妥做好开馆服务各项准备工作，根据文化和旅游部安排部署，待疫情解除后适时恢复开馆服务。

各有关部门应根据《文化和旅游部公共服务司关于印发〈公共图书馆、文化馆（站）恢复开放工作指南〉的通知》要求，结合工作实际，就开馆服务准备工作制定细化方案。业务管理处应重点就分区域分项目恢复开放服务，人员限流措施，开馆后读者入馆方式及防控措施，开馆时间、服务点设置、服务流程等的临时调整安排，物资及设备配备需求等制定细化方案；外文采编部、典藏阅览部、立法决策服务部、参考咨询部、信息技术部、社会教育部、展览部、古籍馆等部门，应分别结合本部门读者服务工作实际及疫情防控要求，重点就开馆后文献消毒、阅览空间通风与消毒、读者用机与视听设备消毒、读者疏导与分流、阅览座席安排、读者活动组织、工作人员防护措施、相关设施与物资配备需求以及日常读者管控、信息报告、责任分工、应急处置等制定细化方案；保卫处应重点就进出通道的管理、进馆人员的体温检测、确保进馆人员佩戴口罩等制定细化方案；后勤服务管理中心应重点就读者入馆安全措施、人员流动空间的通风与消毒、设施设备的消毒、饮水安全、集中空调通风系统的消毒过滤、疫情防控应急措施和处置流程、集中隔离医学观察点的管理、密切接触者的追踪、疫点消毒、相关设施与物资配备需求等制定细化方案；国图酒店应重点就员工及读者用餐时间、地点、就餐模式、场所及餐具消毒、人员管控等制定细化方案。由业务管理处会同办公室、保卫处、后勤服务管理中心在上述方案的基础上，形成我馆恢复开馆服务准备工作细化方案。

办公室应会同业务管理处拟定开馆服务公告，告知读者进馆注意事项、各类服务信息及防控举措等，并通过各种宣传渠道广泛宣传告知。办公室应会同后勤服务管理中心，通过馆区内各类标识牌、显示屏等，加强疫情防治知识科普与宣传，帮助读者了解掌握防治知识，支持配合我馆防控工作。

国有资产管理处应会同后勤服务管理中心，在征询有关部门开馆服务防护用品等物资需求的基础上，抓紧制定上报物资采购方案和分配方案，并及时组织采购、分配，开馆前应确保主要防护物资到位，为员工和到馆读者提供必要防护保障。

各项准备工作应于开馆前一周完成。

五、有关要求

（一）严格落实安全工作责任

各部处要加强对消防安全制度的贯彻落实、督促检查，尤其要加强对消毒物品，如酒精等可燃易燃物的管理，确保允许公用的易燃物品有专人管理、专柜存放，严禁个人携带酒精等易燃物品进馆。保卫处应于返岗复工后及开馆服务前分别组织对全馆重点要害部位的消防安全检查。

（二）严格落实防控责任

各部处要在馆疫情防控工作领导小组统一领导下，建立由主要负责人牵头的返岗复工及疫情防控工作领导机制，各有关职能部门要为返岗复工和开馆服务做好设施设备、资金物资、健康安全、管理运转等各方面保障，强化部门整体联动，及时共享信息，及时协调解决出现的问题。

馆疫情防控工作小组要加大监督检查力度，对防控措施落实不到位，存在疫情防控隐患和安全生产隐患的部处加强督促整改。办公室要加强对馆内重点工作落实情况的督促检查。

（三）制定上报细化工作方案

各部处应按照全馆总体要求，根据本部门实际情况，拟定部门返岗复工及疫情防控工作方案，于2020年3月12日前通过办公室报馆疫情防控工作领导小组。

各馆属企业应按照全馆总体要求，根据本企业实际情况，制定企业返岗复工及疫情防控工作方案，于2020年3月12日前通过国有资产管理处报馆疫情防控工作领导小组。

恢复开馆服务准备工作细化方案应于2020年3月18日前报办公室汇总后，提交馆务会决策。

办公室应会同业务管理处、国有资产管理处、保卫处、后勤服务管理中心及有关业务部门，制定外包公司复工工作方案，并报请馆疫情防控工作领导小组批准后实施。

第二阶段各部处人员分时段到岗要求和具体工作安排，按办公室根据馆疫情防控领导小组的决定所印发的通知执行。

2020年国家图书馆工作要点

2020年是全面建成小康社会，实现第一个百年奋斗目标的决胜之年，是国家图书馆“规划发展年”。国家图书馆将坚持以习近平新时代中国特色社会主义思想为指导，全面贯彻党的十九大和十九届二中、三中、四中全会精神，深入贯彻落实习近平总书记回信精神，深入贯彻落实党中央、国务院及文化和旅游部党组决策部署，坚持以人民为中心，坚持以社会主义核心价值观为引领，秉承“传承文明、服务社会”的初心使命，以“夯实业务基础，谋求创新发展；强化内部管理，促进交流合作；立足现实发展，着眼未来转型”为全年工作主线，强化责任担当，打牢思想基础，补齐发展短板，围绕中心、服务大局，努力为建设社会主义文化强国再立新功。

一、以习近平新时代中国特色社会主义思想为指导，全面提高党建质量和水平

1. 落实全面从严治党责任。以学习贯彻习近平新时代中国特色社会主义思想作为首要政治任务，增强“四个意识”，坚定“四个自信”，做到“两个维护”，始终坚持正确政治方向，强化国家图书馆党组织战斗堡垒作用，推动全面从严治党向纵深发展，把负责、守责、尽责体现在每个党组织、每个岗位上。按照文化和旅游部党组推进中央巡视整改工作部署、中央和国家机关工委推进党的政治建设重点督查整改方案及“不忘初心、牢记使命”主题教育整改方案，持续推进各项整改任务落实到位。坚决落实文化和旅游部党组巡视反馈意见，制定台账，逐项整改。完善责任制度，健全长效机制，确保习近平总书记重要论述和指示批示、给国图老专家回信精神落实落地。加强党员理想信念教育，结合国家图书馆业务实际和党员队伍特点开展针对性强、实效性高的学习培训，提高党性觉悟。推进党支部标准化规范化建设，健全考核指标体系，完善党支部工作考核机制，强化考核结果应用。推进各支部年轻干部理论学习小组建设，培养“四讲四有”干部。建设国家图书馆党建专题网站。

2. 坚决守好意识形态阵地。加强对意识形态工作的组织领导，建立意识形态风险点动态更新长效机制，修订涉密等文献筛查业务工作规范，补齐制度短板。完善意识形态工作制度，建立下游环节对上游环节进行监督检查的管理机制，定期开展意识形态安全工作教育培训及意识形态风险研判和督查检查。强化文献资源建设、社会教育活动等领域意识形态管控，将意识形态管理贯穿文献信息采集、讲座展览培训、阅读推广服务、对外交流合作等业务环节和工作界面，做好举办活动、租借场地的审核管理。

3. 推进党风廉政建设和反腐败工作。贯彻落实中央和部党组决策部署，强化政治监督保障制度执行，进一步加强党风廉政建设工作，充分运用监督执纪“四种形态”提供的政策策略，从严落实“两个责任”，一体推进不敢腐、不能腐、不想腐。增强制度刚性，推动形成决策科学、执行坚决、监督有力的权力运行机制，推动形成不断完备的制度体系、严格有效的监督体系，维护制度权威、保障制度执行，完善全覆盖的制度执行监督机制，强化日常督察和专项检查。加强理想信念教育，提高党性觉悟，夯实不忘初心、牢记使命的思想根基。坚决贯彻中央八项规定精神，驰而不息纠正“四风”，保持定力、寸步不让。依法依规依纪做好信访举报和纪律审查工作。

二、深入贯彻落实习近平总书记回信精神，推动事业创新发展

4. 推动贯彻落实总书记回信精神落地落实。以贯彻落实习近平总书记回信精神为做到“两个维护”的试金石，统筹推进《关于深入学习贯彻落实习近平总书记给国家图书馆老专家回信精神　推动事业创新发展的实施意见》部署的47个项目深入落地实施。建立健全推动工作落实长效机制，强化馆领导抓落实主体责任、各部门抓落实具体责任、办公室抓落实统筹督办责任，健全抓落实的责任体系。健全完善任务分解、及时落实、协调推动、反馈报告、整改提升机制，根据工作台账定期开展项目实施情况督查，严格考核问责。联合全国公共图书馆和业界专家学者，深入分析研判国家图书馆和公共图书馆事业当前发展环境，明确未来发展方向，推动国家图书馆和全国公共图书馆在新时代实现创新发展，在国家经济社会发展中发挥更大作用。

5. 组织开展纪念总书记回信一周年活动。围绕深入学习领会习近平总书记回信精神、坚持正确政治方向、弘扬优秀传统文化、创新服务方式、推动全民阅读、增强行业引领能力等方面，组织召开深入学习贯彻习近平总书记回信精神一周年座谈会，分享学习体会，梳理总结各级图书馆学习贯彻落实总书记回信精神情况，对标总书记要求查找不足补齐短板，交流明确下一步发展方向和工作思路。组织召开第十六届省、自治区、直辖市、较大城市图书馆馆长联席会议，开展“重温回信精神　鼓舞奋斗士气”员工征文、座谈交流等系列专题活动。围绕我馆及各地根据总书记的要求落实有关工作，推进图书馆事业发展的情况组织开展专题媒体宣传、业界研讨活动。

三、统筹推进国家文献信息资源总库和总目建设，增强文献信息整合揭示和战略保存能力

6. 加强国家文献信息资源总库建设。积极宣传《公共图书馆法》交存制度，做好文献信息交存工作。着力提升馆藏资源，特别是外文文献资源和数字资源建设质量。开展馆藏发展政策研究，完善馆藏资源建设专家咨询制度、绩效评价制度和用户需求反馈制度，适时修订馆藏采选方针、文献处置制度等基础业务政策，完善古籍特藏文献采访管理办法。配合保存本文献搬迁，有序开展实体馆藏和数字馆藏补藏工作。拓展文献采访渠道，有效协调纸电采访，保持特色馆藏优势，加强海外中国学、法律、周边国家和地区等重点文献，乐谱、音像资料等音乐资源以及手稿的采访、征集，积极开展海外文献征集。调整优化数字资源采访流程，进一步加强基于移动终端的数字资源建设，完善网络开放存取资源采集和组织实施方案。加大活态记忆资源建设力度，完善口述资源收集、保存、服务机制，建设中国记忆资源总库。继续做好普通古籍等馆藏文献数字化项目，完成日本永青文库捐赠汉籍数字化，继续开展全国图书馆文献缩微复制中心成员馆善本缩微胶片异质保存项目和新中国成立初期中文文献缩微拍摄，推进国际敦煌数字化项目，征集馆外重要古籍数字资源。推动数字资源深度加工与组织，建设系列特色突出的数字资源库。科学论证、适时启动中国博士后出站报告数据库建设。

7. 促进国家文献信息资源总目建设。继续编制国家书目，逐步实现国家书目广泛覆盖各类型文献资源。进一步完善文津搜索系统，强化各类数字资源的元数据收集整理，提升资源整合揭示能力。继续加强名称规范元数据整合与业界推广工作，关联发布《中国分类主题词表》等基础性数据，适时开展跨语种规范控制模式测试。积极跟踪调研国际编目理论、方法和技术的发展变化，并推进其本地化研究应用。

8. 提升国家文献战略保存保护水平。调整完善国家文献信息资源总库的总体规划和业务布局，逐步形成本地与异地保存相结合的重要文献信息资源的全面储备。推进国家图书馆国家文献战略储备库建设，做好工程建设期间项目质量管理、安全管理、投资管理和档案管理等工作。开展专题文献修复培训，推进西夏文献修复，完成“天禄琳琅”专项修复结项验收工作，适时开展文献脱酸技术的推广应用，探索开展馆藏民国时期文献原生性保护工作。依托在新浪建立的首个试点基地，深入开展互联网数据的保存、整理、分析与利用。启动国家网络信息资源典藏工程，建设互联网信息资源采集平台，推动馆藏信息资源与微博信息的整合服务。加强数字资源的保存与利用，实施数字资源保存策略，探索构建覆盖全国的分级分布式数字资源保存体系，在数字网络环境下更好履行国家文献信息资源总库职能。

四、依托重点文化工程项目，弘扬中华优秀传统文化，继承革命文化，发展社会主义先进文化

9. 继续实施中华古籍保护计划。做好全国古籍普查登记收尾工作，上报第六批《国家珍贵古籍名录》和“全国古籍重点保护单位”评审结果。推进“全国古籍普查登记基本数据库”“中华历代古籍书目数据库”建设。继续开展海外典籍调查、文献数字化与出版回归。加强“中华古籍资源库”特色专题策划与实施，支持和指导各古籍收藏单位加快古籍数字化步伐，适时举办古籍数字资源联合发布活动，促进古籍数字资源发布与共享。推进古籍保护学科体系建设，开展古籍修复成果评比展示及修复师评级工作，加大古籍保护人才培养力度。大力推动藏文等少数民族文字古籍保护工作，积极开展海外中华古籍调查及数字化合作项目。支持推进“全球汉籍合璧工程”、《中华医藏》、《中华续道藏》编纂出版等工作。加强古籍宣传推广工作，举办中华传统晒书大会等活动。积极推动古籍保护相关法律法规和标准规范建设。

10. 持续推进革命文献与民国时期文献保护计划。继续推进民国时期平装书和连续出版物普查工作，制定民国时期线装书普查登记方案和普查数据标准，启动民国时期线装书普查登记。编纂完成《民国时期图书总目》宗教卷和自然科学（基础科学）卷。加强海内外所藏革命历史文献、外国对华调查、日本战争罪行、抗日战争史料等重要文献的调研与征集。推进革命文献与民国时期文献整理工作，继续实施缩微文献数字化、革命文献数字化加工和专题数据库建设，继续开展“西南太平洋战区日本战争嫌犯讯问档案数字化加工整理”二期工作，启动“中缅印战区抗战历史档案”整理工作，完成“抗战图片资料库”建设。开展革命文献与民国时期文献保护宣传推广工作，加强专业人才队伍培养。

11. 做好中华优秀传统文化典籍整理出版工作。做好《中华传统文化百部经典》编纂项目的稿件组织、编纂审订、协调出版、宣传推广等工作，高质量推进项目进展；通过组织召开编委会、深入开展文献调研、广泛征求专家意见等形式，遴选中华民族最具代表性的经典名著，努力构建新时代“中华传统文化经典”体系；归纳总结前期编纂经验，严选合作出版社，保障书稿质量，年内出版图书12—15种；加强宣传推广，挖掘项目品牌文化内涵，联合有关方面共同开展以“让经典走向大众——《中华传统文化百部经典》”为主题的讲座、展览等推广活动；继续推进“《中华传统文化百部经典》专题数据库”和“《中华传统文化百部经典》图片数据库”建设，探索项目专题网站建设。完成《鲁迅手稿全集》编辑出版工作，年内完成编辑并提交审核。依托国家传统文化典籍整理工程，继续推进“辛亥革命武昌起义文献整理研究”“一带一路文献整理与研究”“中国石刻资料征集、整理与研究”“中国历代海洋文献整理与研究”及“全国图书馆藏新民主主义革命时期中共党史文献整理与研究”等项目实施。围绕建党一百周年开展党史文献的整理出版，传播革命文化。推进中国历史文献总库平台建设，继续扩大民国图书、近代期刊报纸、家谱、方志等资源规模，整合自建各类历史文献资源库，实现跨库检索。

12. 继续办好国家典籍博物馆。结合国家经济社会发展大局和社会公众关切策划举办精品展览。加大引进相关博物馆、图书馆等业界优秀展览力度，继续拓宽国家典籍博物馆展陈题材与范畴。提升巡展输出水平，加强行业交流，深化与各地区图书馆、博物馆等机构合作。开展传统文化、典籍历史与文化、收藏与保护等主题讲座和主题体验活动，组织“典籍博物馆大课堂”系列活动，深入开发基于优秀传统文化的图书馆研学游项目，建设好“全国中小学生研学实践教育基地”。加强展览专业人才队伍建设，健全讲解员培训体系和志愿者管理体系。加大国家典籍博物馆展览、活动宣传力度，提高社会影响力。

五、创新服务方式，提升服务效能

13. 强化立法决策智力支持。主动将立法决策服务与党和国家重大决策需求、决策部门的重点工作相结合，服务国家治理体系和治理能力现代化。强化立法决策服务的针对性、前瞻性和专业性，完善对国家重大、紧急决策的快速响应机制。建立有效信息沟通和日常联络机制，推进部委分馆服务模式与手段创新。围绕国家政治、经济、文化、社会和生态等重点领域和重大问题提供热点研判和及时服务，提升信息直报水平。发挥资源和专业优势，开发具有竞争优势和专业特点的立法决策服务新产品，提高产品质量，加强品牌推广，提升品牌影响力。加强海外中国学研究中心建设，发挥中国学专藏优势，打造特色服务产品，制作《海外涉华文献信息内参专报》样刊，启动《汉译中国学书目》《海外中国学书目》项目，推进“中法门户网站”建设。继续办好部级领导干部历史文化讲座。

14. 加强面向科技创新的专业化服务。面向创新驱动发展战略，为企业和社会公众创新创业提供工具、空间、文献与信息咨询服务，提升专业化信息服务能力。积极拓展与国内外文献信息机构在文献传递与馆际互借业务方面的合作，做好机构用户的文献提供，主动做好文献信息推送工作。强化咨询工作管理，进一步规范工作流程，完善规章制度，继续推进参考咨询机构知识库建设。依托国家图书馆科学评价中心，组织开展科学评价方法论研究，开发新的信息分析与服务产品。制定《国家图书馆知识产权信息服务中心建设实施办法》及业务规范，为知识产权信息分析、创新活动提供实践场地和专业指导，开展知识产权信息素养教育。

15. 着力提升公共服务质量。开展读者需求调研，科学调整服务政策，研究制定调整开馆时间方案。探索建立读者信用制度，加大服务政策的执行、监督考核和奖惩力度。完善服务制度，优化服务环境，改善服务体验，整体提升服务质量和服务效能。进一步推动新技术在读者服务中的应用，加强基于微信服务号的小程序开发，整合数字资源发布利用平台，全面提升智能服务和移动服务水平。做好网络服务的规划整合和移动服务的统筹创新发展，完善到馆服务与远程服务互为补充的服务体系，满足公众多样化、多层次服务需求。积极跟踪新技术变化，优化数图体验区展项，做好数图体验区读者服务工作。拓展社会教育职能，结合文津讲坛、中国典籍与文化专题讲座创办二十周年，举办相关活动，通过教育引导、文化熏陶、实践培养等方式，滋养民族心灵。持续提升面向特殊群体的精细化服务水平。依托公共数字文化工程，丰富面向革命老区、民族地区、边疆地区和贫困地区的服务供给。开展读者满意度调研，进一步提升读者满意度。

六、推动全民阅读，构建全覆盖的阅读服务网络

16. 丰富阅读资源供给。引领带动全国图书馆界，与学校、出版机构、书店、新闻媒体等社会力量合作共享阅读资源，构建面向书香社会和学习强国建设的阅读服务网络。创新图书借阅服务形式，开展阅读接力。不断发掘和丰富图书馆空间的文化意境，打造联结人与人、人与社会、人与文明、人与知识、人与未来的文化体验新空间。加强馆藏资源的全媒体展示和服务，推动各类资源的终端适应性建设和全平台服务，强化在学习强国、喜马拉雅、抖音等社会化平台的推送和服务。

17. 积极开展形式多样的阅读活动。组织好第十五届“文津图书奖”评选工作，进一步加大宣传推广力度，拓宽宣传推广渠道，提高公众参与度，通过巡展、巡讲方式，不断扩大品牌影响力。组织开展“4·23 世界读书日”“文化和自然遗产日”等阅读推广活动。进一步丰富“国图公开课”学习资源，优化课程体系，加大开发中华优秀传统文化资源力度，努力打造传统艺术公开课等精品课程，加强“国图公开课”平台资源组织和专题建设，不断增强用户黏度。继续做好文津讲坛、国图讲坛和“中国典籍与文化”系列讲座及讲座丛书的整理出版工作。依托《中华传统文化百部经典》编纂项目，举办“传统经典阅读进校园”活动。进一步发挥“文津经典诵读”“文津读书沙龙”“M 地铁·图书馆”等品牌在阅读推广活动中的作用和影响力。

18. 提升国家图书馆少年儿童图书馆办馆水平。改造少儿馆服务空间，依托国家图书馆少年儿童图书馆，统筹开展面向未成年人、未成年人家长、少年儿童教育工作者和研究人员的服务。探索建设国家少年儿童图书馆地方分馆。围绕少年儿童的阅读素养、感性素质和创新意识培养，开展阅读指导、读书交流、演讲诵读、图书互换等形式多样的社会教育活动。组织开展“2020 全国少年儿童阅读年”各项工作。

七、加强新技术应用研究，提升技术保障与支撑能力

19. 推动公共数字文化建设融合创新发展。按照部党组统一部署，紧密结合国家图书馆职能定位，稳步推进公共数字文化建设融合创新发展工作，进一步深入探索公共数字文化建设在资源、技术、平台、服务、标准等领域融合发展的模式与路径，努力创新公共数字文化服务业态，着力提升适应新需求、新环境的公共文化服务供给质量。

20. 完善优化数字图书馆管理与服务信息化建设。加强对新技术应用策略的系统研究，加大成熟技术转化应用的研究与实践。加强关联数据、大数据分析等新技术在基础业务领域的推广应用，促进人工智能技术与资源揭示和读者服务工作的深度融合。加强网络服务的融合提升，上线国家数字图书馆读者云门户，整合线上服务窗口。不断提升文津搜索、资源发布系统等数字图书馆服务平台的系统功能和性能，统一移动端和 PC 端底层架构及发布流程，研究改版国家图书馆主页

和手机门户网站。加强网络系统技术研究与应用，着手实施全馆无线网系统升级改造。调研、开展信息化基础设施私有云平台建设，扩充数字资源长期保存设备与容量，提升信息化基础设施保障水平。完善全馆信息化管理规章制度建设，优化信息化管理流程。

21. 提升业务数据分析与应用能力。实施基于大数据的数据分析和服务能力提升计划，提出基于大数据的数据分析功能框架和技术路线，加强对各类业务和服务大数据的整合、分析、研究与利用。对互联网服务读者行为数据进行采集、挖掘和分析，为馆藏发展政策和用户服务政策调整提供数据支持。加强全馆业务数据统计分析，基于国家数字图书馆运行管理平台进一步优化国家数字图书馆数据统计与揭示。

八、开展发展战略研究，加强顶层设计与宏观规划

22. 开展国家图书馆发展战略研究。以推动事业转型发展为着眼点，坚持问题导向与目标导向相统一，联合业界专家学者，在充分调研的基础上，完成国家图书馆发展战略研究，完成事业中长期发展环境分析、传承弘扬中华优秀传统文化、馆藏发展战略、数字发展战略、服务发展战略等22项专题的研究任务，针对事业发展重点领域策划一批重大项目，明确国家图书馆事业未来五到十年的发展目标、方向与路径。

23. 编制“十四五”发展规划。结合我馆实际，对标国家重大战略决策和部党组重点工作部署，在预研基础上组织编制《国家图书馆“十四五”规划纲要》，征求各方意见，形成全馆共识。编制《全国图书馆标准化工作“十四五”规划纲要》《全国图书馆文献缩微工作“十四五”规划纲要》《中国图书馆学会“十四五”规划纲要》等专项规划，确保专项规划与总体规划之间的紧密衔接，形成统一协调、相互支撑的规划体系。

九、完善人才培养工作机制，推进科研工作与业务建设协同发展

24. 加强人才队伍建设。制定《国家图书馆工作人员奖励办法》。完善人才培养与评价机制，健全多元化选人用人机制，完善分级聘用制度。加强各梯次人才队伍建设，建立完善馆级、部处、科组三级培训联动机制，通过轮岗培训、学习深造等多种方式，着力培养领军人才，注重提升青年员工业务能力和工作本领，实现人才引进与人才培养相结合。进一步完善职称评审制度，逐步探索专业技术岗位聘用动态调整工作机制。继续推进“国家级专业技术人员继续教育基地”建设。加强管理干部队伍建设，做好处级、科级干部、全员聘任工作。

25. 推进科研工作与业务建设协同发展。探索创新科研工作机制，有效整合馆内外研究力量，根据事业需要统筹规划研究项目，探索建立专职研究、委托研究、岗位研究相结合，在职与脱产研究互为补充的研究工作机制。打造开放研究平台，加强与重点教育科研机构的交流合作，推动科研工作与基础业务的相互促进、共同发展。加强科研成果转化利用，着力培养精通业务并在相关学术领域有较高影响的科研人才。

十、加强国内外交流合作，发挥行业示范引领作用

26. 组织开展全国公共图书馆事业发展战略研究。联合中国图书馆学会，组织全国公共图书馆

和业界专家学者，完成文献信息资源保障体系建设、传承弘扬中华优秀传统文化、基层图书馆发展战略、技术创新及数字发展、跨界合作、营销推广、管理运行机制改革创新等 13 项专题研究，凝炼一批全局性工作项目，研究提出公共图书馆事业未来五到十年的发展目标、重点任务及方法路径，推动全国公共图书馆事业在新时代实现创新发展。

27. 推进跨界融合发展。推动国家图书馆—华为联合创新实验室建设，为提升图书馆新技术应用水平和公共数字文化服务效能提供解决方案。与中国银行北京分行积极开展文化创意产品开发、研学游等领域合作。与中信出版集团合作开展“创意《山海经》”项目。在总结友贤山馆成功运营经验的基础上，进一步拓展与北京市公园管理中心的全面合作。稳步推进与新华书店、中国图书进出口总公司、中国动漫集团、喜马拉雅科技有限公司、北京苹果慈善基金会等机构的务实合作。

28. 加强相关领域合作共享。继续完善各领域合作机制，加强对地方图书馆的业务指导和技术支持，完善与各级各类图书馆及其他文献信息机构间的资源共建与联合服务工作机制。依托全国联合编目系统，继续编制全国图书馆实体馆藏联合目录，加强各级各类图书馆的书目合作共享。收割并长期保存“国家哲学社会科学学术期刊数据库”元数据和对象数据，加强我馆哲学社会科学领域资源建设与服务。加强与图书馆领域教育科研机构的开放合作，联合开展新技术、新理念、新方法的调查、研究与开发，深入推进事业发展亟须政策制度、标准规范的研制与应用。

29. 支持行业组织和学术刊物发展。加强对中国图书馆学会、中国古籍保护协会、中国文献影像技术协会、全国图书馆标准化技术委员会、全国文献影像技术标准化技术委员会的支持，做好全国图书馆标准化技术委员会、中国古籍保护协会换届工作，进一步提升其履职能力和行业影响力。办好《中国图书馆学报》《文献》《国家图书馆学刊》等学术性刊物，继续提升办刊质量。组织开展中国图书馆学会年会、第八届青年学术论坛。依托中国古籍保护协会，继续组织实施中华古籍普查文化志愿服务行动。

30. 加强国际及港澳台交流与合作。广泛组织学界和业界专业力量，积极参与国际图书馆协会与机构联合会（IFLA）事务和国际学术交流活动，切实履行好国际图联保存保护中心中国中心、中文语言中心职责。配合国家重大战略以及重大文化外交活动，巩固和加强与周边国家、重点地区图书馆间的双边与多边交流机制。举办 2020 中英图书馆论坛、国际敦煌项目（IDP）学术研讨会、中阿电子图书馆项目联合委员会第五次工作会议和 2020 中俄图书馆论坛。参加第 86 届国际图联大会、东亚图书馆年会、国际互联网保存联盟会议、国际口述史大会、海峡两岸档案暨缩微学术交流会等学术会议。做好新加坡国家图书馆管理局、日本出版友好访华团、阿联酋图书馆代表团等团组的来访接待。继续为海外中国文化中心图书馆提供文献保障、技术和专业支持，结合国家外交大局，有针对性地推送优秀中华文化资源，加强中华优秀传统文化在海外的传播推广，提升中华文化的国际影响力。继续加强与台湾汉学研究中心、香港中央图书馆、澳门中央图书馆等机构的交流与合作。

十一、提升治理体系和治理能力现代化水平，为事业发展提供坚实保障

31. 增强综合管理能力。深化法人治理结构改革。完善财务制度建设，加强预算管理。积极争取财政资金，保障事业发展。支持文创产品开发，推进开展重大创收项目，加强成本费用控制。

进一步夯实资产管理基础，健全完善国有资产管理制度，确保国有资产保值增值。优化资产系统功能，提升资产管理信息化水平。加强政府采购和工程招投标管理，严格采购制度，规范采购流程。严格合同的全流程、规范化管理，明确合同管理各环节责任，完善合同签订要素。加强馆属企业监管，优化监督机制，提升监督合力，支持、促进馆属企业健康发展。加强内部审计制度建设，开展各类审计和专项检查工作。全面实施预算绩效管理，提升绩效管理水平。完善档案管理机制，做好档案电子化工作。做好公文流转、会议组织、疏通协调等各项工作，确保日常运转优质高效。加强新媒体平台统筹协调力度，做好媒体公关拓展。强化法务工作，加强法律风险防范，推进依法治馆。

32. 提高综合保障水平。强化制度建设，梳理、查找、补齐业务制度短板，完善制度监督执行机制，切实做到有制度可依，有制度必依，违反制度必究。优化调整现有业务流程与机构设置，建立运行高效、科学规范的内部管理体系。加强工程管理，完成国家图书馆二期数据中心和四库全书库空调系统改造工程，推进国家图书馆运行保障维护调度中心控制系统改造工程、国家图书馆总馆北区基础设施设备改造项目、北区夜景照明系统改造等工程实施。加强设备管理常修常新制度建设，优化馆区环境。做好卫生健康管理和爱国卫生工作，推进新模式下的全员体检服务工作。做好物业公司、员工食堂的监督管理，提升服务保障水平。

33. 积极开展群团工作。组织召开第四次工会代表大会暨第三届职工代表大会，完成工会换届。组织召开共青团国家图书馆第九次代表大会，完成团委换届。组织开展新一届工会、团干部培训。广泛开展全民健身运动和群众性文娱活动，办好国家图书馆第十三届员工艺术节。围绕我馆中心工作，开展适合青年特点的学习交流活动，举办第五届青年学术论坛。积极推进文化志愿服务工作，探索搭建离退休员工志愿服务平台。继续发挥文化和旅游部老年大学、老干部活动中心等平台作用，做好春节慰问及团拜会、春秋游等重点工作，切实关心离退休员工生活。

34. 加强国图自身文化建设。启动1967—1989年间馆史档案资料整理工作，通过馆史资料征集与研究、国图故事征文、馆史重要人物重要事件纪念研讨、老专家学术成果整理出版、“青年员工大讲堂”“业务宣讲赛”等多种形式，开展馆史馆情宣传教育，在全馆培育立足岗位、甘于奉献、扎实工作、积极进取的文化氛围，引导全馆员工建立爱岗敬业的事业情怀，传承弘扬百年国图精神。

35. 确保生产安全万无一失。完善安全管理制度，及时调整完善各项安全保障制度措施。严格制度落实，加强安全管理、安全教育和安全检查，确保馆藏文献、馆舍、设施设备、读者与员工安全。稳步实施“安全国图”工程，增补完善国家典籍博物馆安防设施，继续做好重要展览和重大活动的安全保卫工作，加强值班和巡视检查。继续做好全馆年度消防、安防设施维修日常保养及专业检测工作，及时发现和解决安全隐患，确保各系统正常运行。加强消防安全宣传教育和培训，继续做好全馆重点区域消防、安防设施升级改造。提高网络安全意识，强化互联网思维，按照国家法律法规要求完善我馆网络安全技术机构，全面加强网络安全管理，强化安全责任制，开展网络和网络安全检查检测，保障网络安全和意识形态安全。加强馆区基础设施设备改造，推进“国家图书馆运行保障维护调度中心控制系统改造工程”“国家图书馆总馆北区基础设施设备改造项目”等中央预算内项目，确保空调、给排水、电力等系统科学合理运行。

36. 努力开创宣传工作新局面。加大宣传员、微传播积极分子培养力度，构建全馆一盘棋的宣传工作机制。加强管理，确保发布内容的正确性、准确性、时效性、适用性。加强与媒体的沟通联系，围绕年度重点工程、重大展览及特色活动，策划开展有影响力的重点宣传活动。加大与新媒体平台、文化企业等的深度合作，积极推荐我馆特色资源与服务优势，打造具有国图特色的品牌栏目和深受社会公众喜爱的国图IP品牌形象，提升国家图书馆社会影响力。做好舆情监测研判处置工作，建立上下畅通、行之有效的舆情处置应急机制。

37. 全力做好新冠肺炎疫情防控工作。以此次疫情防控工作为契机，加强我馆应急管理体系和应急管理能力建设，完善针对重大事件的应急响应机制。成立国家图书馆疫情防控工作领导小组和疫情防控工作小组，制定下发专项通知与专门工作方案，统一领导和统筹部署疫情防控和事业发展各项工作。党委制定下发专门通知，充分发挥全馆党组织和广大党员干部先锋模范作用。根据疫情情况，及时调整到馆服务并发布公告，发挥专业优势加强线上服务。严格实行人员分类管控，严格落实各项防控措施，加强协同联控，科学高效做好疫情防控工作，最大限度保障读者和工作人员的身体健康和生命安全，确保国家图书馆平稳运行。疫情期间坚持闭馆不停工，充分利用网上办公、视频会议、邮件沟通、电话讨论等多种形式，妥善安排好各项工作，制定专项计划加强业务学习，积极做好恢复开馆的各项准备工作。根据抗击疫情进展情况和上级有关部门的部署要求，稳妥、有序、分步恢复各项服务工作。

国家图书馆网络安全管理办法

第一章　总则

第一条　为加强我馆网络安全管理，规范网络安全管理工作流程，依据《中华人民共和国网络安全法》《计算机信息网络国际联网安全保护管理办法》等有关网络安全和信息化建设的法律法规、标准规范制定本办法。

第二条　网络安全是指通过采取必要措施，防范对网络的攻击、侵入、干扰、破坏和非法使用以及意外事故，使网络处于稳定可靠运行的状态，以及保障网络数据的完整性、保密性、可用性的能力。

第三条　网络设备和网络接入的安全管理参照《国家图书馆网络管理办法》执行。网络公众信息服务安全参照《国家图书馆网络公众信息服务管理办法》执行。涉密信息安全不在本规定管理范畴内。

第二章　职责分工

第四条　国家图书馆网络安全管理的总体原则是“统一管理、分级负责、主动防御、加强监管”，馆网络安全和信息化领导小组统筹协调全馆网络安全工作和相关监督管理工作，办公室设在信息技术部。

第五条　信息技术部是我馆网络安全管理部门，具体职责包括：

（一）负责贯彻执行上级网络安全部门的政策和要求，发布网络安全通知、公告；

（二）负责制定全馆网络安全规划、策略、规章制度、应急预案等，为决策提供建议支持；

（三）负责开展网络安全建设、监测与运行管理；

（四）负责审核全馆各部处信息系统等级保护定级并备案；

（五）负责提供网络安全技术支撑和宣传培训；

（六）对网络安全的落实情况进行监督和审核评估。

第六条　各部处负责本部门和相关驻馆公司的网络安全，应指定网络安全管理员。各部处负责人为本部处的网络安全第一责任人，每年应签订《国家图书馆网络与信息安全承诺书》，对本部处的网络安全负领导责任。各部处具体职责包括：

（一）负责制定本部处网络安全制度和应急预案；

（二）负责本部处信息系统安全和等级保护定级工作；

（三）配合信息技术部开展网络安全建设、监测、管理和应急处置工作；

（四）履行监管职责，监控本部处信息系统、终端设备的运行状态，及时发现和消除安全隐患；

（五）宣传教育本部处员工、驻馆公司遵守网络安全法律法规，开展面向本部处员工的网络安全培训。

第七条　馆属企业负责本企业的网络安全工作。负责使用我馆网络的信息系统、终端设备的安全，确保员工使用我馆网络的使用过程安全；配合信息技术部开展网络安全建设、监测、管理和应急处置工作。

第三章　网络安全规划与建设

第八条　信息技术部根据国家网络安全相关规定，结合我馆网络安全形势，制定网络安全规划，报馆网络安全和信息化领导小组审议、馆务会审批后实施。信息技术部应根据实际情况，适时对网络安全规划进行调整并报批。

第九条　信息技术部根据网络安全规划制定网络安全策略与实施方案，经馆网络安全和信息化领导小组审议、馆领导审批后实施。实施过程中如对我馆业务或服务造成影响的，应提前告知相关部处。

第四章　信息系统安全

第十条　我馆信息系统实行网络安全等级保护制度。按照“谁建设、谁负责；谁运行、谁负责”的原则，各部处须在信息系统设计时对信息系统进行网络安全等级保护定级，报信息技术部审批通过后按照相应等级要求开展建设。等保三级以上的信息系统建设应报馆网络安全和信息化领导小组审议、馆领导审批。

第十一条　各部处须按照网络安全等级保护制度的要求，安全技术措施与信息系统建设须同步规划、同步建设、同步使用，对本部处建设、运行的信息系统，履行包括但不限于下列安全保护义务：

（一）制定信息系统管理制度和操作规程；

（二）采取相应的安全保护技术措施，保障信息系统免受干扰、破坏或者未经授权的访问；

（三）采取监测、记录网络运行状态、网络安全事件的技术措施，并按照规定留存相关的网络日志不少于六个月；

（四）采取数据分类、重要数据备份和加密等措施，防止信息系统数据泄露或者被窃取、篡改；

（五）信息系统上线前须配合并通过信息技术部进行的网络安全检测。

第十二条　信息技术部负责对全馆等保二级及以上的信息系统开展等保测评，测评结果报公安机关备案。信息技术部应向馆网络安全和信息化领导小组报告全馆信息系统等保定级情况。

第十三条　各部处因我馆业务、服务而建设的信息系统，原则上应部署在馆内，确有需要部署在馆外（含公有云）的，须报馆网络安全和信息化领导小组审议、馆领导审批，并在信息技术部备案。

第十四条　各部处为其他机构建设的信息系统，部署在馆内的，其安全应符合本办法规定；部署在馆外的，其安全不由我馆负责。

第十五条　其他机构建设的、使用我馆网络的信息系统，其安全应符合本办法规定，且由其他机构自行负责。

第五章　网络信息安全

第十六条　各部处在业务、服务工作中需通过网络收集和使用用户个人信息的，须经馆网络安全和信息化领导小组审议、馆务会依法依规审批。任何部门、任何人未经审批不得通过网络收集和使用用户个人信息。

第十七条 各部处在收集和使用用户个人信息前，应向用户明示并取得同意；用户认证应使用全馆统一的用户管理系统进行。对用户个人信息应严格保密，不得泄露、篡改、毁损、出售或者非法向他人提供。

第十八条 我馆施行实名上网制度，各部处及员工应文明上网，规范网络行为，并做好个人网络信息安全维护：

（一）不得在网站、通讯群组中制作、复制、发布、传播非法、有害信息；

（二）上网行为不得危害我馆网络安全，不得非法侵入我馆网络、干扰网络正常功能、窃取网络数据等；

（三）不得私自对网络中存储、处理或者传输的数据和应用程序进行删除、修改或者增加；

（四）不得利用我馆网络从事任何无授权的探测、破坏、信息窃取等互联网攻击活动；不得故意制作、传播计算机病毒等破坏性程序；

（五）不得提供专门用于从事侵入网络、干扰网络正常功能及防护措施、窃取网络数据等危害网络安全活动的程序、工具；

（六）不得使用盗版软件侵犯知识产权；

（七）不得从事其他违反法律法规的行为。

第十九条 各部门需使用我馆电子邮箱账号（@nlc.cn）的，应向信息技术部提出申请，经审核通过后由信息技术部开通电子邮箱账号。使用完毕或使用人离馆的，须告知信息技术部回收电子邮箱账号。

第二十条 我馆员工应安全使用电子邮箱，妥善保管账号及密码，确保邮件传输内容符合相关法律法规。如发生电子邮箱账号异常情况，信息技术部可对该账号及邮箱中的邮件信息进行必要处理。

第二十一条 任何个人应当对其使用网络的行为负责。各部处应宣传、教育、培训、监督本部处员工文明上网、规范上网，发现本部处员工不规范使用网络的应及时制止，问题严重的应上报。因本部处员工上网行为引发网络安全事故的，各部处需承担相应管理责任。

第六章 运行监测与应急处置

第二十二条 信息技术部应定期开展全馆网络与网络安全检查，定期扫描全馆信息系统漏洞、弱口令等网络安全隐患，及时向全馆通知相关漏洞、安全预警等信息。

第二十三条 各部处应配合信息技术部开展网络和网络安全检查，并采取修补系统漏洞等整改措施，及时将结果反馈给信息技术部。未按要求整改或反馈结果且情节严重的，信息技术部应采取关闭相应网络服务等措施。

第二十四条 我馆建立网络安全应急处置制度，由信息技术部制定网络安全应急预案，并据此统筹协调各部处加强网络安全应急响应和处置工作。全馆及各部处应当定期开展网络安全事件应急预案演练。

第二十五条 各部处应做好信息系统、网络数据的日常运行监测，制定本部处网络安全应急预案，熟悉本部处网络安全事件应急处置措施。做到安全事件早发现、早报告、早控制、早解决。

第二十六条 重要时间节点、重大活动期间，我馆施行网络安全值守和零报告制度，各部处须向信息技术部报备本部处网络安全情况。

第二十七条 发生网络安全事件时，信息技术部应首先根据事件的影响范围及严重程度采取紧急措施，如中断网络接入、停用信息系统等，并向馆网络安全和信息化领导小组报告。各部处应积极配合信息技术部处置网络安全事件。

第二十八条 各部处和个人因违反网络安全相关法律、法规及本办法造成网络安全事故、造成损失的，馆方将依法依规追究相关部处及个人的责任。

第七章 附 则

第二十九条 本办法由2020年第11次馆务会审批通过，自公布之日起开始实施。本办法的解释权属信息技术部。

国家图书馆新冠肺炎疫情期间开馆服务应急预案

一、目的及适用范围

（一）目的

为加强对新冠肺炎疫情的防范，有效预防、及时控制新冠肺炎疫情的发生及蔓延，规范疫情期间读者服务突发事件处置，保护到馆读者及员工身体健康与生命安全，避免发生重大安全事故，特制定本预案。

（二）适用范围

本预案适用于新冠肺炎疫情期间对到馆读者服务工作中与读者直接相关的突发事件的处置。涉及各业务环节及内部协调等方面的应急处置由各相关部门制定具体方案。本方案是《国家图书馆突发事件应急预案》（国图办发〔2011〕26号）基础上的专题方案，本方案未尽事宜皆按《国家图书馆突发事件应急预案》执行。

二、组织体系及职责

国家图书馆疫情防控工作领导小组负责研究、决策、部署新冠肺炎疫情期间开馆服务相关重要事项；国家图书馆疫情防控工作小组负责贯彻落实疫情防控工作领导小组的相关决策要求，协调、指挥相关应急处置工作；各相关部门按照部门职责和应急预案要求正确处置突发事件。

三、应急处置

（一）应急医疗处置

1. 总馆南区东门C132号房间设置隔离室，室内配备桌椅、手持红外测温计、体温计、登记表、消毒液等。负责隔离人员需佩戴口罩、护目镜、一次性手套等防护装备，与发热病人保持1米以上距离。隔离房间除常规消毒外，发热病人离开后应及时消毒。

2. 对体温异常的读者，立即由专人以最短路径、最小接触人员的路径带入隔离室处置；在入楼检测出的体温异常者由安保人员及时带入隔离室，在阅览室/服务点出现的体温异常者，由阅览服务工作人员及时通知保卫值班室安排专人将体温异常者带入隔离室；对阅览室/服务点突发身体不适者，由阅览服务工作人员及时通知医务室和保卫值班室安排专人将身体不适者带入隔离室处置。对体温异常者复查体温，稳定其情绪，登记相关信息，劝其及时就医；对身体不适者由医务室专业人员按照相关应急处置程序处置，并登记相关信息。

3. 对出现体温异常者和身体不适者的现场空间立即消毒处置；若情形严重，经请示馆疫情工作小组同意后，各相关部门按职能及时关闭相应通道、服务空间，待消杀处置、确保安全后，恢复开放。

（二）治安事件处置

1. 遇故意滋事、上访或治安案件等突发事件，现场工作人员应立即向保卫值班室报警，就地组织安保力量控制现场，维护现场秩序，紧急疏散无关群众。发生人员伤亡时要立即组织救援，拨打医疗救护中心电话，配合抢救受伤人员。当发生自残、散发非法宣传品及煽动制造混乱的情况时，要立即向驻馆派出所报告，保卫处迅速按《国家图书馆突发事件应急预案》程序进行处置。

2. 因读者不具备入馆、入室条件（如未预约或预约时间未到、身体状况异常等情况），或读者不配合相关查验要求，或读者间因故发生矛盾冲突，现场工作人员应及时妥善化解矛盾，避免矛盾激化，发生冲突；一旦发生冲突，现场工作人员及时向保卫值班室报告，保卫处迅速按《国家图书馆突发事件应急预案》程序进行处置。

3. 对行为异常人员，应采取跟踪监视措施；当其行为对读者或工作人员或文献及设备设施构成威胁时，应立即采取必要措施控制行为人，并报告驻馆派出所；加强对特殊人群（如精神异常读者）的管控，发现问题及时上报、及时处置。

（三）业务问题处置

1. 读者入馆时，健康绿码或预约码不能及时呈现或出现其他技术问题，现场工作人员应及时、耐心、灵活协助读者解决问题，必要时可通知相关部门协调解决问题，防止人员聚集，避免发生矛盾冲突。

2. 入馆读者人流量过大时，保卫处应及时将南侧工作人员入口调整为读者入馆通道，减缓入馆排队压力。

3. 因系统等技术原因造成读者在服务点验证预约信息异常，工作人员应及时安抚读者，并通过查验读者微信服务号中预约时推送消息的方式验证通过，同时将系统异常情况及时报信息技术部处理；因系统原因造成借还或阅览文献提取出现故障等问题，相关部门应采取人工操作等应急补救措施保障读者借阅需求，必要时，应通知保卫值班室安排适当限流、维持秩序、安抚读者等措施，同时将系统异常情况及时报信息技术部处理。

（四）疫情处置

1. 若接相关疾控中心信息，表明曾有疑似或确诊病例到过我馆，馆新冠肺炎疫情工作小组应在第一时间按照相关机构要求采取相应措施，各相关部门应将措施及时落实到位；办公室应将疫情及处置情况及时上报文化和旅游部新冠肺炎疫情防控领导小组。

2. 保卫处应根据相关封闭要求严控封闭区域。

3. 后勤服务管理中心应在疾控专业人员指导下，负责做好病例所到区域等场所消毒工作。

4. 信息技术部会同保卫处应根据门禁记录情况协助疾控人员开展调查处置，搜索、排查密切接触者。

5. 相关部门根据确诊病例、疑似病例和密切接触人员等不同群体的实际情况，有效做好员工的隔离工作，并有针对性地开展心理疏导，稳定员工的情绪，避免过度恐慌。

（五）舆情处置

办公室会同参考咨询部密切关注相关舆情，及时掌握并上报舆情状况，遇负面舆情，认真研判，向馆新冠肺炎疫情工作小组提出处理建议，落实确定的处置方案，及时上报处置结果。

在对上述事件实施紧急处置的同时，应根据情况立即向分管领导乃至馆主要领导报告情况，并视情向文化和旅游部报告相关情况。

四、应急电话

1. 疫情应急电话（办公室）：88545024，18813007121

2. 安保应急电话（保卫值班室）：88545177，18910612058

3. 业务应急电话（业务管理处）：88545022，18600361985

4. 网络应急电话（信息技术部）：88545211，13693594697

5. 医务室电话：88545041，13611192201

6. 消杀应急电话：13717946271

国家图书馆数字资源保存策略

为进一步提高国家图书馆数字资源保存管理的科学性、有效性，保障国家图书馆数字资源的安全保存和长期可用，特制定本策略。

一、适用范围

本策略适用于国家图书馆各种来源的数字资源，包括但不限于馆藏特色数字化资源、外购数据库镜像数据、网络采集资源、呈缴数字资源、征集数字资源等合作建设数字资源和国家图书馆互联网信息战略保存基地等其他合作机构提交和保存的数字资源。

应用系统中的数据和资源，包括但不限于系统数据、数据库数据、日志数据、用户数据、依托系统提供服务的数字资源，均视为应用系统的数据，不在本策略管理范围内。

二、保存架构

国家图书馆数字资源保存采用“多中心、分布式”架构，依托国家图书馆总馆数据中心、古籍馆灾备中心和规划建设中的国家图书馆国家文献战略储备库数据中心，联合合作建设的国家图书馆互联网信息战略保存基地等其他合作机构，构成以国家图书馆为主体，合作机构为补充的两地三中心、一主多备、分级分布式保存架构。国家图书馆数字资源保存架构如图所示。

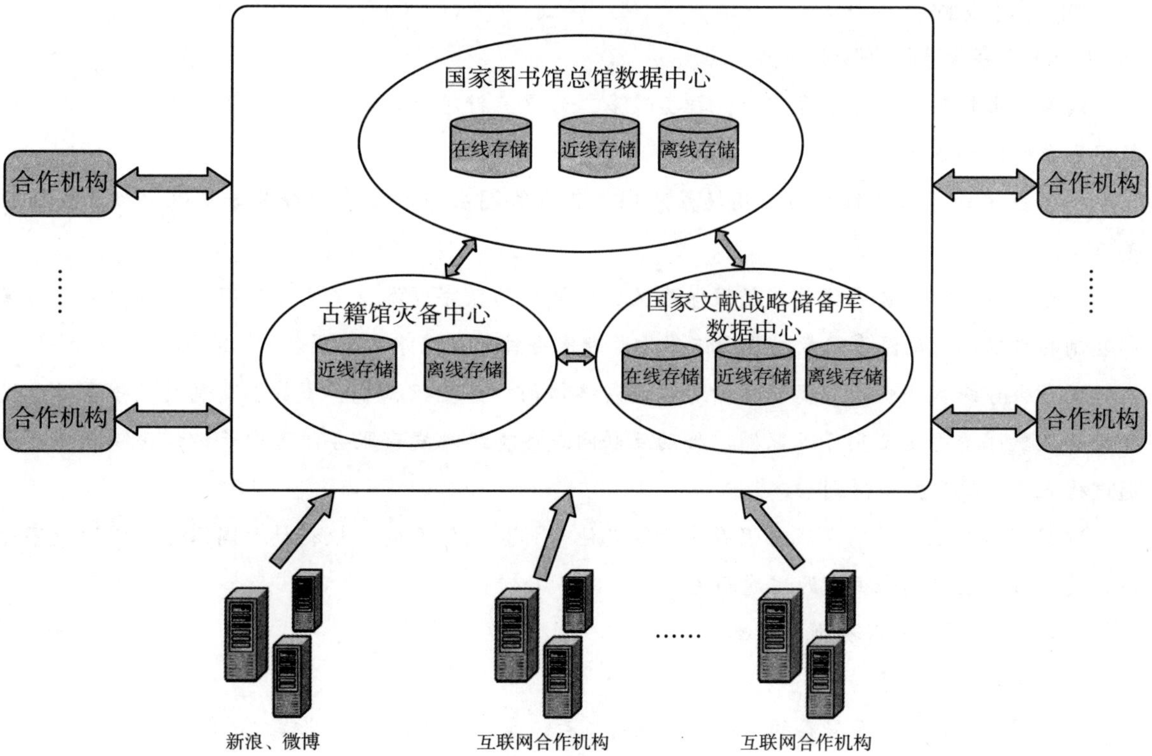

国家图书馆保存架构

在该数字资源保存架构下，国家图书馆的所有数字资源可依据重要级别和应用范围确定并遵循相应的保存策略，得到安全妥善的保存与利用；同时可为各级公共图书馆、文化馆等文化机构提供数字资源异地存储和灾备服务；国家图书馆互联网信息战略保存基地等其他合作机构作为国家图书馆自身存储体系的补充，可实现对互联网信息的社会化保存与服务。

三、保存介质

国家图书馆数字资源保存介质的选择遵循“安全、多样、稳定、高效”的原则，综合考虑存储介质的先进性和安全性、资源保存利用的便利性、保存环境与数据校验、迁移的成本等因素，多种介质并存。

结合目前技术发展现状，2020—2030年间，国家图书馆数字资源保存介质将以磁盘/硬盘和磁带作为主体，以其他新介质作为补充。存储设备主要包括磁盘阵列、磁带库，根据技术发展情况，未来可配备读取和管理其他新介质的存储设备，如蓝光光盘库等。

国家图书馆互联网信息战略保存基地等其他合作机构的数字资源保存介质由相关合作机构选择决定。

国家图书馆数字资源不再使用传统光盘作为存储介质。移动硬盘、优盘等移动存储设备仅作为资源传输的中间工具，不作为资源保存设备。

四、保存策略

（一）数字资源保存级别分类

国家图书馆数字资源来源广泛，种类较多，为更有针对性地对资源进行保存和管理，需明确数字资源的保存级别分类。

根据数字资源保存目标与应用场景不同，将国家图书馆数字资源分为长期保存级和发布服务级。

长期保存级数字资源指作为档案保存及出版使用的数字资源，不用于发布，可作为格式转换和复制的母本。长期保存级数字资源仅用于长期保存目的、应永久可用。

发布服务级数字资源指供普通读者通过网络访问，可进行浏览、下载、复制的数字资源。发布服务级数字资源主要用于互联网、移动互联网或各类终端发布服务，可由长期保存级数字资源通过格式、编码转换而得到。

国家图书馆互联网信息战略保存基地等其他合作机构保存的、权利属于国家图书馆的数字资源，其保存级别分类依据资源用途而定。

（二）数字资源保存原则与策略

1. 数字资源保存原则

国家图书馆数字资源保存的原则是“应存尽存，集中保存，多态副本，分布利用”。

所有自建、外购、征集、缴送的数字资源，经验收完成后，均应纳入国家图书馆数字资源保存体系中集中保存。未经审批同意，除因服务需要而存储于特定终端、特定系统中的发布服务级资源外，各部门均不留存各类数字资源。

国家图书馆全部数字资源均应做到“多介质、多副本”保存，不同级别的数字资源采用不同的保存策略，以达到数字资源保存安全性与保存成本间的最佳平衡。

2. 长期保存级数字资源保存策略

长期保存级数字资源保存于磁盘阵列和磁带库中，未来可根据技术发展和经费支持情况，增加其他新型存储设备保存。不再使用单光盘保存。

长期保存级数字资源最少保存 3 个副本，即总馆数据中心磁盘阵列 1 副本、磁带库 1 副本，古籍馆灾备中心磁带库 1 副本。国家文献战略储备库建成后增加磁盘阵列 1 副本、磁带库或其他新型存储设备 1 副本。

3. 发布服务级数字资源保存策略

发布服务级数字资源保存于磁盘阵列和磁带库中。不再使用单光盘保存。

发布服务级数字资源最少保存 2 个副本，即总馆数据中心磁盘阵列 1 副本、磁带库 1 副本。国家文献战略储备库建成后可增加磁盘阵列 1 副本。

（三）合作机构数字资源保存策略

国家图书馆互联网信息战略保存基地等其他合作机构的数字资源由合作机构负责保证信息的安全、可靠保存。权利属于国家图书馆的数字资源保存策略依据双方合作协议保存，或由国家图书馆与合作机构共同协商确定。

合作机构应定期提供数据保存状况报告。在数据保存可能存在风险时，合作机构应及时提供相关信息，由双方共同协商以确保数据妥善移交和保存。

五、数据管理

国家图书馆数字资源保存的数据管理主要包括数据校验、格式转换和数据迁移。

（一）数据校验

为保障保存数字资源的安全有效，应定期检查保存介质健康状况和保存数据的可用状况。

原则上，离线保存介质应每 3 年检查一次。检查须遍历介质上所有数据，保证检查数据安全有效。在线保存介质每年抽查一次。

检查中发现存储介质损坏的，介质应被剔除不再使用，介质上的数据要尽快重新保存到新的介质，已经损坏的数据由其他副本恢复。

（二）格式转换

当保存数据的格式随着技术发展发生变化时，应及时进行数据格式的转换，在新格式数据安全保存后，再剔除旧格式数据，最大程度保证数据的安全和完整。

（三）数据迁移

随着技术发展或数据安全需要，在存储设备或介质更替时，应及时进行数据迁移。数字资源的迁移应保证旧设备（或旧介质）中的数据能完整安全地迁移进新设备（或新介质），并可以验证数据的完整性。

六、设备管理

用于保存国家图书馆数字资源的全部存储设备由信息技术部统一管理，包括但不限于磁盘阵列、磁带库及其他新型存储设备等。

数字资源建设及提取利用等流转过程中所需移动硬盘、优盘等临时存储工具由数字资源部统一协调分配，使用完成后回收。

数字资源建设过程中由第三方赠予的临时存储工具，应交由数字资源部统一登记管理。

本策略经2020年第11次馆务会通过，自发布之日起实施，解释权属信息技术部。

国家图书馆关于贯彻落实《文化和旅游部贯彻落实习近平总书记重要批示精神　深入做好公共图书馆改革创新工作的实施方案》的工作方案

为深入贯彻落实习近平总书记在《文化和旅游部关于贯彻落实习近平总书记给国家图书馆老专家回信精神有关情况的报告》上作出的重要批示精神，文化和旅游部日前印发《文化和旅游部贯彻落实习近平总书记重要批示精神　深入做好公共图书馆改革创新工作的实施方案》（办公共发〔2020〕125号，以下简称“《方案》”），对各级文化和旅游部门、国家图书馆、各级公共图书馆持续深入贯彻落实习近平总书记给我馆老专家回信精神，切实抓好报告中各项任务举措落实做出系列工作部署。

为确保《方案》有效落实落地，结合我馆职责和任务分工，制定本工作方案。

一、坚持正确政治方向

1. 全面加强党的政治建设。坚持用党的创新理论武装党员干部员工头脑，深入学习贯彻习近平新时代中国特色社会主义思想。紧密立足国图实际，深刻领会习近平总书记关于文化和旅游工作的系列重要论述精神，深刻领会习近平总书记给国图老专家回信精神。巩固拓展“不忘初心、牢记使命”主题教育成果，坚持不懈锤炼党员干部忠诚干净担当的政治品格。坚持学思用贯通、知信行统一，在学懂弄通做实上下功夫，引导全馆党员干部员工打牢理想信念根基，切实增强“四个意识”，坚定“四个自信”，做到“两个维护”，自觉在思想上政治上行动上同以习近平同志为核心的党中央保持高度一致。（责任部门：党群工作办公室、各部门各支部。完成时限：长期）

2. 严格落实意识形态工作责任制。牢固树立国家图书馆是重要的公共文化和意识形态阵地的观念，强化意识形态工作主体责任，落实“一岗双责”，进一步突出意识形态工作履职情况在业务考核及岗位考核指标中的重要位置，完善考核结果运用。加强意识形态工作决策部署，完善意识形态问题研究决策机制，确保事业发展正确政治方向。加强对新业态、新媒体、新情况的意识形态风险研判，努力建立覆盖各业务环节、服务界面的意识形态管理机制，不断加强文化阵地建设和管理。建立健全意识形态风险应急响应机制，完善相关领域意识形态突发事件应急预案，完善舆情监测。（责任部门：研究院、党群工作办公室、各部门各支部。完成时限：长期）

3. 大力培育和弘扬社会主义核心价值观。在阅览区域设立习近平新时代中国特色社会主义思想文献专区，坚定不移把习近平新时代中国特色社会主义思想学习好、宣传好、贯彻好。充分发挥国家级公共文化服务阵地作用，把各项工作统一到习近平总书记关于图书馆“滋养民族心灵、培育文化自信”和“传承中华文明、提高国民素质”的科学定位上来，以社会主义核心价值观引领社会主义先进文化建设，深入挖掘馆藏特点与优势，建设发布党建特色专题数据库，举办庆祝中国共产党成立100周年主题展，围绕党史、新中国史、改革开放史、社会主义发展史策划举办系列讲座，组织开展党建文献专题阅读学习活动，提高全民族思想道德水平，激发社会公众爱国主义热情。（责任部门：研究院、党群工作办公室、数字资源部、信息技术部、社会教育部、展览部、古籍馆、国家古籍保护中心办公室、民国时期文献保护工作办公室。完成时限：2025年）

二、弘扬优秀传统文化

4. 认真贯彻习近平总书记关于古籍保护工作的重要批示精神。持续推进中华古籍保护计划、革命文献与民国时期文献保护计划等重大文化工程，充分发挥国家古籍保护中心、全国图书馆文献缩微复制中心等合作组织作用，进一步推动建立科学有效的中华典籍保护长效机制。（责任部门：缩微文献部、国家古籍保护中心办公室、民国时期文献保护工作办公室。完成时限：2025 年）

5. 深入实施国家古籍保护工程。高质量完成中华古籍普查登记工作；推进《全国古籍普查登记目录》、《中华古籍总目》（分省卷）的编纂出版；加强对海外中华典籍的全面调查与数字化回归；编制日本、韩国等海外所藏中国古籍总目；促进普查成果得到全面揭示。深入推进全国古籍分级分类保护，做好《国家珍贵古籍名录》和“全国古籍重点保护单位”评审和发布工作。加大古籍数字化工作力度，重点开展《永乐大典》专题数据库、国家珍贵古籍数字化、黄河古籍专题数字化、大运河古籍专题数字化、敦煌文献专题数字化建设等项目，加强古文字研究，推进善本缩微胶片数字化异质保存工作。联合国内外古籍保护单位，打造内容全面、组织有序、功能齐备的古籍数字资源服务平台。加大古籍保护技术的研发和应用力度，设立高水平文献保护重点实验室，重点加强对濒危珍贵古籍文献的抢救，建设国家纸质文献修复中心。积极探索古籍保护人才培养和队伍培养路径，完善“三位一体”的人才培养机制，支持各地建立古籍修复技艺传习单位。开展“中华古籍普查文化志愿服务行动”，引导社会力量助力古籍保护工作。完善古籍保护标准体系，推动将古籍定级标准纳入文物定级标准体系。（责任部门：缩微文献部、古籍馆、国家古籍保护中心办公室、中国古籍保护协会秘书处。完成时限：2025 年）

6. 加强古籍的整理、研究、阐释、开发和利用工作。深入实施《中华传统文化百部经典》、《鲁迅手稿全集》、国家传统文化典籍整理工程等典籍整理出版项目，深入发掘中华典籍中蕴涵的时代价值。建设《永乐大典》研究中心，举办《永乐大典》特展，在国家典籍博物馆设立珍贵古籍常设展，进一步促进海外藏《永乐大典》的数字化回归和仿真出版。（责任部门：研究院、展览部、古籍馆、国家古籍保护中心办公室、《中华传统文化百部经典》编纂工作办公室。完成时限：2025 年）

7. 创新中华优秀传统文化传播推广方式。以更高标准推进国家典籍博物馆建设，利用数字手段继续拓宽展陈题材和范畴，开展传统文化、典籍历史与文化、收藏与保护等主题讲座和主题体验活动，建设好“青少年中华优秀传统文化教育基地”和“全国中小学生研学实践教育基地”，实施中华经典传习计划，引导社会公众通过参观展览、经典诵读、互动交流、研习分享等方式，不断从典籍中汲取积极向上的精神力量。加强古籍宣传推广力度，继续打造“册府千华”珍贵古籍特展、中华传统晒书大会等宣传推广品牌，举办古籍修复技艺大赛。继续建设非遗传承人资源服务与传播平台。依托“全国图书馆文化创意产品开发联盟”平台，深入挖掘馆藏典籍文化内涵，积极培育图书馆文化创意品牌，探索通过网络直播等新媒体推介优秀文创产品，推动传统文化元素深入社会公众日常生活。（责任部门：国有资产管理处、数字资源部、展览部、古籍馆、国家古籍保护中心办公室、中国古籍保护协会秘书处。完成时限：2025 年）

三、创新服务方式

8. 深化管理运行机制改革。充分发挥理事会作用，进一步完善理事会工作机制，促进决策科学化、民主化。进一步推动岗位聘任、考核评价、收入分配、人才培养等人事制度改革，加快形成系统完备、科学规范、运行有效的制度体系。适应疫情防控常态化的新形势，提升应对公共卫生事件的安全保障能力和应急管理水平，推进有关业务制度及标准规范建设。（责任部门：办公室、人事处、财务处、研究院。完成时限：2025 年）

9. 广泛吸纳社会力量参与。适应跨界融合发展新趋势，积极拓展与出版行业、高新技术企业、高校、博物馆等机构的跨界交流与合作，延伸服务触角，推动形成优势互补、合作共赢的发展局面。建立文化志愿服务长效机制，加强文化志愿者队伍建设，开展丰富多元的文化志愿服务活动，打造文化志愿服务品牌。（责任部门：各相关部门。完成时限：2025 年）

10. 推进数字化、网络化、智能化建设。加强对 5G、大数据、人工智能等新技术应用的系统研究，构建下一代智慧图书馆管理系统，部署智慧图书馆云基础设施，推进总馆北区数字共享空间改造，应用大数据、人工智能等先进技术，建立线上与线下服务相结合的个性化阅读学习空间、交流共享空间和协同创新空间，提供基于虚拟现实、增强现实等智能化技术的沉浸式服务体验。更新国家数字图书馆软硬件系统，优化读者云门户，升级手机 APP、移动门户，改版官方网站，增强远程服务吸引力。充分发挥国家图书馆的行业引领示范作用，策划实施“全国智慧图书馆体系”建设项目，带动全国图书馆在资源、服务、设施、管理等方面实现全面智慧化升级。（责任部门：各相关部门。完成时限：2025 年）

11. 创新文献外借服务形式。与地方图书馆合作，依托各地总分馆体系，按照所有权与使用权分离的思路，将国家图书馆的部分外借文献投入地方图书借阅流通网络，逐步形成服务于全国图书馆和社会公众的文献借阅共享机制，使更多社会公众得以便捷利用国家图书馆的书刊文献。（责任部门：典藏阅览部。完成时限：2025 年）

12. 探索文化和旅游融合发展路径。依托国家典籍博物馆，进一步探索拓展体验式展览，深入开发基于优秀传统文化的图书馆研学游项目，为广大市民提供文化旅游体验活动。拓展与北京市公园管理中心的合作，充分发挥国家图书馆与北京市公园管理中心所辖公园、博物馆等的各自优势，在传统文化资源挖掘利用、阅读空间创新融合、文化活动策划运营等方面不断开拓创新，共同塑造特色文化品牌，打造馆园融合发展多元业态。（责任部门：国有资产管理处、展览部。完成时限：2025 年）

13. 加强对外文化交流与合作。依托丝绸之路国际图书馆联盟、金砖国家图书馆联盟等合作组织，组织举办多边业务及文化交流活动，不断增强中国图书馆事业的国际影响力。建设好“中阿电子图书馆”“海外中国文化中心数字图书馆”，推动中华文化走出去。（责任部门：国际交流处。完成时限：长期）

四、推动全民阅读

14. 广泛开展主题阅读活动。利用“4 · 23 世界读书日”，联合全国各级各类图书馆广泛开展荐读导读、经典诵读、主题征文、主题展览等形式多样的阅读活动，引领各级图书馆以优质阅读资源和服务嵌入公众日常学习空间，占领互联网思想文化宣传阵地。办好“国图公开课”“M地铁·图书馆”“文津图书奖”“文津经典诵读”等特色阅读服务品牌，向公众推荐好书、解读经典，培养和引导公众阅读兴趣与倾向。加强国家图书馆部委分馆建设，助力部委分馆开展阅读推广活动。（责任部门：立法和决策服务部、典藏阅览部、数字资源部、社会教育部、中国图书馆学会秘书处。完成时间：2025年）

15. 提高文献信息采集质量。适应社会信息环境变化发展，开展对馆藏各类文献信息战略价值、保障能力、利用效率等的综合评价，调整优化馆藏文献采选方针及入藏政策。推动传统资源和数字资源协调互补发展，推进中国战“疫”记忆库、国家互联网资源采集保存等重点项目建设，推动网络文学作品、口述历史资源、开放存取资源、科学数据资源等新兴资源纳入馆藏，加强优质阅读内容供给。（责任部门：研究院、中文采编部、外文采编部、典藏阅览部、数字资源部、信息技术部、社会教育部。完成时间：2025年）

16. 通过新媒体渠道广泛开展在线阅读服务。积极适应数字网络环境下公众信息需求行为的发展变化，依托微博、腾讯、喜马拉雅、抖音等新媒体搭建交互开放式阅读服务平台，拓展云端阅读，吸引更多网民特别是年轻人喜欢上阅读。（责任部门：典藏阅览部、数字资源部、信息技术部、社会教育部。完成时间：2025年）

17. 提升多元化、均等化阅读服务水平。适应残疾人、未成年人、老年人、外来务工人员等特殊群体阅读需求，提供有温度、有质量的阅读服务，实施“全国少年儿童服务能力提升计划”，提高服务适老化程度。通过多种形式推进全民阅读进农村、进社区、进校园、进军营、进企业、进机关、进家庭，打通全民阅读的“最后一公里”。深入开展精准文化扶贫，面向老少边穷地区增加阅读资源供给。（责任部门：典藏阅览部、数字资源部、立法和决策服务部、社会教育部、中国图书馆学会秘书处。完成时间：2025年）

国家图书馆临时馆藏文献使用与处置管理办法

第一章　总则

第一条　为进一步完善国家图书馆临时馆藏文献管理制度，充分发挥本馆临时馆藏文献利用价值，规范临时馆藏文献的使用与处置，根据《中华人民共和国公共图书馆法》《国家图书馆文献采选条例》《国家图书馆国有资产管理办法》等相关法律规定，制定本办法。

第二条　本办法所称临时馆藏文献，指未纳入永久馆藏（即保存本、基藏本）的实体文献。

第三条　本办法所称临时馆藏文献使用与处置的范围包括：

（一）本馆制订的采选条例中规定不入藏的文献；

（二）根据本馆相关规定阅闭下架、不再流通的各阅览室与外借库的阅览本、借阅本文献；

（三）补充永久馆藏以及阅览本、借阅本之外的文献多余复本；

（四）严重破损，无法继续利用的临时馆藏文献，包括损毁、无法读取数据的数字资源介质、音像制品、缩微品等；

（五）其他需使用和处置的临时馆藏文献。

第四条　本办法所称临时馆藏文献使用与处置：

（一）临时馆藏文献的使用是指在不改变本馆资产所有权前提下，对该部分文献进行使用权转让的行为。

临时馆藏文献的使用方式包括文献共享借阅、公益服务等。

（二）临时馆藏文献的处置是指本馆在切实履行国家文献信息战略保存职责，妥善保存馆藏文献信息，充分发挥临时馆藏文献作用价值的前提下，根据工作需要，对文献进行产权转让或注销的行为。

临时馆藏文献的处置方式包括对外捐赠、报废等。

第五条　临时馆藏文献的使用与处置应当遵循合法合规、分级分类、科学规范、协同合作、尊重知识产权的原则。其中：

（一）对宣传、文化和旅游、新闻出版等主管部门依法要求处置的文献，应当依照本馆规定进行处置。

（二）对通过接受捐赠而来的临时馆藏文献进行处置，应当遵守捐赠有关法律法规和捐赠协议。

（三）签名本或有特殊信息标识文献应当依照本馆有关规定处理，不得共享借阅、对外捐赠或任意使用、处置。

第六条　相关部门需严格遵循本馆资产管理相关规定和业务管理规章制度对临时馆藏文献进行使用与处置，严格履行审批手续，未经批准不得擅自处理。临时馆藏文献在本馆借阅流通体系中的利用参见《国家图书馆文献利用条例》相关规定。

第二章　管理职责

第七条　研究院（业务管理处）是国家图书馆临时馆藏文献使用与处置工作的业务监督管理部门，对临时馆藏文献的使用与处置事项进行评估与监督。

第八条 国有资产管理处是国家图书馆临时馆藏文献的资产统筹管理部门，负责本馆临时馆藏文献的资产管理。

第九条 各采编、流通及其他相关部门是国家图书馆临时馆藏文献的实物管理部门，负责本部门业务流程中临时馆藏文献的退库与报废事项。

第十条 典藏阅览部是国家图书馆临时馆藏文献退库后的统一管理部门，负责按规定程序接收临时馆藏文献的退库，并负责临时馆藏文献退库后的使用与处置事项。

第十一条 信息技术部是国家图书馆临时馆藏文献使用和处置的技术支持部门，负责按规定程序协助相关部门提供临时馆藏文献相关书目数据信息等。

第三章 临时馆藏文献的退库

第十二条 临时馆藏文献的退库是指未入藏或按规定下架后的临时馆藏文献按本馆有关规定退入本馆临时馆藏文献库，以便于临时馆藏文献资产的进一步使用与处置。

第十三条 未入藏或按规定下架后的临时馆藏文献，符合以下条件可按本办法规定程序进行退库：

（一）符合国家各项法律法规的正式出版物；

（二）不受捐赠等协议约束，可由本馆自主支配的文献；

（三）无严重破损，可继续使用的文献；

（四）具有再利用价值的文献；

（五）非涉密或敏感文献。

以下临时馆藏文献一般不宜进行退库，包括但不限于：签名本、盗号书、内部资料、内部期刊、残损文献、舆图、硕士论文、博士论文、博士后报告、报纸、台港澳文献等。

第十四条 临时馆藏文献的退库应履行以下操作程序及要求：

（一）由采编部门退库的不入藏文献或文献多余复本，需粘贴条形码并在本馆自动化管理系统中修改单册处理状态，对于未在系统中挂接的多余复本需提供相应文献信息。退库时根据文献类型进行初步划分。

（二）由流通部门按规定阅闭下架的临时馆藏文献，应修改单册处理状态，按类下架，依次分类退库。

（三）其他部门拟下架退库的临时馆藏文献，须按程序进行报批。获批后由采编部门对拟下架文献进行查重、加工后予以退库，具体程序参见本条（一）规定。

（四）临时馆藏文献退库应履行相关手续，按要求填写交接单，内容包括总册（份、种）数、类别、转交日期等。

第十五条 各部处应对本部处拟退库文献进行内容审核。拟报废临时馆藏文献需依照本办法第六章程序执行。

第十六条 临时馆藏文献退库后由典藏阅览部实施统一规范管理。具体参照《国家图书馆馆藏文献库房管理条例》有关条款执行。

第四章　文献共享借阅

第十七条　文献共享借阅是临时馆藏文献的主要使用方式之一。文献共享借阅指通过与地方图书馆合作，将本馆有利用价值的临时馆藏文献投入其图书馆借阅流通体系，以实现本馆临时馆藏文献在更大范围内共享使用。该项工作的责任部门为典藏阅览部。

第十八条　文献共享借阅应遵循以下工作原则：

（一）统筹规划。结合文化和旅游部及本馆相关合作项目，综合考虑各单位向本馆提出合作需求情况以及本馆库房空间、文献情况，统筹开展文献共享借阅工作。

（二）加强合作。通过与地方图书馆开展合作，充分利用各地图书馆总分馆体系优势，将本馆退库后的临时馆藏文献投入合作馆的图书馆借阅流通体系，并配备部分书目数据，最大限度提升临时馆藏文献利用率，更好服务于读者阅读需求。

（三）规范管理。应与文献共享借阅单位签署合作协议，明确双方权利与义务，规范管理文献资产与相关书目数据。合作馆需按照协议要求，于每年年底向本馆出具书面文献资产盘点报告。按照《国家图书馆国有资产管理办法》有关规定加强对文献资产的管理，为共享文献出具清单，规范存档管理。

第十九条　文献共享借阅应按照以下程序办理：

（一）报批

文献共享借阅的对象、拟提供文献类别、数量由典藏阅览部提出，附对方合作意向申请函、《文献共享借阅申请单》（附件 1）、文献共享借阅合作协议（样本见附件 2）等资料上报，由研究院（业务管理处）、国有资产管理处签署意见，经研究院（业务管理处）主管馆领导、国有资产管理处主管馆领导、典藏阅览部主管馆领导审核后报馆长批准，必要时经馆务会议批准。

（二）签署协议

与拟合作单位签署文献共享借阅合作协议。

（三）文献与数据处理

1. 典藏阅览部依据批示意见，对文献进行内容审核与筛选，并对文献统一加盖国家图书馆共享借阅章，同时扫取文献条码。

2. 由信息技术部根据文献条码，从图书馆自动化管理系统中提取所需书目数据（需对书目数据做技术处理，确保数据安全）及资产台账信息（提取条件见附件 3），交典藏阅览部，由典藏阅览部对所提数据进行规范管理。

3. 由典藏阅览部对文献进行打捆 / 包，安排物流并向合作单位发送书目数据，向国有资产管理处提交相应资产台账信息。

4. 批准的文献运送出馆时，应按照本馆有关规定办理携物出门证。

（四）监管

由研究院（业务管理处）采取不定期抽查等形式进行监管。

（五）建立资产档案

国有资产管理处按照《国家图书馆国有资产管理办法》相关规定，对共享借阅文献建立资产台账，并进行监督管理。

（六）建立业务档案并归档

由典藏阅览部按一批一档的原则，按照档案管理办法，及时对业务档案进行归档。

第二十条 除开展文献共享借阅，对品相良好，受众广泛的退库临时馆藏文献可交由有关机构开展公益服务使用。

第五章 对外捐赠

第二十一条 对外捐赠是临时馆藏文献的主要处置方式之一。对外捐赠指本馆依照《中华人民共和国公益事业捐赠法》，通过产权转让的方式自愿无偿将退库后的实体临时馆藏文献赠予依法成立的公益性社会团体和公益性非营利事业单位。该项工作的责任部门为典藏阅览部。

第二十二条 对外捐赠应遵循以下工作原则：

（一）统筹规划。根据本馆职能，结合文化和旅游部及本馆扶贫计划等，综合考虑各单位向本馆提出的实体文献帮扶需求、补藏需求等，结合本馆库房空间、文献情况，统筹开展对外捐赠。

（二）扶贫优先。受赠对象必须限于公益性社会团体和公益性非营利事业单位两类主体。优先选择革命老区、民族地区、边疆地区、贫困地区和受灾地区的图书馆以及有实际工作需要的文化教育单位。

（三）规范管理。按照《国家图书馆国有资产管理办法》有关规定加强对文献资产的管理，为对外捐赠文献出具清单，并与受赠单位签署捐赠协议，规范产权转让。

第二十三条 对外捐赠应按照以下程序办理：

（一）报批

对外捐赠的对象、拟提供文献类别、数量由相关部门提出，由典藏阅览部按程序进行报批，附对方申请捐赠函件、《临时馆藏文献处置申请单》（附件4）等资料上报，由研究院（业务管理处）、国有资产管理处签署意见，经研究院（业务管理处）主管馆领导、国有资产管理处主管馆领导、典藏阅览部主管馆领导审核后报馆长批准，必要时经馆务会议批准。

（二）文献与数据处理

1. 典藏阅览部依据批示意见，对文献进行内容审核与筛选，并对文献统一加盖国家图书馆赠章，同时扫取文献条码。

2. 由信息技术部根据文献条码，从图书馆自动化管理系统中提取资产台账信息（输出要求见附件3），交典藏阅览部形成文献清单。

（三）上报协议与文献清单

由典藏阅览部按程序上报捐赠协议（样本见附件5），并附文献清单。

（四）签署协议

与拟受赠单位签署捐赠协议。

（五）文献运送

1. 由典藏阅览部对文献进行打捆/包，安排物流。

2. 批准的文献运送出馆时，应按照本馆有关规定办理携物出门证。

（六）监管

由研究院（业务管理处）采取不定期抽查等形式进行监管。

（七）建立资产档案

国有资产管理处按照《国家图书馆国有资产管理办法》相关规定，对对外捐赠文献建立资产台账，并核销相应资产。

（八）建立业务档案并归档

由典藏阅览部按一批一档的原则，按照档案管理办法，及时对业务档案进行归档。

第六章　文献报废

第二十四条　文献报废是临时馆藏文献的主要处置方式之一。文献报废指按有关规定或经有关部门鉴定，对已不能或不适宜继续使用的临时馆藏文献资产，进行产权注销的处置行为。

第二十五条　文献报废应遵循以下工作原则：

（一）谨慎处置。在充分发挥临时馆藏文献价值的前提下，对文献提出报废申请，谨慎评估，妥善处置。

（二）分类处理。对图书报刊、音像制品、缩微品、数字介质等不同类型馆藏文献，应当分别采取符合其特点的处置方式。

（三）规范管理。各部门对本部处拟报废文献按本办法规定流程进行报批。按照《国家图书馆国有资产管理办法》相关规定，对拟报废文献出具清单或提供相关文献信息，规范存档管理。文献共享借阅合作单位按照双方签署的合作协议对拟处置文献进行申报。

第二十六条　属于下列情况的临时馆藏文献可由相关部门按程序提出报废申请：

（一）出版信息存疑文献的多余复本，如非正式出版物等；

（二）严重破损，无法继续使用的文献多余复本，包括损毁、无法读取数据的数字资源介质、音像制品、缩微品等。

（三）无再利用价值的文献多余复本。

（四）涉密、敏感文献多余复本。

（五）其他不宜再借阅流通的临时馆藏文献多余复本。包括：盗号书、内部资料、内部期刊、残损文献、舆图、硕士论文、博士论文、博士后报告、报纸、台港澳文献等。

第二十七条　本馆文献报废应按照以下程序办理：

（一）报批

文献报废的类型、数量由文献存藏部门根据实际情况提出，附《临时馆藏文献处置申请单》（附件 4）、拟报废文献清单（对无法提供清单的待报废文献需提供相关文献信息）上报，由研究院（业务管理处）、国有资产管理处签署意见，经研究院（业务管理处）主管馆领导、国有资产管理处主管馆领导、报请部门主管馆领导审核后报馆长批准，必要时经馆务会议批准。

（二）文献与数据处理

1. 报请部门依据批示意见，按照《临时馆藏文献处置申请单》对拟报废文献中有馆藏章文献统一加盖国家图书馆注销章。

2. 报请部门联系废品处理单位，要求废品处理单位提供相关资质证明以及联系人有效证件复印件。

3. 批准报废的文献运送出馆时，应按照本馆有关规定办理携物出门证。

4. 报废时应由报请部门派专人监销。

（三）监管

由研究院（业务管理处）采取不定期抽查等形式进行监管。

（四）建立资产档案

国有资产管理处按照《国家图书馆国有资产管理办法》相关规定，对报废文献建立资产台账，并核销相应资产。

（五）建立业务档案并归档

由报请部门按一批一档的原则，按照档案管理办法，及时对文献报废业务档案进行归档。

第二十八条　由文献共享借阅合作单位提出的文献报废等处置申请，根据双方签署的协议执行。

第七章　监督检查

第二十九条　临时馆藏文献使用和处置工作的监督检查应坚持部门内部监督与馆方集中监督相结合，日常监督与定期检查相结合。

第三十条　负责临时馆藏文献使用和处置工作的相关部门应建立必要的检查制度，按照本办法规定对以上条款的执行情况进行自查。

第三十一条　研究院（业务管理处）将对本办法的执行情况进行不定期抽查，并配合国有资产管理处做好临时馆藏文献资产的监督检查。如发现违规操作等情况，将依据《国家图书馆业务工作监督考核办法》有关规定进行处罚。

第八章　附则

第三十二条　本办法经2020年第55次馆务会议讨论通过，自发布之日起施行。原《国家图书馆剔除文献管理办法》（国图业发〔2010〕50号）同时废止。

第三十三条　本办法由研究院（业务管理处）负责解释。

附件1：文献共享借阅申请单

附件2：合作协议

附件3：临时馆藏文献使用和处置资产台账信息提取条件

附件4：临时馆藏文献处置申请单

附件5：捐赠协议

（略）

媒体报道

- 通讯社
- 广电媒体
- 平面媒体
- 网络媒体

媒体报道

一、通讯社

日期	标题	媒体名称
1月24日	故宫、国博、国图、中国美术馆、恭王府宣布闭馆	新华社
2月3日	文化和旅游部应对疫情　推出在线公共文化和旅游服务	新华社
3月9日	公共文化服务如何匹配“宅生活”？	新华社
4月21日	国家图书馆发起“4·23世界读书日”系列活动	新华社
4月23日	国家图书馆：永存全民抗疫国家记忆	新华社
5月8日	国家图书馆将于5月12日恢复开馆	新华社
5月9日	实行预约限流服务　国家图书馆将于5月12日恢复开馆	新华社
5月13日	“云端”架桥　守望相助——巴黎中国文化中心与法国民众共抗疫	新华社
8月6日	5G新阅读体验中心将落户国家图书馆	新华社
8月30日	5G赋能推动传统图书馆转向“智慧图书馆”	新华社
8月31日	百部网文佳作入藏国家图书馆	新华社
9月1日	妙手补书书可春：来国图看敦煌遗书等珍贵古籍修复成果	新华社
9月3日	国图发布“日本细菌战资源库”、《侵华日军细菌战档案汇编》等抗战文献整理成果	新华社
9月9日	国图揭晓第十五届文津图书奖	新华社
9月18日	我国培训少数民族古籍修复技术人才	新华社
9月26日	400余件展品集中亮相颐和园文物特展	新华社
10月2日	2020年线上“文津读书沙龙”开讲	新华社
10月4日	国图举办《趣味语言课堂》公益讲座	新华社
10月15日	国图总馆南区等入选北京市第三批历史建筑名单	新华社
11月4日	法文本《论语导读》入藏中国国家图书馆	新华社
11月13日	第六批国家珍贵古籍名录公布	新华社
12月2日	海峡两岸出版交流季在厦门开幕　为两岸融合发展提供更多动能	新华社

（续表）

日期	标题	媒体名称
12月7日	文旅部大会助推文创产品“飞入寻常百姓家”	新华社
12月16日	150部珍贵古籍在重庆图书馆展出	新华社
1月18日	36出北方昆曲传统折子戏将在国图艺术中心公益上演	中国新闻社
1月24日	国博、国图、恭王府、中国美术馆等宣布闭馆	中国新闻社
1月31日	“宅”在家里做贡献：宅而后定，定而后安	中国新闻社
2月4日	疫情期间不能出门？在线也能问诊、上课、诉讼……	中国新闻社
4月22日	国家图书馆启动中国战“疫”记忆库项目	中国新闻社
8月30日	2020年北京出版高峰会议聚焦“智慧图书馆”	中国新闻社
8月31日	国家图书馆首次入馆典藏《庆余年》等百部网文作品	中国新闻社
9月1日	最大规模古籍修复成果展亮相国家典籍博物馆	中国新闻社
9月2日	“日本细菌战资源库”上线　供全社会免费使用	中国新闻社
9月4日	中国国家图书馆多方收集抗战文献建立专题资源库	中国新闻社
9月9日	国家图书馆公布第十五届文津图书奖	中国新闻社
9月21日	一部“口述史”讲述几代人　《口述国图》聚焦纪录片文献价值	中国新闻社
9月29日	2020年国图首场“文津读书沙龙”线上开讲　重新发现中国之美	中国新闻社
11月13日	国家珍贵古籍名录收获国内有纪年最早雕版印刷品	中国新闻社

二、广电媒体

日期	标题	媒体名称
1月21日	喜迎新春　全国各地文化活动精彩纷呈	中央电视台综合频道
1月22日	春节近　年味浓　2020年国家图书馆年俗文化展开展	中央电视台综合频道
5月12日	国家图书馆今天恢复开馆	中央电视台综合频道
9月22日	50部优秀纪录片接连展映聚焦家国情怀	中央电视台综合频道
11月5日	多本稀世古籍珍品在国家图书馆展出	中央电视台综合频道
11月14日	文化和旅游部公布第六批国家珍贵古籍752部	中央电视台综合频道

（续表）

日期	标题	媒体名称
1月21日	国家图书馆年俗文化展今天开展	中央电视台财经频道
5月13日	国家图书馆昨日恢复开馆	中央电视台财经频道
9月21日	国家图书馆111周岁“生日”——悠悠文脉　代代传承	中央电视台综艺频道
12月27日	［国家宝藏第三季］国家图书馆副馆长张志清讲解经、石经拓本、初拓本的不同意义	中央电视台综艺频道
1月21日	喜迎新春　全国各地文化活动精彩纷呈	中央电视台新闻频道
1月22日	春节近　年味浓　2020年国家图书馆年俗文化展开展	中央电视台新闻频道
5月12日	国家图书馆今天恢复开馆	中央电视台新闻频道
6月12日	关注非物质文化遗产保护　国家图书馆推出“非遗影像公开课”	中央电视台新闻频道
8月27日	2020中华传统晒书节举办　传习经典　融古慧今	中央电视台新闻频道
9月1日	网络文学首次入藏国家图书馆	中央电视台新闻频道
9月12日	北京冬奥会冬残奥会教育材料正式发布	中央电视台新闻频道
9月22日	50部优秀纪录片接连展映聚焦家国情怀	中央电视台新闻频道
9月26日	颐和园270周年文物特展开幕	中央电视台新闻频道
11月5日	多本稀世古籍珍品在国家图书馆展出	中央电视台新闻频道
11月13日	文化和旅游部公布第六批国家珍贵古籍752部	中央电视台新闻频道
1月15日	微展览“美年记忆”　呈现古籍中的年俗之美	中国教育电视台CETV1
4月23日	国家图书馆启动中国战“疫”记忆库项目	中国教育电视台CETV1
7月29日	直播志愿填报　详解图书馆学专业	中国教育电视台CETV1
11月5日	法文本《论语导读》入藏国家图书馆	中国教育电视台CETV1
1月14日	国图首图春节每天开放7小时	北京卫视
1月16日	庚子春节到国家图书馆品文化组合大餐	北京卫视
1月22日	南北艺术同台竞秀　国家图书馆举办年俗文化展	北京卫视

（续表）

日期	标题	媒体名称
1月24日	故宫、国博、国图、雍和宫暂停开放	北京卫视
2月10日	国家图书馆推出“无卡查文献”服务	北京卫视
4月23日	世界读书日：中国战“疫”记忆库项目启动	北京卫视
5月8日	国家图书馆将于5月12日恢复开馆实行预约限流服务	北京卫视
5月12日	国家图书馆今天有序恢复开馆　预约入馆　每日限额1200人	北京卫视
5月12日	国家图书馆有序恢复开放预约限流每日限1200人	北京卫视
6月13日	国家图书馆推出“非遗影像公开课”文化和自然遗产日	北京卫视
6月13日	国家图书馆开“非遗公开课”中国记忆库走向大众	北京卫视
6月13日	田苗：非遗记忆抢救性保存成为当务之急	北京卫视
6月13日	文化和自然遗产日北京推出多项“云直播”活动	北京卫视
7月23日	国家科技文献保障模式研讨会开幕　云端研讨国内外科技文献和前沿信息	北京卫视
7月28日	国家典籍博物馆今起有序恢复开放	北京卫视
9月2日	妙手回春国家古籍重获新生	北京卫视
9月2日	到国图也可阅览优秀网文	北京卫视
9月10日	国家图书馆111周年馆庆“国图好故事”开讲	北京卫视
9月15日	国家图书馆发布抗战文献整理成果	北京卫视
9月20日	“推普周”：国图艺术中心举办《趣味语言课堂》	北京卫视
9月22日	第四届北京纪实影像周举办《口述国图》研讨会关注口述史的文献价值	北京卫视
9月25日	颐和园建园270周年文物特展开展	北京卫视
9月29日	10月1日起国图扩大开放区域　每日预约名额上调至3500人	北京卫视
10月1日	国家图书馆总馆北区今起有序开放	北京卫视
10月1日	国图国庆特展　国画花鸟画精品云集　享秋温泉季　点亮假期生活	北京卫视
10月6日	国家图书馆预约火爆　馆方提醒：不能来请尽早取消	北京卫视
11月5日	法文本《论语导读》入藏国家图书馆	北京卫视
11月22日	传奇国宝《赵城金藏》遗珍现世	北京卫视

（续表）

日期	标题	媒体名称
12月14日	致敬战“疫”连环画作品展在国家图书馆展出	北京卫视
1月14日	国图首图春节每天开放7小时	北京电视台新闻频道
1月15日	京港地铁图书馆开展“诗词中国年”	北京电视台新闻频道
1月16日	庚子春节到国家图书馆品文化组合大餐	北京电视台新闻频道
1月22日	南北艺术同台竞秀　国家图书馆举办年俗文化展	北京电视台新闻频道
1月24日	故宫、国博、国图、雍和宫暂停开放	北京电视台新闻频道
5月8日	国家图书馆将于5月12日恢复开馆实行预约限流服务	北京电视台新闻频道
5月12日	国家图书馆今天有序恢复开馆　预约入馆　每日限额1200人	北京电视台新闻频道
6月13日	文化和自然遗产日北京推出多项“云直播”活动	北京电视台新闻频道
6月13日	国家图书馆推出“非遗影像公开课”文化和自然遗产日	北京电视台新闻频道
6月13日	国家图书馆开“非遗公开课”中国记忆库走向大众	北京电视台新闻频道
6月13日	田苗：非遗记忆抢救性保存成为当务之急	北京电视台新闻频道
6月13日	文化和自然遗产日北京推出多项“云直播”活动	北京电视台新闻频道
7月23日	国家科技文献保障模式研讨会开幕　云端研讨国内外科技文献和前沿信息	北京电视台新闻频道
7月28日	国家典籍博物馆今起有序恢复开放	北京电视台新闻频道
9月2日	到国图也可阅览优秀网文	北京电视台新闻频道
9月2日	妙手回春国家古籍重获新生	北京电视台新闻频道
9月10日	国家图书馆111周年馆庆“国图好故事”开讲	北京电视台新闻频道
9月15日	国家图书馆发布抗战文献整理成果	北京电视台新闻频道
9月20日	“推普周”：国图艺术中心举办《趣味语言课堂》	北京电视台新闻频道
9月22日	第四届北京纪实影像周举办《口述国图》研讨会关注口述史的文献价值	北京电视台新闻频道
9月25日	颐和园建园270周年文物特展开展	北京电视台新闻频道
9月29日	10月1日起国图扩大开放区域　每日预约名额上调至3500人	北京电视台新闻频道
10月1日	国家图书馆北区今起恢复开放	北京电视台新闻频道
10月1日	国图国庆特展　国画花鸟画精品云集　享秋温泉季　点亮假期生活	北京电视台新闻频道

（续表）

日期	标题	媒体名称
10月6日	国家图书馆预约火爆　馆方提醒：不能来请尽早取消	北京电视台新闻频道
11月5日	法文本《论语导读》入藏国家图书馆	北京电视台新闻频道
11月22日	传奇国宝《赵城金藏》遗珍现世	北京电视台新闻频道
12月14日	致敬战“疫”连环画作品展在国家图书馆展出	北京电视台新闻频道
5月10日	国图5月12日恢复开馆　北区暂不开放	北京电视台生活频道
5月13日	每日限额1200人　国家图书馆有序恢复开放	北京电视台财经频道
5月15日	国图恢复开放　预约入馆每天限流1200人	北京电视台生活频道
4月23日	北京：国家图书馆启动中国战“疫”记忆库项目	东方卫视
4月27日	国图发起“中国战‘疫’记忆库建设”	东方卫视
5月12日	国图今起有序恢复开放，最大阅览室席位6分钟抢光	东方卫视
5月13日	阔别109天后国家图书馆有序恢复开放	东方卫视
9月3日	网络文学，升华还是沉沦	东方卫视
1月17日	“小年”到　年味渐浓：“美年记忆”呈现古籍中的年俗之美	江苏电视台公共·新闻频道
8月26日	晒书你见过没？庚子晒书雅集在杭举行	浙江卫视
8月26日	深关注·晒书雅趣	浙江卫视
10月31日	由我省一企业捐赠的梵文《陀罗尼经咒》等4件珍贵古籍被国家图书馆收藏	浙江卫视
8月26日	“传习经典融古慧今——中华传统晒书活动”启动	河南卫视
1月25日	故宫　国博　国图　中国美术馆　恭王府宣布闭馆	山东卫视
8月25日	2020中华传统晒书节展出各类珍品古籍50册	山东卫视
12月7日	大文创新文旅　首届四川省文创大会启幕	四川卫视
9月1日	网络文学首次入藏国家图书馆	内蒙古卫视
1月21日	国家图书馆举行年俗文化展	西藏卫视
1月21日	国家图书馆举行年俗文化展	新疆卫视
11月16日	文旅部：752部古籍入选第六批国家珍贵古籍名录	中央广播电视总台中国之声
4月23日	世界读书日　国图活动丰富多彩	北京广播电视台

三、平面媒体

日期	标题	媒体名称
1月2日	习近平主席新年贺词在各地干部群众中引发热烈反响——万众一心加油干	人民日报
2月4日	居家时光，这样充电（解码·线上文化生活）	人民日报
2月5日	“宅”生活的文化味道	人民日报
2月21日	国家图书馆收藏、修复一批批珍贵文献　西夏古籍，渐次打开	人民日报
2月27日	文艺时光“云”端绽放（解码）	人民日报
5月13日	“云端”传递守望相助的情谊	人民日报
6月10日	文旅部开展“云游非遗·影像展”——传统文化，换一种“打开方式”	人民日报
8月7日	5G新阅读体验中心将落地国家图书馆	人民日报
9月3日	国家图书馆发布抗战文献整理成果	人民日报
9月8日	牢记嘱托　砥砺奋进	人民日报
10月16日	新出行，带动文旅产业升级（评论员观察）	人民日报
10月26日	他们数十年如一日工作在国家图书馆——潜心典藏　乐在其中（讲述·一辈子一件事）	人民日报
11月5日	法文本《论语导读》入藏国图	人民日报
11月14日	现代图书馆越来越“智慧”	人民日报
11月16日	第六批国家珍贵古籍名录公布	人民日报
1月2日	守护文化传承之根——中国古籍数字化现状扫描	人民日报海外版
2月5日	网上国图体验记（服务不打烊）	人民日报海外版
2月20日	御疫有书香（中国战“疫”系列报道（11））	人民日报海外版
3月20日	从“云战疫”看文创业新趋势	人民日报海外版
4月3日	公共文化服务　线上“花繁似锦”	人民日报海外版
4月30日	国图发起“种书计划”	人民日报海外版
5月14日	中国国家图书馆有序恢复开放	人民日报海外版
6月10日	光影中的非遗内涵	人民日报海外版

（续表）

日期	标题	媒体名称
7月23日	以书为友好休闲	人民日报海外版
8月21日	把阅读变得更便捷更有趣　智慧图书馆懂你的心思	人民日报海外版
9月3日	国图发布抗战文献整理成果	人民日报海外版
9月9日	网络文学经典化的重要里程碑	人民日报海外版
9月17日	第十五届文津图书奖揭晓15种获奖书	人民日报海外版
10月1日	2020年首场“文津读书沙龙”线上开讲	人民日报海外版
10月19日	职称改革助推网络文学精品率	人民日报海外版
11月12日	1688年法文本《论语导读》入藏国图	人民日报海外版
11月20日	第六批国家珍贵古籍名录公布——让书写在古籍里的文字活起来	人民日报海外版
1月2日	昨日书香犹在　无负今日春光	光明日报
1月8日	文化的那些事儿让日子有滋味	光明日报
1月21日	山村来了艺术家	光明日报
2月11日	展览+解谜：博物馆文创新品类	光明日报
5月13日	中国国家图书馆恢复开放	光明日报
5月26日	从阅读和学习中汲取向上向善的精神力量	光明日报
8月9日	5G新阅读体验中心将落地国家图书馆	光明日报
8月30日	去图书馆，赴一场“晒书”之约	光明日报
9月1日	网络文学登堂入室，留存时代记忆	光明日报
9月3日	让历史说话，用史实发言——多部抗战主题图书近日出版	光明日报
9月4日	百余件古籍修复成果亮相国图	光明日报
10月27日	用“一平方米”激活城市文化空间	光明日报
11月5日	国礼法文本《论语导读》入藏国家图书馆	光明日报
11月15日	第六批国家珍贵古籍名录公布	光明日报
11月21日	图书出版界繁荣文化、传承经典　要立足长远，也要固本开新	光明日报
11月30日	“陈垣先生诞辰140周年纪念暨学术研讨会”隆重举行	光明日报
12月23日	当纪录片住进图书馆	光明日报

（续表）

日期	标题	媒体名称
4月24日	国家图书馆启动中国战“疫”记忆库项目　永存全民抗疫国家记忆	新华每日电讯
2月9日	宅家时光，也可以多姿多彩	经济日报
1月19日	春节将至，如何过一个优雅的年？	科技日报
1月22日	书香盈岁月　新桃换旧符	科技日报
5月14日	久违了　国图	科技日报
7月29日	国家典籍博物馆有序恢复开放	科技日报
8月4日	夏日里的博物馆	科技日报
9月2日	“日本细菌战资源库”上线　向全社会提供免费公益使用	科技日报
9月4日	古籍修复　技艺传承——科技日报数字报	科技日报
11月5日	法文本《论语导读》入藏国图	科技日报
2月16日	文旅部推出在线公共文化和旅游服务	工人日报
2月16日	【视线】足不出户，文化尽览	工人日报
5月13日	中国国家图书馆有序恢复开放	工人日报
5月14日	国图“复工”，一起看书去！	工人日报
9月13日	国家图书馆公布第十五届文津图书奖	工人日报
7月17日	不负期许　再创辉煌——少数民族古籍工作者谈深入学习贯彻习近平总书记重要论述	中国民族报
1月14日	一拍500年，数字时代为什么还需要缩微胶片	中国青年报
3月17日	《赵城金藏》：辗转千年的虔敬	中国青年报
4月23日	国家图书馆启动中国战“疫”记忆库建设	中国青年报
6月16日	没有不酷的非遗　只有不酷的传承	中国青年报
9月15日	抗战时期，文澜阁《四库全书》秘藏贵阳	中国青年报
11月10日	300多年前，《论语》就有法文本	中国青年报
11月24日	铸魂补钙　共筑文化软实力	中国青年报
3月2日	文旅部推出公共数字资源和支持企业发展在线服务	农民日报
11月10日	法文本《论语导读》入藏国家图书馆	农民日报
11月18日	第六批国家珍贵古籍名录和全国古籍重点保护单位名单正式公布	农民日报

（续表）

日期	标题	媒体名称
1月6日	国图举办“葛兰谈播音与朗诵的艺术”公益讲座	人民政协报
1月23日	博物馆里过大年	人民政协报
8月24日	“白煦水墨书暨白煦书法作品捐赠展”在国图举行	人民政协报
9月21日	国家古籍保护中心召开抗战时期典籍文献抢救保护学术研讨会	人民政协报
9月28日	光影中走进国图历史——第四届北京纪实影像周《口述国图》研讨会综述	人民政协报
11月20日	第六批国家珍贵古籍名录公布	人民政协报
12月14日	首部法文本《论语导读》入藏国图	人民政协报
2月7日	书香盈岁月　新桃换旧符	中国教育报
5月6日	抗疫童书版权及绘画作品征集活动启动	中国教育报
5月13日	第七届“中国童书榜”评出2019年度童书佳作	中国教育报
5月19日	“云游”让博物馆更平等更包容	中国教育报
4月24日	全民战“疫”　知识共享　国家图书馆发起2020年“4·23世界读书日”系列活动	中国文物报
4月24日	国家图书馆启动中国战“疫”记忆库项目	中国文物报
9月4日	国图发布《侵华日军细菌战档案汇编》等抗战文献整理新成果	中国文物报
9月8日	传习经典　融古慧今　中华传统晒书活动中的典籍故事	中国文物报
5月26日	《著作权法》第三次修订将保护谁的权益	中国新闻出版广电报
5月28日	顾犇：设“突发事件法定许可”制度，强化网文平台监管	中国新闻出版广电报
8月31日	2020年北京出版高峰会议第一期聚焦智慧图书馆　5G赋能“新阅读”生活	中国新闻出版广电报
9月2日	国图与阅文共建互联网信息战略保存基地	中国新闻出版广电报
9月10日	网络文学经典化市场欢迎是前提	中国新闻出版广电报
9月18日	网络文学经典化的重要里程碑	中国新闻出版广电报
11月5日	国图获赠《陀罗尼经咒》等四种珍贵文献	中国新闻出版广电报
11月10日	法文本《论语导读》入藏国图　《论语》相关展览免费开放	中国新闻出版广电报

（续表）

日期	标题	媒体名称
2月6日	迎战疫情科教文战线在行动	中国财经报
4月27日	国家图书馆推出7天“种书计划”	中国财经报
9月15日	国图文津图书奖再推好书	中国财经报
10月9日	国图“文津读书沙龙”线上开讲	中国财经报
1月3日	用汗水浇灌收获　以实干笃定前行——习近平主席新年贺词在文旅工作者中引发热烈反响	中国文化报
1月9日	《口述国图》：走近真实历史与图书馆人的集体记忆	中国文化报
1月10日	“凡是国宝，都要争取”	中国文化报
1月13日	从普通馆员到制造流量的“幕后推手”	中国文化报
5月12日	国家图书馆于5月12日起有序恢复开馆	中国文化报
5月13日	国图恢复开放首日：又能来读书了，真好！	中国文化报
5月23日	文化和旅游部系统热议政府工作报告	中国文化报
5月25日	践行文艺初心　履行职责使命　汇聚中国力量	中国文化报
7月6日	国家图书馆典藏阅览部党支部：党旗在疫情防控与服务读者中高高飘扬	中国文化报
7月30日	首都两大文博场馆调整开放措施	中国文化报
9月1日	国图携手阅文集团共建互联网信息战略保存基地	中国文化报
9月5日	弘扬伟大抗战精神　担负新时代历史责任——文化和旅游系统热议习近平总书记在纪念中国人民抗日战争暨世界反法西斯战争胜利七十五周年座谈会上的讲话	中国文化报
9月8日	牢记使命再出发——习近平总书记给国家图书馆老专家回信一周年暨国家图书馆建馆111周年掠影	中国文化报
9月9日	弘扬伟大抗疫精神　实现民族伟大复兴——文化和旅游部系统热议习近平总书记在全国抗击新冠肺炎疫情表彰大会上的讲话	中国文化报
9月11日	国图召开“学习贯彻习近平总书记给国图老专家回信精神一周年座谈会”	中国文化报
9月29日	国庆、中秋假期——文旅系统公共服务窗口单位提供周到服务	中国文化报

（续表）

日期	标题	媒体名称
10月24日	将伟大抗美援朝精神永续传承、世代发扬	中国文化报
11月5日	法文本《论语导读》典藏仪式暨展览开幕式在国家图书馆举行	中国文化报
11月16日	第六批国家珍贵古籍名录和全国古籍重点保护单位名单公布	中国文化报
11月24日	300多年前的一本小书，领导人为何看重	中国文化报
12月8日	全国文化和旅游创意产品汇聚蓉城	中国文化报
12月10日	江西省图书馆迎来百年馆庆	中国文化报
12月10日	全国文化和旅游创意产品开发推进活动在成都举办“数字+”让文化活起来	中国文化报
9月18日	第十五届文津图书奖揭晓	金融时报
9月18日	图书馆的过去、现在和未来	金融时报
1月15日	“入古出新”篆刻展开幕	中国艺术报
1月15日	国图春节备上文化组合大餐	中国艺术报
1月22日	国图艺术中心推出12场北昆传统折子戏	中国艺术报
4月24日	中国战“疫”记忆库项目启动：永续留存全民抗疫的国家记忆	中国艺术报
5月13日	国图开馆	中国艺术报
5月29日	“视听作品”概念为何重要？短视频著作权如何认定和保护？——两会代表委员谈《著作权法修正案（草案）》	中国艺术报
6月3日	“文化和自然遗产日”非遗活动助力脱贫攻坚	中国艺术报
8月7日	昆曲折子戏国图线下演出重启	中国艺术报
9月2日	百部网文佳作入藏国家图书馆	中国艺术报
9月7日	加快网文经典化步伐，推动网文评价机制建设	中国艺术报
9月9日	为了不能忘却的纪念	中国艺术报
9月11日	第十五届文津图书奖揭晓	中国艺术报
10月12日	纪录片《口述国图》：念兹在兹，故人如斯	中国艺术报
11月16日	推动中法两大灿烂文明交流互鉴——法文本《论语导读》入藏中国国家图书馆	中国艺术报

（续表）

日期	标题	媒体名称
11月18日	第六批国家珍贵古籍名录和全国古籍重点保护单位名单公布	中国艺术报
3月6日	提供精神食粮，图书馆吹响“抗疫”集结号	中国出版传媒商报
5月15日	图书馆文创：让文化符号“跃”起来	中国出版传媒商报
9月1日	国家图书馆将迎来建馆111周年	中国出版传媒商报
9月8日	2020图书馆采访之变与应变	中国出版传媒商报
9月11日	15种图书入选第15届文津图书奖	中国出版传媒商报
11月6日	332年前法文版《论语导读》入藏国家图书馆	中国出版传媒商报
1月3日	首部图书馆口述史纪录片《口述国图》首映	中国科学报
1月21日	春节去国图看年俗展、体验剪纸艺术	中国科学报
1月22日	“书香盈岁月　新桃换旧符——2020年国家图书馆年俗文化展”在国家典籍博物馆拉开帷幕	中国科学报
4月23日	国图举办世界读书日系列活动	中国科学报
9月10日	国家图书馆迎111周年华诞	中国科学报
1月1日	“印象数图”数字图书馆体验区	中国旅游报
1月2日	只争朝夕不负韶华　开创文旅发展新篇——习近平主席新年贺词在文旅业界引发热烈反响	中国旅游报
1月15日	国图推出“美年记忆”展	中国旅游报
1月23日	国图举办年俗文化展	中国旅游报
1月27日	文化和旅游行业织密“疫情防控网”	中国旅游报
2月4日	文化和旅游部系统扎实推进疫情防控工作　汇聚文旅正能量　坚决打赢阻击战	中国旅游报
2月26日	坚定信心　守好防线　勇于担当	中国旅游报
3月3日	满足公众精神需求　文化行业大有可为	中国旅游报
3月11日	宅家抗疫　触发云旅游热潮	中国旅游报
4月23日	“世界读书日”国图线上战“疫”活动丰富	中国旅游报
4月24日	国图启动中国战“疫”记忆库项目	中国旅游报
5月11日	国家图书馆5月12日恢复开馆	中国旅游报

（续表）

日期	标题	媒体名称
5月25日	以人民为中心　让文旅产业　在脱贫攻坚中发挥更大作用——习近平总书记参加内蒙古代表团审议时的重要讲话引起热烈反响	中国旅游报
6月11日	遗产日助推非遗保护传承发展	中国旅游报
6月15日	让观众在光影中看懂非遗——国图中国记忆项目中心策划推出《他们鉴证了文明——非遗影像公开课》	中国旅游报
7月3日	看国图如何教人“识百草”	中国旅游报
9月7日	晒书大会让古籍走近大众	中国旅游报
11月5日	法文本《论语导读》典藏仪式暨展览开幕式在国图举行	中国旅游报
12月8日	全国文化和旅游创意产品开发推进活动举办	中国旅游报
2月6日	文化和旅游部专题公共服务上线	中国商报
5月13日	国家图书馆有序恢复开馆	中国知识产权报
5月29日	顾犇：在著作权法中建立“突发事件法定许可”制度	中国知识产权报
1月8日	国内首部图书馆口述史纪录片《口述国图》首映	中华读书报
9月9日	“纪念抗日战争胜利75周年·抗战时期典籍文献抢救保护学术研讨会”召开	中华读书报
9月16日	百部网文入藏国图利于传承“文学记忆”	中华读书报
11月11日	国家图书馆获赠四种珍贵古籍文献	中华读书报
9月4日	国图上线“日本细菌战资源库”	中国改革报
9月4日	彰显文化融合深意	中国改革报
9月28日	让人们在领略自然之美中感悟文化之美	中国改革报
11月6日	“国家图书馆终于迎来了这份特殊的礼物”	中国改革报
12月11日	文创产品“飞入寻常百姓家”	中国改革报
9月4日	百部网文佳作入藏国家图书馆	中国国门时报
11月13日	法文本《论语导读》入藏国图	中国国门时报
11月20日	第六批国家珍贵古籍名录公布	中国国门时报
2月3日	众志成城　共同战“疫”	中国民航报
1月3日	不忘初心　砥砺奋进　2019年图林大事盘点	图书馆报

（续表）

日期	标题	媒体名称
1月10日	图书馆口述史纪录片《口述国图》在京首映	图书馆报
1月17日	国家图书馆春节期间准备文化组合大餐	图书馆报
2月14日	科学防控　服务阅读	图书馆报
2月14日	《国家图书馆宋元善本图录》历时二十八年面市	图书馆报
2月14日	首创之功　开拓之举　专家追思缪荃孙学高德范令人景仰	图书馆报
2月21日	情系湖北　传递温暖　图书馆界向湖北同仁捐赠防疫物资	图书馆报
2月21日	以读攻“毒”，图书馆在行动	图书馆报
3月6日	无私的付出，动人的故事	图书馆报
3月11日	国图立法部最美的“她”们	图书馆报
3月13日	同舟共济　执手迎春　中国图书馆学会协同全国图书馆界开展抗“疫”行动	图书馆报
5月1日	“有爱，就有希望”抗“疫”童书版权及绘画作品征集活动启动	图书馆报
5月15日	国家图书馆有序恢复开放	图书馆报
5月22日	国家古籍保护中心联合黑龙江图书馆推出“籍合网”古籍资源试用	图书馆报
5月29日	国家图书馆两会服务全面启动	图书馆报
6月12日	国家图书馆首次制作推出“非遗影像公开课”	图书馆报
6月19日	在光影中看懂非遗　记国家图书馆2020年“非遗影响公开课”背后的故事	图书馆报
7月24日	2020年中图学会学术论文和业务案例征集研议会召开	图书馆报
9月4日	“滋养民族心灵　培育文化自信——国家图书馆的初心与使命”馆庆活动献礼111周年	图书馆报
9月11日	滋养民族心灵　培育文化自信——习近平总书记给国家图书馆老专家回信一周年暨建馆111周年特别活动特刊	图书馆报
9月11日	滋养民族心灵　培育文化自信　国家图书馆一年来深入学习贯彻习近平总书记回信精神的生动实践	图书馆报
9月11日	读书如稼穑　勤耕致丰饶　第十五届文津图书奖获奖及推荐图书	图书馆报

（续表）

日期	标题	媒体名称
9月11日	9家111年历史图书馆与国图同贺	图书馆报
9月25日	第四届北京北京纪实影像周“《口述国图》研讨会”举办	图书馆报
9月25日	国图举办全国古籍修复技艺竞赛暨成果展	图书馆报
9月25日	抗战时期典籍文献抢救保护学术研讨会召开	图书馆报
9月25日	你不知道的图书馆古籍人　国家图书馆“书山有路”系列互联网直播活动启动	图书馆报
10月30日	在故纸中寻觅匠心：国家图书馆“书山有路”系列互联网直播活动第二集成功举办	图书馆报
11月13日	法文本《论语导读》典藏仪式在国图举行	图书馆报
11月20日	第六批国家珍贵古籍名录和全国古籍重点保护单位名单正式公布	图书馆报
11月20日	饶权　国家图书馆馆长、国家古籍保护中心主任　以评促改，不断加强对古籍资源的保护、研究、利用	图书馆报
11月27日	《近代史研究所藏稿钞本日记丛刊》发布暨出版座谈会在京召开	图书馆报
11月27日	中国图书馆学会第十次全国会员代表大会在国家图书馆召开	图书馆报
12月18日	2020年古籍修复技艺提高培训班开班	图书馆报
12月18日	历尽劫波丹心在——抗战烽火下的国宝与国宝守护人　国家图书馆“书山有路”系列互联网直播活动第三集成功举办	图书馆报
12月25日	面向智能化时代的图书馆事业转型发展	图书馆报
9月3日	国图发布“日本细菌战资源库”等抗战文献整理成果	法制日报
5月15日	“云端”架桥　守望相助——巴黎中国文化中心与法国民众共抗疫	国际商报
8月14日	5G新阅读体验中心将落地国家图书馆	国家电网报
9月3日	国家图书馆发布抗战文献整理成果	解放军报
9月23日	北京冬奥会教育材料正式亮相	解放军报
11月5日	法文本《论语导读》入藏中国国家图书馆	解放军报
9月6日	来国家图书馆看敦煌遗书等珍贵古籍修复成果	人民铁道
9月2日	让晒书活动“晒”出文化自信	文化艺术报

（续表）

日期	标题	媒体名称
9月4日	百部网文佳作入藏国图的深意	文化艺术报
11月13日	国家图书馆副馆长陈樱在宝鸡市图书馆调研	文化艺术报
11月14日	752部古籍入选第六批国家珍贵古籍名录	文化艺术报
9月12日	国图揭晓第十五届文津图书奖	团结报
1月14日	国图年俗活动丰富多彩	北京日报
1月14日	国图首图春节每天开放7小时	北京日报
1月22日	国图年俗展呈现珍贵文献年画	北京日报
3月7日	“云中图书馆”为宅家读者供养料	北京日报
4月23日	国图启动中国战“疫”记忆库	北京日报
4月29日	让战疫记忆沉淀为民族心史	北京日报
5月12日	国图今起开馆　每日限1200人	北京日报
5月13日	读者重回图书馆需适应新规	北京日报
6月2日	沧桑六百年——《永乐大典》的离散与回归	北京日报
9月1日	百部网络文学佳作首次入藏国图	北京日报
9月10日	15种图书获第15届文津图书奖	北京日报
9月13日	北京冬奥会和冬残奥会教育材料发布	北京日报
9月26日	颐和园建园270周年文物特展开展	北京日报
11月5日	法文本《论语导读》手稿入藏国图	北京日报
11月14日	国家珍贵古籍名录新增752部	北京日报
11月20日	国宝《赵城金藏》19米孤卷首现身	北京日报
1月7日	听听这位110岁“老人”的故事　跟随两位老馆员　追忆国图往事	北京晚报
1月14日	国图“文化大礼包”等您拿　展览电影灯谜齐上阵	北京晚报
1月22日	图书馆美术馆春节主题活动丰富多彩读读书看看展过年充充电	北京晚报
4月21日	国家图书馆举办线上读书日	北京晚报
4月23日	“地铁图书馆”邀大众共同拟定书单	北京晚报
4月23日	国图启动中国战“疫”记忆库	北京晚报

（续表）

日期	标题	媒体名称
4月29日	博物馆　云体验	北京晚报
5月8日	国家图书馆5月12日恢复开馆	北京晚报
5月12日	国图重开放　须实名预约进馆	北京晚报
7月16日	给古籍上“户口”真不简单　发现抢救“命悬一线”的古籍	北京晚报
7月26日	国家典籍博物馆28日恢复开放　全国儿童美术作品展同时开展	北京晚报
9月2日	最大规模古籍修复成果展昨天开幕　修复那一卷敦煌遗书用了两星期	北京晚报
9月3日	国图发布“日本细菌战资源库”	北京晚报
9月4日	全国古籍修复成果展背后那些事儿　妙手补书书可春	北京晚报
9月14日	文津楼的前世今生	北京晚报
9月28日	国图10月1日起扩大开放　预约限额上调至每日3500人	北京晚报
10月5日	国图阅览室十一假期“一座难求”	北京晚报
10月15日	“日本细菌战资源库”揭秘了真相	北京晚报
11月5日	法文版《论语导读》入藏国家图书馆	北京晚报
2月10日	国家图书馆　推出“无卡查文献”服务	北京青年报
5月13日	国图恢复开放　预约限流入馆	北京青年报
5月13日	国图重开馆　日限流1200人	北京青年报
9月2日	百部网文佳作入藏国图的深意	北京青年报
1月14日	国图发布春节活动　将举办新春年俗展	新京报
1月23日	为应对新型肺炎疫情　国家图书馆除夕起闭馆	新京报
5月9日	国图5月12日恢复开馆　北区暂不开放	新京报
5月13日	国图重开暂行新规　借书提前在线“预订”	新京报
9月3日	万页档案还原侵华日军细菌战历史	新京报
9月3日	国图上线日本细菌战资源库可免费使用	新京报
9月17日	杜伟生　以书为媒与古人、后人对话	新京报
11月5日	法文本《论语导读》入藏国图	新京报
1月16日	京港地铁阅读推广活动为乘客送祝福	劳动午报

（续表）

日期	标题	媒体名称
5月13日	国图开馆	劳动午报
9月1日	国家图书馆多彩活动庆祝建馆111周年	劳动午报
9月10日	第十五届文津图书奖揭晓	劳动午报
10月1日	国家图书馆“读书沙龙”线上开讲	劳动午报
4月27日	国家图书馆启动中国战“疫”记忆库项目	劳动新闻
1月20日	京港地铁开展“诗词中国年”活动	首都建设报
3月24日	M地铁·图书馆家庭朗读大赛收官	首都建设报
5月5日	第七届中国童书榜发布　我市三部优秀童书入选	今晚报
7月14日	“文字的记忆”入选国家出版基金项目　人民社出版文字百科全书	今晚报
9月3日	百部网络文学佳作入藏国图	今晚报
9月4日	珍贵抗战文献及著作集中发布	今晚报
9月10日	国家图书馆第十五届“文津图书奖”揭晓　津版好书入选推荐图书	今晚报
10月15日	“文津图书奖”获奖图书展开展	今晚报
7月21日	全国古籍普查工作今年将完成　修复总量超360万叶	天津日报
9月8日	最大规模古籍修复成果展　亮相国家典籍博物馆	天津日报
9月12日	第15届文津图书奖揭晓	天津日报
1月6日	郑振铎抢救文物往来信札入藏国图	藏书报
1月6日	2019年中华古籍保护的“一二三四”	藏书报
1月6日	赠图书，送温暖　国图文化小分队走进云南	藏书报
2月17日	国家图书馆推出“无卡查文献”服务	藏书报
2月24日	国家典籍博物馆邀您线上看展	藏书报
4月27日	4·23世界读书日　国家图书馆线上活动丰富多彩	藏书报
5月11日	国家图书馆启动中国战“疫”记忆库项目	藏书报
5月18日	民国时期黄河文化遗产保护　文献整理项目申报工作正式启动	藏书报
5月18日	多地文化服务机构有序开放　预约限流服务重启　线上共享渐入佳境	藏书报

（续表）

日期	标题	媒体名称
6月15日	国图推出“书山有路”系列直播活动　图书馆古籍人“走向”观众	藏书报
6月29日	国家图书馆推出“非遗讲座月”活动	藏书报
9月7日	珍藏时代经典　悦享网络文学　国家图书馆携手阅文集团共建互联网信息战略保存基地	藏书报
9月7日	传习经典　融古慧今　中华传统晒书活动南北呼应	藏书报
9月7日	展示修复技艺　妙手补书书可春　国家图书馆举办全国古籍修复技艺竞赛成果展	藏书报
9月14日	国图发布日本细菌战历史档案资料	藏书报
9月14日	缅怀前贤　弘扬“护书”精神　学者共论“抗战时期典籍文献抢救保护”	藏书报
11月9日	1688年法文本《论语导读》入藏国家图书馆	藏书报
11月9日	公私携手　助力典籍保存保护　国家图书馆获赠四种四函件古籍	藏书报
11月23日	《赵城金藏》遗珍学术研讨会在京召开	藏书报
11月23日	国家珍贵古籍名录新增752部	藏书报
3月2日	透视文旅行业的“危”与“机”	河北日报
5月11日	国家图书馆5月12日恢复开馆	石家庄日报
5月13日	中国国家图书馆恢复开放	石家庄日报
11月27日	向读者推荐优秀读物　文津图书奖获奖图书展出	石家庄日报
12月1日	为广大读者推荐好书　文津图书奖展览在市图书馆展出	石家庄日报
9月2日	百部网文作品入藏国家图书馆	山西青年报
11月16日	第六批国家珍贵古籍名录公布	山西青年报
12月8日	全国文化和旅游创意产品开发推进活动举办	山西青年报
1月23日	故宫、国博、国图、中国美术馆、恭王府宣布闭馆	山西日报
2月12日	文化战“疫”线上添彩	山西日报
10月4日	国图举办《趣味语言课堂》公益讲座	山西日报
9月3日	国图发布“日本细菌战资源库”、《侵华日军细菌战档案汇编》等抗战文献整理成果	内蒙古日报

（续表）

日期	标题	媒体名称
11月14日	第六批国家珍贵古籍名录公布	内蒙古日报
4月29日	省图书馆全民读书节系列主题活动启幕　与读者一起“云”上看古籍	辽宁日报
5月9日	国家图书馆将于5月12日恢复开馆	辽宁日报
7月9日	全媒体参与，全时空连通，借助于“云端”　让阅读与分享激发全社会的精神力量	辽宁日报
8月29日	智慧图书馆	辽宁日报
11月5日	法文本《论语导读》入藏国家图书馆	辽宁日报
9月1日	百部网文入藏国家图书馆	解放日报
6月19日	版权保护：求解网络文学“成长的烦恼”	上海法治报
9月2日	网络文学，升华还是沉沦？	新民晚报
8月27日	昨天，孤山有一场晒书的雅集　背后，是中华文化连绵不绝的传奇	杭州日报
9月3日	让历史说话！日本细菌战资源库向社会免费开放	浙江法制报
3月13日	“云端”图书馆　以读攻“毒”助力战“疫”	安徽日报
5月13日	中国国家图书馆恢复开放	安徽日报
9月4日	国图首次典藏百部网文作品	安徽日报
9月15日	网文佳作入藏图书馆，点赞！	安徽日报
9月18日	国图公布第十五届文津图书奖	安徽日报
11月14日	第六批国家珍贵古籍名录公布	安徽日报
10月24日	凌云与饶权进行工作会谈	合肥日报
1月22日	图书馆新春年俗展	合肥晚报
11月20日	首部《论语导读》法文版原著亮相	福建侨报
2月4日	文旅部推出在线公共文化和旅游服务	福建日报
5月13日	中国国家图书馆有序恢复开馆	福建日报
9月1日	百部网文佳作入藏国图	福建日报
9月3日	敦煌古籍修复展亮相国图	福建日报
9月3日	国图发布抗战文献成果	福建日报

（续表）

日期	标题	媒体名称
11月5日	法文本《论语导读》入藏国图	福建日报
12月3日	两岸出版交流季在厦门举行	福建日报
4月26日	国家图书馆向社会征集抗疫资料　中国战“疫”记忆库项目启动	福州晚报
9月5日	福州萧鼎作品《诛仙》榜上有名	福州晚报
11月15日	国家珍贵古籍名录新增752部　福建省图书馆8部珍贵古籍入选	福州晚报
2月11日	全国博物馆线上展览	江西日报
9月15日	我省一图书获文津图书奖	江西日报
12月9日	省图书馆举行“百年馆庆”活动	江西日报
12月10日	“册府千华——江西省藏国家珍贵古籍特展”开展	江西日报
7月21日	全国古籍普查年内将完成　修复总量超360万叶	大众日报
8月31日	传习经典　融古慧今——2020年中华传统晒书活动	大众日报
9月12日	第十五届文津图书奖揭晓	大众日报
11月8日	法文本《论语导读》入藏中国国家图书馆	大众日报
10月5日	100部网文佳作被国家图书馆典藏	济南日报
11月17日	752部！第六批国家珍贵古籍名录公布	济南日报
4月24日	国家图书馆将永存全民抗疫国家记忆	齐鲁晚报
8月26日	我省多地举办“晒国宝”“晒经典”“晒传统”等丰富多彩的活动	齐鲁晚报
11月12日	“文津图书奖”　获奖书目展举行	山东商报
8月26日	传习经典，融古慧今——中华传统晒书活动启幕	河南日报
2月4日	文化和旅游部推出在线公共文化和旅游服务	郑州日报
10月14日	修复古籍要技艺更要热爱	湖北日报
9月4日	网文佳作入藏国家图书馆的里程碑意义	湖南日报
9月5日	“全国抗击新冠肺炎疫情”主题摄影展开展	湖南日报
12月7日	文旅部大会助推文创产品“飞入寻常百姓家”	团结报
2月6日	文化战“疫”，线上就是战场	广州日报

（续表）

日期	标题	媒体名称
9月3日	国图影印出版侵华日军细菌战档案	广州日报
11月14日	第六批国家珍贵古籍名录公布	广州日报
1月14日	文艺走进瑶乡小山村	广西日报
12月16日	重庆市藏国家珍贵古籍特展开幕	重庆晨报
1月20日	见证殷商历史　走进中国文字之源“甲骨文记忆”展在四川省图书馆开幕	成都日报
12月13日	成都“文创+”：与生活融合与科技融合	成都日报
1月20日	想一分钟学会8个甲骨文吗？快来省图看“甲骨文记忆”展	四川日报
6月1日	人大代表、政协委员为网络文学发展支招——设立全国性网络文学奖项　尽快推出著作权制式合同	贵州日报
7月27日	历时13年　全国古籍普查工作今年将完成	民族时报
9月7日	来国图看敦煌遗书等珍贵古籍修复成果	民族时报
1月17日	国图小分队送文化下乡	云南日报
11月14日	第六批国家珍贵古籍名录公布	拉萨日报
4月24日	永存全民抗疫国家记忆	西藏日报
8月31日	5G赋能推动传统图书馆　转向“智慧图书馆”	西藏日报
11月18日	传习经典　融古慧今　自治区图书馆举行“中华传统晒书活动”	西藏日报
11月19日	自治区图书馆举行“中华传统晒书活动”	西藏商报
9月3日	国图发布“日本细菌战资源库”、《侵华日军细菌战档案汇编》等抗战文献整理成果	陕西日报
11月28日	国宝《赵城金藏》19米孤卷首次现身北京	文化艺术报
9月8日	全国古籍修复成果展亮相国家图书馆	甘肃工人报
3月10日	公共文化服务如何匹配“宅生活”？	甘肃日报
9月1日	百部网文佳作入藏国家图书馆	宁夏日报
11月14日	第六批国家珍贵古籍名录公布	宁夏日报
9月10日	网络文学当与时代同行	兵团日报
11月14日	第六批国家珍贵古籍名录公布	兵团日报

（续表）

日期	标题	媒体名称
9月3日	国图上线“日本细菌战资源库”	大公报
9月3日	“日细菌战资源库”免费开放	香港文汇报
5月9日	国家图书馆有序开放	华侨报
5月14日	中国国家图书馆于12日恢复开馆	星报
11月14日	国家珍贵古籍名录公布　体现中华文化博大精深和多元特点	星报

四、网络媒体

日期	标题	媒体名称
1月14日	国家图书馆发布2020年春节活动	人民网
1月16日	一场阅读盛宴：优秀童书的原创性与可能性研讨会举办	人民网
1月29日	宅家“云看展”！多家文博单位线上送新春福利	人民网
2月11日	同程艺龙成立“方舟联盟”　为旅游目的地免费提供推广服务	人民网
3月23日	M地铁·图书馆　阅读接力不停歇	人民网
4月23日	国家图书馆启动“4·23世界读书日”系列活动	人民网
5月12日	“云端”传递守望相助的情谊	人民网
5月12日	国家图书馆今日有序恢复开馆　超千名读者预约到馆	人民网
5月13日	国家图书馆有序恢复开馆　超千名读者预约到馆	人民网
6月1日	聚焦非遗“新青年”　文化和自然遗产日探索更多“玩法”	人民网
6月10日	国家图书馆2020年“非物质文化遗产保护讲座月”将启动	人民网
8月11日	久别重逢　昆曲折子戏重启国图艺术中心线下演出	人民网
8月31日	阅文百部网文佳作进国图　平台繁荣推动精品力作迭出	人民网
9月9日	百部网文佳作入藏国图“文学记忆”永留存	人民网
9月25日	乌兰牧骑“快闪”在国家图书馆讲述“内蒙古文化”	人民网
11月13日	752部！第六批国家珍贵古籍名录公布	人民网
11月16日	2020中国国际旅游交易会在上海开幕　贯彻“文旅融合”理念	人民网

（续表）

日期	标题	媒体名称
11月27日	第十五届文津图书奖展览将于11月28日在石家庄图书馆展出	人民网
12月8日	全国文化和旅游创意产品开发推进活动在成都举办	人民网
12月8日	北京：国家图书馆秩序井然书香浓	人民网
1月10日	“入古出新”中国艺术研究院中国篆刻艺术院专题系列展开幕	新华网
1月13日	国家图书馆推出鼠年春节文化组合大餐以飨读者	新华网
1月17日	“书香筑梦　金鼠送福”国家图书馆2020年迎春音乐会在京举行	新华网
1月21日	“春节习俗+非遗技艺”2020年国家图书馆年俗文化展开幕	新华网
1月24日	China’s Forbidden City declares closure amid pneumonia infection concern	新华网英文版
4月22日	国家图书馆启动中国战“疫”记忆库项目	新华网
4月23日	National Library launches project to document China’s battle against COVID-19	新华网英文版
5月8日	National Library of China to reopen with daily cap of visitors	新华网英文版
5月12日	中国国家图书馆恢复开放	新华网
5月12日	National Library of China reopens as COVID-19 epidemic subsides	新华网英文版
5月12日	Southern area of National Library of China reopens to public	新华网英文版
5月13日	中国国家图书馆恢复开放	新华网
5月13日	National Library of China reopens as COVID-19 epidemic subsides	新华网英文版
6月8日	国家图书馆将于“文化和自然遗产日”推出“非遗影像公开课”	新华网
6月8日	聚焦古人健康生活　国家图书馆将推出“非遗讲座月”	新华网
6月18日	审美力·非遗影像公开课｜薛生金与平遥推光漆器髹饰技艺	新华网
6月22日	审美力·非遗影像公开课｜刘则亭与古渔雁民间故事	新华网
6月29日	审美力·非遗影像公开课｜朱小和与四季生产调	新华网

日期	标题	媒体名称
7月1日	辽宁省第九届全民读书节“云”上落幕	新华网
7月6日	审美力·非遗影像公开课｜冯庆钜与杨柳青木版年画	新华网
8月6日	审美力·非遗影像公开课｜刘永周与腾冲皮影戏	新华网
8月12日	审美力·非遗影像公开课｜曾金贵与湘剧	新华网
8月18日	审美力·非遗影像公开课｜季克良与茅台酒酿制技艺	新华网
8月24日	审美力·非遗影像公开课｜王阿牛与绍兴黄酒酿制技艺	新华网
9月1日	Exhibition on ancient book restoration opens at National Library of China	新华网英文版
9月1日	国家图书馆携手阅文集团共建互联网信息战略保存基地	新华网
9月9日	国家图书馆第十五届文津图书奖15种获奖图书揭晓	新华网
9月25日	颐和园建园270周年文物特展在京开幕	新华网
9月25日	让书籍走进园林：国家图书馆与北京市公园管理中心签订战略合作协议	新华网
10月16日	审美力·非遗影像公开课｜吴家兴与侗族琵琶歌	新华网
10月18日	《朗读者》推出“一平方米”直播朗读活动	新华网
10月20日	审美力·非遗影像公开课｜徐忠德与汉川善书	新华网
10月26日	审美力·非遗影像公开课｜秦梦雨与昌黎地秧歌	新华网
11月4日	French work on Confucius enters China National Library	新华网英文版
12月7日	“大文创·新文旅”全国文化和旅游创意产品开发推进活动暨首届四川省文创大会在成都举办	新华网
12月8日	全国文化和旅游创意产品开发推进活动在成都举办	新华网
12月29日	国家图书馆上线展映48部非遗纪录片	新华网
1月22日	微视频：一分钟了解中国国家图书馆	光明网
1月22日	如何迎鼠年？来看2020年国家图书馆年俗文化展	光明网
4月20日	文心依旧　天雨流芳——文津图书奖15周年特别活动	光明网
4月21日	国家图书馆发起2020年“4·23世界读书日”系列活动	光明网
4月22日	国家记忆共同守护　国家图书馆启动中国战“疫”记忆库项目	光明网
4月22日	文津图书奖：艺术·美学	光明网
5月8日	定了！国家图书馆将于5月12日恢复开馆	光明网

（续表）

日期	标题	媒体名称
6月16日	文脉颂中华　e页千年	光明网
7月27日	国家典籍博物馆有序恢复开放	光明网
8月24日	“传习经典　融古慧今——2020年中华传统晒书活动”孔子博物馆启动仪式	光明网
8月24日	当音乐遇到高科技　国图艺术中心系列讲座亮相2020科技周	光明网
8月31日	国家图书馆携手阅文集团共建，百部网文佳作“登堂入室”	光明网
9月7日	预告！重磅！“生日礼物”　与读者分享新时代“国图好故事”	光明网
9月7日	滋养民族心灵　培育文化自信——习近平总书记给国家图书馆老专家回信一周年暨建馆111周年特别活动	光明网
9月9日	第十五届文津图书奖揭晓　评出获奖图书15种	光明网
9月15日	国家图书馆举办“妙手补书书可春——全国古籍修复技艺竞赛暨成果展”	光明网
9月15日	国家图书馆举行“纪念中国人民抗日战争胜利75周年暨抗战文献研究整理成果”发布会	光明网
9月15日	着眼长远　把握大势——国家图书馆深入学习贯彻落实习近平总书记回信精神一周年员工大会召开	光明网
9月23日	纪录片《口述国图》：以亲历者视角回顾国家图书馆历史	光明网
11月5日	法文本《论语导读》入藏国家图书馆	光明网
11月13日	第六批国家珍贵古籍名录和全国古籍重点保护单位名单公布	光明网
11月23日	国家图书馆获捐赠四种四函件少数民族文字珍贵文献	光明网
1月3日	国内首部图书馆口述史纪录片《口述国图》在京首映	中国经济网
1月15日	庚子春节　国家图书馆准备了文化组合大餐	中国经济网
1月17日	267件（套）文物告诉你1420年迁都背后的大明风华	中国经济网
1月19日	36出昆曲传统折子戏在国图艺术中心开演	中国经济网
1月21日	“2020年民俗文化展”启幕　衡水民间剪纸走进国家图书馆	中国经济网
1月22日	“春节习俗+非遗技艺”　国图这个展览美不胜收！	中国经济网
3月23日	M地铁·图书馆　阅读接力不停歇	中国经济网
4月22日	4·23世界读书日　国家图书馆邀请你一起听书读书	中国经济网

（续表）

日期	标题	媒体名称
5月8日	免除期限内外借逾期费用　国家图书馆5月12日限流开放	中国经济网
5月24日	著作权法第三次修订　委员力谏“法定许可”新规	中国经济网
5月24日	全国政协委员顾犇：建议对网文平台涉嫌垄断行为进行调查	中国经济网
6月9日	实名预约　每场限额20人　来国图艺术中心看非遗传承人记录成果影片	中国经济网
6月9日	国家图书馆2020年“非遗讲座月”即将启动　涉及六个专题	中国经济网
8月20日	阎宗临珍贵手稿入藏国家图书馆	中国经济网
8月29日	迎建馆111周年　国家图书馆将推出线上节目	中国经济网
9月9日	第十五届文津图书奖揭晓　15种图书获奖	中国经济网
9月22日	一部《口述国图》　讲述几代国图人	中国经济网
9月27日	今年国图首场线上“文津读书沙龙”开讲	中国经济网
9月30日	“自然的吟唱”文徵明、郑板桥、张大千、徐悲鸿多幅作品亮相国家典籍博物馆	中国经济网
10月28日	一个意味深长的缩影：国家图书馆文旅融合的探索	中国经济网
11月5日	1688年法文本《论语导读》入藏国家图书馆	中国经济网
1月13日	读经典、猜灯谜、看大展　国图邀读者过书香中国年	中国网
1月17日	“书香筑梦　金鼠送福”　国家图书馆公益迎春音乐会爆棚	中国网
1月21日	国家图书馆年俗展开幕：看“老鼠娶亲”　赏非遗技艺	中国网
4月22日	国家记忆　共同守护：国家图书馆启动中国战“疫”记忆库项目	中国网
4月30日	第七届“中国童书榜”发布　为你推荐年度最佳童书	中国网
5月8日	国家图书馆5月12日起恢复开放　每日限额1200人	中国网
6月9日	传承古人健康生活　国家图书馆启动“非遗讲座月”	中国网
7月30日	首都两大文博馆调整开放措施　仍需实名预约购票	中国网
8月14日	“追梦水云间”　白煦52件水墨书力作捐赠国家图书馆	中国网
8月20日	胡和平：坚持守正创新　在保护基础上推动发展	中国网
9月2日	“日本细菌战资源库”发布：揭露细菌战内幕　向社会免费开放	中国网

（续表）

日期	标题	媒体名称
9月3日	封存时代记忆　百部网文佳作入藏国家图书馆	中国网
9月9日	第十五届文津图书奖揭晓　15种图书获奖	中国网
11月5日	“国礼”入藏国图　17世纪法文本《论语导读》首次展出	中国网
11月9日	法文本《论语导读》典藏仪式在国家图书馆举行	中国网
11月16日	第六批国家珍贵古籍名录及重点保护单位公布	中国网
12月17日	现存最早《公羊传》等150部古籍重庆展出	中国网
1月14日	共度书香雅韵中国年　国家图书馆推出春节文化大餐	央广网
1月17日	36出北方昆曲传统折子戏将在国图上演	央广网
3月22日	M地铁·图书馆　阅读接力不停歇	央广网
4月22日	国家图书馆启动中国战“疫”记忆库项目	央广网
4月22日	国家图书馆将举行2020年“4·23世界读书日”系列活动	央广网
4月22日	文津图书奖15周年直播活动邀您一起品读经典	央广网
4月23日	国家图书馆启动中国战“疫”记忆库项目	央广网
6月5日	国家图书馆制作推出非遗影像公开课系列课程	央广网
8月5日	久别重逢　国图艺术中心重启线下演出	央广网
8月26日	“棹湖孤山　问津琅嬛——庚子晒书雅集”在浙江图书馆举行	央广网
8月29日	国家图书馆建馆111周年　将推出线上节目	央广网
9月9日	国图建馆111周年　公布第十五届文津图书奖	央广网
9月21日	聚焦纪录片文献价值　《口述国图》展现我国图书馆事业发展	央广网
9月26日	文津图书奖首次举办线上读书会	央广网
9月30日	国家典籍博物馆回响“自然的吟唱”　文徵明、郑燮、张大千等大家作品亮相	央广网
10月31日	国家图书馆获捐四函件文化瑰宝　千年护身符见证雕版印刷在唐代萌芽	央广网
11月5日	1688年版法文本《论语导读》入藏国家图书馆	央广网
11月13日	752部古籍入选第六批国家珍贵古籍名录	央广网

（续表）

日期	标题	媒体名称
11月13日	文化和旅游部：第六批国家珍贵古籍名录和全国古籍重点保护单位名单正式公布	央广网
11月16日	文旅部：752部古籍入选第六批国家珍贵古籍名录	央广网
11月16日	2020中国国际旅游交易会在沪开幕	央广网
12月24日	音乐点亮人生　国图艺术中心举办迎新年专场音乐晚会	央广网
9月21日	纪录片与口述史的价值　国图举办《口述国图》研讨会	央视网
11月6日	法文本《论语导读》典藏仪式暨展览开幕式在国家图书馆举行	央视网
11月13日	第六批国家珍贵古籍名录和全国古籍重点保护单位名单正式公布	央视网
12月21日	越剧《红楼梦》在国图展映　红学名家做导赏	央视网
1月21日	Chinese New Year folk art exhibition opens in Beijing	中国日报网
1月23日	Beijing closes tourist attractions amid virus	中国日报网
5月8日	National Library of China to open partially	中国日报网
5月12日	国家图书馆今日重新开馆	中国日报网
6月22日	Requiring reservations to visit sites may remain widespread	中国日报网
9月1日	China Literature, National Library join forces for digital preservation	中国日报网
9月3日	National library issues documents relating to Japanese war crimes	中国日报网
10月28日	A time of heroism	中国日报网
11月5日	法文本《论语导读》典藏仪式暨展览开幕式在国家图书馆举行	中国日报网
11月10日	“新融合·新动力·新发展—数字艺术助力文化和旅游产业创新发展”——2020中国数字艺术产业论坛在京举办	中国日报网
11月17日	Ancient books unveil chapters of history	中国日报网
1月2日	中国首部图书馆口述史纪录片北京首映	中国新闻网
1月15日	吉林省图书馆藏明代版刻专题展在长开展	中国新闻网

（续表）

日期	标题	媒体名称
1月21日	2020年国家图书馆年俗文化展红火亮相迎鼠年春节	中国新闻网
4月22日	国图启动中国战“疫”记忆库项目：大众更希望看到集体记忆	中国新闻网
5月8日	国家图书馆5月12日恢复开放：每日限额1200人	中国新闻网
5月12日	中国国家图书馆有序恢复开馆	中国新闻网
5月13日	National Library of China reopens in Beijing	中国新闻网英文版
5月28日	打击盗版，推出制式合同 代表、委员为网文发展支招	中国新闻网
7月10日	两册《永乐大典》海外拍出812万欧元！谁买走了它？	中国新闻网
8月14日	国家图书馆入藏白煦书法作品52件	中国新闻网
8月26日	浙江图书馆影印文澜阁本《四库全书》入藏国图	中国新闻网
9月1日	全国古籍修复技艺竞赛暨成果展在国家图书馆开幕	中国新闻网
9月9日	第十五届文津图书奖揭晓 15种图书获奖	中国新闻网
9月25日	中国培训少数民族古籍修复人才：让文化记忆“重焕青春”	中国新闻网
9月30日	文徵明、朱耷等60余件精品花鸟画作亮相国家典籍博物馆	中国新闻网
11月4日	法文本《论语导读》原著入藏国图	中国新闻网
11月4日	中国国家图书馆入藏国礼首部法文本《论语导读》	中国新闻网
11月5日	Rare French book handed over to National Library of China	中国新闻网英文版
11月13日	第六批国家珍贵古籍名录和全国古籍重点保护单位名单公布	中国新闻网
11月19日	价值或超《永乐大典》！这件国宝孤本将现身拍场	中国新闻网
12月7日	全国3000余件文创产品亮相成都 现场即可下单买买买	中国新闻网
12月15日	150部珍贵古籍原书亮相重庆市藏国家珍贵古籍特展	中国新闻网
12月30日	国家图书馆上线展映48部非遗纪录片	中国新闻网
1月14日	庚子春节将至，国家图书馆推出年俗文化大餐	中青在线
6月1日	遗产日将至，“非遗购物节”来了！	中青在线
9月2日	国图发布“日本细菌战资源库”、《侵华日军细菌战档案汇编》等抗战文献整理成果	中国青年网
11月13日	最早雕版印刷品等752部古籍入选《第六批国家珍贵古籍名录》	中青在线

（续表）

日期	标题	媒体名称
1月14日	National Library of China to hold Spring Festival activities throughout the holiday	环球时报英文版网站
1月22日	Beijing exhibition displays the essence of the Spring Festival	环球时报英文版网站
4月23日	全民战“疫” 知识共享 国家图书馆发起2020年“4·23世界读书日”系列活动	环球网
5月8日	China issues guidelines on wearing masks in public places as country enters prevention, control stage	环球时报英文版网站
9月22日	老馆员“口述”国图故事！200余小时、105万字资料勾勒尘封记忆	环球网
11月4日	Admiring wisdom	环球时报英文版网站
11月5日	Rare French book on Confucian philosophy stands witness to friendly China-France relations	环球时报英文版网站
11月13日	第六批国家珍贵古籍名录和全国古籍重点保护单位名单正式公布	环球网
11月19日	旷世国宝《赵城金藏》孤本经卷现身 20余位专家学者在京研讨	环球网
1月16日	新年去国图享用文化组合“大餐”	人民政协网
1月21日	“春节习俗+非遗技艺” 这个展览有看头！	人民政协网
4月23日	国图启动中国战“疫”记忆库项目	人民政协网
6月10日	国图启动“非遗讲座月” 传承古人健康生活理念	人民政协网
9月9日	滋养民族心灵 培育文化自信——习近平总书记给国家图书馆老专家回信一周年暨建馆111周年特别活动	人民政协网
11月2日	国图获赠唐雕版印刷梵文《陀罗尼经咒》	人民政协网
11月5日	首部欧洲启蒙时期外文手稿《论语导读》入藏国图	人民政协网
12月30日	国家图书馆上线展映48部非遗纪录片	人民政协网
1月3日	口述史纪录片《口述国图》在京首映	中国社会科学网
1月14日	国图2020年春节新闻发布活动在紫竹院举行	中国社会科学网
1月14日	国图发布春节活动 大年初一馆长给读者拜年	中国社会科学网

（续表）

日期	标题	媒体名称
1月18日	“荣庆学堂”北方昆曲传统折子戏专场演出将再次亮相国图	中国社会科学网
1月21日	“春节习俗+非遗技艺”亮相国图	中国社会科学网
4月22日	国家图书馆发起2020年“4·23世界读书日”系列活动	中国社会科学网
4月22日	国家图书馆启动中国战“疫”记忆库项目	中国社会科学网
4月23日	迎接4·23世界读书日　国图发起“种书计划”互动活动	中国社会科学网
8月29日	国家图书馆建馆111周年　将推出线上节目	中国社会科学网
9月5日	纪念抗日战争胜利75周年　抗战时期典籍文献抢救保护学术研讨会在国图举办	中国社会科学网
10月31日	唐雕版印刷梵文《陀罗尼经咒》等珍贵文献入藏国图	中国社会科学网
11月5日	法文本《论语导读》典藏仪式暨展览开幕式在国图举行	中国社会科学网
11月24日	弘扬援庵精神　传承优良学术——陈垣先生诞辰140周年纪念暨学术研讨会在京召开	中国社会科学网
12月24日	“国家图书馆读书周暨迎新年专场音乐晚会”在国图艺术中心举办	中国社会科学网
12月30日	国家图书馆上线展映48部非遗纪录片	中国社会科学网
1月21日	“春节习俗+非遗技艺”——国家图书馆这个展览，美不胜收！	中国文化传媒网
1月22日	2020年国图年俗文化展开幕	中国文艺网
5月1日	第七届“中国童书榜”发布年度最佳童书&优秀童书	中国文化传媒网
5月24日	“为担当者担当，让履职者尽责”|代表委员热议政府工作报告	中国文化传媒网
6月10日	跟着专家看非遗——国家图书馆首次制作推出“非遗影像公开课”	中国文艺网
8月18日	“追梦水云间——白煦的水墨书暨白煦书法作品捐赠展”捐赠仪式在国家图书馆举行	中国文艺网
11月6日	Chinese and British libraries look forward to new development	中国文化网
1月16日	国家图书馆推出鼠年文化组合大餐	中国新闻出版广电网
1月16日	国家图书馆烹调年俗文化大餐	中国新闻出版广电网

（续表）

日期	标题	媒体名称
1月16日	纪录片《口述国图》在京首映	中国新闻出版广电网
1月23日	国图年俗文化展辉映古今	中国新闻出版广电网
4月22日	国家图书馆启动中国战“疫”记忆库项目	中国新闻出版社
4月30日	国家图书馆发起2020年“4·23世界读书日”系列活动	中国新闻出版广电网
4月30日	国家图书馆启动中国战“疫”记忆库项目	中国新闻出版广电网
5月13日	国家图书馆恢复开馆	中国新闻出版广电网
9月14日	第十五届文津图书奖揭晓	中国新闻出版广电网
1月3日	我们就在这里守护中国文脉——国内首部图书馆口述史纪录片《口述国图》北京首映	中国作家网
4月22日	文津图书奖走过15周年，重读经典作品——国家图书馆发起2020年“4·23世界读书日”系列活动	中国作家网
4月23日	读书如种树，未来好乘凉——国家图书馆联合新浪微博发起“种书计划”互动活动	中国作家网
4月23日	国家记忆　共同守护：国图征集中国战“疫”记忆	中国作家网
9月9日	第十五届“文津图书奖”获奖图书公布	中国作家网
9月27日	国家图书馆2020年线上“文津读书沙龙”开讲	中国作家网
12月30日	国家图书馆上线展映48部非遗纪录片	中国作家网
1月25日	Palace Museum, Great Wall, Shanghai Disneyland closed over virus concern	CGTN
9月1日	Online literature enters National Library of China collection	CGTN
11月5日	Rare French book handed over to National Library of China	China Daily
9月27日	2020年国图首场线上“文津读书沙龙”开讲	第一中国出版传媒网
1月13日	国家图书馆2020年春节新闻发布活动在紫竹院举行	改革网
1月17日	国家图书馆推出春节文化大餐	国家文物局网站
8月28日	2020年中华传统晒书活动开启	国家文物局网站
9月4日	国家图书馆发布《侵华日军细菌战档案汇编》等抗战文献整理新成果	国家文物局网站

（续表）

日期	标题	媒体名称
9月11日	国家图书馆喜迎111周年华诞	国家文物局网站
9月11日	第十五届文津图书奖揭晓	国家文物局网站
9月15日	“妙手补书书可春——全国古籍修复技艺竞赛暨成果展”开幕	国家文物局网站
11月4日	法文本《论语导读》典藏仪式暨展览开幕式在国家图书馆举行	国家文物局网站
11月30日	第二届中国高校智慧图书馆（馆长）论坛在京举行	国家文物局网站
8月6日	追梦云水间——白煦的水墨书暨白煦书法作品捐赠展在北京举行	海外网
12月18日	国家图书馆《歌颂家国情怀　致敬战“疫”英雄——连环画作品展》展出	海外网
8月19日	文化和旅游部部长胡和平：推动公共文化服务完善体系建设　优化资源配置	金融界网
9月9日	国图揭晓第十五届文津图书获奖名单	人民周刊网
9月28日	“重新发现中国之美”：国家图书馆2020年首场“文津读书沙龙”线上开讲	人民周刊网
1月28日	国图艺术中心、中国国家话剧院、梅兰芳纪念馆、中国国家画院美术馆、中国儿童艺术剧院等闭馆、暂停或延期演出	文化和旅游部官网
6月2日	非遗传承　健康生活　2020年“文化和自然遗产日”非遗活动大幕拉开	文化和旅游部官网
8月19日	胡和平调研文化和旅游部直属单位	文化和旅游部官网
9月7日	滋养民族心灵　培育文化自信——习近平总书记给国家图书馆老专家回信一周年暨建馆111周年特别活动	文化和旅游部官网
11月4日	法文本《论语导读》典藏仪式暨展览开幕式在国家图书馆举行	文化和旅游部官网
11月13日	第六批国家珍贵古籍名录和全国古籍重点保护单位名单正式公布	文化和旅游部官网
11月18日	国宝《赵城金藏》19米长卷首度现世，引发学界关注热议	文旅中国网
11月18日	法文本《论语导读》典藏仪式暨展览开幕式在国家图书馆举行	文旅中国网
11月22日	国家图书馆“十四五”规划调研组赴重庆市巴南区图书馆实地调研	文旅中国网
11月26日	《近代史研究所藏稿钞本日记丛刊》发布暨出版座谈会在京召开	文旅中国网

（续表）

日期	标题	媒体名称
11月3日	杭州下沙奥特莱斯向国家图书馆捐赠唐《陀罗尼经》等珍贵文献	消费日报网站
12月16日	“以笔为枪　礼赞抗疫英雄”连环画作品展在国图展出	消费日报网
11月15日	《论语导读》正式入藏中国国家图书馆	中工网
1月10日	“中国国家画院扩建工程竣工仪式”圆满举行	中国版画家网
5月26日	疫情防控常态化下的文旅转型升级新机遇	中国报道网
1月15日	来国家图书馆过年！国图发布庚子春节文化活动	中国出版传媒商报网
1月22日	鼠年说鼠　国图年俗文化展开幕	中国出版传媒商报网
4月22日	国家图书馆开启2020世界读书日系列活动	中国出版传媒商报网
11月2日	国家图书馆获赠四种四函件珍贵文献	中国出版传媒商报网
12月30日	国家图书馆上线展映48部非遗纪录片	中国出版传媒网
7月28日	“诗歌的样子——全国儿童美术作品展”开展	中国妇女儿童博物馆网站
1月10日	中国国家画院扩建工程竣工	中国工程建设网
1月14日	国家图书馆邀读者共度书香中国年	中国教育新闻网
8月30日	国家图书馆建馆111周年将推出线上主题节目	中国教育新闻网
9月9日	第十五届文津图书奖揭晓	中国教育新闻网
9月27日	2020年国图“文津读书沙龙”线上开讲	中国教育新闻网
5月6日	给最美的童年选最美的童书——第七届“中国童书榜”发布	中国金融新闻网
4月22日	国家图书馆启动中国战“疫”记忆库项目	中国科技网
5月23日	顾犇委员：加强对网文平台的监管	中国科技网
9月9日	第十五届文津图书奖揭晓　15种图书获奖	中国科技网
9月26日	2020年首场线上“文津读书沙龙”开讲	中国科技网
10月31日	国图获赠唐雕版印刷梵文《陀罗尼经咒》	中国科技网
12月30日	国家图书馆上线展映48部非遗纪录片	中国科技网
1月3日	国内首部图书馆口述史纪录片《口述国图》北京首映	中国旅游新闻网
1月14日	国家图书馆携手紫竹院公园推出“美年记忆”展	中国旅游新闻网

（续表）

日期	标题	媒体名称
1月16日	文化和旅游部2019年文化和旅游装备技术提升优秀案例之（二十五）——“印象数图”数字图书馆体验区	中国旅游新闻网
2月23日	旅企上线“云旅游”　让宅家“云游客”享美景	中国旅游新闻网
2月24日	疫情下满足公众精神需求　文化行业大有可为	中国旅游新闻网
3月1日	“图书馆式”战“疫”：为读者守护精神家园	中国旅游新闻网
3月23日	M地铁·图书馆倡导家庭阅读	中国旅游新闻网
5月8日	国家图书馆将于5月12日恢复开馆	中国旅游新闻网
5月13日	国图开放首日探馆：书香可品　浸润心田	中国旅游新闻网
5月23日	以人民为中心　让文化和旅游在脱贫攻坚中发挥更大作用——部分代表委员就学习习近平总书记在参加内蒙古代表团审议时的重要讲话精神谈体会	中国旅游新闻网
6月1日	2020年“文化和自然遗产日”非遗活动大幕拉开	中国旅游新闻网
9月1日	晒书大会，让古籍走近大众	中国旅游新闻网
9月9日	国家图书馆喜迎111周年华诞	中国旅游新闻网
11月2日	浙江下沙奥特莱斯向国家图书馆捐赠珍贵文献	中国旅游新闻网
11月4日	法文本《论语导读》典藏仪式暨展览开幕式在国家图书馆举行	中国旅游新闻网
11月13日	第六批国家珍贵古籍名录和全国古籍重点保护单位名单公布	中国旅游新闻网
11月16日	2020中国国际旅游交易会在沪开幕	中国旅游新闻网
11月17日	【现场探馆】国家图书馆展区	中国旅游新闻网
11月17日	文旅融合　诗遇远方——2020中国国际旅游交易会侧记	中国旅游新闻网
12月30日	国家图书馆将线上展映48部非遗纪录片	中国旅游新闻网
12月30日	国家图书馆：温情行动　关爱“夕阳”	中国旅游新闻网
5月12日	久违了，书海殿堂！	中国搜索
1月18日	“荣庆学堂”传昆韵　传统折子戏专场演出将再次亮相国图	中国小康网
3月23日	国家图书馆、京港地铁：M地铁·图书馆　阅读“战疫”接力不停歇	中国小康网
4月23日	国图启动中国战“疫”记忆库建设　将纳入亲历者口述史	中国小康网

（续表）

日期	标题	媒体名称
8月30日	“一台线上节目”献礼国家图书馆111周年	中国小康网
9月9日	第十五届文津图书奖揭晓　15种图书获奖	中国小康网
9月26日	2020年首场线上“文津读书沙龙”开讲	中国小康网
10月31日	下沙奥特莱斯向国家图书馆捐赠唐雕版印刷梵文《陀罗尼经咒》、明丽江版藏文《甘珠尔》等珍贵文献	中国小康网
11月5日	世界首部法文本《论语导读》原著入藏国图	中国小康网
12月24日	国图艺术中心举办“音乐点亮人生——满天星业余交响乐团国家图书馆读书周暨迎新年专场音乐晚会”	中国小康网
8月19日	文化和旅游部部长胡和平：推动公共文化服务完善体系建设　优化资源配置	中国证券网
1月21日	国家图书馆新春年俗展今日开幕	中国知识产权资讯网
4月21日	国家图书馆发起2020年“4·23世界读书日”系列活动	中国知识产权资讯网
4月21日	4·23世界读书日文津图书奖15周年直播活动邀你一起听，一起读	中国知识产权资讯网
4月21日	一路陪伴　一起成长——文津图书奖十五周年系列活动启动	中国知识产权资讯网
5月12日	久违的书香！国家图书馆今日重新开馆	中国知识产权资讯网
9月9日	第十五届文津图书奖揭晓15种图书获奖	中国知识产权资讯网
8月31日	阅文百部网文入驻国家图书馆	北京商报网
1月13日	庚子鼠年哪里热闹　国家图书馆邀您共度浓郁书香年	北京时间网
1月13日	国家图书馆2020年春节新闻发布活动在紫竹院举行	北京时间网
1月21日	“春节习俗+非遗技艺”这个展览美不胜收！2020年国图年俗文化展开幕	北京时间网
1月22日	国家图书馆关于2020年春节“馆长拜年”活动的通告	北京时间网
3月23日	M地铁·图书馆　阅读接力不停歇	北京时间网
4月23日	关注！国家图书馆启动中国战“疫”记忆库项目	北京时间网
9月2日	到国图　也可阅览优秀网文	北京时间网
11月4日	手抄本！国家图书馆入藏的这部法文本《论语导读》太珍贵	北京时间网
11月5日	法文本《论语导读》手稿入藏国图	北京时间网

（续表）

日期	标题	媒体名称
11月22日	它，堪称传奇国宝！首度现身国家图书馆古籍馆	北京时间网
11月22日	传奇国宝《赵城金藏》遗珍现世　19米孤卷引发学界热议	北京时间网
2月9日	国家图书馆　推出“无卡查文献”服务	北青网
9月22日	一部《口述国图》讲述几代国图人　第四届北京纪实影像周“纪录片与口述史的文献价值——《口述国图》研讨会”成功举办	北青网
6月12日	“非遗影像公开课”、“非遗音乐留声机”等非遗文化玩出新花样	北晚新视觉
1月2日	国内第一部图书馆口述史纪录片《口述国图》北京首映	京报网
4月20日	国家图书馆将迎来首个线上读书日	京报网
4月22日	国图启动中国战“疫”记忆库，征集民众日记、辟谣文献、数字资源、口述历史等资料	京报网
4月28日	中国战疫记忆库启动，让战疫记忆沉淀为民族心史	京报网
6月5日	国家图书馆推出非遗影像公开课，13日起多平台开课	京报网
6月12日	国图开公开课了！昆曲、古琴名家线上演出	京报网
8月5日	“共享图书”让闲置私人图书“活起来”	京报网
8月21日	历史学家阎宗临手稿捐赠国家图书馆	京报网
8月28日	国家图书馆111周年将播线上节目，发布文津奖结果	京报网
8月31日	百部网络文学佳作首次入藏国家图书馆	京报网
9月1日	妙手补书书可春，来看看古籍修复之精妙	京报网
9月1日	全国古籍修复师竞技，103册古籍国图展妙手补书精妙	京报网
9月2日	让历史说话！“日本细菌战资源库”上线，向社会免费开放	京报网
9月9日	第十五届文津图书奖揭晓，15部书上榜	京报网
9月25日	国家图书馆与北京市公园管理中心签订战略合作协议	京报网
9月27日	10月1日起国图扩大开放区域，怎么预约看这里	京报网
11月18日	抗日战争时期九死一生的国宝《赵城金藏》，19米孤本首度现身	京报网
1月2日	口述史纪录片《口述国图》北京首映|组图	新京报网

（续表）

日期	标题	媒体名称
1月13日	国图发布春节活动：馆长初一开门拜年　读者现场书写春联	新京报网
1月17日	36出北方昆曲传统折子戏将在国图上演	新京报网
1月17日	首博开年特展《1420：从南京到北京》开幕	新京报网
1月21日	年画　剪纸　书法　国图年俗文化展“鼠年说鼠”	新京报网
1月23日	国家图书馆除夕起闭馆，开馆时间另行通告	新京报网
4月23日	国图启动中国战“疫”记忆库建设　将纳入亲历者口述史	新京报网
5月8日	国家图书馆5月12日恢复开馆，北区新馆暂不开放	新京报网
5月12日	探访国图重开首日：借书暂行新规则　需提前在线“预定”	新京报网
5月12日	国家图书馆12日恢复开馆　读者骑车40分钟专程借书	新京报网
5月12日	国图重新开馆　借书有新规则：网上约书线下取	新京报网
7月10日	中国藏家拍得两册《永乐大典》，回顾旷世大典的寻找之路	新京报网
9月1日	“古籍医生”亮绝活　全国古籍修复竞赛成果展亮相国图	新京报网
9月1日	专访古籍修复专家赵嘉福：中国古籍再修100年也修不完	新京报网
9月1日	国家图书馆和阅文达成战略合作，《庆余年》等百部网文入馆	新京报网
9月4日	纪念抗战胜利75周年，图书馆界披露抗战时期典籍文献抢救秘辛	新京报网
9月9日	第十五届文津奖揭晓15种获奖图书，《棉花帝国》等入选	新京报网
9月15日	一万页细菌战密档	新京报网
11月4日	1688年法文本《论语导读》入藏国家图书馆	新京报网
11月4日	17世纪法文本《论语导读》入藏国图，《论语》海外版本特别展出	新京报网
11月13日	国家珍贵古籍名录新增752部，有纪年的最早雕版印刷品入选	新京报网
11月24日	金代刊刻汉文大藏经《赵城金藏》孤本经卷现身	新京报网
1月19日	“甲骨文记忆”展俏皮上线　有了这份看展指南　我竟1分钟识8个甲骨文	川报观察网

（续表）

日期	标题	媒体名称
12月6日	探馆提前看！首届四川省文创大会明日见，文创真被玩出花来了！	川观新闻
11月19日	800年孤本佛经躲过抗日战火　4800卷《赵城金藏》又添新卷	第一财经网
12月10日	“第十五届文津图书奖”获奖图书展在省图书馆展出	吉林省文化和旅游厅
8月25日	2020中华传统晒书活动曲阜启幕　全国多地陆续举行丰富多彩的特色活动	齐鲁网
12月7日	全国文化和旅游创意产品开发推进活动暨首届四川省文创大会在成都举办	四川新闻网
12月6日	提前探馆｜首届四川省文创大会明日见，文创真被玩出花来了！	四川在线
4月23日	国家图书馆启动中国战“疫”记忆库项目	文汇网
8月31日	《庆余年》《大国重工》等百部网文入藏国图，网络文学日趋主流化、精品化	文汇网
9月1日	妙手补书书可春——全国古籍修复技艺竞赛暨成果展亮相国图	文汇网
9月9日	第十五届文津图书奖揭晓　评出获奖图书15种　推荐图书35种	文汇网
9月27日	国家图书馆2020年首场线上“文津读书沙龙”开讲	文汇网
11月4日	存世罕有！1688年版法文本《论语导读》入藏国家总书库	文汇网
11月13日	港中大27部古籍入选国家珍贵古籍名录	香港文汇网
11月18日	19米《赵城金藏》孤本经卷首亮相　归宿何处引学界关注	艺术中国网
8月29日	浙图“镇馆之宝”入藏国家图书馆　馆长却说这是一份跨越大半世纪的“回礼”	浙江新闻
10月31日	今天，一老总向国图捐赠4函件文化瑰宝！他在海宁经营着全省首家国际标准商场！	浙江新闻

年度大事记

年度大事记

一 月

2日，由国家图书馆摄制的口述史纪录片《口述国图》在国家图书馆举行北京首映仪式。国家图书馆馆长饶权，副馆长孙一钢、陈樱、汪东波，文化和旅游部公共服务司副司长白雪华，国家图书馆老馆员代表李致忠、孙承鉴、黄润华、李仁年、索奎桓和金志舜等，北京大学信息管理系教授吴慰慈、王子舟，北京电影学院教授谢晓晶、钟大丰，口述史领域知名学者定宜庄、钟少华，《中国文化报》副主编徐涟，中央人民广播电台文艺之声总监莫晓芳等参加活动。《口述国图》放映结束后，影片所记录的老馆员们、各领域的专家学者以及影片的主创团队，与现场200余位读者进行交流。

6日，由国家图书馆、文化和旅游部全国公共文化发展中心联合主办的“我们的中国梦——文化进万家”公共数字文化服务小分队下基层活动在广西巴马瑶族自治县举行。国家图书馆向该县捐赠图书25000余册及壁挂智能播放机。活动现场还开展“文旅e家　助力美好生活”扫码阅读活动，开通“巴马瑶族自治县数字图书馆”服务平台，并举办科普讲座“航空母舰的秘密”等文化惠民活动。

13日，国家图书馆2020年春节新闻发布活动在紫竹院公园友贤山馆举行。馆长饶权、副馆长陈樱，文化和旅游部办公厅副主任张旭霞、新闻宣传处处长高波，紫竹院公园副园长勇伟，国家图书馆相关部处负责人和60余家新闻媒体记者出席活动。活动现场，陈樱向媒体记者介绍国家图书馆2020年春节活动内容，并发布2020年世界读书日、文化和遗产日、国际儿童节等重要时间点的活动安排，以及重大工程、古籍保护、国际交流等方面的宣传项目。

21日，由国家图书馆与河北衡水市人民政府共同主办的“书香盈岁月　新桃换旧符——2020年国家图书馆年俗文化展”在国家典籍博物馆开幕。展厅同时举办“名家带你写春联”活动，多位书法名家在展览现场为观众写春联。

23日22时，国家图书馆官方微博发布“国家图书馆（国家典籍博物馆）闭馆公告”。公告宣布为全力做好新型冠状病毒感染的肺炎疫情预防控制工作，有效避免因人群聚集可能带来的传染风险，最大限度地保障读者和一线工作人员的身体健康与生命安全，国家图书馆暂停到馆读者服务（含24小时还书服务）和展览、演出、讲座等各项活动，具体开馆时间根据实际情况另行通告。闭馆期间免除外借文献逾期费用，国家数字图书馆等线上服务正常开展。

31日，国家图书馆召开会议研究部署闭馆期间疫情防控相关工作。馆长、党委副书记饶权主持会议，副馆长、党委书记魏大威，副馆长张志清、陈樱、汪东波，以及相关部处主要负责人参加会议。会议传达学习习近平总书记有关疫情防控工作重要讲话精神、李克强总理主持召开中央应对新型冠状病毒感染肺炎疫情工作领导小组会议精神，以及文化和旅游部研究部署文化和旅游系统疫情防控工作会议精神。会议强调国家图书馆闭馆期间疫情防控工作的重要性，并提出4项具体举措。

二 月

5日，国家图书馆公益文化服务项目“关爱夕阳”老年课堂举办疫情防控期间的第一次线上培训。此次培训主题是“让同步更高效——手机微信和电脑微信文件互传方法介绍”，采用“视频+图片+语音”的多元形式，着力解决困扰老年读者的手机和电脑文件如何互相传输的问题。

15日，国家图书馆在得知武汉及湖北其他地区图书馆同人正在下沉社区，但面临防疫物品储备不足、购买难度很大的困难后，迅速筹集到一批防疫物资发往武汉图书馆；同时与中国图书馆学会联合全国350余家图书馆，通过捐赠物资或提供可靠采购渠道等方式，为武汉及湖北其他地区图书馆提供助力。

三 月

1日，国家数字图书馆APP、国家图书馆手机门户、移动阅读平台以及国家图书馆微信服务号同步推出“理性防疫·从‘心’开始”专题资源，以及“以书为伴　抗击疫情”和“用爱披荆斩棘　守护好时光”两期线上资源阅读专题。此外，国家图书馆微博、微信同步推送《理性防疫·从“心”开始——“疫情之下的心理与健康”》系列微课程13讲；国家图书馆微博新增的“数字资源阅读”话题还发布《哈佛教授的心理咨询课》等心理辅导类书籍3册。

四 月

15日，国家图书馆馆长会议组织（Conference of Directors of National Libraries，CDNL）会同国际图联发布《新冠病毒影响分析报告》，汇总分析疫情对各国国家图书馆产生的影响，以及各国为应对疫情所采取的措施。在报告中，中国国家图书馆在闭馆期间开展的“家庭朗读大赛”“为立法决策机构提供疫情防控决策专题信息参考”两项活动分别被列为“在线服务最佳实践”和“公共卫生相关领域最佳实践”。

19—25日，国家图书馆通过官方微信公众号、微博发起“种书计划”活动。邀请网友晒出自己的读书计划和读书心得，聊聊对自己影响最大的书、最想推荐的书或是最期待阅读的书等。文津图书奖联合评审单位也通过各自平台渠道对“种书计划”进行宣传展示。

23日，国家图书馆和北京广播电视台联合举办“文心依旧　天雨流芳”——文津图书奖15周年特别活动，全面回顾文津图书奖15年的发展历程，分享历届文津图书奖的部分获奖作品。节目邀请文津图书奖获奖及推荐图书作者卞毓麟、朱成梁、朱良志、王军、萧袤、苟利军、陆铭、王立铭、小庄、于虹呈，文津图书奖组委会、评委会原主任詹福瑞，文津图书奖组委会秘书长汤更生，文津图书奖评委庄建、杨虚杰、海飞、阿甲等嘉宾，以电话连线和录音采访的方式分享心得感受。

23日，国家图书馆启动中国战“疫”记忆库建设项目，通过官方网站、微博、微信公众号，国家图书馆手机门户和APP同步发布征集公告，面向全国党政机关、企事业单位、社会团体和社会各界人士，广泛征集抗“疫”过程中形成的具有收藏、研究、展示、纪念价值的代表性主题资源。

23日，国家图书馆联合抖音推出“全民dou阅读”话题活动。邀请各省市图书馆、文化类达人、普通用户共同参与，主题线上活动包括推荐文津图书馆获奖图书、介绍馆藏资源和馆藏文献、讲述自己的读书故事和心得体会。该话题相关视频累计播放19.9亿次。

五　月

8日，国家图书馆组织开展有序恢复开馆演练，围绕开馆后的读者进馆流程、到馆各种服务情景以及突发情况进行全流程模拟演练。国家图书馆领导班子到现场视察指导。

12日，国家图书馆有序恢复开馆。期间，实行预约入馆制度，每日限额1200人。入馆时读者须接受体温检测并出示本人预约码与健康码，入馆后读者需全程佩戴口罩，并与他人保持1米以上的安全距离。

19日，中国国家图书馆馆长饶权应约与伊朗国家图书和档案馆馆长阿什拉芙·博鲁尔杰迪举行视频会议，双方就两馆应对新冠肺炎疫情经验进行交流和分享，还就建设抗击新冠肺炎疫情互联网信息专题、有序恢复开馆服务等议题交换意见。

22日，国家数字图书馆工程专家验收会在国家图书馆召开，来自7家单位的专家和工程建设骨干30余人参会。国家图书馆党委书记、副馆长魏大威介绍工程建设整体情况。与会专家一致同意工程通过验收。

六　月

10日，国家图书馆召开党委中心组学习会，学习贯彻2020年全国“两会”精神。党委书记、副馆长魏大威主持会议并讲话，馆长、党委副书记饶权出席会议并讲话，全国政协委员顾犇和陈红彦分别畅谈参加“两会”的感受和学习体会。

七 月

8日，国家图书馆组织员工集中进行核酸检测。参加此次检测的人员主要包括有序恢复开馆阶段的一线工作人员、运行保障人员和复工复产的馆属企业及驻馆单位人员等共624人。

28日，国家典籍博物馆实行错峰限流预约开放，推出两个全新展览“诗歌的样子——全国儿童美术作品展”“追梦水云间——白煦的水墨书暨白煦书法作品捐赠展”以及2019年开展的“中华传统文化典籍保护传承大展”之延续展“中华传统文化典籍陈列展”。

28日，国家图书馆联合抖音、光明网开展“为你揭秘‘不一样的图书馆’”直播活动。北京大学信息管理系党委书记兼系主任张久珍，武汉大学数字图书馆研究所所长黄如花，国家图书馆参考咨询部主任曹宁、社会教育部主任王志庚、古籍馆副馆长陈红彦等嘉宾共同为网友揭秘图书馆工作以及与图书馆相关的高校专业等情况，直播累计观看147.5万人次。

八 月

4日，国家图书馆恢复开放国图艺术中心，推出昆曲折子戏公益演出。

4—5日，国家图书馆召开2020年中层干部扩大会议。馆领导班子成员，各部处、各党支部、各馆属企业负责人，全体正科级干部及各党支部委员等240余人参加会议。馆长、党委副书记饶权代表馆党政领导班子讲话，党委书记、副馆长魏大威做会议总结，副馆长张志清主持会议。

6日，国家图书馆与中国图书进出口（集团）总公司在北京举行战略合作签约仪式。根据协议，中图公司和国家图书馆将在5G新阅读、知识服务、中国学研究、数字资源战略保存、按需印刷等方面开展深入合作。

14日，由国家图书馆和中国书法家协会共同主办的“追梦水云间——白煦的水墨书暨白煦书法作品捐赠展”捐赠仪式在国家图书馆举行。书法家白煦向国家图书馆（国家典籍博物馆）捐赠其个人作品47种52件。

15日，文化和旅游部党组书记、部长胡和平到国家图书馆调研并听取工作汇报。胡和平一行参观考察数字图书馆体验区、《四库全书》书库、外借和阅览服务区、国家典籍博物馆等，并听取国家图书馆馆长饶权的工作汇报。

19日，国家图书馆召开中层干部会议，馆长、党委副书记饶权传达文化和旅游部党组书记、部长胡和平来馆调研座谈会上的讲话。馆领导班子成员，各部处中层干部、馆属企业主要负责人参加会议。

20日，中国国家图书馆馆长饶权与新加坡国家图书馆管理局局长黄子鹏举行视频会议，双方分享各自针对新冠肺炎疫情所采取的应对措施，还就合作开展数字资源建设、智慧图书馆研究等议题交换意见。

25日，由国家图书馆（国家古籍保护中心）、山东省文化和旅游厅主办，山东省图书馆（山东省古籍保护中心）、曲阜市人民政府、孔子博物馆承办的“传习经典　融古慧今——2020年中华传统晒书活动”启动仪式在山东曲阜孔子博物馆举行。国家图书馆副馆长、国家古籍保护中心副主任张志清代表国家图书馆向孔子博物馆赠送《宋本论语集注》等珍贵典籍的仿真影印本。在国家古籍保护中心的倡议下，浙江、河南、河北等地陆续举办以“晒国宝、晒经典、晒技艺、晒传统”为主题的晒书活动。

31日，国家图书馆与阅文集团共同召开“珍藏时代经典　悦享网络文学”发布会，正式宣布达成战略合作。阅文集团挂牌成为国家图书馆第二家互联网信息战略保存基地，来自阅文平台的百部网文佳作同时被典藏入馆。

九　月

1日，由国家图书馆（国家古籍保护中心、国家典籍博物馆）联合全国各省级古籍保护中心共同举办的“妙手补书书可春——全国古籍修复技艺竞赛暨成果展”开幕式在国家图书馆举行，展览展出修复竞赛作品和珍贵古籍修复成果共103册/件。

2日，国家图书馆举行纪念中国人民抗日战争胜利75周年暨抗战文献研究整理成果发布会。现场发布“日本细菌战资源库”，展示“抗日战争文献史料丛编”“对日战犯审判文献资料丛刊”“近代日本对华调查资料丛编”等系列抗战史料1000余册。

4日，“纪念抗日战争胜利75周年·抗战时期典籍文献抢救保护学术研讨会”在国家图书馆召开。与会专家学者讲述日寇炮火下中华典籍饱经战乱的颠簸命运、前辈先贤守护文明的艰辛历程和感人事迹，介绍当代图书馆界在保存抗战文献、挖掘抗战典籍文献资源所做出的努力。

8日，国家图书馆推出“滋养民族心灵　培育文化自信——习近平总书记给国家图书馆老专家回信一周年暨建馆111周年”特别活动，通过馆长专题报告、老专家朗读、口述史访问、公开课演讲、视频连线、短片播放等多种形式，向广大网友讲述国家图书馆111年发展历程，正式揭晓第十五届文津图书奖获奖图书。此次活动通过“学习强国”学习平台、新华社客户端、央视网等权威网络和新媒体平台以及国家图书馆官方自媒体同步推出，观看总量400余万次。

9日，国家图书馆召开深入学习贯彻落实习近平总书记回信精神一周年员工大会。国家图书馆全体馆领导班子成员、员工代表和离退休干部代表约500人参加大会。会议总结一年来在习近平总书记回信精神指引下取得的主要成绩，表彰2019年度先进集体和个人，并部署下一阶段工作。

9日，“图书馆记录下的微博十年”专题资源库正式上线。该专题资源库共整合14400余条新浪微博、14500个话题、433100个热词和2000余种馆藏资源，全面展示十年来的文化动态和社会热点。

10日，国家图书馆召开学习贯彻习近平总书记给国图老专家回信精神一周年座谈会。文化和旅游部党组成员、副部长张旭，文化和旅游部公共服务司一级巡视员陈彬斌，国家图书馆领导班子成员出席会议。国家图书馆老专家代表、相关部门负责人，全国副省级以上图书馆及少年儿童图书馆代表参加活动。国家图书馆馆长、党委副书记饶权做主题为“坚定信心　乘势而上　科学谋划‘十四五’时期事业发展”的专题报告，与会人员深入开展专题讨论。座谈会由国家图书馆党委书记、副馆长魏大威主持。

18日，中国国家图书馆馆长饶权出席“亚洲和大洋洲地区国家图书馆领导者对话”活动，并做题为“新冠肺炎疫情下图书馆的发展”的专题报告。此次对话活动由新加坡国家图书馆管理局（国际图联亚洲和大洋洲地区办公室）组织实施。国际图联主席克里斯汀·麦肯锡，以及新加坡、印度尼西亚、马来西亚、菲律宾、新西兰、英国、澳大利亚、缅甸等国的国家图书馆馆长参与对话活动，并围绕“疫情应对举措”“国家图书馆的定位和发展策略”等会议主题进行研讨。

25日，国家图书馆与北京市公园管理中心战略合作协议签约仪式在中国园林博物馆举行。国家图书馆馆长饶权和北京市公园管理中心主任张勇作为双方代表签署战略合作协议。

十　月

15日，刘力群先生向国家图书馆捐赠埃德加·斯诺、史沫特莱、斯特朗、海伦·斯诺、索尔兹伯里（简称“5S”）等国际友人签名本、书信手稿及相关资料共计30种44册/件。国家图书馆馆长饶权接受捐赠并向捐赠者颁发捐赠证书。刘力群还受93岁高龄的埃德加·斯诺资深研究者舒暲先生委托，向国家图书馆捐赠舒暲先生收藏的英国共产党人David Guest签名本《远东前线》1种1册。

23日，“2021—2030年国家古籍规划编制工作”图书馆界专家咨询论证会在国家图书馆召开。会议介绍2021—2030年国家古籍规划编制工作的相关情况，并征集专家意见。

27日，中国国家图书馆、中国图书馆学会和英国国家图书馆联合举办“2020中英图书馆论坛”视频会议。中国国家图书馆副馆长、中国图书馆学会副理事长陈樱，英国国家图书馆社会教育部主任杰米·安德鲁斯分别代表中英双方致辞。来自中国11家公共图书馆和英国地方公共图书馆的500余名馆员参会。会议围绕“疫情响应——针对挑战提出的解决方案”“如何在后疫情环境中平衡到馆服务和数字服务”等热点问题展开讨论。

31日，国家图书馆收到浙江奥特莱斯广场有限公司捐赠的唐雕版印刷梵文《陀罗尼经咒》等4种珍贵古籍。在浙江杭州国宾馆举行的捐赠仪式上，馆长饶权代表国家图书馆接受捐赠并向捐赠者颁发捐赠证书。

十一月

3日，国家图书馆召开统战工作座谈会，围绕深入学习贯彻习近平总书记关于加强和改进统一战线工作的重要思想，扎实落实文化和旅游部党组巡视国家图书馆整改任务，以“加强统战工作、凝聚办馆合力”为主题开展座谈研讨。

4日，法文本《论语导读》典藏仪式暨展览开幕式在国家图书馆举行。文化和旅游部党组书记、部长胡和平，法国驻华大使罗梁，文化和旅游部办公厅主任熊远明、国际交流与合作局局长谢金英、公共服务司一级巡视员陈彬斌，外交部欧洲司副司长赵斌，国家图书馆馆长、党委副书记饶权，国家图书馆党委书记、副馆长魏大威，副馆长张志清、汪东波，以及来自文化和旅游部直属单位、在京部分图书馆等单位相关负责人，部分专家学者代表出席活动。此部法文本《论语导读》是2019年中法建交55周年之际由马克龙总统赠送习近平主席。国家图书馆特别举办专题展览，展出《论语》在日本和朝鲜的刻本，以及17—19世纪的法文、意大利文、德文和英文译本。

13日，第六批《国家珍贵古籍名录》和“全国古籍重点保护单位”名单新闻发布会在文化和旅游部召开。会上发布经国务院批准的第六批《国家珍贵古籍名录》（752部）和第六批“全国古籍重点保护单位”名单（23个）。

16—18日，国家图书馆应邀参加由文化和旅游部、中国民用航空局、上海市人民政府在上海共同主办的2020中国国际旅游交易会，着重展示党的十八大以来国家图书馆在文化产业和文化事业方面取得的成绩以及对未来智慧图书馆的发展构想，展示国家图书馆在创新服务方式、推动全民阅读等方面的最新成果。

19日，中华经典传习所颁牌仪式在大连举行，大连图书馆白云书院、大连连海书院被授予“中华经典传习所”。国家图书馆副馆长、国家古籍保护中心副主任张志清分别向两家传习所赠送指定教材《中华传统文化百部经典》丛书。

25日，由国家图书馆（国家古籍保护中心）、甘肃省文化和旅游厅主办的黄河文化遗产古籍保护研讨会在兰州市召开。与会专家就国家古籍保护中心介绍的关于“十四五”期间开展黄河流域古籍保护工作的相关思路和方案进行研讨。

25 日，全国图书馆联合编目中心 2020 年度工作会议首次以线上方式举办。国家图书馆副馆长汪东波出席会议并致辞。会议对全国图书馆联合编目中心 2020 年度工作进行整体回顾，并提出下一步工作计划；对 2019—2020 年度优秀分中心、成员馆和个人进行表彰。

28 日至 12 月 1 日，中国国家图书馆馆长饶权一行 5 人应邀赴澳门科技大学访问。饶权与澳门科技大学图书馆馆长赵洗尘共同签署《中国国家图书馆与澳门科技大学图书馆合作意向书》，并出席澳门科技大学创新科技与高等教育峰会，在会上做题为“智慧时代　共建知识服务新生态”的主旨报告。

十二月

3 日，由国家图书馆少年儿童馆联合有关单位机构举办的“歌颂家国情怀　致敬战‘疫’英雄——连环画作品展”在国家图书馆开展，展出国内 30 余位资深连环画家的作品。

10 日，中国国家图书馆馆长饶权应约与新西兰国家图书馆馆长威廉 · 麦克努特、候任馆长雷切尔 · 艾森举行视频会议，双方就疫情应对措施、新常态下的图书馆服务、线上业务交流、线上展览等议题交换意见。

11 日，由文化和旅游部主办、国家图书馆协办的“中沙建交 30 周年电子图书月”活动在线上启动。活动专题网站“中阿电子图书月”正式上线，涵盖近 150 册中文、阿拉伯文和英文电子图书，70 余部音视频，10 个线上展览，重点展示关于“一带一路”建设、战“疫”纪实和当代中国社会经济建设等主题的图书。

14 日，“见证伟大的抗疫精神——中国同心战‘疫’纪实影像主题活动”在广东省中山市举行。活动现场举行 102 部优秀抗疫题材纪录片捐赠仪式，副馆长汪东波代表国家图书馆接受捐赠，并向作品方代表颁发捐赠证书。

16 日，在中国（广州）国际纪录片节上，国家图书馆制作的口述史纪录片《口述国图》荣获 2020 年“中国十大纪录片推动者”奖项。由国家图书馆、广州图书馆和首都纪录片发展协会等主办的“予纪录片以殿堂——公共图书馆纪录片典藏体系建设研讨会”同日举办，与会专家就公共图书馆纪录片典藏体系建设工作进行探讨和交流。

17 日，受文化和旅游部非物质文化遗产司委托，由国家图书馆与广州图书馆共同主办的“年华易老　技忆永存——国家级非物质文化遗产代表性传承人记录成果选映活动”在中国（广州）国际纪录片节举办。现场播映 3 部反映非遗传承人技艺特色与人生故事的纪录片。

23 日，由国图艺术中心联合满天星业余交响乐团共同举办的国家图书馆读书周暨迎新年专场音乐晚会在国图艺术中心举行，现场演奏多首中外经典曲目。

综合索引

C

D

E

F

G

H

J

K

L

M

N

O

P

Q

R

S

T

W

X

Y

Z

（佛山科学技术学院衡中青编制）